La Poésie française du premier 17e siècle

La Poésie française du premier 17ᴱ siècle:
Textes et contextes

Édité par David Lee Rubin

Deuxième édition
revue et augmentée avec la collaboration de
Robert T. Corum

Rookwood Press
Charlottesville

© 2004 by Rookwood Press, Inc. All rights reserved.
520 Rookwood Place
Charlottesville, Virginia 22903-4734, USA
Published 2004
Printed in the United States of America and in the United Kingdom

ISBN 1-886365-53-9

Première édition: Gunter Narr Verlag, 1986.

ROOKWOOD TEXTS
David Lee Rubin, Editor

This book is printed on acid-free paper.

Table des Matières

I. essais introductifs
La Fortune critique de la poésie du premier 17ᵉ siècle
Robert Nicolich
1

Le Langage littéraire dans la première moitié du 17ᵉ siècle
Franz Joseph Hausmann
23

Aperçu de la versification française du 17ᵉ siècle
Claude Abraham
42

II. Les Textes
Jean de la Ceppède (1550?-1629)
Paul Chilton
Théorèmes, III, 10-31 («La Passion du Christ»)
51

César de Nostredame (1553-1629)
Robert Corum
Portrait ou image du sauveur
Sonnet à la croix
85

Abraham de Vermeil (1555?-1620?)
Robert G. Marshall
Sonnet et musains
91

Jean Auvray (?-1626/33?)
Paul Chilton
Le Banquet des Muses
Sonnets: «Au mois qu'Amour est le plus en vigueur»; «A une laide amoureuse de l'auteur»
Stances: «La terre semble belle en la saison nouvelle»
Sonnets spirituels
99

François de Malherbe (1555-1628)
George Joseph, Maria Green
Les Larmes de Saint-Pierre
Consolation à Monsieur du Périer
Chanson: «Sus, debout, la merveille des Belles»
Ode à la reine, mère du Roi
Sonnet: Sur la mort du fils de l'auteur
112

Charles-Timoléon de Beauxoncles Sieur de Sigogne (1560?-1611)
Mona Tobin Houston
Sonnet: «Ce corps défiguré, bâti d'os et de nerfs»
Mépris
Stances: «Cette petite dame au visage de cire»
Sonnets: «Magot, en vous peignant, je vous pince sans rire»
«Elle a beaucoup de l'air d'une antique Marotte»
«Ce ne sont que des os, des nerfs, des peaux, du plâtre»
Satyre: Contre une dame
Sonnet: «Ce manteau de damas à grand'figure plate»
143

Mathurin Régnier (1573-1613)
Susan Tiefenbrun
Satire XIII: Macette
154

Jacques du Lorens (1580-1655)
Perry Gethner
Satire II
170

François de Maynard (1582-1646)
Charles G.S. Williams
Ode: «Alcipe, reviens dans nos bois»
Sonnets: «Demeure encore au lit, belle et pompeuse Aurore»
«Cache ton corps sous un habit funeste»
«Que j'aime ces forêts, que j'y vis doucement»
Epigrammes
181

Etienne Durand (1585-1618)
Alvin Eustis
Stances à l'inconstance
191

HONORAT DE BREUIL, MARQUIS DE RACAN (1589-1670)
H. Gaston Hall
Stances sur la retraite
Stances sur une absence
Ode à la louange de la reine pendant sa régence
196

THÉOPHILE DE VIAU (1590-1626)
Guido Saba, Alvin Eustis, Claire Gaudiani
Le Matin
La Solitude
Stances: «Quand tu me vois baiser tes bras»
Ode: «Un corbeau devant moi croasse»
Sonnet: «Sacrés murs du soleil, où j'adorai Philis»
Elégie: «Cloris, lorsque je songe en te voyant si belle»
Lettre de Théophile à son frère
A Monsieur de L. sur la mort de son père
216

ANTOINE DE GIRARD DE SAINT-AMANT (1594-1661)
Jacques Bailbé, Christian Wentzlaff-Eggebert, Christopher Rolfe,
Edwin Duval, Robert Corum, Catherine Ingold
La Solitude
Le Mauvais Logement
Le Melon
Sonnets: «Le Printemps aux environs de Paris»
«L'Eté de Rome»
«L'Automne aux Canaries»
«L'Hiver des Alpes»
258

VINCENT VOITURE (1597-1648)
Allen Wood, Mona Tobin Houston
Sonnets: «Il faut finir mes jours en l'amour d'Uranie»
«Des portes du matin l'amante de Céphale»
«A Monseigneur le cardinal Mazarin, sur la comédie des machines»
Stances écrites de la main gauche
Stances sur une dame, dont la jupe fut retroussée
Rondeaux: «Ma foi, c'est fait de moi, car Isabeau»
«D'un buveur d'eau, comme avez débattu»
«A Rambouillet, va vitement et cours»
«Dedans ces prés herbus et spacieux»
Placet: «Prélat passant tous les Prélats passés»
Epitaphe
303

Tristan L'Hermite (1601-1655)
*Amédée Carriat, Jean-Pierre Chauveau, Catherine Grisé,
Claude Abraham
Le Promenoir des deux amants
La Mer
La Belle en deuil
Consolation à Idalie
La Peinture du trépas de la sérénissime princesse
Isabelle-Claire-Eugénie
Les Baisers de Dorince
La Belle Esclave More
La Servitude*
318

Pierre le Moyne (1602-1671)
*Quentin Hope
Actéon*
350

Jean-François Sarasin (1614-1654)
*Alain Génetiot
Ballade d'enlever en amour
Chanson: «Philis vous n'êtes pas trop sage»
Glose à Monsieur Esprit sur le sonnet de Monsieur Benserade
A Mlle * * *
Sonnet à Monsieur de Charleval*
364

Paul Scarron (1610-1660)
*Alain Génetiot
A Mademoiselle Marion Delorme, Etrennes A la Reine
Sonnet: «Superbes monuments de l'orgueil des humains»
La Mazarinade
Sonnet: «Le Pousseur de beaux sentiments»*
374

Denis Sanguin de Saint-Pavin (1595-1670)
*Kathleen Collins
Sonnets: «Quand d'un esprit doux et discret»
«Amants, qui vous plaignez sans cesse»
«Qui saura le peu de mérite»
«Je vous dirai sincèrement»
Epigramme: «Seigneur que vos bontés sont grandes»*
386

CYRANO DE BERGERAC (1619-1654)
Madeleine Alcover
Lettres: Sur l'ombre que faisait des arbres dans l'eau
D'une Maison de Campagne
394

La Poésie française du premier 17ᴇ siècle

LA FORTUNE CRITIQUE DE LA POESIE DU PREMIER 17ᴱ SIÈCLE

Robert N. Nicolich

I

La fortune critique de la poésie du premier dix-septième siècle français correspond en général à la genèse et à l'évolution de la notion historiographique et critique du classicisme et du «siècle de Louis XIV»[1]. Par contre, la fortune critique de chaque poète présenté dans cette anthologie—surtout La Ceppède, Malherbe, Racan, Maynard, Régnier, Tristan, Théophile, Saint-Amant et Voiture—varie selon la place qu'il a occupée dans ce schéma classique[2]. D'une part, dès le dix-septième siècle l'importance historique de Malherbe comme innovateur a presque toujours été reconnue; au moment même où Boileau énonce son vers célèbre («Enfin Malherbe vint...»[3]), il ne fait que répéter une notion déjà assez bien connue[4]. D'autre part, Saint-Amant et Théophile de Viau, appréciés par Charles Sorel comme «nos premiers Poëtes» après Malherbe, Racan et Maynard[5], allaient souffrir de l'importance reconnue des opinions de Boileau et de son rôle dans l'histoire de l'école classique[6]: par exemple, le succès de Théophile auprès de sa génération fut immense et dura même après sa mort[7]; néanmoins, il allait rejoindre Saint-Amant et les autres poètes qui devaient un jour être appelés les «attardés et égarés»[8] ou les «irréguliers»[9] du siècle de Louis XIV. Le nom de La Ceppède, quant à lui, sera même oublié.

C'est ainsi que s'est développé tout un répertoire de lieux communs et de préjugés «classiques» au sujet de nos neuf poètes, qui seront répétés dans les manuels, catalogues, chronologies, et dictionnaires du XVIIIᵉ siècle (et même dans des histoires littéraires du XIXᵉ) mais qui commencent déjà à paraître à la fin du XVIIᵉ. En 1685-1686, dans les *Jugements des Sçavans* d'Adrien Baillet[10], par exemple, on peut lire que Malherbe est considéré comme «le Pere de la Poësie Françoise»; que Régnier, précurseur de Boileau, est «le premier parmi nous qui ait sçû l'art de la Satyre Françoise», mais qu'il l'a rendu «haïssable par la difformité...et par les ordures» (citation par Baillet des opinions de Rapin et de Boileau); que Théophile, «obscurci» par Malherbe, avait «une trop grande affectation du stile aisé» (Rapin); que Racan, connu pour ses *Bergeries* est devenu «immortel» par ses *Psaumes*; que Maynard, loué plus pour ses *Epigrammes* que pour ses autres œuvres, «n'avoit point de force dans ses Vers» (selon Malherbe, cité par Racan/Pellisson); que Tristan a reçu plus d'éloges à propos de ses drames que pour ses poésies; que Saint-Amant, qui avait mené une vie irrégulière, aurait dû acquérir «le plus de réputation» de son *Moïse sauvé*, mais qu'«il a été censuré» par Boileau, et que «l'on voit peu de dispositions dans les esprits pour faire lever cette censure»; que Voiture, en revanche, est loué pour la «simplicité» et le «naturel» d'une «nouvelle espèce de Poësie», badinage délicat et spirituel que d'autres n'ont pas réussi à imiter (Rapin).

Beaucoup de ces mêmes jugements trouveront leur place au Siècle des Lumières dans les recueils et les histoires de Moréri[11], Nicéron[12], Goujet[13], Sabatier de Castres[14] et Palissot[15], malgré le peu d'intérêt que porte cette époque à la poésie du premier XVIIe siècle[16]. Il est toutefois intéressant de remarquer que beaucoup de noms de ces poètes «oubliés» qui vont être «redécouverts» au XXe siècle comme poètes «baroques»—d'Aubigné, Sponde, Du Bartas, Chassignet, Malleville, Colletet, Godeau, Le Moyne, Scudéry, Drelincourt et tant d'autres (y compris La Ceppède)—figurent encore au milieu du XVIIIe siècle dans la *Bibliothèque Françoise* de l'abbé Goujet. En revanche, c'est Voltaire qui, n'étant pas intéressé par la poésie lyrique[17], et confondant l'éclat littéraire du XVIIe siècle avec la génération de Louis XIV, consacre par son prestige et par sa prose la notion de génie «irrégulier» (et même «grossier» et «naïf») des générations antérieures à l'école classique[18]. Nos poètes, sauf peut-être Malherbe, ne figurent pas dans ce «siècle de Louis XIV» voltairien. Et si Voltaire exprime des sentiments de sympathie pour Théophile, ce n'est pas pour ses «vers médiocres» mais parce qu'il fut victime de persécutions[19], ce qui lui vaudra chez Palissot (1773), le titre de «malheureux célèbre» (p. 379), qui laisse prévoir l'intérêt que certains romantiques du siècle suivant lui témoigneront.

La critique universitaire de l'époque romantique, au lieu de se révolter contre le schéma classique, l'accepta, le développa même, et le diffusa, surtout dans les histoires de la littérature[20], où la poésie du premier XVIIe siècle, à l'exception de celle de Malherbe, «le premier modèle du style noble», y fut ainsi dépréciée en faveur de la «pureté» des «écrivains des beaux jours de Louis XIV», comme on pouvait le lire déjà à la fin du XVIIIe siècle dans les cours professés par La Harpe[21]. Villemain, qui représente le renouveau romantique de la critique, fait, en 1824, dans son *Discours d'ouverture du cours d'éloquence française* l'éloge de l'époque Louis XIV en négligeant complètement celle de Louis XIII[22]. Vingt ans plus tard, Nisard aura recours à une formule simpliste et peu flatteuse: «Ronsard continué et Malherbe mal compris, tel était l'état de la poésie dans la première moitié du XVIIe siècle»[23]. Par contre, si Viollet-le-Duc semble répéter des opinions et des anecdotes stéréotypées dans sa *Bibliothèque poétique*[24], il ne faut pas oublier qu'il fit publier des *Œuvres* de Régnier[25], avec sa préface sur l'histoire de la satire en France, qu'allaient bientôt suivre, avant la fin du siècle, les premières monographies sur nos poètes et d'autres éditions de leurs œuvres.

L'évolution du goût de Sainte-Beuve pour les poètes du premier XVIIe siècle est maintenant bien connue dans toutes ses subtilités par le travail de Raphaël Molho[26]: sa «fidélité de l'infidèle» à la notion du classicisme (p. 136), lorsque, en jeune apôtre du Romantisme, Sainte-Beuve aborde le Grand Siècle, l'entraîne bientôt, selon le rythme des révolutions au XIXe siècle, vers une vision de la perfection classique qui «se construisit…contre l'irrégularité» (p. 362). Ainsi, dans son *Tableau historique et critique de la poésie francaise…au XVIe siècle* (1828), Sainte-Beuve «semble n'attaquer Malherbe que pour le mieux réhabiliter» (p. 135). S'il n'apprécie pas «les irréguliers» de l'époque Louis XIII (p. 361), il goûte, en «homme de ténèbres», d'autres poètes mineurs qu'il «se plaît à retrouver et comme à inventer», à «créer», comme Pavillon, Saint-Pavin ou Mme Des Houlières qu'il aime dans leur «médiocrité» (pp. 365-66). Si la poésie du seizième siècle attire le Sainte-Beuve romantique—sa réhabilitation de Ronsard reste célèbre—il en est de même pour d'autres critiques à tel point que l'on situe nettement Malherbe et Régnier («le premier poète de génie qu'ait eu la France», en dépit de son ignorance de «l'idée de Dieu») parmi les poètes de la fin du seizième siècle[27].

L'intérêt que certains romantiques portent à l'envers de ce Grand Siècle, devenu objet d'étude d'une science historique naissante, aboutit souvent à son identification avec les écrivains de l'époque Louis XIII qui échappent aux historiens de la littérature officielle[28]. Dans la série des *Grotesques*, l'œuvre la plus connue peut-être de ce genre, Théophile Gautier réagit contre les opinions de Boileau en défendant pour leur singularité et leur fantaisie, Saint-Amant («un grand poète, d'un magnifique mauvais goût»), Théophile de Viau («mon pauvre homonyme»), Georges de Scudéry, Scarron, Cyrano, Collelet, P. Pierre de Saint-Louis, et même Chapelain puisqu'ils sont tous «moins soucieux de la pureté classique que les écrivains de premier ordre»[29]. Saint-Amant, avec ses caprices déjà appelés «baroques» (!), et Théophile, «prosateur excellent, poète incomplet», sont aussi l'objet des «Etudes sur quelques victimes de Boileau», de Philarète Chasles[30]. Emile Colombey[31] leur dédie un chapitre comme Victor Fournel qui intitule le sien, «La Bohème littéraire»[32], où il les compare aux bohémiens modernes. Saint-Amant est, même, comparé aux «romantiques dont il est un des précurseurs»[33].

Dans beaucoup de ces «exhumations», cependant, subsistent des paradoxes et des contradictions: le schéma classique l'emporte malgré tant d'enthousiasme, comme dans la conclusion de la préface de Gautier. On étudie ces poètes souvent par curiosité pour leur singularité et leur indépendance, ou même pour «la couleur de leur temps», comme le dit Gautier (préf., xiv), mais ils sont toujours d'un ordre inférieur à l'égard des classiques auxquels ils sont comparés en dernière analyse[34]. Quand Bazin, par exemple, présente la biographie de Théophile, c'est que Théophile est «le premier» des «jeunes talents sans subordination et sans puissance» à une époque «d'anarchie turbulente» après le temps de Malherbe[35].

Par contre, il est évident qu'en dépit des contraintes de la notion de classicisme, de nouveaux goûts sont en train d'élargir la perspective du Grand Siècle: on y inclut les poètes de la première partie, même s'ils sont souvent vus par rapport à une époque autre que la leur, en qualité seulement de «précurseurs» de l'époque Louis XIV. N'oublions pas, cependant, que Sainte-Beuve, dans sa réponse aux *Grotesques* de Gautier, ne leur aurait même pas accordé cette qualité puisque «en tant qu'ils se rattachaient au mouvement du XVIe siècle, [ils] étaient une fin et non un commencement»[36]. C'était exactement pour voir «quel fruit nos classiques ont su tirer de l'étude des ouvrages de leurs devanciers», que l'anthologie *Des Poètes françois depuis le XIIe siècle jusqu'à Malherbe* avait été déjà établie en 1824[37]. Malherbe, Racan, Maynard, Régnier, Gombauld, Malleville y figuraient avec beaucoup d'autres (t. VI). Quelques décennies plus tard, cependant, l'anthologie de Crépet (1861-63) sera beaucoup plus riche: cette fois Saint-Amant et Viau (avec *notices* par Gautier), Tristan, Voiture et Chassignet ne seront pas absents[38]. Dans les histoires littéraires on peut suivre l'élargissement de cette vision du Grand Siècle depuis Géruzez[39] et Godefroy[40], jusqu'à Petit de Julleville, pour lequel la première partie du siècle (1601-1660) avec toute sa richesse poétique mérite enfin un volume particulier[41]. Il ne faut pas oublier non plus les contributions de Victor Cousin à la connaissance du milieu où se développa la poésie précieuse[42].

Avec le développement au XIXe siècle d'une recherche littéraire toujours plus scientifique, nous assistons à la publication d'une série d'éditions des œuvres de nos poètes: celles de Saint-Amant par Livet (1855)[43]; de Théophile par Alleaume (1855-56)[44]; de Racan par Latour (1857)[45]; de Maynard par Blanchemain (1861)[46] et par Garrisson (1885-88)[47]; de plusieurs éditions poétiques de Voiture[48], de Régnier[49], de Malherbe[50]. Mais il faudra attendre le siècle suivant pour voir des éditions de la poésie de Tristan[51] et de La Ceppède[52]. La plupart des premières monographies importantes sur des poètes individuels paraissent dans la dernière décennie du siècle, continuant cet effort d'érudition et souvent de «réhabilitation»: sur Malherbe, par Brunot (1891)[53] et par Allais (1892)[54]; sur Tristan, mais en grande partie comme auteur dramatique, «précurseur de Racine», par Bernardin (1895)[55]; sur Racan, par Arnould (1896)[56]; sur Régnier, par Vianey (1896)[57]; sur Saint-Amant, par Durand-Lapie (1898)[58]; sur Maynard/Menard, par Durand-Lapie et Lachèvre (1899)[59]. Il faut ajouter aussi les travaux de Lachèvre sur les recueils de poésies, sur les libertins et surtout sur Théophile publiés au début du XXe siècle[60], ainsi que ceux d'Emile Magne sur Voiture[61].

Les défenseurs du schéma classique, obligés maintenant de reconnaître l'existence documentée de toute cette vie poétique de la première partie du XVIIe siècle, et de l'évolution du genre lyrique, essaient dans les histoires littéraires de maintenir la pureté d'un siècle classique en désignant ces poètes sous le nom d'«irréguliers» et d'«attardés» comme le font Brunetière[62] et Lanson[63]. C'est Faguet, qui, selon Simone (p. 290), reconnaîtra enfin deux moments nettement distincts dans ce siècle «classique»[64]. S'intéressant plutôt à chaque poète, à sa vie et à son œuvre pour y découvrir son originalité poétique, Faguet considère la première période du siècle comme une période de «transition», qu'il trouve «attachante», «avantageuse» même, à cause de «ces chers [poètes] réhabilités» (p. 1, 9), indispensables maintenant à une vue totale d'un siècle qui cesse d'être uniquement le siècle de Louis XIV.

Tous nos poètes, et même La Ceppède, auront donc une place importante dans l'anthologie de Mazade (1926)[65]; quelques-uns seulement dans celle de Duhamel (1923)[66]. Cependant Régnier, Théophile, Saint-Amant et Racan sont les seuls que Raoul Morçay (1935) distingue comme «au moins quatre hommes doués d'un véritable tempérament de poète» à une époque appelée maintenant «préclassique»[67]. Daniel Mornet (1940), de son côté, fidèle à la notion classique, essaiera néanmoins de l'élargir radicalement en dessinant un tableau beaucoup plus complexe de la «régularité» et de l'«irrégularité» à la fois de chacun de ces poètes qui ne sont plus divisés traditionnellement en deux «blocs» nettement opposés[68].

II. La Naissance du baroque

Un nouveau développement important pour l'histoire critique de la poésie est présagé par la publication de l'*Histoire littéraire du sentiment religieux en France* de l'abbé Henri Bremond[69], où se trouve, comme le dit Simone (p. 329), une «première anthologie» de cette poésie qui sera bientôt appelée «baroque», et où commence la réhabilitation de La Ceppède. Les premières contributions internationales à l'étude du baroque littéraire français sont bien connues[70], mais il paraît possible de désigner l'année 1930, ainsi que le fait Odette de Mourgues, comme le début du renouveau, au XXe siècle, de la critique de notre poésie du premier XVIIe siècle, grâce à un article en anglais, sur Sponde et d'autres poètes, par Alan Boase[71]. En France, à la même époque, sans référence encore au baroque, Valery Larbaud réhabilite Racan du point de vue de la tradition littéraire européenne, et découvre un rapport entre ses *Odes Sacrées* et les poésies de l'école métaphysique anglaise, et notamment celles de Donne[72]. L'édition par Larbaud des *Poésies lyriques profanes*[73] de Racan sera suivie par d'autres éditions de ses poésies, par Pierre Camo (1929)[74] et par Louis Arnould (1930, 1937)[75].

Des éditions de textes d'autres poètes ne manquent pas non plus entre les deux guerres: des *Poésies* de Maynard par Ferdinand Gohin[76]; des *Poésies* de Malherbe par Philippe Martinon et Maurice Allem[77] et par Jacques Lavaud[78]; des *Amours et autres poésies choisies* de Tristan par Camo[79], et plus tard, de *Tristan…poète chrétien et catholique* par Lachèvre[80]; des *Œuvres* de Régnier par Jean Plattard[81], et par Lucien Dubech[82]; et enfin, des *Œuvres poétiques* de Théophile par Louis-Raymond Lefèvre[83]. A ce moment paraît aussi la thèse d'Antoine Adam sur *Théophile de Viau et la libre pensée française en 1620*[84], où Theophile est même appelé «baroque» (au sens péjoratif, p.148).

C'est à l'époque de la deuxième guerre mondiale que Thierry Maulnier dans son *Introduction à la poésie française*[85] admire d'abord avec enthousiasme «l'éclat» (p. 89) de la poésie «des derniers Renaissants» de la première moitié du siècle, moment tout à fait singulier, avec son sommet vers 1630; et Maulnier finit par l'identifier avec le baroque (et assez imprécisément avec «le précieux», aussi) dans son introduction à l'anthologie établie par Dominique Aury des *Poètes précieux et baroques du XVIIe*[86]. Maulnier oppose cet effort objectif de réhabilitation à celui des Romantiques au siècle précédent, qu'il appelle un effort de polémique d'école, qui «allait seulement…à ce que le goût classique avait condamné» (p. ix). Dans sa propre anthologie de la *Poésie du XVIIe siècle*[87], il met l'accent sur des œuvres peu connues, ou récemment mises en lumière par la critique littéraire, comme celle de La Ceppède, égal maintenant des plus grands poètes (p. 8). Malherbe, Maynard,

Théophile, Saint-Amant, Tristan y ont une place prééminente avec La Fontaine (p. 9)[88]. Les anthologies de Marcel Arland (1941)[89], de C.-F. Ramuz (1942, où figurent des extraits des *Larmes de Saint-Pierre* de Malherbe)[90], celle d'Aury sur la poésie religieuse (1943)[91], et celle de René Bray sur la poésie précieuse (1946, où figurent Voiture et Tristan)[92], contribuent aussi pendant et après les années de guerre à une nouvelle appréciation de cette poésie. Dans deux chapitres sur la poésie des années 1600-1627 et de «l'époque de Richelieu, 1628-1642», dans le premier volume (1948) de son *Histoire de la littérature française au XVIIe siècle, l'époque d'Henri IV et de Louis XIII*[93], Adam fait un travail de synthèse où il modifie, d'ailleurs, l'image traditionnelle de Malherbe en étudiant maintenant ses traits «baroques» (p. 38-41). Mais selon Simone (p. 355), c'est finalement le numéro spécial en 1949 de la *Revue des Sciences Humaines* (Nos. 55-56), qui fait preuve d'une notion du baroque devenue acceptable pour la critique française, avec des articles par Boase (un Anglais, cependant), sur les «Poètes anglais et francais de l'époque baroque» (pp. 145-54), par Adam sur «Baroque et préciosité» (pp. 208-24), et ceux, aussi, de Marcel Raymond, de V.-L. Tapié, et d'A. Chastel.

Toute cette révision internationale des valeurs littéraires grâce à laquelle le terme «baroque», malgré tant de réticences, finit par désigner une esthétique, un style et une époque littéraires, est résumée par Boase dans son «Etude sur les poésies de Jean de Sponde» (1949)[94]. L'étiquette «baroque» a dès lors l'avantage de permettre de situer nos poètes dans leur époque «autrement que par exclusion» (du classicisme) comme le dira André Baïche[95]. Ils ne sont plus vus seulement comme des «prédécesseurs», ou des «préclassiques», mais dans toute leur originalité. De nouvelles influences et des filiations sont suggérées aussi par cette étiquette, des affinités avec l'ensemble des arts d'imagination d'une époque dans la civilisation européenne internationale, avec l'architecture, la peinture, la musique, et même, pour certains, avec la mentalité de la Contre-Réforme. Tout ceci permet de voir les textes sous des aspects nouveaux et d'y trouver des richesses poétiques ignorées ou incomprises auparavant. En 1951, à la fin de *La Poésie française de 1560 à 1630*, R. Lebègue essaie, en suivant Chastel et d'autres, de qualifier provisoirement de «baroque» poétique «l'abondance luxuriante et désordonnée», «la représentation hyperbolique de sentiments ou de passions intenses», «la recherche des effets de surprise» et «le goût du neuf, du rare, du subtil»[96].

III. L'Apogée du baroque et divergences

Les travaux concernant le baroque devenant extrêmement nombreux dès l'après-guerre, il suffit ici de signaler plusieurs «états présents», bilans de la question, ou inventaires de critique, publiés périodiquement sur la signification du mot et de la notion, sur son origine dans les beaux-arts, sa transposition et ses interprétations diverses dans la critique littéraire[97]. Le caractère international des chercheurs qui étudient le «baroque» en France est à remarquer.

Quant aux œuvres critiques concernant cette poésie maintenant appelée «baroque», nous n'en mentionnerons que quelques-unes, en suivant le choix et la classification établis par David Lee Rubin dans l'introduction de son livre[98]. Nous distinguons avec lui entre, d'une part, la méthode critique qui cherche des rapports ou des liens entre la littérature et des causes ou des qualités «extrapoétiques», les arts par exemple, en redécouvrant le texte dans le contexte culturel de sa création ou de sa réception («integrative criticism»), et d'autre part la méthode critique qui s'adresse essentiellement au texte même, à sa forme, à son langage, à ses procédés («differential criticism»), étudiés dans la totalité du texte («synthetically») ou comme éléments individuels («atomistically»).

A la première catégorie appartiennent trois études importantes: *Metaphysical, Baroque and Précieux Poetry* (1953)[99] par Odette de Mourgues; *La Littérature de l'âge baroque en France: Circé et le paon* (1954)[100], par Jean Rousset; et *Studies in the Baroque from Montaigne to Rotrou* (1957)[101], par Imbrie Buffum. Selon O. de Mourgues, pour qui la sensibilité artistique du poète est d'une grande importance, la poésie métaphysique, représentée en France par Scève, La Ceppède et Sponde se caractérise par l'alliance équilibrée de l'élément intellectuel et des sentiments; les poètes baroques, par contre, auraient une vision déformée par l'imagination et la sensibilité (par exemple les poésies de Théophile, de Saint-Amant et de Tristan sur la nature); le but spécifique de la poésie précieuse (Voiture), serait de faire éprouver un plaisir intellectuel.

Pour J. Rousset la littérature est vue dans ses rapports avec les autres arts européens de l'époque (de 1580 à 1665, approximativement) où il a choisi ses critères (baroques): l'instabilité, la mobilité, la métamorphose, la domination du décor. A travers eux Rousset interroge des textes où il découvre les mêmes thèmes et procédés stylistiques; ainsi le baroque des *Larmes* auquel Malherbe tourne le dos n'est-il pas tout à fait mort dans les hyperboles et le ton élevé du poète «classique» (p. 203)[102]. En 1961 dans son *Anthologie de la poésie baroque française*, 2 vols., (1961)[103], Rousset citera des poèmes (ou des fragments de poèmes) de cette époque choisis suivant ces thèmes «baroques». L'analyse du style de Montaigne fournit à I. Buffum huit critères baroques qui se manifestent aussi dans les textes poétiques de La Ceppède et du Saint-Amant «libertin». Mais, à l'inverse de Rousset qui, en 1954, contraste la stabilité, l'unité et l'immobilité classiques, avec l'instabilité, la multiplicité, et la mobilité baroques, Buffum souligne l'unité «organique» de l'œuvre baroque, qui est le reflet de la sensibilité chrétienne de l'époque, même dans les textes qui ne sont pas expressément chrétiens: aussi peut-il parler de l'unité «cachée» des poèmes de Saint-Amant. Les contributions de cette méthode critique, pour la connaissance d'une culture et même pour l'analyse formelle des textes, sont signalées chez Rubin (p. 5).

Dans le deuxième groupe de critiques («differential critics») qui se sont souvent adressés un peu plus aux textes qu'au contexte culturel nous pouvons citer l'étude comparative de Lowry Nelson, *Baroque Lyric Poetry* (1961)[104]. Se méfiant d'une série de catégories «baroques» ou de critères stylistiques isolés, L. Nelson préfère interroger chaque poème uniquement du point de vue formel de son «temps narratif» (temps des verbes et d'autres références), et de sa «situation rhétorique» (le rapport entre celui qui parle et celui qui écoute ou lit, ou «structure dramatique»). Ainsi peut-il expliquer l'unité complexe de *La Solitude* de Théophile par l'analyse d'une évolution de plusieurs rapports dans le poème. Il suggère en outre l'utilité de cette méthode d'analyse pour Saint-Amant et Tristan. D'un point de vue un peu étroit, des textes de Tristan sont analysés par John C. Lapp dans son essai, «Sunken Images: Baroque Assimilation»[105], où il étudie les effets poétiques des références mythologiques «voilées» ou dissimulées dans le texte. Lapp suggère, de plus, la possibilité d'appliquer cette méthode de recherche aux poèmes de Théophile et de Saint-Amant. Dans le livre de David Lee Rubin, *Higher, Hidden Order: Design and Meaning in the Odes of Malherbe*, (1972)[106], la cohérence intérieure et cachée de chaque ode dans son ensemble est démontrée par l'étude précise des analogies ou des comparaisons explicites et implicites, et en particulier des allusions indirectes ou «voilées» à la littérature ou à la mythologie.

Entre les études encore plus limitées à des éléments littéraires spécifiques ou isolés, se trouvent deux enquêtes citées par Rubin, inspirées par le nouveau programme de recherches «sur le style et les structures, moins étudiés que les thèmes», encouragé par Rousset en 1968[107]: John Pedersen, *Images et figures dans la poésie française de l'âge baroque* (1974)[108] et Fernand Hallyn, *Formes métaphoriques dans la poésie lyrique de l'âge baroque en France* (1975)[109]. Pedersen fait un examen de l'image poétique (au sens large) chez Théophile, Saint-Amant et Tristan, distinguant leur «technique rhétorique» où il voit «une convergence très nette» (p. 165) de leurs «styles» personnels: le «réalisme passionné» chez Théophile, le «réalisme 'concret'» chez Saint-Amant et, l'«idéalisme abstrait» chez Tristan (p. 165-66). Puis il élargit sa perspective (de 1550 à 1650) en analysant des auteurs antérieurs et postérieurs—y compris Malherbe, Voiture, La Fontaine—pour aborder enfin la problématique du baroque et la périodisation littéraire. Hallyn, par contre, s'en tient à la périodisation baroque de Rousset pour la poésie lyrique de toute l'époque 1580-1660, pour faire une enquête systématique sur la métaphore utilisée dans son acceptation restreinte, plus conforme à la rhétorique traditionnelle. Au terme de sa description ordonnée et de son classement méthodique il conclut que «la poésie baroque...semble osciller entre deux pôles: ...le miroir d'un absolu ou...le miroir de l'ingéniosité du poète» (p. 214).

A ces deux dernières enquêtes nous pouvons ajouter le livre d'André Baïche, *La Naissance du baroque français, poésie et image de la Pléiade à Jean de La Ceppède* (1976, voir notre n. 95), qui s'intéresse surtout à la «naissance», au XVIe siècle, du phénomène du baroque poétique par l'étude de l'image—y compris dans des textes de La Ceppède et dans *Les Larmes de Saint Pierre* de Malherbe («baroque d'imitation»). Cependant, de la même manière que la critique «intégrante», Baïche étend son enquête au domaine des idées, à la recherche des imitations et des sources, à l'histoire littéraire, au cadre historique et religieux (p. 21). Deux autres études, qui relèvent de la thématique, soulignent aussi les rapports entre des éléments littéraires spécifiques (mais fragmentés) et certaines circonstances historiques, sociales ou artistiques: Gilbert Delley, *L'Assomption de la Nature dans la lyrique française de l'âge baroque* (1969)[110], pour la période 1580-1660 et Julien Eymard, *Le Thème du miroir dans la poésie française, 1540-1815* (1975)[111]. Ce dernier voit par exemple dans la floraison du thème du miroir un rapport entre l'expression poétique et le développement des techniques verrières (p. 243).

Nous pouvons citer en outre, comme exemple des contributions italiennes au renouveau de la critique sur notre poésie, le livre de Cecilia Rizza, *Barocco francese e cultura italiana* (1973)[112], qui comprend divers articles dont un sur les influences italiennes dans la poésie lyrique du premier XVIIe siècle[113]. L'intérêt que portent aussi les chercheurs allemands à nos poètes se reflète dans le livre d'Arnold Rothe, *Französische Lyrik im Zeitalter des Barock* (1974)[114] et dans les analyses de poèmes de Malherbe, Régnier, Théophile et Saint-Amant présentées par Hans Hinterhaüser dans *Die Französische Lyrik von Villon bis zur Gegenwart* (1974)[115].

Une étude importante qui relève de l'histoire littéraire traditionnelle, *La Poésie française du premier XVIIe siècle (1598-1630)* par Henri Lafay (1975, voir notre n. 3), est une «esquisse pour un tableau», comme le sous-titre l'indique, où les auteurs et leurs œuvres sont replacés très exactement dans leur temps. Lafay met l'accent sur l'explication socio-historique, et sa méthode est ouverte aux orientations de la nouvelle histoire et aux acquisitions des diverses sciences humaines pour l'interprétation de la poésie des trente premières années seulement du «premier XVIIe siècle»[116]. Il faut aussi signaler d'autres «histoires de la poésie»: Jean Charles Payen et Jean-Pierre Chauveau, *La Poésie des origines à 1715* (1968)[117], où les soixante premières années du XVIIe siècle sont considérées «dans leur autonomie» (p. 111) dans un chapitre sur «la poésie du siècle baroque»; et Robert Sabatier, *La Poésie du XVIIe siècle* (1975)[118], où Théophile, Saint-Amant, Cyrano et Tristan sont «les romantiques Louis XIII (p. 85)[119]. Enfin, la rhétorique traditionnelle, comme méthode d'approche à l'analyse formelle de la structure d'ensemble d'un texte intégral, est l'objet de l'enquête d'A. Kibedi Varga, *Rhétorique et littérature, études de structures classiques* (1970)[120]. Cependant, celui-ci se limite volontairement aux deux premières parties de la rhétorique, moins connues que la troisième qui recouvre à peu près ce qu'on entend aujourd'hui par stylistique (p. 16). Entre ses analyses de structures littéraires dans leur ensemble, qui servent comme illustration de sa méthode, il étudie dans son unité la *Consolation à M. Du Périer* de Malherbe, «spécimen parfait d'une poésie qui s'apparente au genre délibératif de la rhétorique» (p. 106), conclusion suggérant, de pair avec les recherches de Rubin, tout un travail qui reste à faire pour nos textes poétiques.

IV. Le Renouvellement erudit

Depuis la deuxième guerre mondiale, la nouvelle floraison d'éditions de textes et de monographies importantes, s'appuyant souvent sur de nouvelles méthodes et perspectives critiques, témoigne du renouveau de la critique pour chaque poète individuel à la suite de la diffusion de la notion de baroque littéraire. En ce qui concerne les éditions, il y a celles de Régnier par Gabriel Raibaud (1958)[121]; de

Saint-Amant par Jacques Bailbé et Jean Lagny (1965-1979)[122], de La Ceppède par Rousset (1966, voir notre n. 47), de Théophile par Jeanne Streicher ([1951], réimpr. 1967)[123] et par Guido Saba (1978)[124], de Tristan par Catherine Grisé (1967)[125] et par Jean-Pierre Chauveau (1977)[126], de Malherbe par René Fromilhague et Raymond Lebègue (1968)[127] et aussi par Antoine Adam (1971)[128], et de Voiture par Henri Lafay (1971)[129]. Pendant toute cette époque, un plus large public découvre des textes de nos poètes, souvent en forme fragmentée, dans des anthologies comme celles de Rousset (1961), de Raymond Picard (1964-1969)[130], d'Odette de Mourgues (1966)[131], et celle de Maurice Allem (1914), *Anthologie poétique française XVIIe siècle* (2 vol.) réimprimée par Garnier-Flammarion (1965-1966). Nos poètes paraissent même dans des anthologies comparatives comme celles de Warnke (1961) et de Segel (1974)[132].

Pour ce qui est des livres et des thèses sur chaque poète, nous pouvons revenir à l'ordre chronologique pour chaque décennie depuis 1950. Voici d'abord les études sur Malherbe par René Fromilhague (1954)[133], et Renée Winegarten (1954)[134], ainsi que le numéro spécial de la revue *XVIIe siècle* pour le quatrième centenaire de sa naissance (1955)[135]; les études sur Tristan par Amédée Carriat (1955)[136]; sur Saint-Amant par R.A. Sayce (1955)[137] et Maria Strzalkowa (1955)[138]. Pendant la décennie suivante, voici des enquêtes toujours plus nombreuses: sur Saint-Amant par Françoise Gourier (1961)[139], Alice W. Rathé (1964)[140], Jean Lagny (1964)[141], Samuel Borton (1966)[142], et les essais de Gérard Genette[143]; sur Théophile par Emile Snyder (1962)[144], par Guido Saba (1964, voir notre n. 2) et Amelia Bruzzi (1965)[145] (en italien) et par Gerhard Müller (1968)[146] et Klaus Meyer-Minnemann (1969)[147] (en allemand); sur La Ceppède (enfin!), par Lance K. Donaldson-Evans (1969)[148] et Terence C. Cave (1969)[149]; sur Malherbe par P. Ciureanu (1962)[150] et Maria A. Green (1969)[151]; et sur la poésie précieuse par Y. Fukui (1964)[152] et Roger Lathuillère (1966)[153].

Pendant la décennie suivante, voici encore des livres et des thèses assez nombreux sur Saint-Amant: par Christian Wentzlaff-Eggebert (1970)[154], sur Saint-Amant et les arts par Christopher D. Rolfe (1972)[155] et D. Dale Cosper (1973)[156] et par Catherine Ingold (1978)[157] et Robert T. Corum (1979)[158]. Voici de plus, des études sur La Ceppède par Nancy W. Hafer (1975)[159] et Paul A. Chilton (1977)[160]; sur Malherbe par Claude K. Abraham (1971)[161] et Rubin (1972); sur Régnier par Marguerite V. Mitchell (1973)[162]; sur Tristan par Doris Guillumette (1972)[163]. A Tristan aussi est consacré en 1978 une partie du numéro d'été de *PFSCL* (no. 9), et l'année suivante voit l'inauguration des *Cahiers Tristan L'Hermite*[164]. Cette décennie voit aussi la fondation de l'*Association des Amis de Maynard* (1971) le Colloque *Maynard et son temps* à Toulouse (1973)[165], et l'inauguration de la série annuelle toujours très active des très riches *Cahiers Maynard* publiés sous la direction du Marquis de Cambolas et grâce auxquels un Maynard méconnu et oublié a fait place à un nouveau Maynard «somptueux et subtil», à «multiples facettes» (no. 7, 1977, p. 3).

Les études continuent à paraître: sur Tristan par Abraham (1980)[166]; sur Saint-Amant par Edwin M. Duval (1981)[167]; sur Théophile par Claire L. Gaudiani

(1981)[168]. L'analyse sémiotique de Susan W. Tiefenbrun[169] de la *Macette* de Régnier et l'étude de Francis L. Lawrence («Saint-Amant's 'L'Hyver des Alpes': A Structural Analysis»[170]) qui s'appuie sur les techniques de Jakobson, Lévi-Strauss et Riffaterre, reflètent l'utilisation de nouvelles méthodes critiques pour l'analyse de la structure d'une œuvre poétique dans son ensemble. A la fin de cet inventaire, donc, et si l'on y ajoute les articles publiés pendant cette époque, il est évident que les poètes qui ont le plus profité du renouveau critique sont Saint-Amant, Théophile, Tristan, La Ceppède (et aussi Malherbe), et que Régnier et Racan ont suscité le moins d'intérêt[171].

V. Maniérisme et au-delà…

Un développement assez nouveau dans l'histoire de la périodisation littéraire a commencé à rendre encore plus complexe l'utilisation de l'étiquette «baroque» pour la poésie du premier XVIIe siècle: c'est l'introduction dans la critique littéraire de la notion de «maniérisme», issue, comme celle de «baroque», du domaine des beaux-arts. Comme pour le baroque, les travaux concernant le maniérisme sont nombreux et la discussion sur le baroque embrasse souvent les problèmes du maniérisme. Il suffit donc de renvoyer aux bibliographies et aux «états présents» de la recherche[172].

Pour nos poètes la contribution la plus importante est celle de Marcel Raymond dans l'introduction de son anthologie, *La Poésie française et le maniérisme, 1546-1610(?)* (1971)[173], qui reflète l'influence d'Arnold Hauser, *Mannerism: The Crisis of the Renaissance and the Origin of Modern Art*, 2 vols. (1965)[174] et celle de John Shearman, *Mannerism* (1967)[175]. Dix ans après l'*Anthologie de la poésie baroque* (1961) de Rousset, Raymond semble maintenant «annexer» à sa notion de maniérisme littéraire des critères «baroques» de Rousset et de beaucoup d'autres critiques: «l'idée de mouvement», «une expression excessive», «un principe de composition fuyant», «la proéminence des figures et des formes», un style «énergétique» et «floride» (p. 25) «une rhétorique de l'excès» (p. 29). On trouve désormais dans cette anthologie maniériste non seulement Ronsard, Du Bellay, des poètes de la Pléiade, Scève, Desportes, mais aussi des poètes qui figuraient dans l'anthologie baroque de Rousset: Sponde, Chassignet, La Ceppède, Du Bartas, Du Perron, Malherbe et Racan. Des extraits des *Tragiques* de d'Aubigné et des *Larmes* de Malherbe, et le Sonnet XII «Sur la mort» de Sponde figurent maintenant aussi dans les deux anthologies.

Pour la datation du baroque, Rousset avait proposé les années 1580-1665, dorénavant pour le maniérisme, Raymond propose la période 1546-1610 (?). Plus récemment, Claude-Gilbert Dubois (p. 181) a proposé pour le XVIe siècle deux périodes «à positivité classicisante» (apogées vers 1550 et 1600), mais il parle aussi de «tendances baroquisantes» chez des auteurs du troisième tiers du XVIe siècle (p. 71). En plus, comme pour le baroque, il y a aussi pour le maniérisme une conception ahistorique de la notion se référant à tous les arts de toutes les époques. Rubin a fait un effort cependant pour analyser Malherbe du point de vue des critères maniéristes de Raymond et il semble que la notion de maniérisme puisse être, comme celle de baroque, d'une grande utilité[176]. Mais la question est evidemment complexe et, comme pour le baroque, loin d'être résolue. Il s'agirait peut-être de revenir aux dernières pages de *L'Intérieur et l'extérieur* de Rousset (p. 257-6), où il réinterprète ce qu'il avait dit auparavant sur les formes baroques: au lieu de souligner des images, des métaphores ou des thèmes isolés, il considère maintenant dans les textes leur «développement continu», leur «construction», et il parle de «tout l'édifice du poème» baroque, en soulignant non plus l'aspect multiforme ou brisé d'une composition à éléments disparates, mais «l'homogénéité», la «continuité» de la composition baroque à la base d'un grand contraste ou d'un renversement imposant[177].

La valeur de cette approche au niveau supérieur de l'unité du texte, du poème pris dans sa totalité, est démontrée par le livre de David Lee Rubin, *The Knot of Artifice* (1981). Il développe une méthode et des catégories critiques basées sur les théories d'Elder Olson[178], de Bernard Weinberg[179], de Cleanth Brooks[180], de Barbara Herrnstein Smith[181], et de R.S. Crane[182], pour l'examen rigoureux de l'unité intérieure de poèmes de Malherbe (*Priere pour le Roy allant en Limozin*), de Saint-Amant (*Le Mauvais Logement*), de Théophile, (*Le Matin* et «Un corbeau devant moy croasse»), de Maynard («Alcippe, reviens dans nos Bois»), et de Sigogne («Cette petite dame au visage de Cire»). Dès le début il établit une distinction de grande importance pour son enquête: que l'unité «consécutive» et transparente d'une succession ou d'un ordre naturel (comme enchaînement logique ou traditionnel, ou rapport de cause à effet) n'est pas la seule unité possible dans un poème. Il distingue donc trois espèces d'unité «non-consécutive»—description, instruction (persuasion ou «didactique»), et répétition («itération»). Celles-ci seraient les espèces d'unité préférées par nos poètes mais adaptées par eux avec ingéniosité, invention, et variété. Tout ordre appartenant à une série est éclaté, fragmenté par eux; mais en même temps ils exploitent un symbolisme dispersé, des métaphores impliquées, des analogies sous-entendues, des associations et des allusions indirectes à des motifs littéraires parfois bien connus—toute une activité poétique cachée, «submergée», qui rattache l'unité du poème à un niveau supérieur en reliant ensemble des éléments qui ne sont divergents qu'en apparence. A l'analyse détaillée de chaque poème, Rubin ajoute en annexe une étude plus approfondie de la structure des odes de Malherbe, comme supplément à ses conclusions sur leur unité dans son livre *Higher, Hidden Order*, publié neuf ans auparavant.

Evidemment, la méthode de Rubin n'est pas facile: le caché ne se dévoile pas sans beaucoup d'effort de la part du lecteur. Néanmoins, il a eu des disciples et leurs thèses, celle sur La Ceppède de Hafer, et surtout celles de Corum (voir n. 158) et d'Ingold[183] sur Saint-Amant—témoignent de la valeur et de la souplesse de la méthode. Signalons ici en outre le rôle personnel important aux Etats-Unis qu'a joué Rubin pour encourager le renouveau des études sur nos poètes en organisant plusieurs séances et groupes de discussions sur la poésie du premier XVIIe siècle aux réunions annuelles de la Modern Language Association et de la North

American Society for Seventeenth Century French Literature. En publiant souvent les actes de ces colloques, les *PFSCL* ont rendu leurs résultats accessibles à un plus large public d'érudits.

A la fin de chacune de ses analyses Rubin suggère l'application de ses conclusions à l'analyse d'autres textes poétiques du premier XVIIe siècle; il confronte en outre constamment ses conclusions avec ce qu'il découvre dans la poésie des époques précédentes, suggérant la possibilité d'une nouvelle histoire de la poésie lyrique française entre 1550 et 1630 (p. 89). Cette histoire, qui exige un travail détaillé sur de nombreux textes dans leur unité cachée, reste encore à faire[184].

NOTES

1. Sur l'histoire de la fortune critique (*Rezeptionsgeschichte*) de la poésie lyrique des années 1590-1630, à l'époque des Desportes, Bertaut, Malherbe, Théophile et Saint-Amant, et sur l'influence de Boileau sur la façon dont l'on devait juger ces poètes jusqu'en 1914, voir l'étude très détaillée et très riche de Bernd Rathmann, *Der Einfluss Boileaus auf die Rezeption der Lyrik des fruhen 17. Jahrhunderts in Frankreich* (Tubingen-Paris: Gunter Narr—Jean-Michel Place, «Etudes littéraires françaises», 5, 1979), et surtout sa bibliographie, pp. 152-168. Les limites qui nous ont été imposées ici nous obligent à présenter un répertoire beaucoup moins complet. Sur le développement de la notion critique de «classicisme» voir Franco Simone, *Umanesimo, Rinascimento, Barocco in Francia* (Milan: Mursia, 1968), 3e partie, chap. 1 et 2: «La storia letteraria francese e la formazione dello schema storiografico classico», «La storia letteraria francese e la dissoluzione dello schema storiografico classico», p. 260-297. Voir aussi Mario Bonfantini, *La Letteratura francese del XVII secolo—nuovi problemi e orientamenti* (Turin: Giappichelli, 1973), 1ère partie, «Il problema del barocco e la storiografia letteraria francese del 'gran secolo'», p. 17-60. Le classicisme comporte non seulement une dimension historique mais un complexe de valeurs aussi morales qu'esthétiques—par exemple: régularité, équilibre, clarté.

2. Sur Tristan, par exemple, voir Daniela Dalla Valle, *Il teatro di Tristan L'Hermite: saggio storico e critico* (Turin: Giappichelli, 1964), chap. 1-4, pour une étude très précise de la fortune littéraire de son théâtre à travers les siècles, mais où l'on peut suivre, aussi, la fortune de ses œuvres poétiques. Sur Théophile, voir Guido Saba, *Théophile de Viau e la critica* (Trieste: Università degli Studi, Facoltà di Lettere e Filosofia, 1964) et Beverly Omory, «Ancient or Modern: Some Seventeenth-Century Attitudes to the Work of Théophile de Viau», *Romanische Forschungen*, 81 (1969), pp. 571-84. Voir aussi Maria Green et David L. Rubin, «Reactions to the Odes of Malherbe: A Critical Sketch», *Œuvres et Critiques*, 1, No. 1 (1976), pp. 73-84; et les articles sur ces poètes dans Franco Simone, éd., *Dizionario critico della letteratura francese*, 2 vols. (Turin: Unione Tipografico, 1972), surtout celui sur Malherbe par Wolfgang Leiner, t. II, pp. 719-25.

3. *Art Poétique*, 1674, I, v. 131.

4. Simone, p. 263, et n. 19. Cette notion fait partie, dit-il, d'une adaptation des formules humanistes sur le progrès de la culture qui sont à l'origine du schéma classique. Voir encore Desmarets de Saint-Sorlin, *La Comparaison de la langue et de la poësie françoise, avec la Grecque et la Latine, et des Poëtes Grecs, Latin et François* (Paris: T. Jolly, 1670), p. 20: «Malherbe ... a marché par des voyes inconnuës aux precedens Poëtes François». Comme le dit Henri Lafay, *La Poésie française du premier XVIIe siècle (1598-1630), esquisse pour un tableau* (Paris: Nizet, 1975), p. 447: Malherbe est «le mieux étudié et le mieux connu des poètes de son temps». Mais pour des opinions nuancées sur Malherbe avant Boileau, et surtout, sur Chapelain, Balzac, Mlle de Scudéry, Sorel, Gabriel Guéret, Saint-Evremond, et sur les rapports entre Rapin et Boileau, voir Rathmann, pp. 18-30; et p. 36, sur Boileau et La Bruyère.

5. *La Bibliothèque française* (Paris: Libraires du Palais, 1664), p. 182.
6. Sur la fortune littéraire de Boileau et de sa «légende» voir Bernard Beugnot et Roger Zuber, *Boileau, visages anciens, visages nouveaux, 1665-1970* (Montréal: Presses de l'Université de Montréal, 1973). On se souvient de ses vers célèbres contre Saint-Amant au début de l'*Art poétique* (I, vv. 21-26), et de ce qu'il dit au sujet de Théophile dans la *Satire IX* (vv. 173-76). De même, le P. Rapin dit que «Théophile qui le [Malherbe] suivit, par une trop grande affectation du style aisé, tomba dans le puéril», *Réflexions sur la Poétique d'Aristote et sur les ouvrages des poètes anciens et modernes* (Paris: Miguet, 1674), pp. 80 et 239.
7. Antoine Adam, *Histoire de la littérature française au XVIIe siècle* (Paris: del Duca, 1949-56), I, p. 88. Théophile figure avec Malherbe et Régnier dans la prophétie d'Hésiode sur la poésie dans *La Clélie* (1656-1661) de Mlle de Scudéry, IVe partie, livre II, où son «impétuosité» et ses «imperfections» sont déjà signalées.
8. Gustave Lanson, *Histoire de la littérature française*, 10e éd. (Paris: Hachette, 1908).
9. Emile Faguet, *Histoire de la poésie française de la Renaissance au Romantisme* (Paris: Boivin, 1923), I, 2.
10. *Jugemens des Sçavans sur les principaux ouvrages des auteurs* (Paris: Antoine Dezallier, 1685-1686). Nos références renvoient aux articles sur Malherbe, Théophile, Maynard, Tristan, Saint-Amant, Voiture dans le vol. VIII, 2e partie, pp. 2, 51, 185-86, 280-81, 293-95, 214, 217; sur Régnier, vol. VIII, 1ère partie, pp. 137-38; sur Racan, vol. IX, pp. 56-57. Sur Baillet et l'influence de Boileau, voir Rathmann, pp. 37-38.
11. Louis Moréri, *Grand dictionnaire historique* (Paris: Coignard, 1712, 1ère éd., 1674) Il y aura plusieurs éditions de ce dictionnaire important avec suppléments et corrections jusqu'en 1759 (Dalla Valle, p. 41).
12. Jean-François Nicéron, *Mémoires pour servir à l'histoire des hommes illustres dans la république des lettres*, 44 vols. (Paris: Briasson, 1727-1745): t. VII, Malherbe, 4057; t. XI, Régnier, 390-98; t. XIV, Saint-Amant, 352-62; t. XXIV, Racan, 159-69; t. XXXVI, Théophile, 46-58.
13. Claude Pierre Goujet, *Bibliothèque Françoise ou Histoire de la littérature françoise*, 18 vols. (Paris: Mariette, Guerin, 1741-1756). Les tomes XIV (1752) et XV (1753) sont ceux qui nous intéressent surtout.
14. Antoine Sabatier de Castres, *Les Trois Siècles de notre littérature ou Tableau de l'esprit de nos écrivains depuis François I, jusqu'en 1773*, 4 vols. (Amsterdam-Paris: De Hansy, 1774), t. III et IV.
15. Charles Palissot de Monteney, *Mémoires pour servir à l'histoire de notre littérature depuis François Premier jusqu'à nos jours*, t. IV dans *Œuvres* (Liège: Plomteux, 1777, 1ère éd. 1773).
16. Sur la critique au Siècle des Lumières, sur Morvan de Bellegarde (*Lettres curieuses de littérature et de morale*), Fénelon (*Lettre à l'Académie*), Du Bos (*Réflexions critiques sur la poësie et la peinture*), Titon du Tillet, Goujet, Nicéron, Voltaire, Marmontel, Sabatier de Castres, Chénier, La Harpe, voir Rathmann, p. 39-58. Pour quelques extraits des jugements des écrivains du XVIIIe siècle sur la poésie du XVIIe siècle, et surtout sur Malherbe, voir F. Vézinet, *Le XVIIe Siècle jugé par le XVIIIe* (Paris: Vuibert, 1924), pp. 1-4.
L'influence de Boileau se reflète aussi, probablement, mais d'une manière insolite dans la place importante accordée à Racan par Evrard Titon du Tillet dans le projet de son monument, *Le Parnasse françois* (Paris, 1732), où Racan prend la place de l'une des neuf Muses alors que Malherbe, Maynard et Voiture ne sont représentés que dans des médaillons (Judith Colton, *The Parnasse François: Titon du Tillet and the Origins of the Monument to Genius*, [New Haven: Yale U. Press, 1979], pp. 24 et 96, n. 102). Racan occupe aussi une place importante dans Charles Batteux, *Principes de la littérature* (5e éd., 1775; réimpr. Genève: Slatkine, 1967), t. II, pp. 175-84 et t. III, pp. 269-71.
17. Raymond Naves, *Le Goût de Voltaire* (Paris: Garnier, 1938), p. 351, n. 31.
18. Voltaire, *Le Siècle de Louis XIV*, dans *Œuvres complètes* (Paris: Garnier, 1878), t. XIV, p.

540: «Quelques vers de Malherbe faisaient sentir seulement qu'elle [la langue française] était capable de grandeur et de force; mais c'était tout». Voir aussi, «Catalogue de la plupart des écrivains français qui ont paru dans le siècle de Louis XIV pour servir à l'histoire littéraire de ce temps», pour Maynard (pp. 102-4), Tristan (pp. 139-40), et Saint-Amant (passim, p. 142). Simone, pp. 264-65, souligne le rôle de Voltaire dans la diffusion du schéma classique qui n'est pas, cependant, sa propre création. De même Jean-François Marmontel, qui reflète les idées littéraires des Encyclopédistes, *Eléments de littérature, Œuvres complètes*, 7 vols. (1819-20, réimpr. Genève: Slatkine, 1968), dans l'article «Poésie», V, 32: «... depuis Malherbe jusqu'à Corneille, rien de plus déplorable que ce déluge de vers lâches, traînants, ou durs et boursoufflés, sans mélodie et sans noblesse, dont la France fut inondée».
19. *Lettres à S.A. Mgr. Le Prince De...[Brunswick]* (1767), Lettre VII, «Sur les Français», *Œuvres*, XXVI, p. 496.
20. Simone, pp. 265-6.
21. Jean-François de La Harpe, *Lycée ou cours de littérature ancienne et moderne* (Paris: Ledoux, 1815), IV (IIe partie, Livre Ier), pp. 238-9. Paradoxalement, en faisant commencer la grandeur classique avec Malherbe (comme Voltaire l'avait fait), on préparait en même temps l'élargissement de la notion du classicisme louis-quatorzien (voir Simone, pp. 278-9, n. 40). Pour La Harpe, aussi, qui passe directement des «Anciens» (*Lycée*, 1ère partie) au «Siècle de Louis XIV» (2e partie), «l'enflure espagnole et l'affectation italienne devaient donc régner en France avant qu'on eût appris à étudier le vrai goût chez les Anciens» IV (Introd., IIe partie), pp. 190-91.

Pour le «commentaire» d'André Chénier sur Malherbe, voir Rathmann, pp. 55-57 (Chénier annota un exemplaire des poésies de Malherbe publiées par Barbou, 1776; voir aussi les notes dans *Malherbe: Œuvres poétiques*, éd. René Fromilhague et Raymond Lebègue, [Paris: Les Belles Lettres, 1968]).
22. Abel-François Villemain, *Mélanges historiques et littéraires*, III (Paris: Ladvocat, 1828), pp. 112-13 cité par Simone, pp. 265; Dalla Valle, p. 55. Pour une étude détaillée de la critique au XIXe siècle, voir le chap. 3 de Rathmann, pp. 59-113, qui commence par F.-P.-G. Guizot, *Vies des poètes françois du siècle de Louis XIV* (1813). Plus tard, dans son *Corneille et son temps, étude littéraire* (Paris: Didier, 1852), Guizot dédie une première partie à «L'état de la poésie en France avant Corneille» (pp. 1-115), où Saint-Amant est «l'un des plus vigoureux et des plus originaux dans son genre» (pp. 79-80).
23. Désiré Nisard, *Histoire de la littérature française*, I (Paris: Didot, 1844), p. 298.
24. Emmanuel Louis Nicolas Viollet-le-Duc (père de l'architecte), *Catalogue des livres composant la bibliothèque poétique de M. Viollet le Duc avec des notes bibliographiques et littéraires sur chacun des ouvrages catalogués pour servir à l'histoire de la poésie en France*, 2 vols. (1843, 1847; réimpr. N.Y.: Burt Franklin, 1965). Le nom de La Ceppède n'y figure pas. Sur Théophile, Viollet dit, «Le goût seul lui a manqué. Mais qui en avait alors?» (I, 408). L'influence de Malherbe sur la langue est «presque tyrannique» (I, 416). Régnier était «vénéré» par Musset, selon Pierre Gastinel, *Le Romantisme d'Alfred de Musset* (Paris: Hachette, 1933), pp. 103, 200 (voir ses vers «Sur la Paresse», 1841).
25. Paris: Descer, 1822.
26. *L'Ordre et les ténèbres ou la naissance d'un mythe du XVIIe siècle chez Sainte-Beuve* (Paris: Colin, 1972), pp. 359, 361-62, 365-67. Voir Sainte-Beuve, «Mathurin Régnier et Chénier», *Portraits littéraires* (paru dans la *Revue de Paris*, 16 août 1829) et «Une ruelle poétique sous Louis XIV», *Portraits des femmes* (paru dans la *Revue des Deux Mondes*, 15 octobre 1839), *Œuvres*, éd. Maxime Leroy, 2 vols. (Paris: Gallimard, 1949, 1951), 1, 798-812; II, pp. 1309-1327; «Malherbe et son école», *Causeries du lundi*, 3e éd. (Paris: Garnier, s.d.), VIII, pp. 67-87. Pour son *Tableau ... de la poésie*, voir Molho, p. 122.
27. Amédée Duquesnel, *Histoire des Lettres au XVIe, XVIIe, et XVIIIe siècles. Cours de littérature V* (Paris: Coquebert, 1843), p. 307. Il dit aussi que «la poésie françoise... ne fit pas de grands progrès pendant les premières années du dix-septième siècle, à l'abri du

pouvoir de Richelieu; nous ne rencontrons pas de noms comparables à ceux de Ronsard, de Régnier et de Malherbe, car, quoique ce dernier fût contemporain du cardinal, sa gloire a été principalement acquise avant cette époque» (VI, [Paris: Coquebert, 1844], pp. 105-6). Régnier, «novateur sans le savoir», occupe aussi, par exemple, une place importante avec Malherbe à la fin du *Tableau de la littérature française au XVIe siècle* de Saint-Marc Girardin (Paris: Didier, 1862 [1828]), «Poésie», p. 90. Voir Rathmann, pp. 64-65, pour les trois «tableaux» de 1828, ceux de Saint-Marc Girardin et de Philarète Chasles, primés par l'Académie, et celui de Sainte-Beuve. Régnier est aussi, avec Malherbe, un «réformateur» selon Jacques Demogeot, *Histoire de la littérature française depuis ses origines jusqu'en 1830* (Paris: Hachette, 1852), pp. 338-42.

Malherbe, Racan, Régnier, Maynard continuent à figurer à la fin du XVIe siècle dans *La Littérature française des origines à la fin du XVIe siècle* de Paul Albert (8e éd., Paris: Hachette, 1894), alors que Saint-Amant est l'un des représentants du burlesque dans sa *Littérature française au dix-septième siècle* (9e éd., Paris: Hachette, 1895). Mais, dans ces deux livres, Albert s'adresse aux problèmes de chronologie posés par la période 1590-1630, «une période intermédiaire» qui «flotte» entre deux siècles, et par la désignation du «siècle de Louis XIV» pour des écrivains antérieurs au règne personnel de Louis XIV. Lamartine, *Cours familier de littérature, revue mensuelle*, 14 vols. (Paris: 1856-72), *Entretien VII*, II (1856), p. 120; *Entretien XXVIII*, V (1858), p. 232, se plaint de ce que «la littérature française, prête à naître originale à cette époque [fin XVIe s.—début XVIIe s.], se soit tout à coup dénationalisée elle-même en s'abordant dans l'imitation superstitieuse de l'antiquité», II, p. 120. Dans son *Histoire comparée des littératures espagnole et française*, 2 vols. (Paris: Dentu, 1843), Adolphe de Puibusque mentionne tous nos poètes, à l'exception de La Ceppède, dans le contexte des influences espagnoles et italennes sur la littérature française. Pour le débat sur la question de savoir si un écrivain appartient «au siècle où il est né» ou «à celui qu'il a illustré par ses écrits», voir II, p. 339, n. 1 dans l'anthologie de Crépet, notre note 38.

28. Della Valle, p. 58.
29. *Les Grotesques*, éd. Cecilia Rizza (Paris: Nizet, 1985). La série date de 1834-1835 (*La France littéraire*), et de 1844 («Scarron», *Revue des Deux Mondes*), et l'ensemble parut en deux volumes en 1844 (Molho, p. 257). Sur la modernité romantique de Théophile, Gautier dit: «s'il revenait au monde maintenant, nul doute qu'il ne fût une des plus lumineuses étoiles de la nouvelle pléiade» (p. 122). Voir aussi «Théophile Gautier et le préclassicisme dans les Grotesques», *Mélanges Robichez* (Paris: SEDES, 1987), pp. 69-77.
30. dans *Etudes sur l'Espagne et sur les influences de la littérature espagnole en France et en Italie* (Paris: Amyot, 1847), pp. 351-446.
31. *Ruelles, salons et cabarets. Histoire anecdotique de la littérature française* (Paris: Delahays, 1858), chap. 3, parties 1 et 2.
32. *La Littérature indépendante et les écrivains oubliés, essais de critique et d'érudition sur le XVIIe siècle* (Paris: Didier, 1862), chap. 3, qui porte comme sous-titre, «Les poètes crottés et les poètes de cabarets». Mais, il semble que pour lui le lyrisme de Théophile qui a «peu de souffle et de feu» (p. 131), ne soit pas assez romantique.
33. Fournel, p. 137. Sur les préclassiques comme précurseurs des romantiques et l'incompréhension des romantiques à leur égard, voir Jean Tortel, «Quelques constantes du lyrisme préclassique», dans son recueil collectif, *Le Préclassicisme français* (Paris: Cahiers du Sud, 1952), pp. 125-33.
34. Fournel, Introduction, p. v.
35. Anaïs de Raucon, dit Bazin, *Etudes d'histoire et de biographie* (Paris: Chamerot, 1844), pp. 247-48, paru dans la *Revue de Paris*, novembre 1839.
36. «Théophile Gautier (*Les Grotesques*)», *Portraits contemporains* (Paris: C. Lévy, 1889), V, p. 22. Ces pages avaient paru dans la *Revue de Paris*, 31 octobre 1844.
37. selon P.R. Auguis, dans son discours préliminaire, 6 vols. (Paris: Crapelet), I, p. xxxv.
38. Eugène Crépet, éd. *Les poètes français, recueil des chefs d'œuvre de la poésie française*

depuis les origines jusqu'à nos jours, 4 vols. (Paris: Gide), II. Par contre, Prosper Poitevin, *Petits Poètes français depuis Malherbe jusqu'à nos jours*, 2 vols. (Paris: Didot, 1849), ne retient que Racan à l'époque de Malherbe. Il est impossible pourtant de faire ici une étude de nos poètes dans les anthologies publiées aux XIXe et XXe siècles; Voir Rathmann, pp. 118-19.

39. Eugène Géruzez, *Histoire de la littérature française depuis ses origines jusqu'à la révolution*, 2 vols. (Paris: Didier, 1861). Pour lui, la première moitié du siècle fait partie maintenant du Grand Siècle mais toujours en sa qualité anticipatoire: Henri IV et Malherbe «commencent réellement les temps modernes; ils annoncent Richelieu et Corneille, qui préparent à leur tour Louis XIV et son cortège de grands écrivains» (II, p. 2). Malherbe, Racan, Maynard, Théophile, Saint-Amant, Voiture, et Régnier («devancier de Boileau», p. 224) y figurent, mais beaucoup d'autres poètes de l'époque en sont absents.

40. Frédéric Godefroy, *Histoire de la littérature française depuis le XVIe siècle jusqu'à nos jours*, 10 vols. (2 éd., Paris: Gaume, 1878-1881). Le t. IV (ou *XVIIe siècle*, III), est dédié entièrement à la poésie du XVIIe siècle.

41. Louis Petit de Julleville, éd., *Histoire de la langue et de la littérature française des origines à 1900*, 8 vols. (Paris: Colin, 1896-1899), IV (1897), chap. 1, «Les poètes (1600-1660)»; chap. 2 (par E. Bourciez), pp. 118-22 sur les poésies de Voiture. Voir notre n. 24 pour les problèmes de chronologie traités par Paul Albert; pour son rôle, et aussi ceux de Despois, de Demogeot et de Godefroy, dans la «dé-mythification» du «siècle de Louis XIV», voir Rathmann, pp. 91-98.

42. Voir, par exemple, *La Société française au XVIIe siècle d'après le Grand Cyrus de Mlle de Scudéry*, 2 vols. (Paris: Didier, 1858), II, chap. 8, «Mme de Sablé et Voiture». Voir aussi Charles-Louis Livet, *Précieux et Précieuses* (Paris: Didier, 1859). Sur les contributions de Renan, Cousin, Guizot, Montégut et Taine à la dissolution du schéma classique, voir Simone, pp. 287-89.

43. Charles Louis Livet, éd., *Œuvres complètes de Saint-Amant*, nouv. éd., 2 vols. (Paris: Jannet, Bibliothèque elzévirienne). Voir Sainte-Beuve *Causeries*, t. XII, pp. 173-91.

44. Charles Alleaume, éd., *Œuvres complètes de Théophile*, nouv. éd. (Paris: Jannet, Bibliothèque elzévirienne).

45. J.-B. et L.-A. Tenant de Latour, éds. *Œuvres complètes de Racan* (Paris: Jannet, Bibliothèque elzévirienne).

46. Prosper Blanchemain, éd., *Poésies diverses de François de Maynard* ... (Genève: Gayet).

47. Gaston Garrisson, éd., *Œuvres poétiques* (réimpr. Genève: Slatkine, 1970).

48. A. Ubicini, éd., *Œuvres de Voiture* (Paris: 1855; réimpr. Genève: Slatkine, 1967); voir Sainte-Beuve, *Causeries*, t. XII, 192-209; Amédée Roux, *Œuvres de Voiture* (Paris: Didot, 1858). Sur les éditions de Voiture, voir Henri Lafay, éd. *Poésies* (Paris: Didier, 1971), pp. xxi-xxxiii.

49. Ernest Courbet, éd., *Mathurin Régnier, Œuvres complètes* (Paris: Lemerre, 1875). Sur ces éditions, voir Gabriel Raibaud, éd., *Mathurin Régnier, Œuvres complètes* (Paris: Didier, 1958), p. vii.

50. Pierre Jannet, éd., *Poésies complètes de Malherbe* (Paris: Picard, 1867); L. Lalanne, éd., *Œuvres de Malherbe* (Paris: Hachette, 1862-69).

51. *Les Plaintes d'Acante et autres œuvres*, éd. Jacques Madeleine (Paris: Cornély, 1909). Sa réputation d'auteur dramatique «semble avoir occulté longtemps celle du poète lyrique» comme le dit Jean-Pierre Chauveau (voir notre n. 89 plus bas).

52. *Théorèmes* ... (Genève: Droz, 1966), réimpr. de l'éd. de Toulouse, 1613-1622, avec préface de Jean Rousset.

53. Ferdinand Brunot, *La Doctrine de Malherbe d'après son commentaire sur Desportes* (réimpr. Paris: Colin, 1969). Maurice Souriau, *L'Evolution du vers français* (Paris: Hachette, 1893), dédie son 1er chap. à «la versification de Malherbe» avant de passer à Corneille.

54. Gustave Allais, *Malherbe et la poésie française à la fin du XVIe siècle (1585-1600)* (réimpr. Genève: Slatkine, 1969). Comme exemple de l'intérêt que Malherbe suscite en Allemagne, voir la thèse inaugurale à Bonn d'Emil August Beckmann, *Etude sur la langue et la versification de Malherbe* (Elberfeld: R.L. Friderichs, 1872).
55. Napoléon M. Bernardin, *Un précurseur de Racine, Tristan l'Hermite, sieur du Solier* (Paris: Picard). Voir Dalla Valle, p. 66.
56. Louis Arnould, *Racan (1589-1670). Histoire anecdotique et critique de sa vie et de ses œuvres* (Paris: Colin).
57. Joseph Vianey, *Mathurin Régnier* (Paris: Hachette). Pour Vianey, l'importance de Régnier, «poète de transition», est également due à son rôle comme «précurseur», avec Malherbe, non seulement de l'école classique de Boileau, mais aussi, selon lui, du romantisme (p. xviii).
58. Paul Durand-Lapie, *Saint-Amant, son temps, sa vie, ses poésies 1594-1661* (Paris: Delagrave).
59. P. Durand-Lapie et Frédéric Lachèvre, *Deux homonymes du XVIIe siècle, François Maynard ... et François Ménard, Etude Bibliographique* (Paris: Champion). Voir aussi Ferdinand Gohin, éd., *Poésies de François Maynard* (Paris: Garnier, 1927), pp. I-II, n. 1 et Charles Drouhet, *Le poète François Mainard (1583?-1646)* (Paris: Champion, 1909).
60. Frédéric Lachèvre, *Bibliographie des Recueils collectifs de poésies publiés dans les dernières années du XVIe et pendant le XVIIe siècle*, 2 vols. (Paris: Leclerc, 1901, 1903), I (1597-1635); II (1636-1661); *Les Recueils collectifs de poésies libres et satiriques publiés depuis 1600 jusqu'à la mort de Théophile (1626)* (Paris: Champion, 1914), qui est le t. IV de son *Libertinage au XVIIe siècle* (Paris: Champion, 1909-24); t. III, *Une seconde révision des œuvres du poète Théophile de Viau...* (Paris: Champion, 1911).
61. Magne, *Voiture et les années de gloire de l'Hôtel de Rambouillet 1635-1648* (Paris: Mercure de France, 1912).
62. Ferdinand Brunetière, *Histoire de la littérature française classique (1515-1830)*, 4 vols. (Paris: Delagrave, 1912), II, chap. V. Théophile est «le plus célèbre de ces irréguliers» (p. 125).
63. Voir Simone, pp. 290-91, pour les différences entre Brunetière et Lanson, et pour les contributions de ce dernier.
64. Faguet (1923); voir notre n. 8. Dans la préface, Fortunat Strowski contraste Brunetière, influencé par Taine et Comte, plus préoccupé par l'évolution des genres et des thèmes, et Faguet qui se penche sur chaque écrivain comme «unique», (I, p. xvi). Pourtant, selon le schéma classique d'Auguste Bailly, *L'Ecole classique française* (Paris: Colin, 1921), les «précurseurs», y compris Corneille, continuent à mériter très peu de mention.
65. Fernand Mazade, *Anthologie des poètes français des origines à nos jours*, II (Paris: Librairie de France).
66. Georges Duhamel, éd., *Anthologie de la poésie lyrique française de la fin du XVe siècle à la fin du XIXe siècle* (Leipzig: Insel-Verlag), établie pour «propager la poésie française à l'étranger» (p. xix).
67. *Histoire de la littérature française*, éd. J. Calvet, vol. 3, *La Renaissance* (Paris: Gigord), p. 211. Sur le «préclassicisme», voir p. 207, n. 1.
68 *Histoire de la littérature française classique, 1660-1700*, 2e éd. (Paris: Colin), «Avant 1660», pp. 7-45.
69. Paris: Bloud et Gay, 1916-1933.
70. Simone, pp. 298-328.
71. «Then Malherbe came», *The Criterion* 9 (Jan. 1930), p. 287, cité dans *Metaphysical Baroque and Precieux Poetry* (Oxford: Clarendon Press, 1953), p. 2, n. 2; et dans Simone, pp. 308 et 324, n. 50. Sur l'influence sur Boase de T.S. Eliot et les différences entre Boase et un Lachèvre «positiviste», voir Simone, p. 307.
72. «Notes sur Racan», réimpr. dans *Ce Vice impuni: Domaine français* (Paris: Gallimard, 1941); publ. en partie, *Revue de Paris*, 1927 (Simone, p. 860, n. 34). On n'a pas souvent

rendu hommage aux contributions de Larbaud.
73. avec A. Stols, éd., Maëstricht: 1928 (citée par Simone, p. 360, n. 36). Sur Valery Larbaud et Racan, voir aussi John Brown, *Valery Larbaud* (Boston: Twayne), pp. 150-52.
74. *Les Bergeries et autres poésies lyriques* (Paris: Garnier).
75. *Poésies*, vol. 1 (Paris: Hachette); vol. 2 (Paris: Droz).
76. Paris: Garnier.
77. Paris: Garnier.
78. 2 vols., (Genève: Droz).
79. Paris: Garnier.
80. Paris: Margraff.
81. Paris: F. Roches.
82. Paris: Cité des Livres.
83. Paris: Garnier.
84. Paris: Droz.
85. Paris: Gallimard.
86. Angers: Petit.
87. Paris: Table Ronde.
88. Maulnier préfère, comme il dit, les produits d'une époque «regorgeant de frémissantes virtualités», «Poètes du XVIIe siècle», *Esquisses littéraires* (Paris: Les Amis de L'Originale, 1948). Mais, en fin de compte, la notion de «classicisme» pour l'époque Louis XIV n'est jamais mise en question.
89. *Anthologie de la poésie française* (Paris: Stock).
90. *Anthologie de la poésie française* (Paris: Corrêa).
91. *Anthologie de la poésie religieuse française* (Paris: Gallimard). Il est intéressant de comparer cette anthologie qui consacre beaucoup de pages à La Ceppède et au Malherbe des *Larmes*, avec *La Poésie religieuse. Anthologie poétique du moyen âge à nos jours* (Paris: Garnier, 1932), de Maurice Allem (omission des *Larmes*, peu de vers de La Ceppède), et avec Robert Vallery-Radot, *Anthologie de la poésie catholique de Villon jusqu'à nos jours* (Paris: Crès, 1916).
92. *Anthologie de la poésie précieuse de Thibaut de Champagne à Giraudoux* (Paris: Egloff). Pour Vittorio Lugli, *Da Villon à Valéry. Il libro della pœsia francese* (Messina: G. D'Anna, 1949), le «baroque» correspond au «romantisme» quand il parle de l'époque Louis XIII (p. 79).
93. Paris: Domat Montchrestien.
94. François Ruchon et A. Boase, *La Vie et l'œuvre de Jean de Sponde* (Genève: Pierre Cailler), pp. 85-95.
95. *La Naissance du baroque français: poésie et image de la Pléiade à Jean de La Ceppède* (Toulouse: Université de Toulouse-Le Mirail, 1976), p. 8.
96. 2 vols. (Paris: Société d'édition d'enseignement supérieur), II, 132-33. Mais pour Lebègue, en effet, le mot «baroque» ne semble qu'avoir remplacé «préclassique», et, parfois, «anti-classique».
97. René Wellek, «The Concept of Baroque in Literary Scholarship», *Journal of Aesthetics and Art Criticism* 5 (1946), pp. 77-108, et «Postscript 1962», *Concepts of Criticism*, éd. S. Nichols, Jr. (New Haven, Yale U. Press, 1963), pp. 115-27; Simone, 3e partie, et surtout, «La critica francese e il Barocco (1927-1950)», pp. 329-68; Helmut Hatzfeld, «A Clarification of the Baroque Problem in the Romance Literatures», *Comparative Literature* 1 (1949), pp. 118-39; R.A. Sayce, «The Use of the Term Baroque in French Literary History», *Comparative Literature* 10 (1958), pp. 246-53; A. Boase, «The Baroque Syndrome», *Essays in French Literature* 6 (November 1969), pp. 1-17; Robert N. Nicolich, «The Baroque Dilemma: Some Recent French Mannerist and Baroque Criticism», *Œuvres et critiques* 1, no.2 (1976), pp. 21-36. Voir aussi, Wilfried Flœck, *Die Literarästhetik des französischen Barock* (Berlin: Erich Schmidt, 1979); et Rathmann, pp. 123-24 et 149-50, n. 278.

98. *The Knot of Artifice: A Poetic of the French Lyric in the Early 17th Century* (Colombus: Ohio State U. Press, 1981), pp. 2-7.
99. Oxford: Clarendon Press.
100. Paris: Corti.
101. New Haven: Yale U. Press.
102. Voir aussi Rousset, en 1968, *L'Intérieur et l'extérieur: essais sur la poésie et sur le théâtre au XVIIe siècle* (Paris: Corti), pp. 257-66, où il modifie ce qu'il avait dit en 1954 sur la dispersion baroque et l'unité.
103. 2 vols., (Paris: Colin).
104. New Haven: Yale U. Press.
105. Dans son livre *The Brazen Tower: Essays on Mythological Imagery in the French Renaissance and Baroque* (Stanford: Anma Libri, 1977), pp. 93-108: «the 'sunken image', a figure lacking one or more means of identification, thus forcing the reader to search for hidden links» (p. 98).
106. Chapel Hill: U. of North Carolina Press.
107. *L'Intérieur et l'extérieur*, p. 253.
108. Copenhague: Akademisk Forlag.
109. Genève: Droz.
110. Berne: Peter Lang.
111. Université de Lille III: Service de reproduction des thèses.
112. Cuneo: Saste.
113. Voir aussi, par exemple, Daniela Dalla Valle, *La Frattura, studi sul barocco francese* (Ravenna: Longo, 1970), pp. 319-20, sur Tristan.
114. Berlin: Erich Schmidt.
115. Dusseldorf: Bagel.
116. Nous renvoyons à sa riche bibliographie et à ses notes bibliographiques.
117. Paris: Colin.
118. Paris: A. Michel.
119. Il est intéressant de remarquer que, dans R. Jasinski, *Histoire de la littérature française*, vol. I (1948; nouv. éd., Paris: Nizet, 1965), «Le premier XVIIe siècle» se trouve subdivisé nettement en trois parties: 1598-1624, «De l'édit de Nantes à Richelieu»; 1624-1648, «La génération de Richelieu»; 1643-1659, «La génération de la Fronde».
120. Paris: Didier.
121. *Œuvres complètes* (Paris: Didier).
122. *Œuvres*, t. I, éd. J. Bailbé (Paris: Didier, 1971); t. II-IV, éd. J. Lagny (Paris: Didier, 1965-1971); t. V, éd. J. Bailbé et J. Lagny (Paris: Champion, 1979).
123. *Œuvres poétiques* (Genève: Droz).
124. *Œuvres complètes*, seconde partie, (Paris-Rome: Minet-Ateneo e Bizzarri).
125. *Les Vers Héroïques* (Genève: Droz).
126. *La Lyre* (Genève: Droz).
127. *Œuvres poétiques*, 2 vols. (Paris: Les Belles Lettres).
128. *Œuvres* (Paris: Gallimard).
129. *Poésies*, 2 vols. (Paris: Didier).
130. *La poésie française de 1640 à 1680*, 2 vols. (Paris: Société d'édition d'enseignement supérieur), t. I, *Poésie religieuse, épopée, lyrisme officiel*.
131. *An Anthology of French Seventeenth-Century Lyric Poetry* (Oxford: Oxford U. Press). Ajoutons Paul Eluard, *La Poésie du passé de Philippe de Thaun (XIIe siècle) à Cyrano de Bergerac (XVIIe siècle)* (Paris: Seghers, 1960).
132. Frank J. Warnke, *European Metaphysical Poetry* (New Haven: Yale U. Press); Harold B. Segel, *The Baroque Poem: A Comparative Survey* (New York: Dutton).
133. *Malherbe: technique et création poétique*; et *La Vie de Malherbe: apprentissages et luttes (1555-1600)* (Paris: Colin).

134. *French Lyric Poetry in the Age of Malherbe* (Manchester U. Press).
135. «Malherbe et son temps», no. 31 (avril 1956), pp. 169-456.
136. *Tristan ou l'éloge d'un poète*; et *Bibliographie des œuvres de Tristan l'Hermite* (Limoges: Rougerie).
137. *The French Biblical Epic in the Seventeenth Century* (Oxford: Clarendon Press), pp. 91-103 sur le *Moïse sauvé*.
138. *Saint-Amant poète du baroque français* (Torún [Pologne]: Panstwowe Wydawn. Naukowe, 1955).
139. *Etude des œuvres poétiques de Saint-Amant* (Genève-Paris: Droz-Minard).
140. «La poétique de Saint-Amant», thèse, U. de Toronto.
141. *Le Poète Saint-Amant (1594-1661). Essai sur sa vie et ses œuvres* (Paris: Nizet). Il essaie de «détruire» la «légende» de Saint-Amant (p. 7) créée par Durand-Lapie (1898), dont le livre sera néanmoins réimprimé en 1970.
142. *Six Modes of Sensibility in Saint-Amant* (La Haye-Paris: Mouton).
143. *Figures, essais* (Paris: Seuil, 1966); «D'un récit baroque» (*Moïse sauvé*), *Figures II, essais* (Paris: Seuil, 1969), pp. 195-222.
144. «The Poetry and Sensitivity of Théophile de Viau», thèse, UCLA.
145. *Il Barocco nella pœsia di Théophile de Viau* (Bologna: Pàtron).
146. *Untersuchung des pœtischen Stils Théophiles de Viau* (Munich: Hueber).
147. *Die Tradition der klassischen Satire in Frankreich. Themen und Motive in den Verssatiren Théophile de Viau* (Bad Homburg: Gehlen). Voir, aussi, en allemand, à la fin du siècle précédent: Käthe Schirnacher, *Théophile de Viau. Sein Leben und seine Werke (1591-1626)* (Leipzig: Welter, 1897).
148. *Poésie et méditation chez Jean de La Ceppède* (Genève: Droz).
149. *Devotional Poetry in France, c. 1570-1618* (Cambridge U. Press), chap. 6.
150. *L'Italianismo di Malherbe* (Gênes: Tolozzi).
151. *Sovereign Power and Sovereign Glory: A Study of Jean Bodin's Political Ideas on Malherbe*, thèse, U. of Washington. Voir aussi Francis Ponge, *Pour un Malherbe* (Paris: Gallimard, 1965 [1977]).
152. *Raffinement précieux dans la poésie francaise du XVIIe siècle* (Paris: Nizet).
153. *La Préciosité, étude historique et linguistique* t. 1, (Genève: Droz). De cette époque ajoutons René Bray, *La Préciosité et les précieux de Thibaut de Champagne à Jean Giraudoux* (1948; réimpr. Paris: Nizet, 1960); l'anthologie de Georges Mongrédien, *Les Précieux et les précieuses* (Paris: Mercure de France, 1963), pp. 24-36, sur les poésies de Voiture; et aussi le livre sur le théâtre de Tristan par Dalla Valle (1964).
154. *Forminteresse, Traditionsverbundenheit und Aktualisierungs-bedurfnis als Merkmale des Dichtens von Saint-Amant* (Munich: Hueber).
155. *Saint-Amant and the Theory of «ut pictura poesis»* (London: Modern Humanities Research Association).
156. «The Literary Pictorialism of Saint-Amant», thèse, U. of Washington.
157. «Form and Value in the Poetry of Saint-Amant», thèse, U. of Virginia.
158. *Other Worlds and Other Seas* (Lexington: French Forum Monographs).
159. «The Art of Metaphor in La Ceppède's *Théorèmes* of 1613», thèse, U. of Virginia.
160. *The Poetry of Jean de La Ceppède: A Study in Text and Context* (Oxford U. Press).
161. *Enfin Malherbe. The Influence of Malherbe on French Lyric Prosody, 1605-1674* (Lexington: U. Press of Kentucky).
162. *L'Art du portrait dans les «Satyres» de Mathurin Régnier* (Paris: Didier).
163. *La Libre pensée dans l'œuvre de Tristan L'Hermite* (Paris: Nizet).
164. éd. Carriat (Mortemart: Rougerie, 1979).
165. Actes du Colloque organisé les 18, 20 et 21 octobre 1973. (Toulouse: Association des Publications de l'Université de Toulouse-Le Mirail, 1976).
166. *Tristan L'Hermite* (Boston: Twayne).

167. *Poesis and Poetic Tradition in the Early Works of Saint-Amant. Four Essays in Contextual Reading* (York, S.C.: French Literature Publication Company).
168. *The Cabaret Poetry of Théophile de Viau: Texts and Traditions* (Tübingen-Paris: Narr-J.M. Place).
169. dans son livre, *Signs of the Hidden: Semiotic Studies* (Amsterdam: Rodopi, 1980).
170. *Romanic Review* 68 (1977), pp. 247-53.
171. Comme preuve que les critiques du passé ont continué à intéresser les nouveaux chercheurs, on peut citer les nombreuses réimpressions par Slatkine Reprints et par d'autres maisons: en 1966, réimpression des livres d'Adam (sur Théophile), d'Allais (Malherbe), de Brunot (Malherbe); en 1967, de Bernardin (Tristan), de l'édition de Voiture par Ubicini; en 1970, de l'édition de Maynard par Garrisson, et du livre d'Arnould (Racan).
172. Voir notre n. 97, à laquelle nous ajoutons Helmut Hatzfeld, «Mannerism is not Baroque», *Esprit Créateur* 6 (1966), pp. 225-33; Jerzy Falicki, *Autotélisme dans la poésie française. Epoque du maniérisme et le XXe siècle* (Wroclaw: Acta Universitatis Wratislaviensis, 1974), pp. 3-21; Claude-Gilbert Dubois, *Le Maniérisme* (Paris: P.U.F., 1979), «Repères bibliographiques», pp. 212-18. Voir aussi Hauser et Shearman, plus haut.
173. Genève: Droz.
174. New York: Knopf.
175. Baltimore: Penguin.
176. «Malherbe and the Mannerist Hypothesis: Structure in the Major Pœms, 1600-1628», *PFSCL* 1 (1973), pp. 41-50.
177. Voir Robert N. Nicolich, «Mannerism and Baroque: Problems in the Transfer of Concepts from the Visual Arts to Literature», *U. of So. Carolina French Literature Series* V, éd. Phillip Crant (Columbia: U. of So. Carolina, 1968).
178. *On Value Judgments in the Arts and Other Essays* (U. of Chicago Press, 1976); *The Poetry of Dylan Thomas* (U. of Chicago Press, 1954); *Tragedy and the Theory of Drama* (Detroit: Wayne State U. Press, 1961).
179. *The Limits of Symbolism* (U. of Chicago Press, 1966).
180. *The Well-Wrought Urn* (New York: Harcourt Brace, 1947).
181. *Poetic Closure: A Study of How Poems End* (U. of Chicago Press, 1968).
182. *Critical and Historical Principles of Literary History* (U. of Chicago Press, 1971).
183. «Order and Affinity in the Seasonal Sonnets of Saint-Amant», in *The Ladder of Higher Designs*, éd. D. Fenoaltea et D.L. Rubin (Charlottesville: U. Press of Virginia, 1991), pp. 73-90.
184. Additions à la bibliographie de Robert Nicolich:
Wilfried Flœck, *Esthétique de la diversité. Pour une histoire du baroque littéraire en France*, trad. Gilles Floret (Paris, Seattle-Tubingen: PFSCL, 1989).
Marlies Kronegger, *The Life Significance of French Poetry*, American University Studies, vol. 81. (Paris, Berne: Peter Lang, 1988.)

Le Langage littéraire dans la première moitié du 17ᴱ siècle

Franz Josef Hausmann

Celui qui lit des textes du 17ᵉ siècle doit d'abord se pénétrer de cette vérité: la langue de ce siècle n'est pas celle d'aujourd'hui. C'est une constatation moins banale qu'elle n'en a l'air, car nos éditions en orthographe modernisée—tout en étant indispensables pour ne pas trop dérouter le lecteur non spécialiste—masquent non seulement les différences dans le domaine de la graphie (Boileau écrit en 1674 *regler, les regles, broüiller, aussi-tost, sçavoir, toûjours,* etc.) mais encore bien des divergences de prononciation (Boileau fait rimer *Parnasse françois* [we] et *toutes les loix* [we], rime qui n'est plus possible à l'heure actuelle où *français* [e] s'oppose à *lois* [wa]). S'y ajoute une grande partie des écarts morpho-syntaxiques. Quant au domaine du vocabulaire, il est plus que tous les autres parsemé d'embûches et de pièges, parce que trop souvent les mots qui nous semblent familiers revêtent en réalité un sens bien différent de celui que nous sommes habitués à leur attribuer. Nos textes sont pleins de faux amis diachroniques[1], de sorte que personne, même pas le spécialiste, n'est à l'abri du malentendu. Un danger supplémentaire guette tous ceux parmi les lecteurs qui n'ont pas une compétence de locuteur natif en français moderne. Insuffisamment imprégnés des structures du français actuel, ils risquent de ne pas repérer le caractère déviant de tel ou tel tour morpho-syntaxique qu'ils sont par conséquent tentés de reproduire dans leur parler de tous les jours, avec les effets—parfois désastreux—que cela entraîne. Mieux vaut donc se méfier et aborder les textes qui nous concernent comme s'ils étaient écrits dans une langue étrangère.

Prenons l'exemple d'un texte célèbre: *Beauté, mon cher souci* de Malherbe. Le poète écrit:

> Pensez de vous résoudre à soulager ma peine,
> Ou je me résoudrai de ne la souffrir plus.

Dans l'optique de l'usage actuel de la langue française ces lignes présentent trois fautes grammaticales: *penser de + inf. au lieu de *penser à* (*Tu penseras à prendre les clefs*), *se résoudre de + inf. au lieu de *se résoudre à* (*Je me suis résolu à partir*) et **ne la souffrir plus* au lieu de *ne plus la souffrir* (*Je me résoudrai à ne* *plus la souffrir*). Il importe donc au lecteur non-francophone de se rendre compte de l'irrecevabilité de ces constructions par rapport à la norme actuelle pour ne pas faire siennes les règles qu'elles soustendent. Or, nos trois exemples sont nets et facilement repérables. L'historicité du texte n'entrave pas la compréhension et ne prête pas à malentendu. Cela est loin d'être la règle générale. Voyons, par ex., le dernier vers de *La belle vieille* de François Maynard:

Et ferois, jour et nuit, l'Amour à ton Cercueil.

L'expression *faire l'amour* (plutôt *avec qn* que *à qn*) désigne aujourd'hui l'acte sexuel, ce qui fait qu'elle est considérée comme peu décente par les gens bien-pensants et comme «populaire» par de nombreux dictionnaires. Rien de tel au 17e siècle où *faire l'amour* a la signification anodine de «faire la cour», si bien que Racine peut faire dire à l'un de ses personnages: «Et vous ferez l'amour en présence du père». L'exemple de Maynard cumule donc deux différences, l'une au niveau de la signification, l'autre au niveau de la marque stylistique ou, si l'on préfère, de la connotation. Ces faux amis peuvent se révéler, l'un et l'autre, comme étant des «traquenards perfides» pour le lecteur actuel français ou étranger, les faux amis de sens, parce que souvent on ne soupçonne même pas le changement, les faux amis stylistiques, parce que la reconstitution de la valeur stylistique d'un élément linguistique à une époque donnée[2] est des plus difficiles. Lorsque Maynard écrit:

Qu'est-ce que ton esprit a fait de sa vigueur?

il est encore à peu près aisé pour le spécialiste de distinguer la valeur courante, voire banale, que la périphrase revêt aujourd'hui et la forte expressivité qui lui revenait probablement du temps de Maynard, mais que dire de la valeur exacte, au 17e siècle, des divers temps du passé sur laquelle les hypothèses des linguistes se suivent et ne se ressemblent pas?

Ces quelques exemples doivent suffire pour persuader le lecteur qu'il ne pourra se passer d'outils lexicographiques et grammaticaux pour saisir, sinon parfaitement[3], du moins autant que faire se peut la valeur contemporaine des textes. Quels sont ces outils? Le meilleur dictionnaire moderne concernant notre époque est J. Dubois/R. Lagane/A. Lerond, *Dictionnaire du français classique*, Paris: Larousse 1971, 564 pp. Une bonne partie de ce dictionnaire est incorporé dans *Lexis. Dictionnaire de la langue française*, Paris: Larousse, 1978. Mais ce dictionnaire est loin d'être complet. Pour combler ses lacunes on aura intérêt à recourir au grand dictionnaire du 16e siècle encore largement valable pour le début de notre époque—qu'est E. Huguet, *Dictionnaire de la langue française du XVIe siècle*, (7 vols.), Paris 1925 ss.[4] et aux dictionnaires d'époque dont la plupart viennent d'être réimprimés. Trois dictionnaires importants se situent dans la première moitié de notre siècle: J. Nicot, *Thresor de la langue françoyse*, 1606[5]; R. Cotgrave, *A Dictionarie of the French and English Tongues*, 1611[6]; Ph. Monet, *Invantaire des deux langues françoise et latine*, 1635[7].

Mais il va de soi que, compte tenu du retard inévitable que prennent les dictionnaires sur l'usage, les trois grands dictionnaires de la fin du 17e siècle sont également, sinon davantage, utiles: P. Richelet, *Dictionnaire françois*, 1680[8]; A. Furetière, *Dictionnaire universel*, 1690[9]; *Le Dictionnaire de l'Académie françoise*, 1694[10]. Mentionnons encore deux dictionnaires de collocations: M. de la Porte, *Les Epithètes françoises*, 1571 (réimprimé jusqu'en 1612); A. de Montméran, *Synonymes et Epithètes françoises*, 1645[11] et un dictionnaire du langage parlé: A. Oudin, *Curiositez françoises, pour supplément aux Dictionnaires*, 1640 (Cf. Bray 1990).

Pour qui veut se renseigner sur les règles grammaticales en vigueur pendant la première moitié du 17e siècle, il ne manque pas de descriptions, succinctes ou détaillées, complètes ou différentielles. Nous citerons en premier lieu la petite grammaire différentielle de G. Boysen, *Précis de syntaxe française du XVIIe siècle*, Odense University Press, 1973, 50 pages qui permettent d'accéder le plus rapidement à l'essentiel. Boysen condense et met à jour le manuel indispensable à toute recherche un peu plus poussée: A. Haase, *Syntaxe française du XVIIe siècle*, Paris: Delagrave, 1975, 448 pp. (le texte date de 1898, cf. maintenant Spillebout 1985). On peut le comparer à la description de la morphologie et de la syntaxe de notre époque contenue dans la monumentale *Histoire de la langue française* de F. Brunot, Vol. III (1909-1911), pp. 273-711. Comme pour les dictionnaires—quoique moins nécessairement—on peut compléter ces informations par le recours à une grammaire du 16e siècle: G. Gougenheim, *Grammaire de la langue française du seizième siècle*, Paris, 1974 et par les grammaires d'époque: Ch. Maupas, *Grammaire et syntaxe françoise*, 1618; A. Oudin, *Grammaire françoise*, 1632[12]; L. Chiflet, *Essay d'une parfaite grammaire de la langue françoise*, 1659 (pour la langue parlée, cf. Ernst, 1985).

Du point de vue du langage littéraire, la première moitié du 17e siècle est une période de transition entre les deux pôles que sont le milieu du 16e siècle et la fin du 17e, deux stades que l'on peut qualifier de «classiques». Il est vrai que, pour le lecteur moderne, seul le dernier mérite ce qualificatif, mais il est hors de doute que vers le milieu du 16e siècle bien des membres de la communauté linguistique française considéraient leur idiome comme supérieur au latin[13] et que, aux alentours de 1600, donc avec un recul appréciable, un certain courant de l'opinion continue à croire au classicisme d'un Ronsard, en dépit ou à cause des changements profonds intervenus dans la langue et le style[14].

Afin de se rendre immédiatement compte de l'évolution—pour ne pas dire la cassure—qui a eu lieu en France en l'espace de 130 ans, il suffit d'opposer deux textes comparables quant à leur fonction mais combien différents quant au style. Il s'agit d'extraits tirés respectivement de la préface de la première grammaire française écrite en français: Louis Meigret, *Le Traité de la Grammaire française*, 1550 et de l'avertissement qui précède, en 1680, le premier grand dictionnaire entièrement français, celui de P. Richelet. Voici d'abord le texte de Meigret (éd. Hausmann 1980:2):

> Mais comme le devoir d'une grammaire gise en la recherche de doctrine, non seulement de bien et proprement parler, mais aussi de bien écrire, pour la nécessité que nous avons de l'écriture, tant

> pour la débilité de la mémoire que pour suppléer une présence en l'absence de personnes, on a de coutume en toutes langues de les expédier ensemble. Tellement que, comme les anciens eussent inventé propre caractère ou lettre tant à la voyelle qu'à la consonante pour les assembler en l'écriture selon que de chacune parole le bâtiment des voix le requerrait; ceux qui ont voulu bien dresser une grammaire sur le bon usage de parler, ont aussi, en le suivant, donné les moyens de bien écrire par les lettres, en gardant à chacune sa puissance.

Et voici celui de Richelet (**2, recto);

> Un homme seul ne saurait tout voir. Un dictionnaire est l'ouvrage de tout le monde. Il ne se peut même faire que peu à peu et qu'avec du temps. Des personnes illustres dans les lettres travaillent depuis près de 43 ans à un ouvrage de cette nature, et toutefois ils n'en sont pas encore venus à bout. En attendant que leur travail paraisse et vienne heureusement remplir les vœux du public, on met en lumière ce dictionnaire qui est une espèce d'aventurier qu'on rendra plus digne de voir le jour si les honnêtes gens qui sont éclairés nous font la grâce de marquer les choses en quoi on leur aura pu déplaire. On corrigera, on retranchera, on ajoutera ce qu'ils trouveront à propos. Le public leur sera obligé et on les remerciera des bontés qu'ils auront eues.

Les deux extraits sont représentatifs de leurs auteurs. Il n'y a presque aucune phrase courte dans la préface de Meigret qui est une suite de longues périodes harmonieusement équilibrées et couvrant chacune une dizaine de lignes. Par contre, le texte de Richelet obéit déjà pleinement à l'idéal stylistique du français moderne: brièveté, clarté, efficacité. Qu'on ne nous objecte pas que ces textes témoignent seulement du style personnel de leurs auteurs; à l'époque de Meigret on était incapable d'écrire comme Richelet; à l'époque de Richelet, la période meigrétienne était devenue ridicule dans une préface de ce genre[15].

Période de transition, la première moitié du 17ᵉ siècle voit l'agonie d'un style périmé et la gestation d'une nouvelle langue classique. Citons d'abord comme exemple la première phrase de l'Avertissement au lecteur qui précède, en 1629, les *Œuvres* de Saint-Amant (né en 1594) (éd. J. Bailbé, t. I, p. 19):

> Le juste dépit que j'ai de voir quantité de petits poètes se parer impudemment des larcins qu'ils ont faits dans les ouvrages qu'on a déjà vus de moi et la crainte que j'ai eue que quelque mauvais libraire de province n'eût l'effronterie de les faire imprimer sans mon consentement, comme j'en étais menacé, m'ont fait à la fin résoudre à les prévenir, plutôt qu'aucun désir d'acquérir par là de la gloire: encore que si j'en puis prétendre par mes vers, je ne

> suis pas si sévère à ma réputation que je ne la veuille faire vivre qu'après ma mort.

C'est du Meigret, sans la maîtrise. Or, voici le début de *L'Epître au lecteur* qui précède en 1621 les *Œuvres du sieur Théophile* (de Viau) né en 1590 (éd. J. Streicher, p. 5):

> Puisque ma conversation est publique et que mon nom ne se peut cacher, je suis bien aise de faire publier mes écrits qui se trouveront assez conformes à ma vie et très éloignés du bruit qu'on a fait courir de moi. Je sais bien que dans l'aveugle confusion d'une réputation ignorante on a parlé de moi comme d'un homme à périr pour exemple, sans que jamais l'Eglise ni le Palais aient repris ni mon discours ni mes actions. Et depuis qu'il me souvient d'avoir vécu parmi les hommes, je n'en ai jamais pratiqué qui me soient encore amis. Tous ceux qui parlent mal de moi, ne sont ni de ma conversation, ni de ma connaissance. Je me puis vanter d'avoir assez de vertu pour imputer à l'envie les médisances qui m'ont persécuté. Ces outrages ne m'ont point affligé l'esprit, ni détourné le train de ma vie…

N'est-on pas frappé par un ton clair et direct qui préfigure celui de Richelet?

Période de transition, notre époque ne l'est pas seulement pour le style, elle l'est aussi pour l'usage grammatical. C'est l'époque des innombrables hésitations de l'usage, d'où les non moins nombreuses *Remarques* et *Observations* des grammairiens pour mettre un peu d'ordre dans le fouillis des formes linguistiques en concurrence. Les plus célèbres en sont évidemment celles de Vaugelas (1585-1650), publiées en 1647 mais préparées de longue date[16]. Faut-il admettre *il a entré* ou *il est entré*, *cueillera* ou *cueillira*, *quoi que l'on die* ou *quoi que l'on dise*, *je peux* ou *je puis*, *vieigne* ou *vienne*, *je vais* ou *je va*? Vaugelas essaie souvent de trancher la question, mais ce n'est qu'autour de 1700 que l'usage est fixé et que l'Académie française, commentant les *Remarques* de Vaugelas, constate un usage qui, la plupart du temps, est encore le nôtre. Vaugelas admet *die* et *dise*, l'Académie opte en 1704 pour *dise* et condamne son concurrent. Elle rejette *je va* et *cueillira* que Vaugelas ne pouvait condamner, parce qu'ils étaient en usage à la Cour. Il existe, il est vrai, des exceptions, puisque l'Académie déclare *je peux* hors d'usage, alors que Vaugelas s'était contenté de le trouver moins fréquent et moins bien dit que *je puis*.

Dans l'ensemble, il reste néanmoins difficile de se faire une idée exacte de la réalité linguistique de l'époque. Plus encore que pour la morphologie, cela est vrai pour la syntaxe. Prenons le cas du subjonctif dans la complétive qui a subi entre le 16e et le 18e siècle des changements profonds. Au 16e siècle, le subjonctif est fréquent après les verbes signifiant «croire» au positif. Il est en revanche souvent concurrencé par l'indicatif après les verbes d'étonnement. Or, les statistiques établies par M. Silenstaml[17] montrent que l'usage moderne est pratiquement installé à partir de 1660.

Qu'en est-il dans la période qui nous occupe? Nous ne le savons pas, puisqu'un travail analogue à celui de M. Silenstam n'existe pas pour notre époque. En remontant dans le temps, nous ne sommes à nouveau bien renseignés que pour le moyen français[18]. Entre 1500 et 1660 il ne manque vraiment pas de sujets de thèses.

Période de transition, notre époque l'est avant tout pour le vocabulaire. A la fin du 17e siècle, le vocabulaire littéraire est plus précis et plus clair que celui du siècle précédent. Ce que nous savons d'intuition, G. Ernst nous le prouve en comparant à celle d'Amyot (1559) les traductions de Plutarque par François Tallemant (1663) et André Dacier (1694)[19]. L'examen minutieux de plusieurs centaines de mots permet à ce savant d'affirmer que l'évolution générale du vocabulaire se fait en effet en faveur de la clarté par la réduction de la polysémie et en faveur de la précision par la réduction de la synonymie. Prenons un exemple d'autant plus instructif qu'il réunit les deux procédés. Amyot emploie le mot *abuser* dans les deux sens de «séduire» et de «tromper». Voilà la polysémie, obstacle de clarté. Mais Amyot emploie également le mot *tromper* avec le sens qui lui est resté. Voilà la synonymie (*abuser*—*tromper*), obstacle de précision, cette dernière étant définie comme une relation onomasiologique où à un seul concept ne correspond qu'un seul mot. Or, dans les traductions de Tallemant et de Dacier *abuser* «tromper» a disparu. Le mot *abuser* ne signifie plus que «séduire» (clarté) et le mot *tromper* est seul à exprimer la notion de «tromper» (précision). (Voir le tableau ci-dessous.)

	Polysemie		Synonymie
Amyot (1559)	*abuser*	*abuser*	*tromper*
	«séduire»	«tromper»	«tromper»
Tallemant (1663)	*abuser*		*tromper*
		0	
Dacier (1694)	«séduire»		«tromper»
	clarté		précision

Comme dans la syntaxe, nous sommes incapables de suivre dans le détail la lente élimination de *abuser* «tromper» au cours de la période qui nous concerne directement[20]. Nous sommes confrontés à une situation qui n'est pas sans rappeler un schéma classique de la psycholinguistique: nous connaissons l'«input» du 16e siècle et l'«output» de la seconde moitié du 17e. Entre les deux époques, il y a le «black box» de notre période, certainement riche en mouvements linguistiques de toutes sortes mais difficile à observer.

Instable et mobile, l'âge baroque ne l'est pas seulement, comme l'a montré Jean Rousset pour la littérature, il l'est aussi pour le langage littéraire. Ce caractère mouvementé se traduit jusque dans la fréquence des verbes de mouvement qui est bien supérieure à celle de l'âge classique. A. Ketterer a compté les verbes de mouvement par ligne dans les textes. Voici ses résultats[21]:

Sorel *Francion*		1: 4,5
Voiture *Lettres*		1: 5,7
Descartes, Malherbe, Maynard,		entre
Montaigne, Racan, Régnier,		1: 5,8
Satyre Ménipée, Scarron, d'Urfé,		et
Viau		1: 7,7
	moyenne:	1: 6,7
Racine		1: 6,5
Molière		1: 8,4
La Fontaine		1: 8,5
Corneille		1: 9,6
Pascal		1: 10,5
	moyenne:	1: 8,7

Le tableau révèle néanmoins que cela n'est pas également vrai pour tous les auteurs. Confirmant cette impression, un chercheur américain a constaté, à l'aide de l'ordinateur, que de Jean de la Ceppède (1550-1622), Jean de Sponde (1557-1595) et Théophile de Viau (1591-1626), le plus baroque est la Ceppède et le plus classique Viau[22].

L'idée qu'on se fait habituellement de la naissance de la langue classique est largement conditionnée par un texte qu'il est impossible de ne pas citer ici, parce qu'il fait partie du bagage culturel de tous les Français cultivés qui, jusqu'à une date récente, l'apprenaient par cœur: le «chant premier» de l'*Art poétique* de Boileau. En un peu plus de 200 vers, Boileau résume la conception classique du langage poétique sous forme d'exhortations adressées aux poètes de son temps. Or, ce qui rend le texte précieux pour l'historien de la langue, c'est que, vers le milieu, Boileau interrompt ses préceptes pour laisser place à un court développement historique où il nomme l'auteur de sa doctrine, qui est la figure dominante du début de notre période: Malherbe. Le chant entier respire l'enseignement de ce maître. Tout ce qui est dit de positif peut lui être attribué. En face de lui et dépassé par lui, nous trouvons l'autorité de l'âge précédent, le représentant de tout ce qui est négatif: Ronsard. Le chant entier se prête ainsi à une lecture diachronique qui oppose, à travers Ronsard et Malherbe, deux conceptions du langage littéraire, celle du 16e et celle du 17e siècle. Relisons les passages les plus importants:

```
27    Quelque sujet qu'on traite, ou plaisant, ou sublime,
      Que toujours le bon sens s'accorde avec la rime;
      .................................
37    Aimez donc la raison: que toujours vos écrits
      Empruntent d'elle seule et leur lustre et leur prix,
      .................................
45    Tout doit tendre au bon sens . . .
```

```
       . . . . . . . . . . . . . . . . . . . . . . . . . . . . . . .
66     J'évite d'être long, et je deviens obscur;
       . . . . . . . . . . . . . . . . . . . . . . . . . . . . . . .
79     Quoi que vous écriviez, évitez la bassesse.
       . . . . . . . . . . . . . . . . . . . . . . . . . . . . . . .
123    Ronsard . . .
124    . . . brouilla tout, fit un art à sa mode,
       Et toutefois longtemps eut un heureux destin.
       Mais sa muse, en français parlant grec et latin,
       Vit, dans l'âge suivant, par un retour grotesque,
128    Tomber de ses grands mots le faste pédantesque.
       . . . . . . . . . . . . . . . . . . . . . . . . . . . . . . .
131    Enfin Malherbe vint . . .
133    D'un *mot mis en sa place* enseigna le pouvoir,
       . . . . . . . . . . . . . . . . . . . . . . . . . . . . . . .
135    Par ce sage écrivain la langue réparée
       N'offrit plus rien de rude à l'oreille *épurée*.
       . . . . . . . . . . . . . . . . . . . . . . . . . . . . . . .
139    Tout reconnut ses lois; et ce guide fidèle
       Aux auteurs de ce temps sert encore de modèle.
       Marchez donc sur ses pas; aimez sa *pureté*;
       Et de son tour heureux imitez la *clarté*.
       Si le sens de vos vers tarde à se faire entendre,
144    Mon esprit aussitôt commence à se détendre;
       . . . . . . . . . . . . . . . . . . . . . . . . . . . . . . .
150    Avant donc que d'écrire, apprenez à penser.
       Selon que notre idée est plus ou moins obscure,
       L'expression la suit, ou moins *nette*, ou plus *pure*.
       Ce que l'on conçoit bien s'énonce *clairement*,
154    Et les mots pour le dire arrivent aisément.
       . . . . . . . . . . . . . . . . . . . . . . . . . . . . . . .
157    En vain, vous me frappez d'un son mélodieux,
       Si le terme est impropre ou le tour vicieux:
       Mon esprit n'admet point un pompeux barbarisme,
160    Ni d'un vers ampoulé l'orgueilleux solécisme.
       . . . . . . . . . . . . . . . . . . . . . . . . . . . . . . .
175    C'est peu qu'en un ouvrage où les fautes fourmillent,
       Des traits d'esprit, semés de temps en temps, pétillent.
       . . . . . . . . . . . . . . . . . . . . . . . . . . . . . . .
199    Un sage ami, toujours rigoureux, inflexible,
       Sur vos fautes jamais ne vous laisse paisible:
       Il ne pardonne point les endroits négligés,
       Il renvoie en leur lieu les vers mal arrangés,
       Il réprime des mots l'ambitieuse emphase;
       Ici le sens choque, et plus loin c'est la phrase.
```

> Votre construction semble un peu s'obscurcir,
> 206 Ce terme est équivoque: il le faut *éclaircir*...

En regroupant les éléments positifs et les éléments négatifs, nous obtenons le tableau suivant:

negatif (16ᵉ s., Ronsard)	positif (17ᵉ s., Malherbe)
mots *bas* (79)	
mots *rudes* (=vieux, provinciaux) (136)	
mots *pédantesques* (=techniques) (128)	
mots *étrangers* (latin, grec) (126)	pureté (136, 141, 152)
barbarismes (=néologismes) (159)	
solécismes (=mauvaise syntaxe) (160)	
tours vicieux (158)	
terme impropre (158)	*terme propre*
(133)	
	(=précision)
obscurité (66, 143, 205)	
«*brouiller*» (124)	*clarté* (142 ss., 153, 206)
équivoque (206)	*netteté* (152)
faste (128)	
grands mots (128)	
pompeux (159)	(simplicité)
ampoulé (160)	
orgueilleux (160)	
ambitieuse emphase (203)	
fautes (175, 200)	*bon sens* (28, 45)
	raison (37, 48)

Telle est l'image que Malherbe a laissée à la postérité. On peut ajouter qu'elle est en tous points conforme à la réalité. Mais voyons-le à l'œuvre! Son enseignement—essentiellement oral et qui n'a jamais connu d'exposé cohérent—se dégage d'annotations manuscrites dont il a couvert les œuvres de Philippe Desportes (1546-1606). Prenons comme exemple l'Elégie XVII. Malherbe la commente dans l'édition (posthume) de 1607, mais le texte qu'il a devant lui est, à quelques variantes près, celui de la première édition de 1575. Nous devons renoncer à reproduire l'ensemble du poème (qui comprend 174 vers) et nous nous bornerons à ne citer que les vers nécessaires à la compréhension du commentaire. Les remarques de Malherbe sont explicites ou implicites. (Nous appelons «commentaires implicites» des soulignements de mots ou de passages non accompagnés d'explications.) Nous reproduisons le texte dans l'édition de V. E. Graham (Genève: Droz, 1961) qui adopte l'orthographe de l'époque. Nous laisserons de côté les remarques concernant la versification[23].

    1 Comme le Pelerin qui sent en son courage (=cœur)
    2 Un desir violant d'accomplir son voyage,
    3 Se réveille en sursaut; et comme il est poussé
    4 Continue à grands pas le chemin commencé.

MALHERBE: «voicy une fort mauvaise petite comparaison et mal exprimée».
— Comme il s'agit d'un poème d'amour, mis dans la bouche de quelqu'un qui se dit aimer «estrémement» (v. 94), la comparaison avec l'impatience du voyageur (*pélerin* est un faux ami) semble faible à Malherbe. Ce qu'il juge mal exprimé, est sans doute le «et comme il est poussé» faisant figure d'élément de remplissage.

    6 Parmy l'obscurité leve l'œil et regarde,
    7 Choisissant pour sa (!) guide un astre au firmament,
    8 Sous la faveur *duquel* il marche asseurément:

MALHERBE souligne *duquel* qui lui paraît sans doute aussi peu élégant dans la poésie de son temps qu'il ne l'est dans la langue parlée d'aujourd'hui (cf. les témoignages cités par Brunot, H.L.F., III, 502).

    12 Et va tant qu'à la fin il se trouve égaré.
    13 Tout chemin luy est clos, ne sçait qu'il doive faire,

MALHERBE: «On ne dit pas: *Je ne sçay que je doive faire,* mais, *que je doy faire.* Je sçay bien que le latin dit *debeam*; mais il est question de parler françoys».
— Malherbe blâme un latinisme syntaxique (Brunot, H.L.F., III, 566) concernant le mode. Nous avons vu que la répartition des modes connaît à son époque un profond changement.

    14 L'astre qu'il a choisi n'a la flamme assez claire,
    15 Et les autres flambeaux par le Ciel reluisans
    16 Pour le bien radresser ne sont pas suffisans.

MALHERBE: «Je trouve quelque différence entre *luire* et *reluire*. Les astres ne reluisent point; le feu ny la chandelle. Il faut dire *luire* en ces lieux-là. L'or, l'argent et autres telles choses luisent et reluisent: l'un et l'autre se disent indifféremment».
— Malherbe pratique ici la méthode rhétorique des «differentiae» c'est-à-dire de la distinction des synonymes qui deviendra célèbre au 18e siècle avec la *Justesse de la langue françoyse* de l'abbé Girard. Mais à la différence de Girard, Malherbe, pour déterminer le mot juste ou le terme propre, renonce à une distinction paradigmatique (constraste de deux définitions) et s'en tient à la distinction syntagmatique. Il oppose les synonymes par les collocations dans lesquelles ils peuvent entrer et montre la

collocabilité réduite, par rapport à *luire*, du synonyme *reluire*. Ce faisant, il s'oppose à une tendance observable depuis l'ancien français: l'élimination des verbes simples par les composés avec re- (Brunot, H.L.F., III, 228). Huguet s.v. *reluire* présente un exemple conforme à l'emploi de Desportes.

  17 En fin la nuict s'envole et l'Aube colorée
  18 Haste le beau *Soleil à la* tresse dorée,

MALHERBE note: «*Leil, la la*», ce qui ne se comprend qu'à la lumière de la prononciation de l'époque (finale *l* prononcée dans soleil, du moins dans la liaison). La suite des sons rappelle le refrain d'une comptine, évidemment impropre dans une élégie.

  27 Car mon âge si tost du printemps n'approcha,
  28 Que ce Dieu contre moy mille traits décocha,
  29 Se fit Roy de mon ame, eschauffa mon courage,
  30 Et *me mît au chemin de l'amoureux voyage:*

MALHERBE: «Quand on veut faire un voyage, il faut bien se mettre en chemin; mais pourtant je ne diroys pas: *se mettre en chemin de quelque voyage*». —Malherbe admet les expressions *faire un voyage* et *se mettre en chemin* (aujourd'hui remplacé par *se mettre en route*), il ne s'érige pas contre *se mettre au chemin* attesté par Huguet. En revanche, il récuse la combinaison des deux expressions, tout comme nous refuserions aujourd'hui **se mettre en/ à la route d'un voyage*. Ce genre de solécisme est, en principe, couvert par ce qu'on est de tout temps convenu d'appeler la «licence poétique». Or, le propre de Malherbe est justement de ne pas admettre de licence poétique et de soumettre la poésie aux règles rhétoriques de la prose.

  47 Mais si tost que le jour de vos yeux m'esclaira,
  48 Mon cœur d'aise ravy ce Soleil adora,
  49 Et connu tout soudain que la flame allumée
  50 Dedans moy *paravant* n'estoit rien que fumée:

MALHERBE souligne *paravant* (= avant, auparavant), parce qu'il est vieux (Brunot, H.L.F.: III, 365; Haase, § 130).

  91 J'ay tousjours jusqu'icy blasmé l'extrémité
  92 Mais je pers cêt *advis* perdant ma liberté,
  93 Car vous voyant, Madame, en beautez tant extrême,
  94 Je consens que mon cœur extremement vous ayme:
  95 Je veux qu'en vous servant il souffre extrêmement,
  96 Et le desavourois s'il faisoit autrement.

MALHERBE: «*Advis* et *opinion* sont bien différents en ce lieu. *Opinion* y est bon, et *advis* n'y vaut rien. Il devoit dire: *Je pers ceste opinion*». —Malherbe distingue une fois de plus des synonymes. Seulement, il n'apporte aucun élément de preuve (qu'il soit syntagmatique ou paradigmatique), en dehors du contexte présent. On peut supposer qu'il comprend *avis* au sens de «conseil» (premier sens enregistré par Furetière; les deux articles *avis* et *opinion* de Nicot montrent l'emploi réduit du premier), de sorte que la combinaison avec *perdre* n'est pas possible.

    101   O Dieux si d'un tel heur je contente ma vie,
    102   Ne m'accordez plus rien de *chose que je prie*!
    103   On ne me verra plus d'autres biens desireux,
    104   Et m'estimeray lors content et bien-heureux.
    105   Mais si par mon malheur trop cruelle et trop fiere
    106   *Vous ne vous flechissez au son de ma priere*,
    107   Sans plaisir, sans confort, triste et desesperé,
    108   *Je veux blasmer* le Ciel contre moy conjuré,

MALHERBE: «Malaisément dirois-je: *je prie une chose*, mais *je vous prie d'une chose*. Il pouvoit dire: *Ne m'accordez jamais chose dont je vous prie*». — Nous comprenons bien cette remarque concernant la construction du verbe *prier* (cf. *je vous en prie!*). Et pourtant Huguet (*quand la mere prie aucune chose à son enfant*) et Nicot (*que doy je autre chose prier à Dieu*) attestent l'emploi de *prier qch.* au 16e siècle, emploi devenu vieux au début du 17e.

MALHERBE: «*Si vous ne vous fléchissez à ma prière, je veux blasmer*, etc. c'est ne rien dire». — Remarque difficile à expliquer. Malherbe censure-t-il le cliché?

MALHERBE: «Le dernier vocatif, c'est *ô Dieux* (v. 101), et à ceste heure il parle à sa dame». — En ne levant pas l'ambiguïté du *vous* de la ligne 106, que l'on pourrait être tenté de rattacher au vocatif du vers 101, Desportes commet une faute grave contre la clarté. La morphologie des adjectifs du vers 105 (*cruelle*, *fière*) ne remédie, dans le code phonique, que partiellement à cet état de choses, le seul indice du féminin restant la rime *fière, prière*. Cela ne suffit pas pour la clarté immédiate («le sens tarde à se faire entendre»).

    111   Car que me servira que je sois redouté,
    112   Que j'aye en mon printemps maint effort surmonté
    113   De m'estre veu le chef de si grandes années,
    114   D'avoir *des ennemis les campagnes* semées

MALHERBE: «Il eust mieux dit *d'ennemis*; il semble qu'il veuille dire: *les campagnes des ennemis*». — Encore une faute contre la clarté. Nous sommes devant un cas classique d'ambiguïté syntaxique. La construction *semer les campagnes des ennemis* ayant les deux structures profondes *semer qch.* + *les campagnes des ennemis* ou alors *semer qch. de qch.* (avec article). Malherbe, pour éviter l'équivoque, recommande une construction synonyme: *semer qch. de* (sans article).

    115   D'estre *eschappé vainqueur* de cent mille dangers,

MALHERBE: «J'eusse dit: *d'estre sorty vainqueur*, car *eschapé* et *vainqueur* ne s'accordent gueres bien». — Faute de collocation (terme impropre) et, probablement, faute de construction, *échapper* n'étant pas construit normalement comme verbe attributif. Un exemple de Nicot laisse néanmoins supposer que la collocation était possible au

16ᵉ siècle: *échapper assez honnêtement d'un mauvais passage de procès*.
    120   Avoir jeune arraché la palme aux vieux guerriers
    121   *Jusqu'au plus haut du ciel planté ma renommée*
    122   Que le temps ny la mort ne rendront *consommée*,

MALHERBE: «*Planter sa renommée jusqu'au ciel*, me semble bien étrange. Il pouvoit dire *envoyé* ou *porté*». —Encore une faute de collocation. Le contexte demande un verbe de mouvement (on ne sauroit planter une seule chose jusqu'à un endroit, mais qu'en était-il au 16ᵉ siècle?). Malherbe en propose deux, dont seul le second (*porter*) est encore possible à l'heure actuelle. MALHERBE: *consommée*: «Consumée». —Fréquente à l'époque de Malherbe (Brunot, H.L.F. III, 230), la confusion de *consommer* et de *consumer* figure encore aujourd'hui dans les dictionnaires de paronymes et de difficultés (cf. en dernier lieu J. Bertrand, *Dictionnaire pratique des faux frères*, Paris, 1979).
    125   Et si vous refusez de m'estre favorable?
    126   *La grandeur sans amour est chose misérable.*
    127   J'aymerois beaucoup mieux estre né bassement,

MALHERBE: «Il ne dit rien moins que ce qu'il veut dire, car il devoit expliquer cest amour passivement». —Autre faute contre la clarté dans la mesure où *sans amour* peut vouloir dire «sans aimer» (activement) ou «sans être aimé» (passivement), alors que, seul, le sens passif est approprié. Malherbe semble être un peu de mauvaise foi en refusant d'admettre au moins l'ambiguïté. Il ne veut comprendre que le contresens.
    131   Car plus un homme est grand et de gloire animé,
    132   Plus chaud est le *brandon* qui le rend consumé:

MALHERBE: «Mauvais mot en ce lieu». —Faute contre la pureté, *brandon* «torche» étant un mot à la fois vieux et bas (Brunot, H.L.F., III, 77 et 168). Richelet le qualifie d'«un peu vieux». L'Académie rejette *le brandon de Cupidon* dans le genre burlesque.
    135   Puis je croy fermement qu'amour victorieux
    136   A des fleches à part pour les Rois et les Dieux,
          . . . .
    139   Las! de ses traits choisis mon cœur est traversé
    140   Il a *tout* dedans moy son carquois renversé.

MALHERBE: «Hors de sa place». —Il exige *Il a dedans moi tout son carquois renversé*, en refusant la licence poétique qui gêne la clarté et est contraire à la pureté.
    169   Car j'ay ce reconfort, qui mon mal diminuë,
    170   De penser que ma foy par là vous soit connuë,
    171   Et que la verité de mon affection
    172   Se descouvre aisement par ma discretion,
    173   Qui est de fermeté le plus seur tesmoignage:

174   Jamais homme discret *ne sceut estre vollage.*

MALHERBE: «Ne fut volage». —Il est probable que le passé simple avec le verbe imperfectif *savoir* ne plaît pas à Malherbe. Le manque de commentaire supplémentaire montre une fois de plus que Malherbe n'est pas grammairien. Il se fie à son sens de la langue, mais ne fournit que rarement des éléments d'analyse.

MALHERBE: «J'eusse mieux aimé dire: *jamais homme volage ne fut discret* et cela est sans doute». —Voilà une émanation du fameux «bon sens» loué par Boileau. En effet, l'affinité logique est plus grande entre *volage* (qui est négatif) et *pas discret* (qui est la négation d'un positif) qu'entre *discret* (qui est positif) et *pas volage* (qui est la négation d'un négatif). On s'en rend immédiatement compte lorsqu'on applique le test avec *non plus: Un homme volage n'est pas non plus discret*, mais *Un homme discret n'est pas non plus volage.

Comparant la pratique de Malherbe à la description de Boileau, il nous faut avouer que la concordance est parfaite: bon sens, précision, simplicité, clarté, pureté. Partout Malherbe est en parfait accord avec le mouvement général de la langue littéraire entre 1550 et 1650. Le fond de sa doctrine est l'amélioration par la réduction, la substitution de la qualité à la quantité. C'est très net pour le vocabulaire que Malherbe vise à débarrasser de tous ses éléments marqués (archaïques, régionaux, étrangers, techniques, nouveaux, parlés), pour porter ensuite toute son attention sur la qualité du noyau qui reste: les mots non marqués qu'il s'agit d'employer dans des constructions et des collocations usuelles (= non marquées) sans aucune déviation. Il est évident qu'en interdisant le cas marqué et la déviation, l'idéal de la pureté sert en même temps la clarté. C'est particulièrement valable pour la syntaxe dont la compréhension ne peut être immédiate qu'à partir des patrons usuels. Malherbe ne tolère que le «pattern» auquel le lecteur, ou mieux: l'auditeur est habitué. Son idéal est décidément une sorte de «aurea mediocritas», non pas la médiocrité, mais la concentration sur la partie nodale de la langue qui, elle, est portée au plus haut degré d'intelligibilité. C'est dans ce sens qu'il faut le comprendre quand il appelle les «crocheteurs du port au foin» (c'est-à-dire les hommes les moins cultivés) «ses maîtres pour le langage», exigeant ainsi que les beaux esprits se mettent à la portée du peuple et qu'ils parlent non pas un jargon érudit, mais la langue de tout le monde.

Nul doute donc que Malherbe représente le courant dominant de son époque. Les grands censeurs de la génération suivante, tel Vaugelas, renchérissent sur sa doctrine, ils ne la mettent pas en doute. Reste à savoir, d'abord, si ce courant existe avant Malherbe, ensuite, s'il existe un courant secondaire opposé à Malherbe et prolongeant celui de Ronsard et, pour finir, s'il faut juger positive l'action de ce «magister» qu'on a pu traiter de «pédant», de «cuistre», voire de «bourreau» de la langue française[24].

Il est certain que l'action de Malherbe n'était pas révolutionnaire et qu'il a eu des prédécesseurs. Boileau observe le changement de tendance chez Desportes (1546-1606) et Bertaut (1552-1611) qui sont, comme il dit, «plus retenus» que Ronsard. (Malherbe exerce sa férule sur un auteur qui est déjà en partie acquis à sa cause.)

Brunot y a ajouté les noms de Du Perron (1556-1618) et Du Vair (1556-1621). Un autre auteur, très peu connu d'ailleurs, montre à l'évidence que Malherbe, au lieu de créer le mouvement, l'a seulement imposé. Cet auteur est Abel Mathieu[25]. De 1559 à 1572 il publie trois *Devis de la langue francoyse* où il prône «l'usage de parler le plus commun, le plus simple et le moins corrompu». Il conseille de suivre partout «le peuple et la multitude». Son modèle est, déjà, le crocheteur:

> Voilà ce que j'ai toujours en la bouche,
> qu'en notre langue le terme du crocheteur ou
> du vil populaire me plaît...

C'est au nom de l'intelligibilité qu'il rejette les «termes d'art dont usent les maîtres et docteurs scolastiques». C'est parce que «ne plaira jamais au peuple le terme né d'aujourd'hui» qu'il refuse le néologisme. C'est visiblement par opposition à la Pléiade qu'il appelle corrompu le langage des provinces. Et, comme Boileau, il cherche les modèles littéraires dans les générations qui précèdent celle de Ronsard. Il loue Commynes et Seyssel — Boileau, lui, nomme Villon — et, d'un commun jugement avec Boileau, Clément Marot «vraiment ami de la multitude».

Le courant secondaire du 16e siècle devient donc prépondérant au 17e. Inversement, le courant prépondérant du 16e passe dans l'opposition au début du 17e. Mathurin Régnier, dans la fameuse Satire IX à Monsieur Rapin (1608), parle en ces termes des censeurs «insolents» et «arrogants»:

> Pensent-ils des plus vieux offenceant la memoire,
> Par le mespris d'autruiy d'aquerir de la gloire,
> Et pour quelque vieux mot, estrange ou de travers,
> Prouver qu'ils ont raison de censurer leurs vers?
> (Alors qu'une œuvre brille et d'art et de science,
> La verve quelque fois s'egaye en la licence).

Théophile de Viau, dans l'*Elégie à une dame* (1621), conteste l'autorité de Malherbe[26]:

> Malherbe a très bien fait, mais il a fait pour lui;
> ....
> J'approuve que chacun écrive à sa façon:
> J'aime sa renommée et non pas sa leçon.
> ....
> La règle me déplaît; j'écris confusément;
> Jamais un bon esprit ne fait rien qu'aisément.

Berthelot, Cl. Garnier, Hardy et Camus refusent de se soumettre. L'anti-doctrine la plus complète est cependant l'œuvre d'une femme, Marie de Gournay, pour laquelle l'étiquette de «classique» reste accolée au 16e siècle. Elle part en guerre contre ce que H. Lausberg[27] appelle «la règle générale et fondamentale de la compréhension immédiate», imposée par les courtisans devenus juges des poètes et de leurs œuvres. Les courtisans sont responsables de ce qu'un Malherbe, selon les paroles de Mlle de Gournay, «attache l'élocution du poème au joug de la prose, et prose triviale». «Pour les courtisans les textes littéraires qu'on leur débite viennent s'insérer dans la suite interminable des conversations et communications de la cour. Dès lors qu'on range les poésies parmi ces échanges, on en fait pratiquement des textes de prose agrémentés de mètres et de rimes» (Lausberg). Marie de Gournay fait l'inventaire complet des inconvénients de la nouvelle doctrine: monotonie lexicale, à défaut de synonymes; rupture avec la tradition, par l'interdiction des mots vieux; réduction de la part créatrice du travail poétique, par l'interdiction des mots nouveaux. Au lieu de la qualité, elle ne voit qu'appauvrissement; au lieu de la pureté et de la clarté, elle ne voit que manque d'esprit et de vigueur; la simplicité lui semble banalité; le jugement supplante le génie.

Alors, faut-il juger néfaste l'action de Malherbe? oui, dans la mesure où son enseignement ne pouvait mener qu'à l'étiolement du genre poétique (encore que la faute en soit davantage aux courtisans). Mais décidément non, en ce qui concerne l'évolution du langage littéraire et écrit dans son ensemble. Sans aucun doute, Malherbe a, plus que quiconque, contribué à implanter dans le cœur des Français «l'éthos» de clarté[28] culminant dans la phrase de Rivarol «ce qui n'est pas clair n'est pas français». Cette clarté n'est pas tant celle de la langue française dont les structures ne sont probablement ni plus claires ni moins claires que celles de n'importe quelle autre. C'est la clarté dans le maniement de la langue que Malherbe, en censurant, souvent étroitement, la poésie de Desportes, a favorisée au plus grand profit d'une prose que depuis le début du 17e siècle jusqu'aujourd'hui nous admirons pour sa qualité.

La victoire du 17e siècle sur le 16e en matière de langage est consacrée en 1638 par une volte-face significative survenue lors de la gestation du dictionnaire de l'Académie française. Cette année-là, Jean Chapelain (1595-1674), rédigeant son *Projet de dictionnaire*, propose de le faire à partir d'un «choix de tous les auteurs morts, qui avoient écrit le plus purement en notre langue». Cela aurait été conforme à l'exemple de l'Accademia della Crusca et surtout c'eût été comme la victoire du 16e siècle sur le 17e. Or, après l'avoir adopté, l'Académie revient très vite sur cette décision et confie l'exécution du Projet au plus pur des synchroniciens, Vaugelas[29]. Dès lors, il n'est plus question de citer des auteurs d'antan. Cinquante-six ans plus tard, lorsque le dictionnaire paraîtra, la préface expliquera que

> On peut dire aussy, que ce Dictionnaire a cet avantage sur tous les Dictionnaires de ces deux Langues celebres de l'Antiquité [i.e., le grec et le latin], que ceux que nous avons, n'ont point esté composé dans les bons siecles… Nous n'avons point de Dictionnaires du siecle de Ciceron ni du siecle de Demosthene, et si nous en avions, il n'y a pas de doute qu'on en feroit beaucoup plus d'estat que des autres, parce qu'ils seroient considerez comme autant d'Originaux,

et ceux qui auroient composé ces Dictionnaires, n'auroient point eu besoin de citer les Passages des autres Autheurs en preuve de leurs explications, puisque leur témoignage seul auroit fait authorité. Le Dictionnaire de l'Académie est de ce genre. Il a esté commencé et achevé dans le siecle le plus florissant de la Langue Françoyse; et c'est pour cela qu'il ne cite point, parce que plusieurs de nos plus celebres Orateurs et de nos plus grands Poëtes y ont travaillé, et qu'on a creu s'en devoir tenir à leurs sentiments.

Qu'on ne s'y trompe pas. Ces lignes sont publiées en 1694, mais l'état d'esprit dont elles témoignent prévaut déjà en 1638. Dès cette date, la codification du noyau lexical usuel de la langue (phrases simples, collocations fréquentes et forcément banales dont abonde le dictionnaire) est jugée plus importante que l'enregistrement d'un langage littéraire considéré désormais comme désuet. Une nouvelle langue classique est née. Elle le restera jusqu'aujourd'hui.

Notes

1. Cf., pour la méthode, le cas instructif révélé par Baldinger 1978.
2. Cf. le chapitre «The Reconstruction of Stylistic Values» in Ullman 1966: 154-173.
3. Nous croyons avec Kochmann 1977: 37, qu'on ne lira plus, qu'on ne comprendra plus les textes du 17e siècle exactement comme on les a lus et compris à leur première parution.
4. Pour une caractérisation de ce dictionnaire, cf. Baldinger (éd.) 1974.
5. Cf. Wooldridge 1977.
6. Cf. Smalley 1948.
7. Cf. Post 1925.
8. Cf. Bray 1986.
9. Cf. Rey 1978.
10. Cf. Beaulieux 1951 et François 1920.
11. Cf. Hausmann 1982.
12. Cf. Winkler 1912.
13. Cf. Hausmann 1980: 147ss. et Hausmann 1981: 335 n. 15.
14. Cf. Lausberg 1977.
15. Cf. Brunot, H.L.F., III, 684ss.
16. Cf. surtout Marzys 1975. Voir aussi Hillman 1972 et Fuchs 1979.
17. Silenstam 1973: 120.
18. Grâce à Wunderli 1970. Cf. aussi Bossle 1930.
19. Ernst 1977.
20. Regnier 1869 atteste *abuser* «tromper» chez Malherbe.
21. Ketterer 1971: 409, 414.
22. Wilson 1970.
23. Cf. Brunot 1891. L'interprétation exacte des remarques de Malherbe à partir de l'édition Lalanne (*Oeuvres de Malherbe*. Tome quatrième, Paris 1862) n'est pas possible.
24. Cf. Lausberg 1950.
25. Pour ce qui suit, voir Hausmann 1981: 336ss.
26. Cf. Schirmacher 1897 et Wilson 1970.
27. Lausberg 1977.
28. voir Weinrich 1961.
29. Cf. n. 10.

Ouvrages Cités

Baldinger, K. (éd.): *Introduction aux dictionnaires les plus importants pour l'histoire du français*, Paris 1974.

Baldinger, K. «*Premier*: terme de jeu de paume méconnu dans Rabelais», *Travaux de Linguistique et de Littérature* 16, 1978, 45-48.

Beaulieux, Ch. «Histoire de la gestation de la première édition du Dictionnaire de l'Académie française (1639-1694)», in: Ch. B., *Observations sur l'orthographe de la langue française*, Paris 1951.

Bossle, M. Th. *Wandlungen des Modusgebrauchs im 16. und 17. Jahrhundert*, Thèse Munich 1930.

Brunot, F. *La doctrine de Malherbe d'après son Commentaire sur Desportes*, Paris 1891 (1969).

Ernst, G. *Der Wortschatz der französischen übersetzungen von Plutarchs «Vies parallèles» (1559-1694). Lexicologische Untersuchungen zur Herausbildung des francais littéraire vom 16. zum 17. Jahrhundert*, Tübingen 1977.

François, A. «Les origines italiennes du Dictionnaire de l'Académie française», in: *Mélanges Bouvier*, Paris 1920.

Fuchs, C. «La synonymie dans les *Remarques* de Vaugelas (1647)», *Historiographia Linguistica* 6, 1979, 285-293.

Hausmann, F.J. *Louis Meigret. Humaniste et linguiste*, Tübingen 1980.

―――. «Abel Mathieu et ses *Devis de la langue francoyse* (1559, 1560, 1572), in: Festschrift E. Coseriu. Vol. I. *Geschichte der Sprachphilosophie und der Sprachwissenschaft*, éd. J. Trabant, Berlin, Madrid 1981, 329-338.

―――. «Kollokationswörterbücher des Lateinischen und Französischen im 16. und 17. Jahrhundert», in: *Romania historica et Romania moderna. Festschrift für Olaf Deutschmann*, Berne 1982.

Hillman, L.H. *Vaugelas and the Port-Royal Grammar: Usage and Reason in Seventeenth-Century French Grammar*, Ph.D. Diss. Cornell Univ. 1972.

Ketterer, A. *Semantik der Bewegungsverben. Eine Untersuchung amWortschatz des französischen Barock*, Zurich 1971.

Kochmann, R. «Le Bourgeois Gentilhomme en français facile?», *BREF* 9, 1977, 37-44.

Lausberg, H. «Zur Stellung Malherbes in der Geschichte der französischen Schriftsprache», *Romanische Forschungen* 62, 1950, 172-200.

―――. «Marie de Gournay et la crise du langage poétique», in: *Critique et création littéraires en France au XVIIe siècle*, Paris 1977, 117-125.

Marzys, Z. «Pour une édition critique des *Remarques* de Vaugelas», *Vox Romanica* 34, 1975, 124-139.

Meigret, L. *Le Traité de la Grammaire française (1550), Le Menteur de Lucien. Aux Lecteurs (1548). Edition établie selon l'orthographe moderne, subdivisée en paragraphs, annotée et augmentée d'une introduction, d'un glossaire ainsi que d'un index par Franz Josef Hausmann*, Tübingen 1980.

Post, V.W. *Les tentatives de réforme orthographique du père Monet, S.J.*, Amsterdam 1925.

Régnier, A. *Lexique de la langue de Malherbe*, Paris 1869 (1970).

Rey, A. «Antoine Furetière imagier de la culture classique», in: A.F., *Dictionnaire universel*, Paris 1978, t. 1, 5-95.

Schirmacher, K. *Théophile de Viau*, Leipzig, Paris 1897.

Silenstam, M. *L'emploi des modes dans les propositions complétives étudié dans des textes français de la seconde moitié du XVIIe siècle*, Uppsala 1973.

Smalley, V.E. *The Sources of «A Dictionarie of the French and English Tongues» by Randle Cotgrave, London 1611. A Study on Renaissance Lexicography*, Baltimore 1948.

Spillebout, G. *Grammaire de la langue française du XVIIe siècle*, Paris 1985 (Connaissance des langues).

Stefenelli, A. *Lexikalische Archaismen in den Fabeln von La Fontaine. Lexicologische Bestandsaufnahme. Distribution und Funktionen. Wortgeschichtliches Fortwirken*. Passau 1987 (Passauer Schriften zur Sprache und Literatur 1).

Ullmann, St. *Language and Style*, Oxford 1966.

Weinrich, H. «Die *clarté* der französischen Sprache und die Klarheit der Franzosen», *Zeitschrift für romanische Philologie* 77, 1961, 528-544.

Wijk, W. van der. *La première édition du Dictionnaire françois de Richelet*, Dordrecht 1923.

Wilson, D.S.H. *The Language of the Baroque: Levels of Structure in the Poetry of Jean de Sponde, Jean de la Ceppède and Théophile de Viau*, Ph. D. Diss. Berkeley 1970 (Dissertation Abstracts 31-6571-A).

Winkler, E. *La doctrine grammaticale française d'après Maupas et Oudin*, Halle 1912.

Wooldridge, T.R. *Les débuts de la lexicographie française. Estienne, Nicot et le Thresor de la langue françoyse (1606)*, Toronto, Buffalo 1977.

Wunderli, P. *Die Teilaktualisierung des Verbalgeschehens (Subjonctif) im Mittelfranzösischen*, Tübingen 1970.

Aperçu de la versification française du 17ᴱ siècle

Claude Abraham

«Tout ce qui est vers n'est point prose» est la leçon de M. Jourdain. Nous n'avons aucune intention dans ces quelques pages de définir la poésie, d'alors ou d'aujourd'hui; nous voudrions simplement donner quelques éléments de prosodie, surtout telle que les entendaient les contemporains du bon bourgeois, et sur ce plan, en effet, la distinction entre vers et prose était bien nette et ancrée exclusivement sur des notions métriques telles que la rime et le rythme. Le vers est donc, dans ce contexte, un groupe de mots avec un nombre bien défini de syllabes, rimant avec un autre groupe analogue.

Le compte des syllabes

Si, dans la conversation courante, nous nous permettons d'avaler certains *e* muets (mes g'noux), ceci n'est pas permis en poésie, même dramatique—malgré ce que l'on peut entendre parfois à la Comédie-Française. Seul est muet le *e* qui se trouve à la fin d'un mot suivi par un autre commençant par une voyelle, ou à la fin du vers. Ainsi, les vers suivants, tirés d'*Iphigénie*, ont tous les deux douze syllabes:

> Une juste fureur s'empare de mon âme
> [u/ne/jus/te/fu/reur/s'em/pa/re/de/mo/nâm(e)]
>
> Contre un peuple en fureur vous exposerez-vous?
> [con/tr(e) un/peu/pl(e) en/fu/reur/vou/sex/po/se/rez/vous?]

Il en est de même du suivant, qui pourtant n'en aurait que onze dans le parler ordinaire;

> D'un peuple impatient vous entendez la voix.
> [d'un/peu/pl(e) im/pa/ti/ent/vou/sen/ten/dez/la/voix]

Là, le problème est celui de la diérèse, c'est-à-dire de la dissociation des éléments d'un diphtongue, i.e., d'une voyelle dont la tenue comporte un changement d'articulation et une variation de timbre. Ceci mène à certains problèmes soit pour le rythme, soit pour la rime, comme dans le distique suivant tiré de *Phèdre*:

> Tu l'aimes? ciel! Mais non, l'artifice est grossier:
> Tu te feins criminel pour te justifier.

Soit *justifier* a quatre syllabes (jus/ti/fi/er) et ne rime plus avec *grossier* (gro/ssier), ou le mot en a trois et ne suffit pas à donner le bon compte de syllabes au vers. En de tels cas, c'est la rime qui cède, ce qui produit un accent expressif (voir plus loin), sans doute voulu.

Le vers le plus usité est celui de douze syllabes, l'alexandrin. Au dix-septième siècle, les vers impairs sont rares, et l'alexandrin est employé presque toujours soit avec d'autres alexandrins (vers *isométriques*) soit avec d'autres vers pairs tels que le décasyllabe (10 syllabes), l'octosyllabe (8) ou l'héxamètre (6), ces vers de longueurs inégales s'appelant *hétérométriques*. Les vers d'une certaine longueur (huit syllabes et plus) ont en général une pause (césure), divisant ainsi le vers en deux hémistiches, point sur lequel nous aurons à revenir.

Agencement des vers

La poésie du dix-septième siècle est soit en vers suivis, soit en strophes. Avec l'importante exception des *Fables* de La Fontaine, les vers suivis sont isométriques, alternant distiques masculins et féminins (voir section «Rimes»). Ici encore, l'alexandrin prime, mais le décasyllabe trouve une place importante. Les strophes d'un même poème, à quelques exceptions près, ont la même longueur, le même agencement métrique et les mêmes rimes. Une exception importante: le sonnet. Les strophes les plus courantes au dix-septième siècle sont le quatrain (quatre vers), le sizain (six), et le dizain; le sonnet est composé de deux quatrains suivis de deux tercets (trois vers chaque). Généralement, les quatrains sont soit isométriques, soit *à clausule* hétérométrique, i.e., un dernier vers plus court que les trois précédents (mais l'agencement 12-6-12-6 est une hétérométrie assez usitée).

Le rythme

D'habitude, quand on parle de rythme, on ne traite que des considérations métriques. Il me semble que cela peut mener à une certaine confusion, surtout lorsqu'il s'agit d'une poésie aussi innovative que celle du premier dix-septième siècle, et qu'il vaut mieux parler de plusieurs rythmes: lexique, syntactique, verbal. Pour mieux comprendre la notion de rythme lexique, il faut se rappeler la notion bien française d'accent. Un accent est une emphase prosodique rehaussant la valeur d'une syllabe. L'accent expressif a pour but de mettre en valeur un certain sens ou une connotation. Il est donc généralement libre, se situant sur une syllabe normalement atone («C'est à REfaire!»). Il en est tout autrement pour l'accent démarcatif qui, en français, n'est pas libre, tandis qu'il l'est, par exemple, en anglais. En français, l'emphase—de longueur et non de force—est déterminée par la position de la syllabe dans le mot, l'accent tombant toujours sur la dernière syllabe. En anglais, par contre, l'accent est libre et dicté par de toutes autres considérations, y compris celle du sens. Ainsi le mot [present] peut avoir un accent sur la première syllabe («He gave me a present») ou sur la dernière («Let me present...»). En français, donc, la dernière syllabe du mot (et non moins celle de la proposition ou de la phrase) ayant cette plus-valeur de longueur, chaque mot a son propre rythme indépendant de sa position au sein d'un vers, mais qui contribue son écot aux autres rythmes. Ainsi, dans ce vers tiré de *Suréna*,

Tou*jours* ai*mer*, tou*jours* souf*frir*, tou*jours* mou*rir*,

la lassitude d'Eurydice est indiquée en large partie par le martellement régulier des bisyllabes.

Mais dans ce même vers, on note un autre rythme, qui ici va main en main avec le premier, et qui est déterminé par la syntaxe. Non seulement chaque mot a-t-il son accent, mais chaque partie grammaticale de ce vers, par sa régularité, donne une force supplémentaire au martellement. Ainsi, l'accent sur la deuxième syllabe d'*aimer* est encore plus prononcé que celui mis sur la deuxième syllabe de *toujours*. Ce vers, tout en ayant le même nombre de syllabes que ceux qui l'accompagnent, paraît donc avoir une toute autre longueur, un tout autre rythme.

Ces deux rythmes se greffent donc sur un troisième, métrique. Dans le sens classique du mot, *rythme* veut dire retour à intervalles réguliers de temps marqués, d'accents. Mais nous venons de voir que cela ne se peut dans la stricte et exclusive mesure du temps écoulé, puisque les mots eux-mêmes dictent cette durée. Il faut donc songer à ces intervalles comme simplement autant de syllabes, quelle que soit leur durée; nous nous trouvons donc alors dans le domaine de la métrique, c'est-à-dire, du compte des syllabes. Pour les vers courts, l'on n'a qu'à compter; pour les décasyllabes et les alexandrins, la versification du dix-septième siècle dicte une césure, mais par cela il faut entendre une coupe plutôt qu'un arrêt, i.e., la démarcation entre hémistiches grâce à un accent. Il peut y avoir pause à la coupe, mais ce n'est pas une nécessité. Il en est ainsi dans les deux premiers vers du «Désespoir amoureux» de Théophile de Viau:

Eloigné de vos yeux, où j'ai laissé mon âme,
Je n'ai de sentiment que celui du malheur.

Une pause est possible au milieu du premier vers; tel n'est pas le cas au milieu du second. Le vers suivant, tiré du même poème, montre à quel point la notion d'accent peut être séparée de celle de pause:

N'ont rien de comparable à ce sanglant départ.

L'accent est sans doute sur le deuxième [a] de *comparable*; la coupe étant *compara/bl à*, aucune pause n'est concevable. Il en est de même dans ce vers d'*Andromaque*, où pourtant la virgule pourrait faire songer à une pause,

Mais il me faut tout perdre, et toujours par vos coups,

mais la pause ne pourrait se situer qu'à la virgule, après la deuxième syllabe de *perdre*, ce qui rendrait le vers complètement boiteux; il faut donc lire ce vers «... per/ dr(e) et...», c'est-à-dire avec l'accent sur *per* et la coupe sans aucune pause.

A part cette coupe principale, il y en a en général de secondaires. Dans le décasyllabe, la coupe principale se situant après la quatrième ou la sixième syllabe, une coupe secondaire se situe à l'intérieur de l'hémistiche le plus long. Quant à l'alexandrin, s'il y a une coupe forte après la sixième syllabe, une coupe secondaire libre se situe dans chaque hémistiche; mais l'on trouve aussi au lieu de ce tétramètre des alexandrins divisés 4/4/4, comme celui déjà cité de *Suréna*. De tels trimètres n'ont pas de coupe secondaire.

En principe, le rhythme syntactique et le métrique s'accordent, la phrase—ou du moins la proposition—coïncidant avec le vers. Mais un poète peut, pour obtenir un certain effet, permettre à la syntaxe de franchir cette frontière métrique. Il y a alors *enjambement*, la partie de la proposition qui est rapportée dans le vers suivant s'appelant *rejet*. Dans la phrase suivante tirée de la fable «Les Animaux malades de la peste», de La Fontaine, le rejet constitue en lui-même le vers le plus court du poème:

      Même il m'est arrivé quelquefois de manger
          Le berger.

Cet isolement métrique rehausse la valeur du rejet et contribue à la surprise. Ce n'est pas toujours le rejet qui est la partie la plus courte de la division syntactique; un sonnet de Tristan L'Hermite débute ainsi:

      C'est fait de nos destins: je commence à sentir
      Les incommodités que la vieillesse apporte.

La tension créée entre le rythme métrique et le syntactique est évidente. Dans un de ses rondeaux, Tallemant des Réaux emploie l'hétérométrie suivante: 6/4, 6/4, 6/4, 4. Mais une des strophes débute comme suit:

      Je ne m'attends d'avoir, pour le salaire
      De tous mes maux, que l'honneur de vous plaire.

Il est à remarquer que la division métrique est ici 6/4, 4/6, tandis que la syntaxe se lit 6/8 (9 si l'on comprend la terminaison féminine du premier vers) /6, lecture des plus intéressantes vu les sons qu'elle fait ressortir. C'est encore Tristan qui nous donne un bel exemple, dans l'apostrophe initiale de «La Servitude», de tension voulue entre le mètre et la syntaxe:

      Nuit fraîche, sombre, et solitaire,
          Sainte dépositaire
      De tous les grands secrets, ou de guerre, ou d'amour,
      Nuit mère du repos, et nourrice des veilles
          Qui produisent tant de merveilles,
      Donne moi des conseils qui soient dignes du jour.

Les deux premiers vers sont liés par leur brévité et la rime, mais le vigoureux enjambement entre les deuxième et troisième vers unit en une seule masse syntactique les vingt premières syllabes à laquelle le second hémistiche du troisième vers n'est ajouté qu'en après-coup. Pour la métrique, le premier alexandrin est ce troisième vers, mais sur le plan syntactique, ce sont les douze syllabes du deuxième vers et du premier hémistiche du troisième qui s'imposent. Ces trois premiers vers, malgré leur ponctuation, forment donc une seule unité, isolement accentué par la nature récapitulative des deux premiers vers de la deuxième partie du sizain. De plus, il manque un certain je-ne-sais-quoi à ces deux vers, un équilibre que seul le troisième fournit. L'unité du sizain, qui ne se trouve qu'à un niveau métaphorique bien au-delà de la prosodie, est donc bel et bien préparée, non par la syntaxe ou la métrique, mais par la tension entre ces deux.

Les sons: Rimes et assonances intérieures

Fondamentalement, la rime est un élément du rythme, car elle consiste en l'homophonie de la dernière voyelle accentuée de deux—ou trois—vers. Avec la césure, elle marque donc la limite des mesures d'un vers. Une rime est considérée *pauvre* si l'homophonie ne porte que sur cette voyelle accentuée; elle est *suffisante* si l'homophonie porte aussi sur tous les éléments post-toniques ou sur la consonne d'appui (celle qui précède la voyelle tonique); elle est *riche* quand cette homophonie va au-delà de ce minimum. Ainsi, la rime main=pain est une rime pauvre, mort=port et banni=fini sont suffisantes, tandis que parti=sorti et retour=vautour sont riches. Les rimes sont masculines si elles finissent par la syllabe contenant la voyelle tonique; elles sont féminines si elles ont à la suite une voyelle contenant seulement un *e* muet. Les règles poétiques classiques n'admettaient pas que trois vers (ou plus) de suite soient soit féminins, soit masculins. Proscrites aussi étaient les rimes banales, telles que voir=revoir, bonheur=malheur, ou les terminaisons adverbiales. La rime étant faite pour l'oreille, l'orthographe ne joue quasi aucun rôle, et l'on trouve chez un arbitre aussi sévère que Malherbe des rimes telles que pensée=Lyncée, étoffer=triompher ou gens=diligents, tandis que Racine, irréprochable dans le domaine de la rime, nous donne zèle=nouvelle ou clartés=chantez. La seule exception de note à cette règle est celle qui touche aux noms propres où certaines consonnes d'habitude muettes ne le sont pas, et la rime Vénus=nus était donc acceptable. Par contre, si Malherbe proscrit la rime âme=flamme, c'est qu'elle heurtait sa sensibilité par le son et non par l'orthographe.

Une grande liberté était octroyée aux poètes pour l'agencement des rimes, sauf dans le domaine des vers suivis, où les rimes *plates*, alternant masculines et féminines, sont universelles—à l'exception quasi unique des *Fables* de La Fontaine. On appelle rimes *plates* celles qui se suivent deux à deux (aa, bb, etc.); si les vers masculins et féminins alternent, les rimes sont *croisées*; si deux vers à rimes plates sont encadrés par deux vers rimant ensemble (abba), les rimes sont *embrassées*. La liberté pour l'agencement des rimes nous donne toutes sortes de schémas. Ainsi, l'ode de Malherbe «A la Reine sur sa bienvenue en France» est en dizains arrangés ababccdeed, mais l'ode «A M. de Bellegarde» du même poète suit le format abbaccdede. Dans les deux cas, le jumelage des quatre premières rimes renforce l'unité syntactique des quatre moins nette de la deuxième partie, soit 2/4, soit 3/3. Tel n'est pas toujours le cas, et de grands poètes lyriques, comme Tristan L'Hermite et Saint-Amant, ont souvent adopté un schéma de rimes qui au lieu de renforcer la syntaxe, créait une tension qui faisait jaillir une proposition capitale du texte en l'isolant entre une division syntactique et une autre ordonnée par les rimes.

Il en est de même quand les rimes ne vont pas main en main avec la division rythmique. Ainsi, dans une ode «Au Cardinal de Richelieu», Chapelain fait suivre six octosyllabes par quatre alexandrins. La division métrique est donc bien nette. Mais la division syntactique est 4/6 au lieu de suivre la métrique qui est 6/4. Les cinquième et sixième vers sont donc isolés, et c'est dans ces seize syllabes que Chapelain place ses expressions les plus frappantes, et il renforce cet isolement et cette force expressive par le schéma des rimes, abba*cc*dede.

Si la rime peut être considérée comme un élément du rythme, et si les éléments du rythme (ou des rythmes) peuvent être vus comme des forces régulatoires et égalisatrices, il y a des moyens de donner une certaine liberté au vers au sein d'un rythme relativement rigide. Il s'agit de sons qui par la nature même de leurs caractéristiques phonétiques, ont un effet accélérateur ou ralentisseur. Quand La Fontaine commence une de ses fables par «Dans un chemin montant, sablonneux, malaisé», la lourdeur des sons n'est pas pour rien dans l'établissement de l'atmosphère et dans le ralentissement d'un rythme que le poète veut parallèle au mouvement de ses personnages. Il en est de même quelques vers plus loin où, l'onomatopée évidente mise à part, la fatigue de l'équipage est traduite par un passage dont les tranches rythmiques sont rendues inégales par les valeurs phonétiques des syllabes, traduisant ainsi le titubement de gens et de bêtes au bout de leurs forces: «L'attelage suait, soufflait, était rendu». («Le Coche et la mouche»). Quand La Fontaine débute «La Laitière et le pot au lait» par «Perrette, sur sa tête ayant un pot au lait», le sautillement de la jeune paysanne est parfaitement traduit par le sautillement du vers, grâce aux sons brefs et légers, tout autres que ceux qui nous mettent en présence d'un coche empêtré dans le sable.

Ces qualités tonales peuvent aussi servir le poète qui veut varier le rythme pour surprendre ou pour traduire un changement subit dans le débit des événements:

> Il ouvre un large bec, laisse tomber sa proie
> («Le Corbeau et le renard»)
>
> A travers les rochers la peur les précipite. (*Phèdre*)

Ici, les tonalités, variées au milieu d'un vers, en changent la vitesse même si les groupes syntactiques semblent égaux. Souvent, un seul mot, une seule syllabe est ainsi isolée par sa valeur phonétique pour rehausser son caractère essentiel:

> Impitoyable Dieu, toi seul a tout conduit. (*Athalie*)

Entre le *toi* au débit rapide et *a tout conduit* qui ne l'est pas moins, le *seul* est frappant, évidence première mise en relief par la longueur du son.

La valeur d'une onomatopée est, elle aussi évidente. Nul ne peut rester insensible à la frayeur d'Oreste lorsqu'il demande («Pour qui sont ces serpents qui sifflent sur vos têtes?»), mais ni Racine ni ses contemporains ne se laissent limiter par ces références au monde physique. Quand Phèdre nous parle de sa première rencontre avec son beau-fils, il n'y a pas onomatopée, mais la répétition des sons, renforçant les divisions syntactique et métrique, est en elle-même un martellement dont l'effet n'échappe à personne: «Je le v*i*s, je roug*i*s, je pâl*i*s à sa vue». La répétition des sons a ici le même effet que la répétition d'un mot vers la fin d'*Athalie*:

> *David, David* triomphe: Achab *seul* est détruit.
> Impitoyable Dieu, toi *seul* a tout conduit!

De tels sons répétés donnent naissance à une aura qui sans être un rythme, a son effet sur le débit du vers. N'en est-il pas ainsi quand Phèdre entre en se plaignant—«Tout m'affl*i*ge et me n*ui*t, et consp*i*re à me n*ui*re» ou quand Théramène, dans une plainte également aiguë nous raconte le sort de son maître—«La t*i*m*i*de Ar*i*c*i*e est alors arrivée?». Il est à remarquer que l'acuité des sons est parallèle à celle des sentiments. Le même procédé peut être mis à d'autres fins, comme dans *Britannicus*, ou le sifflement des sibilantes fait encore plus que traduire le mépris d'Agrippine—«On veut *s*ur vos *s*oupçons que je vous *s*ati*sf*a*ss*e» ou dans ce début du sonnet, Maynard enfile les sourdes et les nasales pour produire un tout autre effet: «Comte, le monde attend notre dernier adieu». C'est sans aucun doute ce pouvoir évocateur des sons qui pousse Boileau à accumuler ces *r* dans ce passage de *L'Art poétique*:

> Qu'un torrent débordé qui, d'un cours orageux,
> Roule, plein de gravier, sur un terrain fangeux.

Poèmes à forme fixe

La plupart des formes fixes pratiquées au dix-septième siècle l'ont été par un effort voulu d'anachronisme. Les rondeaux, par exemple, doivent beaucoup de leur renaissance aux efforts de Voiture qui les pratiqua avec assiduité, mais en en modifiant la forme tant soit peu. A l'origine, le rondeau (de 9, 10, 12, 13 ou 15 vers) avait trois strophes, les deux premiers vers revenant en refrain à la fin de la deuxième strophe, et le premier vers à la fin du poème. Voiture pratique surtout le rondeau de 15 vers, la première strophe ayant cinq vers isométriques, la deuxième en ayant trois suivis du premier hémistiche du poème, la dernière en ayant cinq suivis de nouveau par l'hémistiche initial. C'est la forme plus ou moins adoptée par Malleville, qui pourtant préférait un refrain encore plus court: A part ce refrain, tout le poème est bâti sur deux rimes.

Le triolet est, lui aussi bâti sur deux rimes. Généralement isométrique (octosyllabe de préférence), le poème peut être composé d'un ou de plusieurs triolets. Dans chaque triolet, le premier vers revient comme quatrième et les deux premiers reviennent à la fin, le schéma des rimes étant donc abaaabab.

La ballade comprend généralement trois couplets et un envoi, mais certains poètes comme Marigny, préfèrent des couplets plus courts et plus nombreux. La plupart des ballades du siècle sont isométriques, octosyllabes, avec trois huitains et un envoi de quatre vers. Les rimes sont croisées, les schémas les plus fréquents étant ababbaba et ababbcbc, le schéma restant constant dans tous les huitains, et le dernier vers du premier huitain revenant en refrain à la fin des autres et de l'envoi.

Le poème à forme fixe le plus cultivé au dix-septième siècle est sans aucun doute le sonnet. Encore faut-il définir le mot «fixe», car si le nombre de vers est bel et bien fixé, et leur agencement, la métrique l'est bien moins. La plupart des sonnets sont isométriques, mais il y en a d'hétérométriques. De même, on en trouve, surtout dans une veine légère, en octosyllabes, mais la majorité est en alexandrins et en décasyllabes. Les quatorze vers sont divisés en deux quatrains suivis de deux tercets, mais cela du point de vue de l'imprimeur plus que du poète, car si la division entre les quatrains—et entre les quatrains et les tercets—est bien nette, celle entre les tercets l'est beaucoup moins, et on pourrait facilement voir là un simple sizain. L'agencement des rimes renforce cette idée: les quatrains, soit à rimes croisées, soit à rimes embrassées, ont tous les deux les mêmes rimes. Les tercets, par contre, peuvent avoir comme schéma soit ccdede, soit ccdeed, soit (mais rarement) cdecde. De plus, la syntaxe renforce l'idée déjà énoncée de ce sizain, car tandis que les quatrains ont presque toujours chacun son unité syntactique, une seule relie souvent les deux tercets. Pour l'oeil, donc, la division semble très nette, mais l'agencement des rimes et la syntaxe donne un tout autre message, et les meilleurs poètes se sont servis de cette tension entre typographie et syntaxe pour donner un cachet personnel à la chute du poème.

Poèmes à strophe unique

Il est évident qu'un poème—ou genre—se limitant à une seule strophe, est mieux défini par sa teneur ou son intention que sa forme. Il en est ainsi avec les genres décrits ci-dessous. Ils ont tous une seule strophe, mais la définition métrique ne peut se généraliser plus avant: presque tous les mètres, iso- ou hétérométriques employés ailleurs ont servi pour ceux-ci.

L'épigramme, une courte satire qui se termine en pointe (trait d'esprit dépendant d'un contexte), a intérêt à rester brève et rapide. Tandis qu'au seizième siècle, un nombre d'épigrammes sont rédigés en huitains décasyllabes et même alexandrins, le siècle suivant préfère le sizain et encore plus le quatrain, soit hétérométrique, soit isométrique à vers très courts, comme celui-ci de Régnier:

> Faut avoir le cerveau bien vide
> Pour brider des muses le roi;
> Les dieux ne portent point de bride,
> Mais bien les ânes comme toi,

ou celui encore plus fameux de Boileau;

> Après l'Agésilas,
> Hélas!
> Mais après l'Attila,
> Holà!

En principe, l'épitaphe est un court poème destiné à être gravé sur une tombe, et le dix-septième siècle le pratiqua de cette façon. Mais la grande majorité des épitaphes, ou «tombeaux», comme on les trouve souvent intitulés dans les recueils, sont satiriques et épigrammatiques, comme celui-ci de Benserade:

> Ci-gît de tout vacarme ou l'auteur ou l'appui,
>   A qui l'on chanta sa gamme;
> Et rien n'aurait été de plus grand bruit que lui
>   S'il n'avait eu sa femme.

Les plus grands poètes du siècle en ont fait et on compte parmi leurs meilleures saillies d'esprit celles qu'ils ont placées à la fin de leurs propres épitaphes.

A l'origine, le madrigal était une chanson fine, tendre ou galante, et un regard jeté dans les recueils de chants du siècle montre qu'il était encore pratiqué comme tel, mais les poètes ont vite vu les possibilités lyriques du genre même isolé de la contribution musicale. C'est surtout dans les salons—et en particulier dans celui de Mme de Rambouillet—que le madrigal, poème en une strophe sans forme fixe, eut sa vogue. La longueur du madrigal est très variable, allant du quatrain isométrique octosyllabe à une chanson d'une vingtaine de vers hétérométriques à base d'alexandrins. Le mètre préféré, pourtant, semble être soit l'octosyllabe, soit un mélange d'octosyllabes et d'alexandrins. On trouve parfois une hétérométrie qui, sur la page imprimée, paraît maladroite, ou du moins inexplicable. Par exemple, au milieu d'un poème en vers de douze et de huit syllabes, ce vers peut paraître étrange: «Et de mon amour». C'est que le poème a été rédigé avec une musique très spécifique en vue, et que les trois dernières syllabes du vers («mon amour») sont répétées, ce qui veut dire que ce vers entre parfaitement dans le schéma métrique du reste du madrigal. De même, il est dangereux parfois de juger de l'effet d'un certain schéma hétérométrique sans conscience de la musique qui a pu l'inspirer, car un vers qui paraît court sur l'imprimé peut, par la musique, être aussi—ou plus—long qu'un autre qui est plus long sur la page. Pour bien juger un madrigal, donc, il faut d'abord savoir s'il a été rédigé en fonction d'une musique, ce qui, surtout au début du siècle, est assez souvent le cas.

***

Il va sans dire que ces quelques pages ne sont exhaustives, ni en ce qui concerne la prosodie en général, ni pour les genres pratiqués au dix-septième siècle. J'ai simplement essayé, dans les limites d'une brève introduction, de présenter un outillage minimum, délibérément laissant de côté toute discussion de genres mineurs tels que l'énigme, l'acrostiche ou le virelai, qui n'ont donné, à vrai dire, que peu qui vaille.

LECTURES SUPPLÉMENTAIRES

Abraham, Claude. *Enfin Malherbe*. (Lexington: University of Kentucky Press, 1971).
Guiraud, Pierre. *La versification*. (Paris: PUF, 1970).

Jean de La Ceppède (1550?-1623)

Paul Chilton

Pour ses contemporains provençaux Jean de La Ceppède était le parent—plutôt éloigné, il faut l'avouer—de la mère Thérèse d'Avila, la grande réformatrice du Carmel, dont le nom de famille, comme l'indique lui-même La Ceppède (Deuxième partie des *Théorèmes*, p. 445), était Cepeda. Il s'agit peut-être là d'une généalogie plus ou moins légendaire qui servait à étoffer la réputation de la Ceppède en tant que poète dévot, et à illustrer sa Provence natale. Sa réputation de magistrat était encore plus étendue. Il la devait avant tout à une longue lignée d'ancêtres qui, ayant poursuivi une carrière juridique, s'étaient acquis d'importants offices publics. Les quelques mentions fournies par les documents laissent entrevoir une véritable dynastie d'hommes de loi, d'avocats et de premiers consuls de la ville de Marseille sur le chemin d'une pleine ascension sociale. La Ceppède était solidement enraciné dans un lieu administratif et parlementaire qui devenait de plus en plus conscient de sa propre identité sociale et qui, vers la fin du 16e siècle, eut tendance à se replier sur lui-même.

Jean de La Ceppède naquit vers 1550—les documents ne permettent pas de préciser cette date—fils de Jean-Baptiste de La Ceppède et de Claude de Bompar. Traité de «Docteur ès droits» dans plusieurs documents, il a dû suivre la tradition familiale en faisant son droit. Le 22 octobre 1578 il reçut la charge de Conseiller au Parlement d'Aix. Le 20 février 1586 il fut nommé second président de la Cour des Comptes, Aides et Finances de Provence. C'est à un parent, Hugues de Bompar, qu'il succéda au sein de cette institution vénérable, qui, à plusieurs reprises, avait disputé l'administration de la province au Parlement.

En 1585 La Ceppède épousa, en premières noces, Madeleine de Brancas-Ceyreste, veuve d'Etienne de Mantin et fille de Gaspard de Brancas-Forcalquier et de Françoise d'Ancesune. Il se trouva donc allié à Louise d'Ancesune, qui fonda le séminaire jésuite en Avignon, et à qui il dédia ses *Imitations des psaumes* en 1594.

Les années 1576 à 1586 virent un renouveau de la littérature à la fois francophone et provençale en dépit des conflits civils qui troublaient la région. Henri d'Angoulême, Grand Prieur de l'ordre de Malte en France, arriva en Provence en 1576 avec la fonction de gouverneur. Ancien élève de Dorat, il y forma avec l'aide de son secrétaire, François de Malherbe, un cénacle de poètes du cru, dont La Ceppède lui-même, Louis Gallaup de Chasteuil, César de Nostredame (fils aîné du prophète Michel de Nostredame), et Bellaud de La Bellaudière. Celui-ci écrivait en provençal et devait jouer plus tard un rôle intéressant lors de la sécession ligueuse de Marseille.

Jean de la Ceppède (1550?–1623)

C'est à cette époque que La Ceppède a très probablement donné libre cours à son penchant pour la poésie amoureuse, dont font preuve plusieurs passages des *Théorèmes*:

> J'en parle comme expérimenté; car dès le plus tendre avril de mon
> âge affriandé de ses chatouilleuses mignardises, je la receus comme
> ma plus délicate délice (*Théorèmes*, I, pp. 5-6).

D'autre part on a découvert dans un manuscrit de Gallaup un sonnet dont le titre fait allusion à un ouvrage de La Ceppède intitulé «L'Idée de la Beauté», et dédié au Grand Prieur. Qu'il s'agisse d'un recueil de poèmes, ou d'un traité philosophique, ce titre rappelle des vers de Du Bellay:

> Là, ô mon âme au plus haut ciel guidée!
> Tu y pourras reconnaître l'Idée
> De la beauté, qu'en ce monde j'adore
> (*L'Olive*, 1550, CXIII).

et témoigne d'un courant néo-platonicien qui n'est pas sans laisser des traces sur son œuvre postérieure. La Ceppède s'était d'ailleurs essayé au genre dramatique, car, selon César de Nostredame, qui y fait allusion dans son *Histoire de Provence* (Lyon, 1614), il avait composé une pièce de théâtre tirée de la sixième nouvelle de Bandello.

Mais en 1586, l'année même où La Ceppède commença sa carrière à la Cour des Comptes, Henri d'Angoulême fut assassiné. C'est alors la fin d'un mécénat, la fin d'une époque relativement calme dans la vie aixoise, la fin aussi, semble-t-il, de la veine profane chez La Ceppède. Au cours de la décennie 1586-1596 la Provence, comme la France entière, subit une série de péripéties économiques et politiques qui modifièrent profondément les activités culturelles qui s'y tenaient. A la Journée des Barricades (mai 1588) succéda l'assassinat des Guise (décembre 1588), et l'assassinat d'Henri III (juillet 1589). Henri de Navarre, héritier du trône selon la loi salique, mais huguenot, faisait face à la Ligue et ses alliés. La ville d'Aix, ainsi que sa voisine, Toulouse, s'était déclarée de très bonne heure en faveur de la Ligue. La ville natale de La Ceppède, Marseille, fit sécession en 1591 sous l'autorité des chefs ligueurs avec l'appui de certains des confrères du poète. La région, pillée par des armées opposées, et déchirée par les factions, tombait dans le désordre et dans la misère. Faute de contrôle gouvernemental, les Ligueurs et les Huguenots établirent leur propre monnaie et acheminèrent la province vers une crise économique dont l'une des conséquences immédiates fut une hausse écrasante du prix de blé. Les villes d'Aix, de Marseille et de Toulouse se trouvèrent encerclées simultanément par les troupes huguenotes du duc d'Epernon. Le siège d'Aix fut levé en juillet 1593, lorsqu'Henri de Navarre et le duc de Mayenne, chef de la Ligue, se décidèrent sur la paix. Ce ne fut pourtant qu'en janvier 1594 que le Parlement d'Aix accepta Henri IV comme son souverain; il fallut attendre deux années encore pour voir la «réduction de Marseille» chantée par Malherbe pour son maître, le roi.

Au sein de ces remous politiques et économiques, que faisait donc La Ceppède? Fidèle à la cause royale, il fut détenu par les ligueurs dans le couvent des Cordeliers à Aix. Certains autres conseillers royalistes avaient réussi à s'échapper pour constituer, en juin 1589, un parlement royal en exil, d'abord à Pertuis, puis à Manosque. Le 3 juillet, La Ceppède, déguisé en religieux, essaya de sortir de la ville. Reconnu, il reçut un coup de mousquet dans les jambes, et fut reconduit à travers une foule hostile à la maison d'Hubert de Vins, le chef ligueur. Une seconde tentative eut plus de succès, et, déguisé encore une fois en cordelier, La Ceppède se rendit en Avignon, d'où, le 19 mars 1594, il adressa au roi Henri IV une lettre dans laquelle il se déclarait «haineux à cette rébellion» et prêt à reprendre ses charges dans une Cour des Comptes reconstituée. Au cours de la même année il fit publier, à Lyon, chez Jean Tholosan, son *Imitation des psaumes de la pénitence de David*, édition aujourd'hui rarissime, qui en plus des paraphrases des psaumes contenait des paraphrases de cantiques liturgiques, et douze «Méditations sur le sacré mystère de Notre Rédemption». Ecrits entre 1590 et 1592, les psaumes relèvent évidemment de cette période que le poète appelle «notre affligé loisir», c'est-à-dire, de son exil volontaire en Avignon. Il s'agit dans ces vers d'un acte de pénitence pour apaiser l'ire d'un dieu vengeur, qui aurait puni ses enfants pour leurs méfaits. La Ceppède n'était pas seul, car Louis Gallaup de Chasteuil, lui aussi un ancien habitué de l'hôtel d'Henri d'Angoulême, fit paraître en 1597 une *Imitation des psaumes de la pénitence royale*, dont la composition remonte à 1590. Il est fort possible que l'ouvrage de Gallaup exerçat quelque influence sur celui de La Ceppède; du moins peut-on affirmer qu'ils puisèrent tous deux dans un fonds stylistique et psychologique commun. Quant aux douze sonnets repris plus tard dans les *Théorèmes*, il est clair que La Ceppède les avait composés avant son séjour en Avignon, puisque dans la préface de l'*Imitation* il nous dit que «ce travail spirituel»—c'est-à-dire les psaumes—«m'a aléché à l'entreprise d'un plus grand œuvre», œuvre qu'il avait déjà baptisé «Les Théorèmes».

Après son retour à Aix, La Ceppède participa à la réintégration de la province dans le grand corps de l'Etat. L'archevêque ligueur d'Aix, Gilbert Génébrard, fut remplacé par Paul Hurault de l'Hospital, qui renforça l'esprit gallican, et encouragea les poètes aixois. Jean-Baptiste Romillon fonda à Aix en 1600 la Congrégation de la doctrine chrétienne, qui devait se joindre en 1619 à l'Oratoire de Bérulle. Malherbe, qui revint en Provence en 1595, et y resta jusqu'à 1605, et Guillaume du Vair, philosophe et orateur, qui fut nominé président du Parlement en 1599, reformèrent autour d'eux le cercle littéraire qui avait fleuri à Aix avant 1590.

Le 31 mars 1599 La Ceppède acheta le domaine des Aygalades près de Marseille, et le 22 octobre 1600 obtint du roi la remise de tous les droits seigneuriaux qu'entraîne l'acquisition d'un tel fief. Il sera désormais traité de «Messire Jean de la Ceppède, seigneur d'Aygalades, chevalier...», comme l'est à la page de titre des *Théorèmes*. Il suit ainsi le chemin tracé par ses ancêtres et participe à un phénomène social caractéristique de son temps—celui de l'émergence de la noblesse de robe. A ce rôle de seigneur nouvellement acquis s'ajouta celui de protecteur dévot, car sur les terres d'Aygalades se trouvait le premier couvent des Carmes fondé en Europe, remontant au treizième siècle. Inspiré peut-être par l'exemple de sa parente illustre, la mère Thérèse, La Ceppède fit aux religieux de généreux dons, qui leur permirent de reconstruire, en 1621, leur église et leur couvent.

La fin de l'année 1600 fut un moment symbolique pour les parlementaires lettrés de la Provence. Le 3 novembre leur province fut honorée par l'arrivée de Marie de Médicis, déjà reine par procuration, et qui allait rencontrer le roi, son époux, à Lyon. Reçue somptueusement à Marseille par les notables de la ville, elle entendit le lendemain les harangues publiques prononcées par le président du Parlement, Du Vair, et par La Ceppède lui-même, qui représentait la Cour des Aides. C'était l'occasion de réaffirmer l'obéissance et la fidélité à la monarchie française, avec l'aide de la rhétorique et d'artifices poétiques. «[Vous daignez] faire lever sur notre Orizon Provençal», proclama le second président, «le premier Orient de votre belle présence, Soleil dont tout le Midi éclatera tantôt dans la France...». Les métaphores solaires sont tout à fait caractéristiques du style des *Théorèmes*.

Quelques jours plus tard la princesse fit son entrée à Aix. César de Nostredame rappelle sa réception, au cours de laquelle «cet autre merveille, Monsieur de La Ceppède, l'ornement des muses..., le miroir de la galanterie, d'honneur et de splendide libéralité, distilla la rosée et le nectar de ses paroles...» (*Entrée de la reine Marie de Médicis*, 1602). François Du Périer et Nostredame avaient préparé des arcs de triomphe; Malherbe récita son ode «A la reine sur sa bienvenue en France»; toutes les ressources humanistes et littéraires du milieu parlementaire se mobilisèrent pour donner une portée mythique à l'avènement de la princesse italienne.

Après avoir si glorieusement rempli son rôle en 1600, La Ceppède pouvait s'attendre à être promu premier président de la Cour, car cette place était vacante depuis le début de l'année. Mais le roi, paraît-il, a «désobligé Monsieur de La Ceppède en faveur de Monsieur le Comte de Soissons qui avait intercédé pour Réauville», c'est-à-dire, Jean des Rollands de Réauville qui devint premier président en décembre 1601. C'est Malherbe qui nous rapporte cet épisode dans une lettre de 1608 à Peiresc, grand chercheur humaniste et scientifique, neveu de Guillaume Du Vair et cousin de La Ceppède. Selon cette lettre, ce serait d'ailleurs Malherbe qui, quelques années plus tard, serait intervenu auprès du roi afin d'assurer la première présidence à son ami. La Ceppède, en effet, fut nommé à ce poste le 2 juillet 1608.

Le 11 février 1611, La Ceppède épousa en secondes noces Anne de Faret, fille de celui qui lui avait vendu les terres d'Aygalades. Le sort de sa première femme nous reste inconnu.

A cette époque La Ceppède, intégré dans les cadres d'une nation renaissante, pouvait revenir sur des projets poétiques qui l'avaient occupé dix ou vingt ans auparavant. D'abord il fit paraître, en 1612, une nouvelle édition complètement révisée et augmentée de son *Imitation des psaumes*, dans laquelle nous pouvons discerner l'influence du nouveau style malherbien. Dans toutes les copies connues, cet ouvrage est relié avec les *Théorèmes sur le sacré mystère de notre rédemption*, qui parurent en 1613, ayant reçu leur privilège le 18 avril 1612. L'impression avait été confiée à la maison Colomiès de Toulouse, qui avait, durant les guerres de religion, édité plusieurs recueils dévots d'une orthodoxie stricte et ardente, et cela très souvent sous l'égide du Parlement. La Ceppède avait dans ce milieu plusieurs connaissances qui lui valurent des pièces laudatives pour orner ses *Théorèmes*. Les docteurs de l'Université de Toulouse lui ont également accordé leur approbation officielle. Ce n'est pas là le seul garant, ni le plus puissant, dont La Ceppède se réclamait. Tout en rappelant le vœu de fidélité proféré lors de son discours de Marseille, il dédia son œuvre à la reine, Marie de Médicis: «car il ne peut plaire à tous, s'il n'est marqué à votre Coin».

La plupart des douze sonnets publiés en 1594 se retrouvent en 1613 au troisième livre des *Théorèmes* dans une section traitant de la signification de la Croix (X-XXXI), série de sonnets remarquables que nous reproduisons ci-dessous. Bien que La Ceppède laisse entendre dans son *Imitation* que la composition des *Théorèmes* en était déjà à un stade avancé, il est très probable qu'en réalité il a procédé à une élaboration de son œuvre, qui avait pour but de serrer les liens narratifs entre les sonnets, et, à grand renfort d'annotations, de démontrer son orthodoxie. Il en résultait trois cents sonnets divisés en trois livres. Le troisième, qui comprend les méditations sur la croix, semble être le plus ancien; la plus grande partie du deuxième peut être considérée comme ayant été composée après 1597; certaines parties du premier n'ont pu être terminées qu'après 1600. En 1622, année de la canonisation de la mère Thérèse, La Ceppède fait publier chez le même éditeur *La seconde partie des Théorèmes*.... Il est intéressant de constater que cette deuxième partie se rattache, tout comme la première, à un moment politique important. Après avoir subjugué les Protestants du Languedoc, le roi Louis XIII fit une entrée triomphale à Aix, et ensuite un «voyage de dévotions» dans la province. Encore une fois les poètes et les parlementaires aixois préparèrent des célébrations rituelles. Le fils de Louis de Gallaup rechercha des arcs de triomphe; Malherbe composa des vers devenus depuis célèbres; Jean Tholosan publia l'année suivante en recueil polyglotte intitulé *Le Baudrier du sacre de Louis XIII*. Le roi lui-même aurait déclaré que la ville d'Aix l'avait reçu comme une divinité. Il est vrai que le *privilège du roi* de la seconde partie des *Théorèmes* est daté du 13 mai 1620, mais il se peut que la lettre dédicatoire ait été rédigée plus tard. On ne s'étonne guère que La Ceppède s'y adresse au monarque, pour louer ses qualités guerrières, et pour lui dédier un ouvrage consacré à la victoire du suprême guerrier, Jésus-Christ, sur l'Ennemi.

La mort du poète lui-même était bien proche. Il mourut le 21 juillet 1623, en Avignon, entouré de la famille de sa seconde femme.

* * *

Les Théorèmes de Jean de La Ceppède représentent un moment de l'histoire littéraire française où s'entrecroisent des courants multiples et divergents, des courants qui relèvent tant du contexte historique que du contexte littéraire et religieux. Elaborée au cours d'une période d'au moins trente ans, cette œuvre riche et, à plusieurs égards, paradoxale, dépend manifestement du terroir provincial qui l'a produite, mais n'en cherche pas moins à s'identifier à la culture naissante de la monarchie absolue. Homme de lettres et magistrat provençal, mais anobli par son roi et devenu gentilhomme français, La Ceppède, concrétise par cet acte littéraire que sont les *Théorèmes* son dévouement à l'Etat. A un niveau purement stylistique, il y a d'une part, les habitudes indéracinables de l'esprit provençal qui s'attache à sa propre culture—car, nous explique La Ceppède dans son avant-propos, «notre ramage natal ne peut facilement être oublié tout-à-fait»; d'autre part, il y a la présence magistrale de Malherbe, dont la rigueur en matière de langue et de poésie symbolise en quelque sorte un nouveau rigorisme monarchiste. Au niveau des thèmes et des images, les *Théorèmes* semblent aspirer à l'intégration des cadres religieux et civils, à la réconciliation du sacré et du profane, du privé et du public. Au cœur même de l'œuvre, l'intériorité de la dévotion individuelle s'affronte au besoin d'extériorisation publique, et entraîne des conceptions mystiques de l'expression verbale. Pour La Ceppède, les signes linguistiques, comme les signes du monde qu'ils recouvrent, sont à la fois clairs et obscurs; ils incarnent des mystères profonds sous des formes superficielles, et paradoxalement, ce n'est qu'en se commentant que le langage peut se déplier pour révéler des vérités cachées. Mais ne nous arrêtons pas à la lettre du texte des *Théorèmes* en pensant qu'il ne s'agit là que de «vérités» doctrinales. Considérés dans leur contexte historique, il est évident que les *Théorèmes* ont la fonction de symboliser un univers ordonné, un univers auquel préside le roi des rois. Les rôles du poète inspiré et du magistrat fidèle se complètent—l'un comme l'autre se considère comme étant l'intermédiaire privilégié de la volonté de son seigneur.

Les traditions anciennes du milieu parlementaire de Toulouse avec ses Jeux Floraux (concours poétiques favorisant les genres religieux) donnèrent sans doute à La Ceppède un premier élan vers l'expression dévote. Le président Nicolas Latomy encouragea vers 1575 les poètes orthodoxes, ainsi que, plus tard, Jean de Coignard, le père de Gabrielle de Coignard, qui fit publier ses propres *Œuvres chrétiennes* en 1594. G. de Trellon et Thomas Billon, qui contribuèrent des vers fort élogieux aux *Theorèmes*, avaient joué tous les deux des rôles importants dans la vie poétique du Parlement de Toulouse. Si l'on a raison de reconnaître chez La Ceppède certaines tendances stylistiques qui semblent remonter aux procédés des Grands Rhétoriqueurs, ce sont sans doute les Jeux Floraux toulousains qui lui ont transmis ces traditions.

L'œuvre de La Ceppède fait partie aussi de l'immense vague de poésie religieuse qui envahissait le monde lettré vers la fin du seizième siècle. La poésie de la Pléiade avait, certes, fourni un langage très riche capable d'exprimer les visions religieuses, mais les quelques sonnets dévots de Du Bellay, les *Derniers Vers* de Ronsard, et les paraphrases de Baïf et de Belleau ne représentent qu'une proportion très mince de leur œuvre. Il fallut les controverses acerbes et les déchirements civils des guerres de religion pour qu'une poésie à caractère dévot pût s'affirmer en tant que genre à part entière.

Ce mouvement culmine vers le début du XVIIe siècle et comprend un très grand nombre de vers religieux, soit dans des recueils collectifs, soit dans des œuvres particulières. Dans tous les coins de la France on constate la génération quasi spontanée de paraphrases de texte bibliques, de stances, de sonnets et de quatrains consacrés aux sujets pieux, aux méditations et aux exercices spirituels, entre lesquels il est maintenant possible de discerner certaines affinités stylistiques. Les ressemblances s'expliquent en partie par le caractère universel de la mentalité religieuse, en partie par l'existence d'un fonds commun de sources scripturales, exégétiques et contemplatives. Grâce aux études de Michel Jeanneret et de Terence Cave il est possible de mieux apprécier l'importance du renouveau spirituel dont fait preuve la vaste dissémination d'œuvres de dévotion des laïques autant que des religieux. Tout au cours du XVIe siècle les disputes de la Réforme et de la Contre-Réforme avaient modifié les comportements religieux dans le sens de l'intériorisation affective et de l'intégration du profane et du sacré. Pendant les trente dernières années du XVIe siècle et les toutes premières du XVIIe furent traduites en langue française les effusions des mystiques allemands, celles de sainte Thérèse, et les exercices spirituels d'Ignace de Loyola, d'Antonio de Guevara, de Luis de Granada et de beaucoup d'autres.

Le courant dévot a profondément marqué l'affectivité religieuse et littéraire. Il serait pourtant imprudent de laisser de côté un phénomène non moins important pour le développement de la poésie—à savoir, l'essor de l'exégèse catholique sous l'impulsion des études protestantes relatives à la Bible. Pendant la deuxième moitié du XVIe siècle plusieurs éditions et rééditions ont mis les commentaires des premiers Pères de l'Eglise à la disposition des érudits et des poètes. Entre 1590 et 1620 ils ont pu également consulter toute une série de commentaires sur les Ecritures avec des prétentions encyclopédiques—ceux par exemple de Pereyra, de Pineda, de Barradas, de Maldonat, de Cornelius Jansen et de Cornelius a Lapide. Puisqu'il s'agit dans ce courant de toute une conception de l'écriture, donc de toute une théorie de la symbolisation linguistique, et puisqu'il s'agit par surcroît d'une conception de l'histoire humaine et divine, on ne peut sous-estimer son importance pour la littérature contemporaine, et surtout pour la poésie.

Il est vrai que La Ceppède a connu les œuvres de dévotion, puisqu'il cite à plusieurs reprises Guevara et Granada entre autres. Quant à l'influence que ce genre aurait pu exercer sur les *Théorèmes*, on a cru y trouver les structures caractéristiques de l'exercice spirituel, qui, dans sa forme classique, se divise en trois parties; la «composition» ou évocation sensuelle d'un épisode de la vie du Christ, l'analyse du sens dogmatique et moral, et une oraison qui en appelle aux affections. Les vingt-deux sonnets reproduits dans le présent volume se prêtent à une telle interprétation. Bien qu'il semble être impossible de réduire le recueil entier à ce modèle, ce sont sans nul doute les trois modalités méditatives qui donnent aux *Théorèmes* leur variété—leur pittoresque, leur réalisme, et leur capacité d'émouvoir le lecteur. Ce sont d'ailleurs les modulations parfois brusques d'une tonalité à une autre qui produisent l'impression d'une fusion de l'intellectuel et du sensuel.

Ceci explique, au moins partiellement, le titre singulier de l'œuvre, parce que le mot *théorème* est bien capable de suggérer le terme *théorie* qui dans son acception étymologique du XVIe siècle signifie «contemplation» ou «méditation». Mais le sens mathématique ou logique du terme est encore plus pertinent, si l'on tient compte du contexte dogmatique des *Théorèmes*, et surtout de la profonde et manifeste influence qu'a exercée sur eux la tradition de l'explication systématique de l'Ecriture Sainte. Car les «théorèmes» sont autant de *démonstrations* dérivées des axiomes de la foi par le moyen des règles de l'interprétation scripturale. La «règle» primordiale—et c'est une règle qui gouverne aussi l'univers d'un Du Bartas et d'un Milton—c'est celle de la correspondance typologique. Les commentaires de la Contre-Réforme se sont intéressés surtout à forger des schémas dans lesquels les personnages et les événements de l'Ancien Testament seraient des «types» (ou alors des «figures» ou des «ombres») du Christ tels qu'ils apparaissent dans le Nouveau Testament. La Ceppède exprime très nettement ce principe:

> La vérité succède à l'ombre des Figures:
> La vieille Loi fait place à ses nouveaux Décrets.
> (*Théorèmes*, I. ii. 72)

L'esprit syncrétiste de la Renaissance recherchait en outre des rapports d'ordre typologique entre l'histoire sainte et l'antiquité gréco-romaine.

Autre «règle» fondamentale du système lacépédien—la conviction que Dieu avait créé un monde où tout phénomène naturel et humain possédât une signification profonde, susceptible d'être déchiffrée par le poète-théologien inspiré:

> De miracles divers l'éternelle intendance
> A lambrissé les murs de ce grand univers.
> (*Théorèmes*, I. i. 63)

Il s'agit d'un univers où tout se tient, d'une recherche obsessionnelle de l'ordre et du sens. Cette perspective, poussée à son extrême chez La Ceppède, comporte des conséquences curieuses, car elle englobe les *Théorèmes* eux-mêmes. Les sonnets, eux aussi, veulent dire plus qu'ils n'en ont l'air, et pour le prouver La Ceppède y adjoint des annotations copieuses, des gloses explicatives, qu'il appelle des «méditations», et qui ont la double fonction de relever des significations cachées dans les sonnets et d'en assurer l'orthodoxie. A la fois source et extension du texte poétique, les annotations constituent donc une auto-exégèse qui obligent le lecteur à un perpétuel va-et-vient entre deux modes d'écrire, deux modes de penser.

On comprend alors que la surface stylistique des *Théorèmes* s'accorde mieux avec la pratique de la Pléiade qu'avec celle de Malherbe. La Ceppède puise dans les écrits riches et touffus de Ronsard et de Remy Belleau, et continue, en la christianisant, la conception néo-platonicienne de la poésie. Il donne à sa présentation de la passion, de la mort et de la résurrection du Christ une tournure épique. Et l'essence de son langage, c'est la variété imagée et la connaissance encyclopédique. La Ceppède ne pouvait cependant ignorer les doctrines de son ami Malherbe. Il en est évidemment conscient quand il révise les paraphrases de son *Imitation*, et quand, dans l'avant-propos des *Théorèmes*, il excuse la façon dont ceux-ci sont «habillés». Le langage des *Théorèmes* présuppose une métaphysique formellement exclue du style préconisé par Malherbe. Tandis que l'expression concrète et imagée mène le lecteur inexorablement à des interprétations secondaires, à des métaphorisations, le vocabulaire malherbien, conventionnel et abstrait, réduit de telles tentations au minimum.

Comment donc expliquer l'admiration que paraît exprimer Malherbe dans les pièces liminaires qu'il compose pour les deux parties des *Théorèmes*? Sans doute réservait-il pour la poésie religieuse une catégorie à part qui lui permet d'équivoquer un peu dans le sizain écrit pour la deuxième partie. Les ouvrages de La Ceppède, dit-il, sont «trop précieux / Pour les couronnes de la terre». Pourtant, les deux poètes, tout divergents qu'ils soient sur le plan stylistique, partagent dans cette période troublée des attitudes sociales et politiques analogues. Dans les œuvres des deux poètes on trouve le même respect pour l'autorité royale centralisée, pour la hiérarchie sociale, et pour la stabilité politique.

Il serait faux d'affirmer que La Ceppède se réfugie dans le monde intérieur de la méditation afin de s'abstenir complètement de toute référence au contexte historique contemporain, car il lui arrive de temps en temps dans les *Théorèmes* de commenter la parole divine en tant que magistrat. Les actions de Ponce Pilate (qu'il qualifie de «Président»), par exemple, lui fournissent l'occasion d'énoncer une théorie expresse du pouvoir civil:

> Tout pouvoir est du Ciel: Le Ciel le donne aux Rois,
> Les Rois aux Magistrats, pour rendre la justice.
> (*Théorèmes*, I. ii. 81)

Cette relation entre la monarchie et la justice intéresse également La Ceppède dans la seconde partie de son œuvre:

> Les Rois donnent ainsi leur suprême puissance
> Aux plus hauts Magistrats: les Rois l'ont de naissance
> Les Juges l'ont des Rois, et les vont hommageant.
> (*Théorèmes*, II. ii. 70)

On ne doit pas oublier non plus que le système de signification typologique peut comporter une dimension politique—peu explicite dans les *Théorèmes*, il est vrai, mais loin d'être complètement absente—selon laquelle les figures de l'Ancien Testament sont complétées non seulement dans le Christ mais dans les rois et gouverneurs contemporains. David se réalise dans le Christ, et tous deux à leur tour peuvent être les types d'un Henri IV, d'un Louis XIII. L'histoire n'est qu'un déroulement ordonné du schéma divin. Ce besoin de l'ordre et de la présence divine, nous pouvons l'observer dans les correspondances internes et dans les imbrications narratives des *Théorèmes*. L'analogie entre pouvoir royal et pouvoir divin renforce la vision d'une «éternelle intendance», d'un univers et d'un état, administrés avec une grande rigueur. En parlant des anges, La Ceppède s'y réfère comme à

> Des gendarmes ailés la volante milice
> Du Monarque éternel qui l'univers police.
> (*Théorèmes*, II. iii. 14)

Il y a correspondance métaphorique aussi entre les deux parties des *Théorèmes* et le contexte historique de leur composition. La première partie nous présente le déchirement et la destruction du corps mystique, figure du corps de l'état, et la seconde achève le cycle symbolique en nous représentant sa résurrection et son ascension. Devant le monarchisme métaphysique de La Ceppède on ne doit donc pas trop s'étonner que Malherbe, engagé au service de l'organisation monarchique, ait écrit dans son sonnet à la reine qui orne la première page des *Théorèmes*:

> J'estime LA CEPPÈDE, et l'honnore, et l'admire,
> Comme un des ornements les premiers de nos jours.

* * *

On ne peut glaner que de très rares renseignements sur l'accueil que reçut cette offrande littéraire à la France que représentent les *Théorèmes*. Les magistrats aixois et toulousains ont célébré leur confrère dans des éloges liminaires; la génération suivante de ses compatriotes le tenait également en grande estime, comme l'indique la petite notice qui paraît dans la *Chronographie et Description de Provence* de H. Bouche, en 1664. Il est fort probable que le milieu religieux et dévot apprécia la conversion des techniques de la poésie aux pratiques spirituelles. Nous savons (grâce à un manuscrit mentionné par L.K. Donaldson-Evans) qu'un religieux anonyme du XVIIe siècle—et il y en eut sans doute d'autres encore—recopia bon nombre de sonnets et commentaires des *Théorèmes* pour aider sa dévotion personnelle. Et le grand François de Sales écrivit à La Ceppède, vers 1613-1614, afin de le remercier de lui avoir envoyé un exemplaire de son ouvrage, dont le futur saint souligne, dans sa lettre, la valeur de propagande religieuse: «…je suis… attiré par cette savante piété qui vous fait si heureusement transformer les muses païennes en chrétiennes, pour les ôter de ce vieux profane Parnasse et les loger sur le nouveau sacré Calvaire». Si les autres poètes de son temps en avaient fait autant, poursuit-il, «la corruption des mœurs ne serait pas si grande, car c'est merveille combien les discours resserrés dans les lois des vers ont de pouvoir pour pénétrer les cœurs et assujetir la mémoire» (*Œuvres*, vol. xvi, Annecy, 1910, p. 286-7).

Mais la réputation poétique de La Ceppède devait bientôt s'éclipser pour plusieurs siècles.

Au XVIIIe siècle l'abbé Goujet ne fait mention de La Ceppède dans sa *Bibliothèque Française* (1740-56) que pour relever des améliorations, qu'il croyait voir dans la versification de la deuxième partie des *Théorèmes*. Dans une période où l'on ne pouvait plus prendre au sérieux la conception typologique de l'histoire, la conception profondément symbolique de la nature, ni la conception mystique du langage que l'on trouvait dans les *Théorèmes*, il n'est rien d'étonnant à ce que La Ceppède soit tombé dans l'oubli. En effet, ce n'est qu'après l'époque des poètes symbolistes qu'on a pu, de nouveau, voir dans l'œuvre de La Ceppède un objet digne d'attention critique.

L'abbé Bremond, en 1910, fut le premier de notre siècle à s'intéresser à La Ceppède. Il fut aussi le premier à démontrer l'importance du contexte dévot pour une bonne compréhension de la cohérence générique de la poésie religieuse du début du XVIIe siècle, et Bremond admira surtout chez La Ceppède la connaissance qu'il avait des Pères de l'Eglise, et le don poétique qui avait transformé ce savoir en un symbolisme complexe et évocateur.

Les études sur «le baroque» des années cinquante et soixante ont rehaussé la réputation des *Théorèmes*, mais se sont malheureusement bornées à abstraire les thèmes et les images (spectacle de la mort, illusion, nuit et lumière…) qui valorisaient une hypothèse—à savoir, l'existence de la catégorie du «baroque» elle-même. En même temps la critique littéraire dans les pays anglo-saxons s'enthousiasmait de plus en plus pour les poètes «métaphysiques»—les poètes du début du XVIIe siècle anglais qui alliaient toute l'érudition de la Renaissance à un langage dru et ardent. On ne tarda pas à mettre en valeur de pareilles qualités chez leurs contemporains français. Il fallait pourtant tenter de situer de telles ressemblances dans la perspective historique. Terence Cave, en suivant la méthode tracée par Louis Martz, a établi des liens étroits entre la poésie religieuse française et les traités sur la méditation qui eurent tant de succès vers la fin du XVIe siècle.

Parallèlement à ces orientations historiques, la critique s'est penchée de plus en plus sur la substance linguistique des *Théorèmes*, et à juste titre, car ce n'est qu'en scrutant le texte de cette poésie si consciente d'elle-même que l'on peut en démontrer les véritables ressorts. Pour La Ceppède toute connaissance réelle résidait dans la matière de la parole, et c'est à travers les structures verbales des *Théorèmes* qu'il cherchait à révéler et à mimer les dispositions divines réglant cette «machine ronde». Pour le lecteur moderne, ce qui peut fasciner, c'est qu'en s'efforçant de tout prouver, cette poésie qui se veut démonstration, ne prouve rien. Maître dans l'art de la poésie, Jean de La Ceppède en reste pourtant le captif, emporté par le jeu de significations implicites dans son matériau. N'est-ce pas lui-même qui se plaint, en parlant de la riche étoffe du discours religieux, de «ce fort drap d'or [qui] ne se manie pas aisément à tous les plis qu'on veut» (*Théorèmes*, «Avant Propos»)?

BIBLIOGRAPHIE

La Ceppède, Jean de. *Les Théorèmes sur le sacré mystère de notre rédemption*. Yvette Quenot, ed. Paris: Nizet, 1988–89.

Les *Théorèmes* se présentent en deux parties, dont la première (1613) est divisée en trois «livres» de cent sonnets, et la deuxième (1622) en quatre «livres» de 50, 100, 35 et 30 sonnets. La première partie est suivie de la deuxième édition de l'*Imitation* (paraphrases de psaumes et «mélanges» spirituels). L'anthologie de Ruchon citée ci-dessous offre au lecteur un choix de ces paraphrases et mélanges, ainsi qu'un choix de sonnets tirés des deux parties des *Théorèmes*. La première partie de l'œuvre (Livres I-III) a paru dans une édition critique publiée par Yvette Quenot (Paris: STFM, 1988-89).

Braunschweig, R. «Petites découvertes sur la Ceppède dans Gallaup», *Bibliothèque d'humanisme et renaissance*, 28 (1966).

Bremond, H. *Histoire littéraire du sentiment religieux en France*, vol. I.

Buffum, I. «A Religious Sonnet Sequence: the *Théorèmes* of Jean de La Ceppède», dans *Studies in the Baroque from Montaigne to Rotrou*, New Haven, 1957.

Cave, T.C. *Devotional Poetry in France, c. 1570-1613*, Cambridge, 1969, pp. 87-91, 216-230, 235-242.

Chilton, P.A. *The Poetry of Jean de La Ceppède*, Oxford, 1977.

Donaldson-Evans, L.K., «L'édition de 1594 de l'*Imitation des Psaumes* de La Ceppède», *Australian Journal of French Studies*, 2 (1963).

_____. Poésie et méditation chez Jean de La Ceppède, Geneva, 1969.

Du Bruck, E. «Descriptive Realism in the Théorèmes of Jean de La Ceppède», Modern Language Notes, 80 (1965).

Evans, A.R. «Figural Art in the *Théorèmes* of Jean de La Ceppède», *Modern Language Notes*, 78 (1963).

Ganim, Russell. *Renaissance Resonance: Lyric Modality in La Ceppède's Théorèmes*, Amsterdam, 1998.

Lawrence, F. «La Ceppède's *Théorèmes* and Ignation Meditation», *Comparative Literature*, 17 (1965).

_____. «Nature Imagery in the *Théorèmes* of Jean de La Ceppède», *L'Esprit créateur*, 6 (1966).

_____. «The Renaissance Theory of Poetry as Imitation of Nature and the Théorèmes of Jean de La Ceppède», Journal of Medieval and Renaissance Studies, 3 (1973).

Mourgues, O. de. *Metaphysical, Baroque and Précieux Pœtry*, Oxford, 1953.

Probes, C. McCall. «La Ceppède's *Théorèmes* and Augustinian Sources», *Bibliothèque d'humanisme et renaissance*, 32 (1970).

_____. «'L'Amour spirituel': La Madeleine in Jean de la Ceppède and César de Nostredame», *PFSCL*, 17 (1990).

Quenot, Y., «Un discours inconnu de Jean de La Ceppède», *Bibliothèque d'humanisme et renaissance*, 36 (1974).

_____. *Les Lectures de La Ceppède*, Genève, 1986.

Rousset, J. «Jean de La Ceppède et la chaîne des sonnets» dans *L'Intérieur et l'extérieur*, Paris, 1968.

Ruchon, F. *Essai sur la vie et l'œuvre de Jean de La Ceppède, poète chrétien et magistrat (1548-1623)*, Genève, 1963.

Saulnier, V.-L. et Worthington, A. «Du nouveau sur Jean de La Ceppède», *Bibliothèque d'humanisme et renaissance*, 17 (1955).

Sonnet X[1]

Debout, parmi l'horreur des charognes relentes[2]
En cette orde[3] voirie, il voit de tous côtés
De ses durs ennemis les troupes insolentes,
Et de sa dure mort les outils apprêtés.

Puis, las! si tant soit peu ses yeux sont arrêtés   5
Sur les yeux maternels, leur prunelles parlantes,
S'entredisant Adieu, vont perdant[4] leurs clartés
Par l'effort redoublé des larmes ruisselantes.

Tandis on le dépouille afin de le coucher
 Sur la Croix, mais, hélas! c'est tout vif l'écorcher: 10
Car le sang a collé sa tunique à ses plaies.

Ces tourments sont cruels: Mais beaucoup plus l'affront.
Voici, mon Rédempteur, vos paroles[5] bien vraies
Que la honte, et l'opprobre ont couvert votre front.

---

1. Le troisième livre de la première partie des *Théorèmes* nous présente le récit de la passion de Jésus à partir du moment où celui-ci quitte les murs de Jérusalem pour être conduit au lieu de son exécution, jusqu'à sa sépulture. L'ensemble des sonnets X à XXXI correspond assez bien aux schémas typiques de l'exercice spirituel. Les sonnets X à XIX constituent la narration de base—la mise en croix de Jésus. Les sonnets XX à XXXI représentent une étape analytique destinée à interpréter les événements décrits, et qui se termine par une prière adressée à la croix. On notera pourtant que ces deux groupes de sonnets reflètent la dichotomie fondamentale de l'exégèse traditionnelle entre l'interprétation littérale (X à XIX) et l'interprétation figurative (XX à XXXI), et que les procédés affectifs (tels que l'apostrophe) et les procédés analytiques (tels que la typologie) y sont constamment introduits.
2. *relentes*: adj., ayant une mauvaise odeur.
3. *orde*: sale, ordurière.
4. *vont perdant*: périphrase durative, fréquente au 16e siècle mais qui devenait nettement archaïque ou provinciale pour Malherbe et ses contemporains.
5. *vos paroles*: Comme partout dans ses vers, La Ceppède tient à faire ressortir les correspondances entre l'Ancien et le Nouveau Testament, et signale qu'il s'agit ici de David, qui préfigure le Christ, au psaume 68: 8, et au psaume 40: 16.

Jean de la Ceppède (1550?–1623)

Sonnet XI
Le Souverain Pontife exerçant son office,
Dépouillait ses habits sentants la vanité[6],
S'affublait des sacrés[7] du légal artifice,
Ains que[8] sacrifier à la Divinité.

Christ et Prêtre, et Pontife en son éternité[9],   5
S'offrant pour nous guérir de l'ancien vénéfice[10],
Ne veut point d'autre habit allant au sacrifice
Que le sacré Manteau de son humanité.

Tout nu donc il exerce à ce coup sa Prêtrise,
Et couvre la rougeur dont Eve fut surprise,   10
Dont son mari rougit lors qu'ils se virent nus.

Puis tantôt enivré de l'amour de nos âmes
Dormant nu sur la Croix ces Chams[11], ces fiers haineux[12],
Moqueurs le gausseront de cent brocards infâmes.

---

6. *habits sentants la vanité*: au XVIe siècle et au début du XVIIe le participe présent variait en nombre et parfois en genre tout comme l'adjectif verbal en *-ant*. Cf. XIV, 2; XVIII, 5; XXX, 12.
7. C'est-à-dire «des sacrés habits», des vêtements de cérémonie portés par le grand prêtre pendant les sacrifices rituels. Dans ses propres annotations, La Ceppède cite Le Lévitique, VI, 10, 11 et 16. L'image de l'habit, fondamentale dans le système symbolique des *Théorèmes*, désigne l'extériorité—la chair, la lettre, le profane. La présence de l'habit s'oppose ici à son absence, à la nudité. Le Christ est «nu», puisqu'il représente l'innocence et l'intériorité; paradoxalement, il est en même temps «habillé», puisqu'il s'est fait chair au cours de l'Incarnation. La nudité d'Eve et d'Adam, qui représente le péché originel, est donc «couverte», c'est-à-dire, compensée par la nudité du Christ.
8. *Ains que*: avant de.
9. *Prêtre et Pontife en son éternité*: paraphrase du psaume CIX, 4: *Tu es sacerdos in aeternum*; et de l'épître de saint Paul aux Hébreux, IX, 11: *Christus assistens Pontifex...*
10. *vénéfice*: empoisonnement. La Ceppède explique qu'il s'agit «De la pomme que l'empoisonneur Serpent fit mordre à nos premiers parents...».
11. *Ces Chams*: Cham fut le deuxième fils de Noé; au chapitre IX, 20-21 de la Genèse, il vit son père, qui s'était étendu dans une posture indécente après s'être enivré; «ces Chams» sont donc les témoins du Christ crucifié, préfiguré par Noé enivré et endormi. Pour apprécier les effets sonores de ces vers il est important de se rappeler que «Cham» se prononce [kam].
12. *haineux* rime avec *nus* au vers 11. Les rimes en *u* et *eu* sont assez fréquentes chez La Ceppède et représentent une prononciation vieillie ou provinciale. Cf. Malherbe commentant un pareil usage chez Desportes: «rime provençale ou gasconne».

Sonnet XII

Jà[13] les bourreaux voulaient le jeter sur le bois,
L'étendre, le clouer, lors que voici Marie,
Qui l'approche, l'embrasse, et pleurante marie
Ses larmes à son sang, et ses pieds à sa Croix.

Sanglotante elle éclot cette tremblante voix   5
Rends mon fils, à ce coup, rends, je te prie, tarie
La source de mes pleurs, permets que j'apparie
D'un soupir sans retour tes suprêmes abois.[14]

Las! te voilà tout nu, ta robe sans couture   10
Est le jouet du sort[15], au moins pour couverture
De tes reins, prends ce voile ornement de mon chef[16].

Ha! ja déjà la mort t'a la vie ravie,
Ha! Mère infortunée! ô douleur, ô méchef[17],
Las! pourrai-je survivre à la mort de ma vie?

---

13. *Jà*: déjà.
14. La Ceppède justifie cette représentation de la Vierge en citant, dans ses annotations, l'homélie de saint Jean Chrysostome relative à l'évangile de saint Jean.
15. Continuation dans ce tercet de l'image vestimentaire. Les soldats déchirent en quatre la tunique du Christ, et tirent au sort afin de se la partager, S. Marc XV, 24.
16. *mon chef*: ma tête.
17. *méchef*: malheur.

Jean de la Ceppède (1550?–1623)

Sonnet XIII

Achevant ces propos, d'un long baiser jumeau
De la Mère, et du Fils les lèvres sont collées,
Et leurs bras enlacés comme on voit accolées
Les branches de la Vigne à celles de l'Ormeau.[18]

Comme n'éteins-tu point, ô Phébus[19], ton flambeau 5
A ce triste spectacle? âmes trop désolées,
Les Hébreux pourraient bien vous rendre consolées
S'ils voulaient à vos corps ne donner qu'un tombeau.

Ils ne le feront pas. Il faut, Mère, à cette heure
    Sans mourir, voir mourir ta chère nourriture, 10
Hâte donc tes Adieux il te la faut lâcher.

Prends le dernier baiser: car les voix effroyables
Des Juifs pressent déjà les mains impitoyables
Des bourreaux pour soudain de tes bras l'arracher[20].

---

18. Image érotique fréquente parmi les poètes de la Pléiade. Pour justifier l'expression «branche de la vigne» (au lieu de «sarment») La Ceppède cite les vers de Rémy Belleau:
C'était en la saison que le fruit jaunissant
Laisse veuve sa branche...
(*La Bergerie*, «Vendangeurs. L'amour rustique», vv. 4-5)
19. *Phébus*: surnom d'Apollon, dieu grec de la lumière, ici le soleil.
20. La Ceppède tient à justifier ses procédés rhétoriques en s'appuyant sur des autorités authentiques et irréprochables. Dans son annotation, il cite les écrivains orthodoxes de la tradition contemplative: «Ces méditations, ces Apostrophes de ce Sonnet, du précédent, et autres semblables ne sont point sans exemple, ni sans garant. S. Ephrem, S. Bonaventure, S. Anselme, Crespet, Guevarre, et autres contemplatifs en ont fait maintes semblables».

Sonnet XIV

Les bourreaux donc pressés par les voix grommelantes
Des parricides Juifs forcenants[21] de courroux,
Portent sur cet Agneau[22] leurs griffes violantes;
Le jettent sur la Croix pour y marquer les trous.

Il se relève un peu sur ses faibles genoux,   5
Offre au Père Eternel ses prières brûlantes
D'amour, puis se recouche, et ses plaies coulantes
Marquent au bois les lieux, pour y ficher les clous.

A peine le pauvret acheva de s'étendre
Sur la Croix, que lui même encommença[23] de tendre   10
Sa main gauche première à la merci du fer[24].

La gauche avec le cœur a plus de voisinage:
Pource[25] il veut que première on l'ouvre en témoignage
Qu'il leur ouvre son cœur pour nous fermer l'Enfer.

---

21. *forcenants*: forcenés, fous. On notera l'emploi très fréquent chez La Ceppède de participes présents; et cf. XI, n.6.
22. *cet Agneau*: Le Christ. Indirectement, les Juifs ont le rôle de bêtes sauvages.
23. *encommença*: commença.
24. La Ceppède nous précise dans sa note: «Les contemplatifs méditent que le Sauveur sans aucun semblant de douleur s'étendit luy-même sur la Croix, tant il avoit d'envie d'y mourir promptement pour nous donner la vie. Mais ils opinent diversement quelle main il tendit la première pour y être clouée».
25. *Pource*: c'est pourquoi.

Jean de la Ceppède (1550?–1623)

Sonnet XV

Soudain que sur le trou cette main fut tendue,
Dans sa paume on enfonce à grands coups de marteau
Un clou gros et carré, jusqu'au dos du poteau:
Sans qu'on ait de sa bouche une plainte entendue.

Mais la forge du fer vous était défendue   5
O Juifs vous n'aviez point ni coutre, ni rateau
Ni cognée, ni clous, ni maillet, ni couteau[26]
Qui vous a d'en avoir la liberté rendue?

Le fer n'osait toucher aux pierres de l'Autel[27],
Le fer n'entra jamais au Temple de Béthel[28],   10
Et le fer au vrai Temple[29] aujourd'hui fait outrage?

Maudites soient, Tubal[30], tes forgeronnes[31] mains
Mais bénites plutôt, puis qu'ores[32] leur ouvrage
Sert d'instrument utile au salut des humains.

---

26. Note de La Ceppède: «....les juifs n'avaient point de forge de fer, pour leur apprendre que le grand Dieu les défendait assez sans armes matérielles» (I Rois XIII, 19).
27. Deutéronome XXVII, 5 et Josué VIII, 31.
28. I Rois VI, 7.
29. *vrai Temple*: le Christ.
30. *Tubal*: Note de la Ceppède: «Tubal-caïn premier inventeur, ou forgeur...de tous instruments de fer, et d'airain en la Genèse 4. chapitre verset 22».
31. *forgeronnes*: adj., de forger. Cf. les vers de Remy Belleau:
Un char...martelé et taillé.
Comme je crois, de la main forgeronne du Dieu boiteux.
(*La Bergerie*, 2e Journée, «Chant de triomphe»)
Cette allusion textuelle suggère une association syncrétiste entre Tubal et Vulcan.
32. *Ores*: maintenant.

Sonnet XVI[33]

On vient à la main droite; elle a eu bel[34] à teindre
De sang le lieu du trou: il est plus loin pourtant
Puis les nerfs retirés ont retiré d'autant,
Et raccourci le bras, elle n'y peut atteindre.

Aussitôt d'une corde on commence à l'étreindre   5
Puis à force on la tire, et la retire tant
Qu'on la fait joindre au trou, où le bourreau plantant
L'autre clou, fut pourpré[35] du sang qu'il fit épreindre.

De même au trou d'embas[36], les pieds demeurent cours[37],
Les bourreaux ont de même à la corde recours[38],   10
C'est lors qu'on oit[39] crouler cette belle structure.

Tout ce corps se déjoint, et le dur craquement
Des membres disloqués, et des nerfs la rupture,
Font croire qu'on veut faire un vif démembrement.

---

33. La Ceppède déclare que «Toute la conception de ce sonnet est des contemplatifs», et renvoie le lecteur au *De Vita Christi* de Ludolphe, au *Livre du Mont du Calvaire* de Guevara (dont la traduction de Belleforest avait paru en 1589), et au *Triomphe de Jésus et voyage de l'âme* (1586) de Crespet. Le sonnet entier est consacré à la narration.
34. *a eu bel à*: a eu beau.
35. *pourpré*: empourpré.
36. *d'embas*: d'en bas.
37. *cours*: courts; la forme archaïque permet la rime avec «recours» au vers suivant.
38. La Ceppède précise dans une note que
«Les aucuns, comme Guevarre estiment qu'on ne cloua point les pieds de même suite; mais que ce fut après l'élèvement de la Croix, et qu'elle fut plantée dans le trou du roc: les autres (dont l'opinion comme plus probable est ici suivie) croient qu'ils furent cloués aussi tôt après les mains, autant qu'on dressa la Croix».
39. *on oit*: on entend.

Jean de la Ceppède (1550?–1623)

Sonnet XVII

Si la fameuse Echo du vieux Porche Olympique[40]
Rendait sept voix pour une, il n'est pas vrai pourtant
Qu'elle en reçut plus d'une, ains[41] le son rebattant
L'air qui se divisait septenait[42] la réplique.

Mais le cœur maternel, ce sacré-saint[43] Portique,   5
Résonne[44] sept cents fois chacun[45] coup éclatant
Des marteaux sur les clous à cet acte tragique;
Pour ce qu'il est[46] bien vrai qu'il en reçoit autant[47].

O Vierge qui n'es plus que la tristesse même,
Comme ne meurs-tu point en cette angoisse extrême?   10
Ha! si l'amour te tue, il te ravive aussi.

Tu meurs voyant ton Fils ès[48] mains de ces Busires[49]
Tu revis aussitôt, puis qu'il le veut ainsi,
Et que tout ce qu'il veut, est ce que tu désires.

---

40. *La fameuse Echo du Porche Olympique. Echo* est féminin au XVIe siècle. Le portique à Olympe était célèbre pour ses propriétés acoustiques. La Ceppède en appelle, dans une note, à Pline, et cite Lucrèce, *De rerum natura*, IV, 577-579. L'image architecturale, utilisée pour désigner le corps du Christ, est reprise au sonnet XXI, vers 9-11; XXV, 9; XV, 10; et XVI, 11.
41. *ains*: mais.
42. *septenait*: multipliait par sept, septuplait.
43. *sacré-saint*: sacro-saint, dans son acception première dénuée d'ironie: d'une suprême sainteté.
44. *résonne*: retentit de.
45. *chacun*: adjectif indéfini, «chaque».
46. *pour ce que*: parce que.
47. La Ceppède justifie sa représentation de la Vierge ainsi:
«C'est-à-dire que chacun coup de marteau qu'elle oit assener sur des clous, lui donne et redonne des douleurs innombrables, et indicibles. Au surplus la sainte Vierge mère est ici, et ailleurs en cette œuvre, dépeinte fort affligée, comme sans doute elle l'était infiniment: mais non pas transportée jusqu'aux extrémités coutumières aux femmes communes, impatientes, et faibles, ainsi qu'aucuns bons Pères (emportés par leur zèle) et plusieurs Peintres ignorants l'ont figurée, et la représentent encore: car il semble que ce serait offenser la Majesté de cette Emperière du Ciel, de la croire parmi ce grand deuil manque de constance, de tempérance, et de force, et principalement de foi en la croyance de la Résurrection, de charité envers nous, qui ne pouvions être rachetés autrement…et de conformité au vouloir de son Fils notre Rédempteur, qui le voulait ainsi; c'est la conception des dix derniers vers de ce sonnet…».
La Ceppède reprend cette interprétation dans l'annotation du sonnet 97. Apparemment il lui était important de manifester sa croyance dans la nature surhumaine de la Vierge.
48. *ès*: en les.
49. Note de La Ceppède: «*Busires*. C'est à dire, de ces cruels, ainsi nommés du nom de Busiris (fils de Neptune et Lybiez) Tyran d'Egypte, le plus cruel qui fut onques, duquel Virgile fait mention au 3. de ses Georgiques».

Sonnet XVIII

Ses pieds sont donc percés (comme il avait prédit)[50]
Percée est sa main gauche: et sa droite est percée:
Sa peau, par trop tendue, est par tout crevassée:
Et ses os sont comptés par ce peuple maudit.

Or nos durs Circoncis[51] craignants[52] qu'il ne rendit   5
L'esprit auparavant que la Croix fut dressée
S'écrient qu'on l'élève: et la troupe amassée
Des sergents, des bourreaux à cela se raidit.

Ces impiteux ouvriers, dépités qu'on les tance,
Attraînent[53] brusquement cette lourde potence   10
Pour du creux préparé le bas bout approcher:

Puis la levant debout, la pointe on précipite
Si raide dans ce trou creuse sur le rocher
Que le coup s'en va bruire au centre du Cocyte[54].

50. Note de La Ceppède:
«*Prédit*. Par le Prophete Royal au Psaume 21 verset 18. *Ils ont percé mes pieds, et mes mains, et ont compté tous mes os*. S. Augustin sur ce Psaume dit que cette Prophétie (en ce notamment, qui est du dernier vers de ce quatrain) n'a jamais été mieux accomplie en Jésus-Christ lors qu'on a tendu et tiré son corps précieux sur la Croix, avec telle violence qu'on pouvait véritablement nombrer ses os un à un».
Ici encore le sonnet a la valeur d'un «théorème» de la tradition orthodoxe.
51. *nos durs Circoncis*: comme dans les sonnets précédents le Juifs sont désignés non pas directement mais à l'aide d'un attribut réel ou imaginaire.
52. *craignants*: cf. XI n. 1.
53. *Attraînent*: apportent.
54. Note de La Ceppède: «*Du Cocyte*. C'est à dire de l'Enfer, prenant la partie pour le tout. Etant le Cocyte un fleuve des Enfers découlant du Styx, signifiant pleurs et plaintes; Virgile au ch. 6 de l'Enéide… Et Claudian». Cette note témoigne de l'esprit syncrétiste qui cherche à réconcilier les mythes antiques avec la doctrine chrétienne. En outre, la Croix se situe traditionnellement au centre de l'univers et relie l'enfer et le ciel.

Jean de la Ceppède (1550?–1623)

Sonnet XIX

Les sanglotants hélas des amis soucieux,
Les murmurantes voix des troupes survenues,
Les éclatants abois des Hébreux factieux,
Les hauts cris des bourreaux montent jusques aux nues.

Maints avaient jusqu'ici leurs langues contenues[55],   5
Qui rompent le silence et les dévotieux
Secrets[56] (ne craignez plus les Juifs malicieux)
Lâchent ores la bonde aux larmes retenues.

Hé! qui les retiendrait? Au contre-coup mortel
De la chute du bois, l'ébranlement fut tel[57],   10
Qu'il n'a plaie en son corps, qui n'en soit réouverte.

Presque, presque les clous ont mi-parti[58] ses mains,
La terre d'alentour de son sang est couverte,
Et son Têt[59] se rattache à ces joncs inhumains.

---

55. *contenues*: retenues.
56. *Les dévotieux* (subst.) *secrets* (adj.): les fidèles discrets qui se sont tus jusqu'ici.
57. Note de La Ceppède: «Ces exagérations, et circonstances hors du texte des Evangélistes sont en mille façons pieusement méditées par les Pères...». Et La Ceppède de citer à nouveau les autorités orthodoxes: S. Bernard, S. Bonaventure, Ludolphe, Guevara, Crespet...
58. *mi-parti*: Fendu.
59. *Têt*: crâne.

Sonnet XX

L'amour[60] l'a de l'Olympe ici bas fait descendre:
L'amour l'a fait de l'homme endosser le péché.
L'amour lui a déjà tout son sang fait épandre:
L'amour l'a fait souffrir qu'on ait sur lui craché:

L'amour a ces halliers à son chef attaché:[61]   5
L'amour fait que sa Mère à ce bois le voit pendre:
L'amour a dans ses mains ces rudes clous fiché[62].
L'amour le va tantôt dans le sépulcre étendre.

Son amour est si grand, son amour est si fort
Qu'il attaque l'Enfer, qu'il terrasse la mort,   10
Qu'il arrache à Pluton sa fidèle Euridice[63].

Belle pour qui ce beau meurt en vous bien-aimant
Voyez s'il fut jamais un si cruel supplice[64],
Voyez s'il fut jamais un si parfait Amant.

---

60. «*L'Amour*. Tout ce sonnet n'est qu'un rapport de tous les principaux points de la Passion…, à l'ardente amour dont Dieu nous a aimés, comme des effets à leur cause…», déclare le poète dans sa note. Le langage de l'amour s'emploie dans la tradition contemplative pour exprimer soit l'union ineffable de l'âme avec son créateur, soit l'union de Dieu avec la nature humaine, soit le «mariage» du Christ avec l'Eglise. La justification traditionnelle de cette manière de parler se trouvait dans le Cantique des Cantiques, poème d'amour profane interprété allégoriquement par les exégètes. La «belle» au verset 12 est alors l'Eglise; le «beau» est le Christ lui-même.

61. Bien que la plupart de ses contemporains observent la règle de l'accord du passé, dans de tels cas La Ceppède sacrifie la syntaxe à la rime.

62. Voir la note précédente.

63. Note de La Ceppède:
«*Euridice*. C'est à dire, son Eglise appelée ici Euridice (qui vaut autant à dire que vérité) nom très-propre à l'Eglise de Dieu: faisant allusion de la fabuleuse descente d'Orphée aux Enfers, pour en ramener son Euridice, à la véritable descente de Jésus-Christ aux Limbes pour en tirer son Eglise, c'est à dire les Saints Pères…».
Pluton: le dieu de l'Enfer.

64. Paraphrase du livre de Lamentations, I:12, dont une version française est citée par La Ceppède dans sa note: «*O vous tous qui passez par la voie, considérez, et voyez s'il y a douleur semblable à ma douleur*», texte censé être une prophétie qui s'accomplit lors de la passion du Christ.

JEAN DE LA CEPPÈDE (1550?–1623)

Sonnet XXI

Il est donc monté, belle, au gibet ordonné[65],
Pour vous faire monter à son Trône suprême,
Il a son tendre chef de ronces couronné,
Pour ceindre votre chef d'un brillant diadème.

Il pâtit des tourments le tourment plus extrême[66]   5
Pour satisfaire au mal qu'il vous a pardonné,
Il vide ores de sang son corps livide, et blême,
Pour le prix dont prodigue il vous a rançonné[67].

Il souffre patient qu'à ce jour on fabrique
Des logettes pour vous dans la pierre mystique   10
De son corps, et sa voix vous semond d'y venir[68].

Belle, venez-y donc, votre Epoux le commande:
Et pour tant de bienfaits dont il veut vous bénir
Donnez-lui votre cœur, c'est tout ce qu'il demande[69].

---

65. Ce sonnet consiste en une apostrophe adressée à l'église, «la belle» du sonnet précédent.
66. *Le tourment plus extrême*: le tourment le plus extrême; syntaxe du XVIe siècle.
67. *rançonné*: le complément du verbe est «vous», c'est-à-dire «la belle» du premier vers; pour l'accord voir XX, n. 61. Allusion à l'épître de saint Paul à Timothée, II, 6, et à sa première épître aux Corinthiens, VI, 20 et VII, 23.
68. *Semond de*: invite à, prié de. Pour assurer la bonne compréhension La Ceppède ajoute la note suivante:
«C'est une allusion à ce trait du Cantique des Cantiques, chapitre 2. verset 10 et 14. Lève toi, avance toi, m'amie, et te viens rendre dans la creux la pierre; Or la pierre c'était Jésus-Christ, suivant S. Paul en la première aux Corinthiens chapitre 10. verset 4. Les trous donc de cette pierre sont les plaies du corps de Jésus-Christ, qui sont autant de logettes pour nous mettre à couvert de l'orage du monde, etc.»
69. Paraphrase du Livre des Proverbes, XXIII, 26.

Sonnet XXII

Du vrai Deucalion[70] le bois industrieux
Qui soutient la fureur du général naufrage,
Dans une mer de sang à cette heure surnage,
Pour sauver les humains des bouillons stygieux[71].

Le vieux Arc bigarré (signe présagieux   5
De la fin du déluge, et mis en témoignage
Qu'on ne souffrirat plus des ondes le ravage)
Est maintenant courbé sur ce bois précieux.

Puis ce Nuau[72] peint des couleurs de l'Opale
Calmait les flots, ce corps rouge, livide, et pâle   10
Pourra bien de son Père appaiser le courroux.

Par ce gage sacré de ta chère alliance[73]
Je t'adjure, ô grand Dieu, qu'ore, et toujours pour nous
Ton courroux justicier cède à ta patience.

---

70. *Deucalion*: Le fils de Prométhée qui lui demande de construire un bateau pour se sauver avec sa femme lors des déluges provoqués par Zeus. La Ceppède croyait que le mythe grec avait été calqué sur le récit biblique de Noé. Ce parallélisme mythologique s'allie à une correspondance typologique chère à l'exégèse médiévale. Le «vrai» Noé (le «vrai» Deucalion), c'est le Christ; l'arche de Noé (le bateau de Deucalion), c'est la croix. Le symbolisme du déluge est double: les eaux symbolisent une purgation créatrice, et par conséquent le sang rédempteur du Christ; ou bien elles signifient le chaos destructeur, par conséquent la tâche originelle nettoyée par le Christ. L'arc-en-ciel qui annonce à Noé la fin du déluge et le début d'une alliance entre Dieu et l'homme représente, au niveau de l'interprétation typologique, la rédemption de l'humanité et le corps rédempteur de la divinité. Il est intéressant de noter par ailleurs que le symbolisme de l'arc-en-ciel fut utilisé lors de l'entrée en Provence de la reine Marie de Médicis.
71. *bouillons stygieux*: les eaux bouillonnantes du Styx, rivière de l'enfer dans la mythologie grecque.
72. *Nuau*: nuage; ce mot désigne à la fois l'arc-en-ciel de Noé et le corps crucifié du Christ.
73. *gage sacré de ta chère alliance*: l'arc-en-ciel était une promesse de coopération divine.

Jean de la Ceppède (1550?–1623)

Sonnet XXIII

L'Autel des vieux parfums dans Solyme encensé[74],
Fait or' d'une voirie un Temple vénérable,
Où du Verbe incarne l'Hypostase[75] adorable
S'offre très odorante à son Père offensé.

Le vieux Pal, sur lequel jadis fut agencé   5
En Edom le Serpent aux mordus secourable,
Elève ores celuy qui piteux a pansé
Du vieux Serpent d'Edem la morsure incurable[76].

Le pressoir de la Vigne en Calvaire est dressé[77],
Où ce fameux raisin ce pressoir a pressé[78],   10
Pour noyer dans son vin nos léthales Vipères[79].

L'échelle Israélite[80] est posée en ce lieu,
Sur laquelle aujourd'hui s'appuyant l'homme-Dieu,
Nous fait jouir des biens qu'il promit à nos Pères[81].

---

74. *Solyme*: Jérusalem. L'autel est décrit au livre de l'Exode XXX. Chaque quatrain et chaque tercet de ce sonnet présente des analogies typologiques entre l'Ancien et le Nouveau Testament.

75. *du verbe incarné l'Hypostase*: Dans la théologie de la Trinité chacune des trois personnes (le père, le fils, le saint Esprit) en tant que substantiellement distincte des trois autres est appelée hypostase. Le verbe incarné, c'est le logos émanant de la divinité. L'hypostase du verbe incarné désigne par conséquent la personne humaine du Christ.

76. Après leur sortie d'Egypte les Hébreux passèrent par les terres d'Edom, où Dieu commanda à Moïse d'ériger un serpent d'airain, dont la seule vue guérissait des morsures de vrais serpents. Le serpent d'Edom, type du Christ crucifié, s'oppose au serpent d'Edem (d'Eden), symbole du péché originel.

77. Le pressoir de la Vigne dénote la croix. Le sang rédempteur est symbolisé par le vin, liquide curatif, qui rejoint ainsi l'image du serpent guérisseur d'Edom, de même que celle du pressoir mentionné au chapitre V, 1-2 du livre d'Isaïe.

78. *Ou ce fameux raisin ce pressoir a pressé*. La syntaxe est ambiguë. Mais selon la note de La Ceppède c'est «le raisin» qui est «figuratif de Jésus-Christ», «fameux» puisqu'il s'agit d'une allusion aux raisins trouvés par les Israélites nouvellement arrivés en terre promise (Nombres XIII, 24). Pour le pressoir, Lamentations, I, 15. La Ceppède se souvient aussi peut-être du poème de Rémy Belleau déjà cité:
C'etait en la saison que la troupe rustique
S'apprête pour couper de cette plante unique
De ce rameau sacré le raisin pourprissant.
(*Vendangeurs*, vv. 1-3)
Un esprit syncrétiste comme celui de La Ceppède n'aurait pas manqué d'y percevoir une allégorie de la passion fructueuse de Dieu.

79. *léthales Vipères*: vipères fatales, les péchés humains; l'adjectif fait allusion au Léthé, l'une des rivières de l'enfer.

80. *L'échelle Israélite*: Jacob (dont Dieu changea le nom, et l'appela Israël) eut la vision d'une échelle communiquant entre terre et ciel (Genèse XXVIII, 12).

81. *Nos Pères*: Dieu promet à Jacob (Genèse XXVII, 13-15), à Abraham (Genèse XVII, 17, 26), et à tout son peuple (Lévitique XXVI) d'envoyer un messie.

Sonnet XXIV

Voici le sûr Bâton[82], qui servit de bateau,
Au bonhomme Jacob dans l'onde Jordanide[83],
Voici du fier Géant le Philistin couteau[84],
Qui envoya son maître au manoir Euménide[85].

Voici le fort Trident[86], qui le flot Neptunide[87] 5
Mi-partant[88], fit aux Juifs un chemin sûr, et beau:
Et qui le rassemblant sur l'ost Pharaonide[89]
Fit que toute l'Egypte eut un même tombeau.

Voici le Bois sucrin[90] dont ce bon Capitaine[91],
Emmiellant le fiel de l'amère fontaine, 10
Accoisa[92] d'Israël les murmurants abois.

Mariniers, qui cinglez vers la terre promise,
Pour surgir à son port ayez pour entremise
Ce Bâton, ce Couteau, ce Trident, et ce Bois.

---

82. *le sûr Bâton*: Jacob traversa le Jourdain à l'aide de son bâton dans les chapitres XXXI, 21 et XXXII, 10 de la Genèse. Il s'agit d'une figure de la croix, de même que les autres détails tirés de l'Ancien Testament. Le récit entier de l'Exode était pour les exégètes utilisés par La Ceppède une représentation symbolique de la chute de la nature humaine et de sa rédemption.
83. *l'onde Jordanide*: Le Jourdain. Les formes en *-ide* (signifiant «de la race de»), chères à la Pléiade et, surtout à Du Bartas, témoignent d'une tendance hellénisante, qui, alliée aux résonances nettement bibliques du poème, reflète encore une fois la perspective syncrétiste des *Théorèmes*.
84. *du fier Géant le Philistin couteau*: transposition de l'adjectif. David prit l'épée du géant philistin et lui coupa la tête dans le premier livre de Samuel XVII, 51.
85. *manoir Euménide*: logis des Euménides, nom signifiant «les bienveillantes» en grec et donné par antiphrase aux Furies; le «manoir Euménide» est donc l'Enfer.
86. *le fort Trident*: la verge de Moïse au moyen de laquelle il se fraya un chemin à travers la mer Rouge (Exode XIV, 15-16). Il y a ici identification indirecte de Moïse à Neptune.
87. *le flot Neptunide*: le flot de Neptune, c'est-à-dire, la mer.
88. *Mi-partant*: fendant; cf. sonnet XIX.
89. *l'ost Pharaonide*: l'armée de Pharaon.
90. *le Bois sucrin*: bois sucré, ou doux, Dieu commanda à Moïse de mettre du bois dans les eaux de Mara afin de les purifier (Exode XV, 23-26).
91. *ce bon Capitaine*: Moïse, chef des Hébreux.
92. *accoisa*: apaisa.

Jean de la Ceppède (1550?–1623)

Sonnet XXV

O Croix naguère infame, horrible, épouvantable,
Ton antique scandale est ores aboli[93],
Christ a de l'Eternel[94] par son sang ramoli[95]
Le courroux, qui te fit jadis si redoutable.

Ce Nectar, par qui seul le monde est rachetable,   5
T'arrosant, a changé ton Absinthe, en Moli[96]
Et ton bois raboteux si doucement poli
Qu'il est or des élus le séjour délectable[97].

Belle Tour de David, forte de deux remparts,
Où pendent mille écus[98]: à toi de toutes parts   10
Accourent les mortels. Hé! sois donc ma retraite.

Tu brises aujourd'hui les portes des Enfers[99],
Fais que ta sainte Image en mon âme pourtraite[100]
Brise ainsi quelque jour, ma prison, et mes fers.

---

93. Paraphrase de l'épître de saint Paul aux Galates C, 11: *Ergo evacuatum est scandalum crucis*. Le sonnet est une apostrophe à la Croix interprétée comme l'accomplissement des analogues prophétiques de l'Ancien Testament et des mythes antiques.
94. *l'Eternel*: Appellation de Dieu caractéristique des bibles françaises, connues par La Ceppède.
95. *ramoli*: ramolli; écrit ainsi pour la rime.
96. Note de La Ceppède: «Le Moli [c'est-à-dire, «moly»] est une herbe excellente en douceur et toutes perfections, et très-louable sur toutes herbes, dit Homère au rapport de Pline...».
97. Note de La Ceppède: «*Délectable*. Témoin S. Andre, qui embrassant la croix à laquelle il devait être pendu s'écria: O bonne Croix tant, et si longuement désirée, et préparée à mon passionné désir..., etc.»
98. La Ceppéde cite le Cantique des Cantiques comme la source de cette paraphrase. Pour l'élaboration rhétorique il explique qu'il s'inspire du *Trofeo de la Croce*, de César Calderari.
99. Allusion au verset prophétique du psaume XXIII, 7 (Vulgate): *Atollite portas, principes, vestras, et elevamini portae aeternales, et introibit rex gloriae*; et paraphrase d'un passage de saint Augustin: «*Au commandement de notre Seigneur et Sauveur toutes les barres et poteaux de fer se sont rompus*». La Ceppède cite les deux sources dans sa note.
100. *pourtraite*: tracée, représentée.

Sonnet XXVI

Satan par le bois vert notre aïeule ravit:
Jésus par le bois sec à Satan l'a ravie[101].
Le bois vert à l'Enfer notre aïeule asservit:
Le bois sec a d'Enfer la puissance asservie.

Satan sur le bois vert vit sa rage assouvie: 5
Jésus sur le bois sec son amour assouvit.
Le bois vert donna mort à toute âme, qui vit:
Le bois sec (ô merveille!) à tous morts donne vie.

Le bois sec aujourd'hui triomphe du bois vert,
Le vert ferma le Ciel: le sec l'a réouvert,   10
Et nous y reconduit par voies fort aisées.

Il a tout satisfait: il a tout mérité[102],
Sur ce bois sec la grâce atteint la vérité:
La justice, et la paix s'y sont entrebaisées[103].

---

101. Analogie entre l'arbre vivant (donc «vert») qui fut à l'origine du péché commis par Eve («notre aïeule») au Paradis et le bois sec de la croix. Cette correspondance se traduit en un système de rimes et d'autres répétitions verbales qui n'auraient guère plu à Malherbe.
102. La rédemption s'obtient par le seul mérite du Christ. La Ceppède paraphrase ici un passage de la *Summa theologica* de saint Thomas d'Aquin, qu'il cite en note.
103. *entrebaisées*: se sont étreintes. La Ceppède nous explique dans sa note que «les deux derniers vers sont exprimés en mêmes paroles en David au Psaume 84, verset 12. *Misericordia, et veritas obviaverunt sibi: Iustitia, et pax osculatae sunt.* Cette prophétie a été justement accomplie sur la Croix».

Jean de la Ceppède (1550?–1623)

Sonnet XXVII

Quand au sortir d'Egypte Israël combattait,
Vers le pôle d'azur son Pasteur vénérable[104]
Tendait ses faibles mains, et jaloux débattait
Avec Dieu, pour aux siens le rendre secourable.

Tant qu'il les élevait sur l'appui favorable   5
De son frère et de Hur, son ost[105] l'autre battait:
Dès qu'il les mettait bas (ô mystère admirable)
Amalec Israël à ses pieds abattait.

Ainsi tant que Christ eut ses mains abattues,
Nos âmes ont été rudement combattues   10
Par les noirs escadrons de l'Amalec d'embas:

Mais depuis qu'il les a sur la Croix étendues,
Sous l'appui de deux clous, nous gagnons les combas[106]:
Les victoires des siens par tout sont entendues.

---

104. *Pasteur*: Moïse. Les quatrains racontent un épisode de l'Exode (XVII, 4-13). Tant que Moïse, aidé par Aaron et par Hur, avait les bras étendus, l'armée d'Amalec ne pouvait rien contre les Israélites. En soulignant la signification prophétique de cette action La Ceppède cite l'interprétation figurale de saint Justin.
105. *ost*: armée.
106. *combas*: combats. La forme archaïque permet la rime avec *embas* (en bas) au vers 11. Notons d'ailleurs que les rimes de ce sonnet, surtout dans les quatrains, ont des rapports sémantiques et étymologiques: *combattait, débattait, battait, abattait; vénérable, admirable; secourable, favorable*, etc.

Sonnet XXVIII

Pardonne, ô saint Prophète[107], à ma témérité,
Tout autrement que toi j'interprète le songe
Du Roi de Babylon[108]. Tu dis la vérité:
Et ce que je dirai ne sera point mensonge.

Ce songe matineux[109] dont le souci te ronge,   5
O Monarque[110] jaloux de ton autorité
Ne peut trouver lumière en son obscurité
Qu'au bois, qui dans le sang de mon Sauveur se plonge[111].

Comme le tien, cet arbre au bleu du Firmament
S'élève du milieu de ce bas Elément   10
L'un et l'autre foisonne en fruit, comme en feuillage.

A leurs pieds sous leur ombre ont leurs plus doux hameaux
Les hôtes de Cybèle[112]: et le peuple volage[113]
Qui sillonne les airs, niche dans leurs rameaux.

---

107. Note de La Ceppède:
«*Prophète*. Daniel, qui au chapitre 4. interpréta à Nabuchodonosor, Roi de Babylone, le songe de ce grand arbre…et son interprétation fut la prédiction de ce grand coup de fouet, que ce grand Prince devait recevoir de la justice de Dieu; et bien que cette interprétation soit et ait été vérifiée très-véritable; si est-ce qu'on peut fort proprement prendre cet arbre songé par ce Roi, pour une signalée figure de la Croix de Jésus-Christ, par le rapport de ses six principales qualités ainsi qu'il sera dit en la suite de ce sonnet, et des deux suivants».
108. *Babylon*: Babylone.
109. Note de La Ceppède:
«*Matineux*. Cet épithète est à propos donné à ce songe pour le marquer véritable, suivant l'opinion de plusieurs, qui n'attribuant rien aux songes de la nuit, pour être causés par la fumée du souper, ou par l'intempérie des humeurs, veulent néanmoins que ceux du matin soient présagieux, comme n'ayant autre cause que quelque opération de la providence divine, qui s'est maintefois servie de l'instrument des songes, pour prédire et annoncer aux hommes les choses à venir, et leur révéler les secrètes. L'Ecriture, et les histoires profanes en ont mille exemples».
110. *O Monarque*: Le poète s'adresse au roi Nabuchodonosor.
111. Pour La Ceppède la seule signification véritable du songe du roi, c'est l'arbre de la croix, et il s'explique dans son commentaire:
«L'arbre songé était haut jusqu'au Ciel; il était planté, au milieu de la terre, il était foisonnant en bons fruits, pâturant tous les animaux, il était touffu en très-beau feuillage, il hébergeait à son pied sous son ombrage les animaux de la terre, et leur donnait repos, et les oiseaux faisaient leurs nids dans ses rameaux. Toutes ces six qualités sont remarquées succinctement en cet Arbre de Calvaire».
112. *Les hôtes de Cybèle*: les bêtes. Cybèle est la déesse de la fécondité, originaire d'Asie Mineure.
113. *Le peuple volage*: les animaux qui volent.

Sonnet XXIX

Jusqu'au Ciel voirement[114], au comble de l'Empyre[115]
Cet Arbre de la Croix élève sa hauteur,
Et nul ne peut atteindre au Ciel de son Empire
Que celui, qui des Cieux est le suprême Auteur.

D'un rien créer ce Tout, en être Protecteur, 5
Animer ce bourbier[116], qui tantôt ne respire
Que le Ciel, et tantôt contre le Ciel conspire,
Fut chose bien aisée à notre Rédempteur.

Mais que pour ce bourbier il se soit fait passible[117],
Qu'il soit pendu pour lui: Non, il n'est pas possible 10
De l'entendre: ce fait notre raison détruit.

Bien savons-nous que c'est dans le centre du monde
Que cet Arbre est planté[118], pour marque que son fruit
Est pour tous les bourgeois de la machine ronde[119].

---

114. *voirement*: vraiment.
115. *l'Empyre*: l'Empyrée (grec «en feu»). Dans la cosmologie ptolémaïque la plus élevée des quatre sphères célestes, qui contenait les feux éternels, les astres. La Ceppède glose son texte ainsi: «Cet arbre de la Croix est si haut qu'il cache son sommet dans le Ciel Empyré, c'est à dire que le mystère de ce crucifiement est si élevé que nul ne peut l'entendre parfaitement, que Dieu seul».
116. *ce bourbier*: «L'homme fait du limon de la terre, Genèse 2. verset 7», nous précise La Ceppède dans sa note.
117. *passible*: sensible, susceptible de souffrir.
118. La centralité de la croix possède une importance symbolique fortement soulignée par La Ceppède dans sa note:
«*planté*. Comme l'arbre songé par Nabuchodonosor. Ainsi avait-il été prédit par le Prophète, au Psaume 73, verset 12. *Operatus est salutem in medio terrae*. Et la raison est... que tout ainsi que tous jouïssent de ce, qui est en la place publique, aussi voulut le Fils de Dieu nous racheter en Jérusalem (qui est au milieu du monde) à fin que tous également puissent jouir du fruit de sa mort. Ainsi (dit S. Jérome sur les Psaumes) ce n'est sans occasion que Jésus-Christ voulut mourir en Calvaire, étant ce lieu assis au milieu...».
119. *les bourgeois de la machine ronde*: les habitants de la sphère terrestre dont la croix forme l'essieu.

Sonnet XXX

Cet Arbre est foisonnant[120] en mille fruits divers,
En amour très parfait, en justice équitable:
Mais la miséricorde est la plus délectable,
Dont sans cesse il fournit largement l'univers[121].

Ces beaux fruits sont toujours d'un feuillage couverts,   5
Qui ne déchoit jamais[122], c'est la parole stable
De ce Crucifié, dont la foi véritable
Fait renaître, et nourrit nos espoirs toujours verts.

Son ombrage amoureux sous lequel on repose,
Est sa grâce[123], qui ferme à toute heure s'oppose   10
A nos trois ennemis[124], et nous tient à couvert.

Et les oiseaux nichants[125] en ces rameaux fragiles
Sont nos affections, qui se guindent agiles,
Et se nichent aux trous dont ce corps est ouvert.

---

120. *est foisonnant*: forme périphrastique de l'aspect duratif, déjà vieille au temps de La Ceppède, et rejetée par Malherbe.
121. La Ceppède nous donne la source exacte des vers 4 et 5: «La terre est remplie de la miséricorde du Seigneur, Psaume trente-deux verset 6».
122. Psaume 1, 4: «Et sa feuille ne décherra point» selon la version citée par La Ceppède dans son annotation. L'interprétation énoncée dans le deuxième quatrain est tiré du *Livre du Mont de Calvaire*, chapitre 27, de Guevara.
123. «L'ombre ès saintes lettres souvent signifie la grâce divine...», nous précise le commentaire de La Ceppède.
124. *nos trois ennemis*: le monde, la chair et le diable.
125. *nichants*: cf. XI, n. 6 et XIV, n. 21.

Jean de la Ceppède (1550?–1623)

Sonnet XXXI

Bel Arbre triomphant, victorieux trophée,
Qui pourrait dignement ta louange entonner[126]?
Au seul oser[127] je sens ma Muse s'étonner,
Et ma voix au gosier de frayeur étouffée.

Sois donc, ô digne Croix, toi-même ton Orphée[128],   5
Et te plaise[129] aujourd'hui piteuse me donner
Qu'à toujours de ton Nom soit ma gloire étoffée,
Que mon penser ne puisse onques t'abandonner.

Et fais qu'à ce grand jour, qui te verra brillante,
Dans les plaines d'azur[130], ta lumière drillante[131]   10
N'épouvante mon âme, aux pieds de ce vaincueur[132].

Les marqués à ton coin n'eurent jadis à craindre[133].
Je ne craindrai non plus, s'il te plaît de t'empreindre,
Par le burin d'amour, sur le roc de mon cœur.

---

126. Dans la dernière de ces méditations sur le symbolisme de la croix La Ceppède pose la question fondamentale de la tradition mystique: comment exprimer l'inexprimable? Il échappe à ce paradoxe inhérent à son art en changeant de ton au deuxième quatrain, pour prendre celui de la prière extatique qui recourt aux métaphores de l'illumination apocalyptique et de l'amour divin.
127. *oser*: au XVIe siècle l'infinitif peut être substantivé; le procédé était toujours à la mode dans la poésie du XVIIe siècle. Cf. *penser* au vers 8; et XXVII, 1.
128. *Orphée*: Poète et musicien, fils de Calliope, la muse de l'éloquence, et capable de charmer les bêtes et d'émouvoir les arbres et les rochers. Orphée était une figure du Christ pour les théologiens syncrétistes de la Renaissance. Il représente ici en outre le type du poète.
129. *te plaise*: qu'il te plaise. Le subjonctif de souhait sans *que* se trouve dans la langue du XVIe siècle.
130. *plaines d'azur*: le ciel. La Ceppède explique ses vers: «L'Eglise Catholique croit que la Croix apparaîtra au Ciel le jour du jugement, témoin ce verset qu'elle chante; *Hoc signum Crucis erit in coelo, cum Dominus ad iudicandum venerit*. Jésus-Christ l'affirme ainsi… en S. Matthieu 24. verset 30. Et pour l'Epithète de brillante, et de lumière drillante, sont belles ces paroles de S. Chrysostome…: *Car le Soleil étant obscurci et caché, la Croix ne pourrait paraître, si elle n'était beaucoup plus brillante que les rayons du Soleil.* S. Augustin… parle en cette sorte; *la croix reluisante paraîtra au second avènement de Jésus-Christ*; Et devant lui S. Ephrem l'avait ainsi dit…, et S. Bonaventure dit que non seulement la Croix: mais encore les Epines, les Cloux, l'Eponge, et les plaies apparaîtront au Ciel audit jour. Les Oracles Sibyllins l'ont prédit en ces vers:
O lignum felix in quo Deus ipse pependit,
Nec te terra capit, sed coeli tecta videbis,
Cum renovata Dei facies ignita micabit».
131. *drillante*: brillante, scintillante.
132. *vaincueur*, vainqueur. La vieille forme est retenue pour la rime au vers 14.
133. Note de La Ceppède:
«*Craindre. Les marqués à ton coin, c'est-à-dire du Tau figure de la Croix, duquel T. (lettre Hébraïque, avec forme de Croix) furent marqués en Jérusalem tous les bons que Dieu voulait garantir du carnage, qu'il commanda être fait sur tous ses habitants en Ezéchiel, chapitre 9. verset 4. et 6*».

CESAR DE NOSTREDAME (1553-1629)

Robert Corum

Fils aîné du célèbre mystique Michel Nostradamus, César de Nostredame naquit en Provence en 1553 et y mourut en 1629. Il appartint au cénacle de poètes dévots qui fleurit à Aix entre les années 1580-1620. Ce ne fut qu'en 1606 qu'il commença à publier ses ouvrages les plus importants: *Dymas ou le Bon Larron*, Toulouse, 1606; *Les Perles, ou les Larmes de la saincte Magdeleine. Avec quelques Rymes sainctes*, Toulouse, 1606; *La Marie dolente*, s.l.n.d. (probablement 1608); et un ouvrage d'inspiration profane, *Pièces héroïques et diverses poésies*, Toulouse, 1608. A part *Les Perles*, publié en 1986, et les fragments publiés dans les livres de Terence Cave et de Michel Jeanneret cités ci-dessous, l'œuvre de César n'a pas été rééditée.

En tant que poète dévot, César de Nostredame suit la tradition de la poésie méditative en ce sens que son œuvre a pour sujet la contemplation de la nature déchue de l'homme et ce qui l'attend après la mort, ce qui passe ensuite à la réflexion sur la vie du Christ et sur son rôle de rédempteur du pénitent. Très à la mode dans la deuxième moitié du 16e siècle et au début du 17e siècle, ce genre de poésie trouva ses adhérents catholiques ainsi que protestants.

L'accent mis sur la visibilité de l'objet de contemplation dans la poésie dévote—que ce soit la croix, une scène biblique, ou le spectacle de la mort—est très à propos dans le cas de César. Il fut connu de son vivant comme un «excellent Peintre et Poëte», et en effet sa poésie foisonne d'allusions à la technique artistique. Il y a donc chez César un aspect «pictural» qui rappelle la notion de la poésie comme «peinture parlante» très répandue à l'époque. Comme le suggère Terence Cave, l'œuvre de César constitue un précieux objet d'étude pour ceux qui s'intéressent aux rapports entre la littérature et les beaux-arts.

Avant la publication du livre capital de Terence Cave, *Devotional Poetry in France, c. 1570-1613*, la critique n'a tenu presque aucun compte de l'œuvre de César, et le nombre d'études consacrées au poète reste très mince.

OUVRAGES À CONSULTER:

Cave, Terence. *Devotional Poetry in France, c. 1570-1613*. Cambridge: Cambridge UP, 1969.

———. «Peinture et émotion dans la poésie religieuse de Nostradame», *Gazette des beaux-arts* 75 (1970), 57-62.

Cave, Terence et Jeanneret, Michel. *Métamorphoses spirituelles, Anthologie de la poésie religieuse française 1570-1630*. Paris: Corti, 1972.

Corum, Robert. «Approaches to the Pragmatic Text: Two Magdalene Poems», dans Charles G. S. Williams, éd., *Histoire et littérature*, Actes du XXIe Colloque de la North American Society for 17th Century French Literature, Tübingen: Biblio 17, 1989, 287-295.

Jeanneret, Michel. *Tradition et poésie biblique au XVIe siècle*. Paris: Corti, 1969.

Lafay, Henri. *La Poésie française du premier XVIIe siècle (1598-1630)*. Paris: Nizet, 1975.

Le Hir, Yves. «Sur un texte inédit de César de Nostredame», *Bibliothèque d'Humanisme et Renaissance* 50 (1988), 373-379.

Martz, Louis. *The Poetry of Meditation*. New Haven: Yale, 1954. (éd. rév. 1962).

Nostredame, César de. *Les Perles ou les Larmes de la saincte Magdeleine*, éd. Robert Corum. Exeter: Textes Littéraires, 1986.

———. *Oeuvres spirituelles*. Lance K. Donaldson-Evans, ed. Genève: Droz, 2001.

Rieu, Josianne. «L'Ecphrasis dans la poésie religieuse maniériste», *Hommage à Claude Digeon*, Publications de la Faculté des Lettres et Sciences Humaines de Nice, No. 36, 1ère série, 1987, 27-39.

Robert Corum

LE PORTRAIT OU IMAGE DU SAUVEUR
Imitation de l'Epître de Publius Lentulus[1]

Soleil dont les rayons sont autant de flambeaux,
Qui guident ici-bas le cours de mon voyage:
Qui plus sont contemplés et plus se trouvent beaux,
Plus sont proches de nous et plus font de nuage,

Donnez-moi à ce coup un céleste rayon 5
Qui conduise ma plume au trait de vos louanges,
Pour tirer cette image et ce divin crayon[2]
Qui nourrit de son air les hommes et les anges.

Tant de peintres[3] sacrés, tant de chastes esprits
Dont cet âge révère et les os et la cendre, 10
L'ayant à tant de gens durant leur siècle appris,
Nous ont fait la leçon que nous devons apprendre.

Comme un chant doux et bon qu'une main va roulant
Sur une douce lyre à sa bonde pareille[4]:
Plus il est recherché plus il est excellent: 15
Plus il est écouté et plus ravit l'oreille[5].

Ainsi le trait divin d'un visage parfait,
Où l'oeil bien délicat médite un bel exemple:
Plus accroît le désir, plus se trouve bien fait,
Et plus se trouve beau, plus de près se contemple. 20

Soleil de qui les poils, rayons de vérité,
Font de leur crêpe[6] d'or toutes flammes éteindre,
Guide et conduis ma main par cette obscurité,
Et permets s'il te plaît qu'elle te puisse peindre.

---

1. Publié avec le long poème *Les Perles, ou les Larmes de la saincte Magdeleine* à Toulouse en 1606, ce poème ne fut réédité qu'à la publication de la présente édition. L'épître de Publius Lentulus est en effet un ouvrage apocryphe écrit probablement au treizième siècle. Gouverneur supposé de Juda, Lentulus aurait composé une épître adressée au Sénat dans laquelle il décrivit l'aspect physique du Christ.
2. Esquisse.
3. L'accent mis sur le rapport entre la poésie et la peinture est une caractéristique de l'oeuvre de Nostredame. Ce poème se base sur une évocation visuelle du Christ.
4. C-à-d, jouer sans égal.
5. Il est à noter que Nostredame a voulu créer des effets synesthétiques avec le rapprochement entre la musique et la peinture.
6. Cheveux frisés par le bout.

Ces beaux et divins poils que le ciel même a teints   25
D'écorce et de couleur d'aveline[7] un peu mûre :
Sont jusques à l'oreille également châtains,
Où même l'or plus beau toujours pâle demeure.

Ceux qui tombant plus bas à flots crêpés et longs
Dessus sa sainte épaule ont la couleur de cire,   30
Ils se montrent épars, si luisants et si blonds,
Que la même lumière[8] éprise les désire.

Sur le milieu du chef et du front net et pur
Se partit un sentier qui leur grâce réclame,
Comme on voit un ruisseau de cristal et d'azur   35
Entre deux rangs plantés de cyprès et de palme.

Le front large et serein et sans ride et sans plis,
Où n'apparaît ni creux, ni tache ni pointure,
Surpassant la blancheur de la neige et du lis,
Et toute la beauté de la même nature[9].   40

Les yeux sont deux soleils éclatants et bien clairs,
Où comme amours petits les Anges toujours volent,
D'où sortent doux et beaux les célestes éclairs
Qui gardent les errants et les tristes consolent.

Le nez est si bien fait et si bien composé,   45
Que l'envie y demeure et confuse et sans blâme,
Sous le milieu des yeux bien droitement posé
Où toujours les Favons[10] soufflent l'ambre et le baume.

La bouche ne se peut ni peindre, ni former,
L'œillet n'imite pas la beauté qui l'avive :   50
Bouche qui sait au rien tout un monde enfermer,
Et d'un peu de limon faire une image vive.

---

7. Espèce de grosse noisette.
8. La lumière même.
9. Voir la note 8.
10. Nom latin du vent d'ouest, vent doux qui souffle au printemps. Les Grecs l'appelaient *zéphir*, nom plus usuel.

Arcs[11] non pas deux rubis, mais le même Orient
Qui faites l'ouverture aux Prophètes oracles,
A tant de beaux effets vos vertus mariant,   55
Le pinceau qui vous peint fait-il pas des miracles?

La barbe et les cheveux sont d'un même trésor,
Non trop vide, ou sans poil, non trop large, ou trop drue:
Sur les extrémités se frisent en noeuds d'or
Et du menton en bas en deux pointes fendue.   60

Le visage est si doux et si plein de beauté,
Que l'humaine beauté n'y peut jamais atteindre:
Si plein de révérence et plein de royauté,
Qu'un chacun est induit à l'aimer et le craindre.

La grâce de son teint agréable et naïf   65
De vermeil et de blanc est au ciel tempérée:
Car il est composé de lait et de sang vif,
Pour faire une couleur parfaite et modérée.

Son corps est si bien fait qu'on n'y remarque endroit
Où même du compas ne soit fausse la preuve,   70
Si juste, si formé, si parfait et si droit,
Que toute autre mesure imparfaite s'y trouve.

Les bras sont tout parfaits et parfaites les mains
Qui pendent à leurs doigts la machine du monde:
Et ces pieds tout sacrés sont encore plus qu'humains, 75
Qui marchent sur l'enfer et cheminent sur l'onde.

L'âme divine et close en cet aimable corps,
Qui fait ouvrir la limbe et ses célestes cimes,
Par un souffle divin ressuscite les morts,
Et se fait faire jour au plus creux des abîmes.   80

Bref ce corps est si beau et cet esprit si saint,
Si beau, si doux cet air et cette vive image,
Ce poil, ce front, cet oeil, cette bouche et ce teint
Que les amours du ciel toujours lui font hommage.

---

11. Les lèvres.

Mon Sauveur et mon Roi, l'Amour de tous amours,   85
Qui bénin dessillé mon erreur et mon somme[12];
Qui pour me restaurer avez coupé vos jours,
Et pour me faire un Dieu vous êtes fait un homme.

Touchez si bien mon cœur du trait d'or de vos yeux,
Que tout autre désir me soit un long supplice,   90
Afin que vous aimant et m'élevant aux cieux,
Vous soyez à jamais ma joie et mon délice.

Sonnet a la Croix[13]

Je vous vois tout sanglant Sauveur Crucifié,
Sur une haute couche[14] en vos membres dorée:
O table précieuse au ciel même adorée,
Où dort l'Agneau de paix pâle et crucifié[15].

Sang rare et précieux, qui rend purifié   5
L'Orient, l'Occident et l'Austre et le Borée[16],
Ayant de ce grand feu la flamme évaporée,
Qui a répuré l'homme et l'a déifié.

O Croix! Croix des enfers la terreur et la crainte,
Que chacun doit avoir aux entrailles[17] empreinte: 10
O clous, mais diamants et rubis précieux:

Vous portez tout le monde en vos étroites cimes:
Vous percez les deux pieds qui percent les abîmes:
Vous ouvrez les deux mains qui nous ouvrent les cieux.

---

12. «Qui m'avez fait voir mon erreur et ma paresse». Le verbe *dessiller* signifie désaveugler.
13. Publié avec le poème précédent, ce sonnet suit la tradition de la poésie dévote en partant d'une image richement visuelle pour se terminer par une méditation sur la signification profonde de l'objet.
14. Cette comparaison se rencontre souvent dans les méditations sur la croix. Elle évoque des passages bibliques où un malade, par l'intervention miraculeuse du Christ, se lève de sa couche tout guéri de sa maladie—préfiguration, peut-être, de la résurrection du Christ. Voir Marc 11, 3-12 et Jean V, 5-9.
15. Remarquer les images portant sur la beauté et la richesse de la croix juxtaposées avec d'autres qui insistent sur la souffrance.
16. C-à-d, l'est, l'ouest, le sud, et le nord.
17. Le siège des émotions, de la sensibilité.

Abraham de Vermeil (1555?-1620?)

Robert G. Marshall

Certes l'une des grandes surprises et l'un des vrais plaisirs pour ceux qui aiment la poésie a été la redécouverte du poète Abraham de Vermeil, longtemps négligé et même oublié, mais depuis quelques années étudié et apprécié par la critique dédiée au renouvellement de la poésie française fin seizième début début dix-septième siècles[1].

D'après Lafay[2], on possède très peu de documentation sur le poète. De son temps Vermeil fréquentait les plus hauts entourages de l'artistocratie française qui, semble-t-il, le tenait dans la plus grande estime. Vermeil serait né vers 1555 à la ville savoyarde de Cerdon. Il paraît avoir porté les armes au service du roi Henri de Navarre pendant les guerres de religion. Il est plus tard à la cour de Paris où ce même roi est devenu Henri IV de France, et où Vermeil, s'étant donné à la littérature, jouit d'une belle réputation de poète. Le Duc de Savoie l'anoblit en 1593 ayant reçu à sa louange un poème de Vermeil. Il est admiré par les contemporains comme on le voit dans cet éloge un peu flatteur de son ami l'humaniste Richelet: «Vermeil tu resplendis comme Apollon lui-même; tout ce que tu écris est digne du génie d'Apollon»[3]. Ses poésies furent éditées en 1600 dans la deuxième partie des *Muses françaises ralliées*, puis rééditées dans le même recueil en 1602 et enfin en 1607 dans *Le Parnasse des plus excellents poètes de ce temps*. Il a composé également *Une Histoire de Saint Louis* d'après le témoignage de Richelet (24 livres de vers héroïques) mais cette oeuvre n'a jamais été éditée et aujourd'hui est perdue.

A part cette dernière oeuvre, les écrits qui nous sont parvenus sont composés d'odes et de stances à la louange des grands et des amis, de méditations religieuses, d'épigrammes, et surtout de poèmes d'amour qui constituent une sorte de cycle amoureux pétrarquiste. Ce cycle trace en quelque sorte les étapes de l'amour qui atteint le poète: sa naissance, son inévitabilité, ses plaisirs, ses peines, même ses angoisses qui menacent de détruire l'équilibre de l'être même du poète. Comme dans le cas des sonnets d'amour de Sponde, on ressent que ces poèmes ont leur origine dans une expérience vécue, qu'ils révèlent la vie intérieure du poète. Les poèmes ne parlent pas d'un amour très heureux; c'est plutôt une force tyrannique marquée par une violence destructive qui menace le moi de sa victime. La voix poétique lutte sans grand succès contre cette force. Il n'y a vraiment pas de solution; le conflit reste tendu entre la tentation sensuelle d'un côté et le refus de la raison de l'autre.

La forme préférée du poète est le sonnet, mais Vermeil pratique aussi une autre forme curieuse: le muzain. C'est un court poème de neuf vers divisés en un quatrain et un quintil. L'expression caractéristique des états d'âme de la victime de l'amour est assez irrégulière: des ambiguïtés, un ton de conversation souvent saccadé, parallélismes, reprises, accumulation, renversements, etc. «Les poèmes se développent d'une façon détournée, explorant des extrémités logiques sans chercher leur réconciliation»[4].

Le choix suivant de poèmes servira d'exemple à l'évolution de cet amour aussi bien qu'au style très personnel de Vermeil. Les textes sont basés sur l'excellente édition de Lafay.

Notes

1. Voir surtout Lafay et Rubin, Bibliographie, à qui nous sommes redevables pour la plupart de nos connaissances actuelles des textes et de la biographie du poète.
2. Bibliographie: Vermeil, *Poésies*, éd. Lafay, p. X.
3. Bibliographie: Lafay, *La Poésie française du premier XVIIe siècle*, p. 338.
4. Bibliographie: Rubin, «Mannerism and Love: The Sonnets of Abraham de Vermeil», p. 263.

Bibliographie

Lafay, Henri. «Poésie baroque et recherche de l'absolu. Etude d'un sonnet de Vermeil», *Baroque*, Vol. 3, 1969, pp. 61-65.

———. «L'amour dans les sonnets, muzains et épigrammes d'Abraham de Vermeil», *Travaux de linguistique et de littérature*, XIII, 2 (1975), pp. 61-72.

———. *La Poésie française du premier XVIIe siècle (1598-1630). Esquisse pour un tableau*. Paris: Nizet, 1975.

Raymond, Marcel, *La Poésie française et le maniérisme 1546-1610 (?), Textes choisis*. Genève: Droz, 1971. Sur Vermeil, pp. 63-65; 97.

Rubin, David Lee, *An Encircled Demon: The Chief Sonnets of Abraham de Vermeil*. Ann Arbor: University Micofilms, 1967.

———. «Mannerism and Love: The Sonnets of Abraham de Vermeil», *L'Esprit Créateur*, N. 6, 1966, pp. 256-263.

Vermeil, Abraham de. *Poésies*. Edition critique avec introduction et des notes, par Henri Lafay. Genève: Droz, 1976, 185 p.

VI[5]

Un jour mon beau Soleil mirait[6] sa tresse blonde
Aux rais[7] du grand Soleil qui n'a point de pareil:
Le grand Soleil aussi mirait son teint vermeil
Au rai de mon Soleil que nul rai ne seconde:

Mon beau Soleil était mon Soleil et mon onde: 5
Le grand Soleil était son onde et son Soleil:
Le Soleil se disait le Soleil non pareil:
Mon Soleil se disait le seul Soleil du monde:

Soleils ardents laissez ces bruits contentieux[8],
L'un est Soleil en terre et l'autre luit aux cieux: 10
L'un est Soleil des corps; l'autre Soleil de l'âme:

Mais si vous débattez[9], Soleils, qui de vous deux
Est Soleil plus luisant et plus puissant de feux;
Soleil tes jours sont nuits comparés à Madame.

XXIV

Muzain

Belle, depuis deux ans je vais cherchant mon cœur,
Qui plus prompt qu'un éclair éclatant dans la rue
S'arracha de mon sein, s'élança par ma vue,
Se perdant furieux dans votre sein vainqueur.

Hé! ne rougissez point, il faut qu'on me le rende: 5
Car depuis ce temps-là je n'ai point de sommeil.
Que si vous ne savez quel cœur je vous demande,
Revisitez les cœurs qui sont de la grand'bande[10],
Et vous le trouverez marqué d'un beau Soleil.

---

5. Ce «sonnet des soleils» (le mot est répété 20 fois en 14 vers), est peut-être le plus pétrarquiste du poète. A noter surtout les clichés hérités de la tradition pétrarquiste: la belle comparée au soleil; la belle et le miroir, la lumière est nuit devant l'incomparable beauté de la belle.
6. *mirer*: trois significations à considérer: 1) regarder dans un miroir; 2) réfléchir l'image de quelqu'un; 3) regarder avec admiration.
7. *rais*: rayons.
8. *bruits contentieux*: débats de réputation.
9. *débattre*: se débattre.
10. *bande*: compagnie.

Abraham de Vermeil (1555?–1620?)

XXVI

Muzain

Belle main plus blanche qu'albâtre,
Plus délicate que les fleurs,
Qui combles mon sein idôlatre
D'une iliade[11] de malheurs:

Pourquoi ne rougis-tu cruelle,   5
Du sang de mon cœur arraché,
Sans être plus blanche ni belle,
A fin que qui te verra telle
Déteste avec moi ton péché.

XXXII[12]

Mon cœur hautain médisait de l'Amour,
Et méprisait en tous lieux ses mystères;
Ores[13] je sens tes puissantes colères,
Pardon, Amour, je te suivrai toujours.

Ainsi disait empêtré[14] de maint tour,   5
De lierre ceint, de pampre et de vipères,
Penthé[15] hurlant sous les Bacchantes[16] fières,
Qui dissipaient[17] et son corps et son jour[18]:

Ainsi criait (disait l'Amour farouche)
Cet insensé; mais le cri de sa bouche   10
Ne sut fléchir l'une ni l'autre Soeur:

---

11. *iliade*: une longue suite.
12. Ce sonnet, une discussion entre Penthé (voir note 15 ci-dessous), est basé sur le mythe de Penthé. Rubin (Bibliographie, 6, pp. 257-8) note que le poème traduit une tension irrésolue entre la peur d'une âme prise au piège par une force insurmontable et le désir d'un esprit rationnel: la raison et les sens se trouvent dans une situation inextricable.
13. *ores*: maintenant.
14. *empêtré*: attaché.
15. *Penthé*: roi légendaire de Thèbes; il voulait guetter le culte mystique des Bacchantes contre lequel il est hostile; les Bacchantes l'ont découvert et l'ont mis en pièces; parmi elles se trouvaient sa mère et sa sœur.
16. *Les Bacchantes*: prêtresses de Bacchus.
17. *dissiper*: briser; mettre en pièces.
18. *jour*: vie.

Tu en Mourras, ne demande point grâce,
Cet œil[19] brillant t'étendra sur la place,
Et ces beaux doigts démembreront[20] ton cœur.

XLII[21]

Sonnet

Puisque tu veux dompter les siècles tout-perdants
Par le rare portrait de ses grâces divines,
Frise de crysolits[22] ses temples[23] ivoirines,
Fais de corail sa lèvre, et de perle ses dents;

Fais ses yeux de crystal y plaçant au dedans   5
Un cercle de saphirs et d'émeraudes fines,
Puis musse[24] dans ces ronds les embûches[25] mutines[26]
De mille Amours taillés sur deux rubis ardents;

Fais d'Albâtre son sein, sa joue de Cinabre,
Son sourcil de jayet[27], et tout son corps de marbre,   10
Son haleine de Musc, ses paroles d'Aimant;

Et si tu veux encore que le dedans égale
Au naïf[28] du dehors, fais-lui un corps d'Opale,
Et que pour mon regard il soit de Diamant.

---

19. *Cet œil...ces beaux doigts*: Lafay suggère que peut-être cet œil brillant représente Vénus et «ces beaux doigts» la Parque filandière. (Voir Bibliographie, 7, p. 70).
20. *démembrer*: mettre en pièces.
21. Ce sonnet pose la question du temps, ennemi destructeur de la beauté humaine et les moyens offerts par l'art de vaincre cette force destructrice. Dans cette peinture «pétrifiée» de la belle, la beauté acquiert une permanence et ainsi triomphe du temps. Pour une analyse détaillée du sonnet, voir Bibliographie 1, pp. 61-65.
22. *crysolits*: chrysolithes; chryso— élément savant signifiant or; lithe, pierre.
23. *temples*: tempes.
24. *musser*: cacher.
25. *embûches*: pièges.
26. *mutine*: rebelle.
27. *jayet*: jais.
28. *naïf*: vraie nature.

Abraham de Vermeil (1555?–1620?)

LXIV

Muzain

Si je brûlais de chaleurs,
Je m'écoulerais tout en larmes ;
Si je ne m'écoulais en pleurs,
Je brûlerais dans mes alarmes[29].

Ores[30] les pleurs, ores les feux   5
Me perdent et me favorisent ;
Je ne saurais vivre sans eux,
Et moins mourir avec eux deux ;
Il faut que mes maux s'éternisent.

LXXI

Sonnet[31]

Belle, je sers vos yeux et vos cheveux dorés,
Mais un autre, ô rigueur, va moissonnant ma peine ;
Ainsi mais non pour soi l'agneau porte la laine,
Ainsi mais non pour soi l'abeille fait ses rais[32],

Ainsi mais non pour soi le boeuf fend les guérets,   5
Ainsi mais non pour soi le chien brosse[33] la plaine,
Ainsi mais non pour soi le cheval fond[34] de peine,
Et le forçat[35] ainsi fend les flots azurés.

O brebis, mouches, bœufs, chiens, chevaux et forçaires[36],
N'avez-vous point sujet de plaindre vos misères,   10
Lainant[37], ruchant[38], gagnant, chassant, portant, ramant ?

---

29. *alarmes*: combats.
30. *ores...ores*: tantôt...tantôt.
31. Les vers 3, 4, 5, de ce sonnet reprennent des vers attribués à Virgile par Donatus, *Vitae-Vergilianae* et par Lafay (Bibliographie, 7, p. 115), deux attestations que nous n'avons pas pu vérifier ; le mot *servir* suggère d'après Lafay, la vie féodale et l'amour courtois. Pour une analyse du poème voir, Bibliographie, 2, pp. 204-205.
32. *rai*: rayon.
33. *brosser*: parcourir au milieu des broussailles.
34. *fondre*: se fondre.
35. *forçat*: autrefois un homme condamné aux galères.
36. *forçaire*: forçat ou rameur.
37. *lainer*: mot probablement créé par Vermeil.
38. *rucher*: remplir la ruche.

Si avez pour certain[39], mais las! en votre tâche
Vous avez du repos, et je sers sans relâche
En servant vous vivez, et je meurs en servant.

LXXVI
Sonnet[40]

Je m'embarque joyeux, et ma voile pompeuse[41]
M'ôte déjà la terre et me donne les mers,
Je ne vois que le Ciel uni aux sillons pers;
C'est le premier état de mon âme amoureuse.

Puis je vois s'élever une vapeur confuse,   5
Ombrageant[42] tout le Ciel qui se fend en éclairs;
Le tonnerre grondant s'anime par les airs,
C'est le second état dont elle est langoureuse.

Le troisième est le flot hideusement frisé[43],
Le mât rompu des vents et le timon brisé,   10
Le navire enfondrant[44], la perte de courage.

Le quatrième est la mort entre les flots salés
Abbatus, rebattus, vomis et avalés;
Bref mon Amour n'est rien qu'un horrible naufrage.

---

39. *Si vous avez pour certain*: si vous avez certainement sujet de plaindre vos misères.
40. Ce sonnet du naufrage de l'amour exprime un sentiment même plus profond qui suggère le destin d'une mort horrible. Lafay y voit l'expression de la prise de conscience de la part du poète de la violence de son époque, «d'une époque tellement meurtrie par les discordes et les massacres, inquiète d'elle-même et de son avenir, d'autant plus traumatisée que ce monde de souffrance et d'incertitude vient après l'insouciance des joyeux élans et des rêves optimistes de l'Humanisme renaissant». —Lafay, Bibliographie, 2, p. 72.
41. *pompeuse*: entourée de gloire.
42. *Ombrageant*: donnant de l'obscurité.
43. *frisé*: fendu
44. *enfondrant*: coulant; enfonçant

Abraham de Vermeil (1555?–1620?)

LXXX

Sonnet[45]

Je ne suis plus un homme, ou bien si je le suis,
Je suis tant seulement un homme en portraiture;
Mais hélas, un portrait ne sent point sa blessure,
Je suis peinture au bien, et vrai homme aux ennuis.

Il y a ja deux ans, Amour, que tu me suis　　　　　　5
Ainsi qu'un Cerf blessé d'une griève pointure[46],
Et mon mal furieux n'a point de sépulture,
Ni n'en veut que du dard de celui que je fuis.

Je ne suis point hélas! ni homme ni image,
Ainsi[47] je suis une bête aveugle et sans courage,　　　10
Qui fuit sa liberté et cherche sa prison.

N'est-ce pas être tel que d'être fantastique[48],
Priser et dépriser[49] le monde et sa pratique,
Croire son appétit[50], et fuir sa raison?

---

45. Dans ce sonnet, Vermeil subit une crise d'identité provoquée par l'amour. Il se demande ce qu'il est: homme? image? ou bête? Il conclut qu'il est «fantastique», plein de paradoxes, et enfin sensuel. Pour une analyse de ce sonnet, voir Bibliographie, 6.
46. *pointure*: piqûre, blessure, coup des flèches de l'Amour.
47. *ainsi*: mais.
48. *fantastique*: rêveur, fou, extravagant, bizarre.
49. *dépriser*: mépriser.
50. *appétit*: désir.

JEAN AUVRAY (?-1626/33?)

Paul A. Chilton

Faute de documentation indépendante sur ce personnage plutôt énigmatique qu'est Jean Auvray, il a été nécessaire, à ceux qui ont tenté de dresser sa biographie, de se livrer à des spéculations peu concluantes, s'appuyant sur des indications purement littéraires. Il est fort probable qu'à l'époque qui nous concerne, il y avait au moins trois écrivains qui portaient le nom de «Jean Auvray». De l'un d'entre eux, Jean Auvray, prêtre, mort en 1661, auteur de nombreux ouvrages religieux, il n'est pas question. Le Auvray qui nous occupe a habité à Rouen, et c'est là qu'il a fait publier la plupart de ses poésies. Il a été habituellement confondu chez les bibliographes avec un troisième Jean Auvray, parisien, que l'on peut distinguer avec juste raison du poète rouennais, comme on le verra par la suite.

Notre poète était déjà connu dès 1607. Une bonne partie des poèmes publiés ultérieurement dans son œuvre majeure, *Le Banquet des Muses*, est parue dans un recueil édité à Paris, *Le Parnasse des plus excellents poètes de ce temps* (1607). Son premier livre fut vraisemblablement le *Discours funèbre sur le trépas de* [sic] *très haut et très puissant prince Henri de Bourbon, duc de Montpensier…*, édité à Rouen en 1608. La mort du duc inspira, en effet, beaucoup de vers élogieux, et l'on ne peut pas affirmer avec certitude que Auvray eût des rapports particuliers avec la maison des Montpensier.

Au cours de la même année, Auvray semble s'être réfugié en Hollande. Certains de ses rares vers datés, contenus dans ses *Œuvres saintes* de 1626, laissent entendre qu'il avait été accusé d'un crime—dont il se défendait d'ailleurs vigoureusement. C'est la seule trace qui nous reste de cette circonstance curieuse. Il ne doit pas avoir été détenu trop longtemps en exil, puisqu'en 1609 il fit paraître à Rouen, chez Jean Petit, une tragi-comédie: *L'Innocence découverte*. Cette pièce, qui traite des amours illicites entre une femme et son beau-fils, fut par la suite ajoutée à la deuxième édition du *Banquet des Muses* (1628).

D'après certains documents, Jean Auvray aurait été médecin, ou peut-être apothicaire, et non pas avocat, comme on l'a pensé. Il n'en est pas moins évident qu'il avait des liens assez étroits avec le monde parlementaire—très lettré—de Rouen. Au cœur de la vie culturelle de la ville, se trouvait le *Puy de Palinod de Rouen*. (*Puy* dérivé du latin *podium*; *palinod* vient du grec, et signifie d'abord des vers à refrain, ensuite une assemblée littéraire exigeant certains thèmes et certaines formes dans les poèmes qui lui sont présentés.) Ces concours remontaient à des confréries religieuses, fondées au onzième siècle, qui s'occupaient du culte de l'Immaculée Conception de la Vierge—c'est-à-dire, de la doctrine selon laquelle la Vierge Marie fut née exempte du péché originel. Le Puy de Rouen, approuvé par une bulle du pape en 1520, prit un aspect nettement littéraire au cours du seizième siècle, et atteignit son apogée sous le règne de Henri IV. En 1607, et encore une fois en 1621, Jean Auvray se vit décerner un prix pour ses offrandes poétiques. Les vers de 1621—deux «chants royaux» (le genre favorisé par les puys), trois groupes de stances, une ode et un sonnet—constituent le mince recueil qu'il fit publier, chez Ferrand, l'année suivante: *Les poèmes du Sieur Auvray, praemiés* [sic] *au Puy de la Conception...* Il faut noter aussi qu'un *Trésor sacré de la Muse sainte* de 1611, attribué habituellement à notre Jean Auvray, mais édité à Amiens, comptait également des chants royaux sur la conception de la Vierge.

Les années 1622-1623 furent très fertiles en publications pour Auvray. La dévotion et le dévouement vont de pair avec l'esprit satirique et satyrique. C'est le moment des campagnes, menées par le duc de Luynes, le favori de Louis XIII, contre les Huguenots. *Le Triomphe de la Croix* (1622), publié chez David Ferrand, contient des vers, «Les Guerriers Volontaires», qui se retrouvent dans le *Banquet des Muses*, qui parut l'année suivante, et dans plusieurs pamphlets politiques de l'époque. Il s'agit dans ces vers d'un appel aux armes contre les rebelles qui menacent l'unité de la France. Quatre autres ouvrages datant de 1622, et selon toute apparence du même auteur, témoignent de l'ardent désir d'harmoniser la foi catholique et la fidélité envers le pouvoir monarchique: *Discours apologétique en faveur des PP. Jésuites, Epitôme sur les vies des bienheureux Pères SS. Ignace de Loyola et Francois Xavier, L'ordre admirable de la dévote procession faite à Rouen par le commandement du roi, en faveur de la canonisation des SS. Ignace de Loyola et Francois Xavier, La promenade de l'âme dévote accompagnant son Sauveur depuis les rues de Jérusalem jusques au tombeau.*

Les structures mentales qui ont produit ces effusions pieuses sont les mêmes qui, si curieux que cela puisse paraître, donnent le jour au *Banquet des Muses* (1623), ce mélange parfois obscène d'amour et d'amertume. Auvray a dû commencer la composition du *Banquet* au moins quinze ans auparavant, car il le dédie à un président du parlement de Normandie (Charles Maignard) qui avait exercé sa charge en 1608. La période qui voit la lente élaboration du recueil se caractérise surtout par l'incertitude politique et la violence civile. Deux pièces du *Banquet* sont datées de 1615: la «Complainte de la France en l'an 1615» et les «Stances panégyriques, présentées par l'auteur au roi et à la reine son épouse en leur ville de Blois durant les troubles de l'an 1615». Le ton de ces vers s'explique par la situation de guerre civile particulièrement menaçante pour la cour royale: le prince de Condé revendiquait alors le trône de France, et se faisait, en même temps, le champion du Tiers Etat.

Il est fort probable que le dernier ouvrage littéraire de Jean Auvray fut ses *Œuvres saintes*, dont la première édition parut, toujours chez David Ferrand, en 1626. Des vers liminaires, il ressort très clairement que Jean Auvray serait mort avant cette date. (E. Balmas, qui a dressé un bilan indispensable sur la vie de Auvray, hésite à l'affirmer, n'ayant vu qu'une deuxième édition, celle de 1634.) Il est donc permis de croire qu'un certain nombre d'écrits, signés «Auvray», publiés à Paris à partir de 1628, n'ont rien à voir avec notre poète rouennais, mort entre 1623 et 1626, bien qu'ils lui soient attribués par la plupart des bibliographes.

Les poèmes religieux de Jean Auvray empruntent les formes et les moyens d'expression de la dévotion traditionnelle et y ajoutent l'érudition humaniste de la Renaissance. Mais leur conception du monde reste, au fond, celle du *Banquet*. L'esprit satirique qui condamne, dans le *Banquet*, le désordre politique et les moeurs déréglées du temps, se traduit désormais par un sentiment profond de la culpabilité de l'espèce humaine entière. Pour Auvray, le péché, c'est la sexualité, ou pour mieux dire, pour lui, c'est le sexe féminin—d'où les représentations avilissantes du corps et du comportement féminin qui reviennent dans le *Banquet*. L'aspect opposé, mais inséparable, de la dégradation satyrique de la femme se manifeste, dans les *Œuvres saintes*, dans la fascination évidente qu'exerce le personnage de la pécheresse Marie-Madeleine, ainsi que dans les fantasmes de la femme sans macule, la vierge sans souillure, conçue sans péché, donc sans sexualité. Pareille obsession, mais à l'inverse, dans les allégories satiriques et politiques, où «la France» est souvent représentée sous l'image d'une femme chaste, déchirée par ses propres enfants. En effet, le spectre de la désintégration du corps politique, qui apparaît à maintes reprises dans le *Banquet*, s'incarne, dans les *Œuvres saintes*, dans la hantise d'une apocalypse dans laquelle un Dieu qui est roi ou un Roi qui est dieu—préside à l'anéantissement, à la purification, et à la renaissance du monde. Ces façons de concevoir l'univers, si profondément enracinée dans notre culture, ne sont pas, bien sûr, particulières à Auvray; mais chez lui, elles atteignent un degré remarquable d'intensité et de véhémence.

Pour le *Banquet*, notre texte suit l'édition de 1628, et pour les *Œuvres saintes*, celle de 1626. Les orthographes ont été modernisées. La ponctuation n'a été modifiée que là où des fautes évidentes l'ont exigée.

Bibliographie

Le Banquet des Muses ou Recueil de toutes les Satyres, Panégyriques, Yambes, Mascarades, Epitaphes, Epithalames, Gaietés, Amourettes et autres Poèmes Profanes. Par le Sieur Auvray. A Rouen, de l'imprimerie de David Ferrand, 1623.

Le Banquet des Muses, ou Divers Satires du Sieur Auvray Contenant plusieurs Poèmes non encore vus ni Imprimés. Ensemble est ajouté L'Innocence découverte, tragi-comédie par le même auteur. A Rouen, chez David Ferrand, 1628.

Les Œuvres saintes du Sr. Auvray. Desquelles la plus grande partie n'ont encore été ni vues ni Imprimées. A Rouen. Chez David Ferrand, 1626. [Un exemplaire de cette édition se trouve à la British Library (cote: 114 74. C-7.), lié avec *La promenade de l'âme dévote* et *Le Triomphe de la Croix*.]

Le Banquet des Muses de Jean Auvray. Présenté et commenté par E.H. Balmas. Milan, La Goliardica, 1953. [Choix de textes et introduction importante sur la vie et l'œuvre du poète.]

Jean Auvray (?–1626/33?)

Le Banquet des Muses
Stances

Ma sainte, sans mentir, confesse-moi ce point,
M'aimes-tu de bon cœur, ou si tu le déguises?
Ma foi, soit que tu aimes, ou que tu n'aimes point:
Tu as beaucoup d'Amour, ou beaucoup de feintise.

Mais si tu n'aimes point, à quoi tant de douceurs? 5
Et si tu aimes bien à quoi tant de rudesses?
Faut-il nourrir Amour de haineuses rigueurs,
Et la haine allaiter d'Amoureuses caresses?

Souvent un faux Amour est si bien coloré
Qu'il est bien mal aisé d'en découvrir la feinte, 10
Puis ce qu'on aime tant n'est jamais assuré,
Un tel trésor ne peut se posséder sans crainte.

Etrange effet d'Amour! quand te penchant sur moi
Maîtresse, je te tiens quelquefois embrassée,
Encore ne suis-je pas assuré que c'est toi 15
Tant je crains qu'un Démon ne trouble ma pensée.

D'Ixion[1] malheureux je crains la Vanité,
Et que pensant tenir ma Junon toute nue,
Le Ciel, pour me punir de ma témérité
Ne suppose[2] en mes bras l'idole d'une nue. 20

Si tu m'aimes de cœur je dirai que jamais
A tel degré d'Amour Femme ne sût atteindre,
Si tu ne m'aimes point, je dirai désormais
Que jamais je n'en vis qui sussent si bien feindre.

Je sais bien que logeant si haut mes passions 25
Je n'en dois espérer qu'une chute mortelle,
Mais pourquoi céderai-je à tes perfections
Ne suis-je aussi constant que tu me sembles belle?

---

1. *Ixion*: Il essaya de violer Junon, la femme de Jupiter, qui lui apparut sous la forme d'un nuage, dont il engendra la race des Centaures. Jupiter le punit en l'attachant à une roue enflammée tournant éternellement aux enfers.
2. *suppose*: placer par tromperie.

Oui, mon extrême amour égale ta beauté,
Tes Vertus et ma Foi dans un moule sont faites, 30
Joint que mon cœur se sent en si bon lieu planté
Qu'il ne saurait aimer que les choses parfaites.

O puissant Cupidon! si je suis bien aimé
Ne périsse[3] jamais mon amoureuse flamme,
Sinon éteins le feu que tu m'as allumé 35
Et brise le portrait que je porte en mon âme.

Qu'il n'en reste rien qu'un dépit désormais
D'avoir tant honoré une Ingrate moqueuse,
De toutes celles-là qui aimèrent jamais
La plus dissimulée et la moins Amoureuse. 40

Que dis-je? Amour, pardonne à mon feu violent,
Si mon trait jusqu'au vif n'entame sa poitrine:
Ce m'est assez d'honneur qu'elle en fait le semblant,
Et suis assez content puisque je l'imagine.

Qu'elle aime, ou n'aime pas, je l'aimerai toujours, 45
Et si ses cruautés veulent avoir la gloire
D'attaquer au combat mes fidèles amours,
Je suis bien assuré d'emporter la victoire.

Ne te force donc plus ma Déesse, et ne crains
Que jamais ta rigueur me porte à la vengeance, 50
Le furieux Torrent de tes ingrats dédains
N'ébranlera jamais le Roc de ma constance.

Mais, plaignons-nous tous deux de nos communs excès,
Toi de ma passion, moi de tes injustices,
Pourvu qu'Amour en soit le juge du procès,
J'ose bien espérer de payer les épices[4].

---

3. *Ne périsse jamais*: subjonctif de souhait sans *que*.
4. *Payer les épices*: Les épices étaient anciennement offertes aux juges pendant un procès.

Jean Auvray (?–1626/33?)

Sonnet

Au mois qu'Amour est le plus en vigueur,
Madame et moi dans un épais bocage
Favorisés d'un agréable ombrage
Goûtions les fruits d'une amoureuse langueur.

Elle s'endort en ce plaisir charmeur   5
Et moi, saisi d'une gentille rage
Sans l'éveiller, baisotais[5] son visage
Et fit ces vers sur son œil ravisseur.

Flambeau d'Amour, foudroyante lumière,
Si au travers de ta blanche paupière   10
Tu vas lançant tant d'éclairs radieux:

Qui peut souffrir ta clarté toute nue?
Bel œil, tu sembles[6] à ce grand œil des Cieux
Qu'on n'ose voir qu'au travers d'une nue.

Sonnet
A Une Laide amoureuse de l'auteur

Un œil de chat-huant, des cheveux serpentins,
Une trogne rustique à prendre des copies[7],
Un nez qui au mois d'Août distille les roupies,
Un ris sardonien à charmer les lutins.

Une bouche en triangle, où comme à ces mâtins   5
Hors œuvre on voit pousser de longues dents pourries,
Une lèvre chancreuse à baiser les furies,
Un front plâtré de fard, un boisseau de tétins,

Sont les rares beautés, exécrables Thessale[8];
Et tu veux que je t'aime, et la flamme loyale   10
De ma belle Maîtresse en ton sein étouffer?

---

5. *baisotait*: désinence fréquentative et diminutive.
6. *sembles à*: ressembles à.
7. Au XVIe siècle *copie* peut signifier «abondance» et «moquerie».
8. *Thessale*: Les habitants de la Thessalie avaient nom d'être adonnés aux pratiques magiques.

Non, non, dans le bordeau[9] va jouer de ton reste,
Tes venimeux baisers me donneraient la peste,
Et croirais embrasser une rage d'Enfer.

ŒUVRES SAINTES
STANCES

La terre semble belle en la Saison nouvelle,
Mais l'Hiver l'envieillit[10] et lui ride la peau:
Vierge, en toute Saison tu parais toute belle
Faisant dans notre Hiver germer un renouveau.

Assez belle est la Mer alors qu'elle est égale   5
Et qu'un zéphir la frise à petits flots ondés:
Mais plus belle tu es Mère et mer virginale
Calme conçue au sein de nos flots débordés.

L'Air est beau quand Junon[11] ne fait[12] ses chauds dissoudre,
Qu'il n'est rompu du vent ni des foudres ardents: 10
Tu es belle malgré l'eau le vent et le foudre
Du Monde, de la Chair, et des Démons grondants.

Admirable est le feu quand la flamme tortue
Sort en pirouettant de son gouffre caché:
Mais plus belle est ta flamme entre nos flots conçue   15
Puisque pure elle sort des gouffres du péché.

Le Firmament est beau quand Diane[13] fait montre[14]
Et qu'elle arrange au Ciel tant de rondes splendeurs:
Mais tu es bien plus belle alors qu'on te rencontre
Pleine du jour de Grâce en la nuit des pécheurs.   20

Si donc le Ciel, le Feu, la Terre, l'Air et l'Onde
Te cédant en beauté autant qu'en pureté:
Te dois-je pas nommer la plus pure du monde,
Et te nommer au monde un monde de beauté?

---

9. *bordeau*: bordel.
10. *envieillit*: vieillit.
11. *Junon*: l'épouse de Jupiter, qui est le dieu des tempêtes.
12. *ne fait*: Ne seul est courant au XVIe siècle, mais devient vieilli ou provincial à l'époque de Malherbe.
13. *Diane*: fille de Jupiter, déesse de la lumière et de la lune.
14. *fait montre*: se montre.

Jean Auvray (?–1626/33?)

Sonnets Spirituels

I

L'Homme en péché est mort, l'homme en Grâce est vivant,
Le péché nous meurtrit, Grâce nous ressuscite,
Le péché nous endort, la Grâce nous excite,
Le péché chasse Dieu, Grâce le va trouvant[15].

Le péché nous ordit,[16] Grâce nous va lavant,   5
Le péché nous oblige, et la Grâce nous acquitte,
Le péché est maudit, et la Grâce bénite,
Le péché chasse tout, Grâce va tout sauvant.

Apprends donc de ces vers, o pécheur misérable!
Que le péché te rend mercenaire du Diable,   10
Que tu t'ouvres l'enfer, et que tu te maudis,

Que tu es ton bourreau et ton propre homicide,
Et que si ton péché à la Grâce te guide
Satan et les damnés iront en Paradis.

II

Je veux sacrifier ma chair voluptueuse
Pour l'Amour de mon Dieu, les bourreaux empechés[17]
A la persécuter sont mes sales péchés,
L'infâme pauvreté ma Croix laborieuse.

Le Jeûne, l'Oraison, la Cilice angoisseuse   5
Sont les Clous[18] qui seront dans mes membres fichés,
Et la Confession de mes crimes cachés
Sera pour tout jamais ma Couronne[19] épineuse.

---

15. *va trouvant*: périphrase durative, condamnée par Malherbe.
16. *ordit*: salit.
17. *empechés*: occupés.
18. Détail de la crucifixion du Christ mentionné aux Evangiles.
19. Voir note 18.

La Lance[20] pour ouvrir et fendre mon côté
C'est l'Amour pénétrant de la Divinité, 10
Mon Vinaigre et mon Fiel[21] sont mes larmes amères:

Ainsi veux-je mourir comme vous mon Sauveur.
Il est vrai qu'en un point nous mourons bien contraires:
Vous mourez innocent, et je meurs grand Pécheur.

III

Aller Satan, la Chair, et le Monde domptant,
Dans les sombres manoirs d'un désert solitaire
Ou dans quelque Couvent séquestré[22] du vulgaire,
Cela n'est pas étrange, on en peut faire autant.

Mais aller dans la chair à la chair résistant, 5
Vaincre le Monde au Monde, affronter l'adversaire
Jusque dedans son fort ô chose forte à faire!
Un tel Miracle va tous mes sens surpassant.

Ames saintes pourtant vous faites ces merveilles,
Beaux Cèdres du Liban[23] au Ciel touchent vos feuilles 10
Bien qu'ayez pris racine en ce manoir mortel,

Le Monde n'est en vous et vous êtes au Monde
Vous pénétrez la mer sans y saler votre onde,
Vous êtes en la terre, et trafiquez au Ciel.

IV

Ouvre les yeux mon âme, et vois les précipices
Où les plaisirs mondains t'abîment lâchement,
Regarde ces Enfers, ce grand embrasement,
Ces rages, ces fureurs, ces horribles supplices.

---

20. Voir note 18.
21. Voir note 18.
22. *séquestré*: séparé, mis à part.
23. *Cèdres du Liban*: image fréquente dans la Bible, e.g. psaume 92: 12, qui représente, selon les interpretes orthodoxes, les âmes fidèles à Dieu.

Jean Auvray (?–1626/33?)

Puis lève au Ciel les yeux, contemple les délices 5
Que Dieu prépare à ceux qu'il aime chèrement,
Et comme tu en es forclos entièrement
Tandis que tu croupis sous l'égout de tes vices.

Debout donc paresseuse, hélas! c'est trop dormi[24], 10
Jà l'orgueilleux Satan ton mortel ennemi
Assiège ta raison et la met tout en flamme,

Le corps de garde est pris, la sentinelle dort,
Alarme, alarme, alarme, éveille-toi mon Ame
Ce sommeil letargic[25] te conduit à la mort.

V

Un jour que le péché fardait sa double face
Et s'était attisé de ses plus beaux atours,
J'en devins amoureux, et ces folles amours[26]
Prirent mon cœur d'assaut, et brûlèrent la place.

Quand mon Dieu suffoquait du ruisseau de sa Grâce 5
Ce feu qui flétrissait le plus beau de mes jours,
Pour mieux voir ce pipeur je lève son velours,
Son or, son vermeillon[27], et tout nu je le chasse.

O Dieu qu'il paraît lors effroyable à mes yeux!
C'était un Harpie[28], un Serpent furieux, 10
Un Monstre épouvantable, un Crapaud, un Vipère:

Je ne m'étonne plus (dis-je, alors) qu'on pourtrait[29]
Le Diable si affreux, si difforme, et si laid:
Puisqu'il est engendré d'un si horrible père.

---

24. Réminiscences littéraires et bibliques. Cf. Ronsard, *Continuation des Amours* (1555), «Mignonne, levez-vous, vous êtes paresseuse...». Dans ta tradition mystique la bien aimée dont parle le Cantique des Cantiques représente l'âme fidèle tirée par l'amour du Christ.
25. *letargic*: léthargique; la graphie ancienne est retenue ici à cause de la versification.
26. *folles amours*: Le féminin est fréquent au XVIIe siècle.
27. *vermeillon*: vermillon.
28. *Harpie*: Les Harpies étaient des divinités grecques au corps de vautour et à tête de femme, dites «sœurs cruelles».
29. *pourtraire*: représenter, peindre.

VI

Je brûle tout d'Amour, je sens dedans mon âme
Sans cesse pétiller un brasier amoureux,
Rien qu'Amour je ne songe, et en ce songe heureux
Contemplant mon objet ravie je me pâme.

Soit que l'alme[30] Phébus[31] sa nourricière flamme   5
Plonge au sein de Thétis, ou soit que lumineux
Il attelle au matin ses coursiers écumeux
Toujours un feu d'Amour mes entrailles enflamme.

Mais le Dieu qui régit mes amoureux esprits
N'est plus l'aveugle enfant de la molle Cypris[32],   10
Bien aveugle est celui qui un aveugle adore:

Allez Mondains Amants, je ne suis plus pour vous
Il faut pour soulager l'ardeur qui me dévore
A mon Ame immortelle un immortel Epoux.

VII

Ainsi disait jadis la triste Madeleine
Embrassant les genoux de notre Rédempteur,
Alors que Pénitente abjurant son erreur
Elle quitta le Monde et la pompe mondaine.

Lors, dis-je que ses yeux d'une double fontaine   5
Arrosaient chez Simon les pieds de son Sauveur
Et que ses beaux cheveux essuyaient cette humeur
Qui séchait à mesure au feu de son haleine.[33]

Quelle Métamorphose! ô divine Bonté!
Celle-là qui n'aimait que la Mondanité   10
Ne respire plus rien que la Grâce profonde:

---

30. *alme*: nourricier, bienfaisant; mot cher à la Pléiade.
31. *Phébus*: surnom d'Apollon signifiant «brillant»; le soleil. Thetis, divinité marine, représente la mer.
32. *Cypris*: surnom latin de Vénus, née et pariculièrement vénérée sur l'île de Chypre. Son «aveugle enfant» est Cupidon.
33. Voir l'Evangile selon saint Luc, 7:36-50 et saint Jean 12:3.

Et toi-même enflammé d'un réciproque Amour
Tu ne dédaignes pas d'épouser en plein jour
Ce reste de Péché, de Satan, et du Monde.

VIII

Qui l'eût jamais pensé que mon Ame charmée
De tant d'allèchements ouvrit encor les yeux?
Qui l'eût jamais pensé qu'elle eût volé aux lieux
Quand plus je l'estimais dans l'enfer abîmée.

Que de cette charogne en péché consommée 5
Le Monarque mortel fût encor soucieux?
Qu'elle eût pu remonter du Tombeau vicieux
Pour être encor de Dieu l'épouse bien aimée?

Qui l'eût jamais pensé? ô Seigneur! c'est de vous
Ce Miracle si grand, ce sont là de vos coups. 10
Voilà comme il vous plaît détourner nos indices[34],

Et faire dans nos maux vos beautés éclater;
Car tant plus le pécheur est pourri dans ses vices
Plus vous avez de Gloire à le ressusciter.

IX

Si tu cherches en moi ce qu'en moi prend naissance
Tu ne verras mon Dieu que mortelle poison,
Que sale Volupté, que Dol[35], que Trahison,
Que Haine, que Désordre, que grossière Ignorance.

Mais si tu veux en moi chercher de ton engeance[36] 5
Tu ne verras que Paix, qu'ordre, que liaison,
Une Volonté libre, une docte Raison,
Une heureuse Mémoire, une immortelle Essence.

---

34. *indices*: Les dénonciations qui peuvent être faites contre nous.
35. *Dol*: ruse, perfidie.
36. *engeance*: sens ancien, non péjoratif: «race».

Epargne donc, Seigneur tout ce qui est à toi,
Et jette dans le feu tout ce qui vient de moi: 10
Brûle tous mes péchés et sauve ton ouvrage,

Cette Requête est juste, ô juge des Humains!
Car tout tel que je suis, suis-je pas ton Image
Et le chef d'œuvre exquis de tes divines mains?

X

Bouleversent[37] les monts, fassent les vents grondants
Les Chênes, et les Pins jusqu'aux racines tordre,
Que tous les Eléments pêle-mêle et sans ordre
En l'antique Chaos retournent discordants.

Que les flots de la Mer s'aillent tous débordants, 5
Qu'un Déluge de feu mette tout en désordre,
Ne cesse Lucifer d'aboyer et de mordre,
Pleuve le sang, le souffre, et les foudres ardants.

La sanglante Enyon[38] remplisse tout de Guerre,
Grimpe la Terre au Ciel tombe le Ciel en Terre, 10
Que ce grand Univers s'ébranle de son lieu,

Que la Terre engloutisse encore les Sodomes[39],
Et vomisse l'Enfer ses horribles fantômes,
Toujours l'Ame du Juste est en la main de Dieu.

---

37. *Bouleversent*: subjonctif de souhait: «que bouleversent...»
38. *Enyon*: la déesse grecque de la guerre, qui correspond à la déesse romaine, Bellone.
39. *Sodomes*: Sodome fut une ville de Palestine près de la Mer Morte, qui selon la Bible (Genèse, 19:24) fut détruite par le feu du Ciel en raison de sa dépravation.

François de Malherbe (1555—1628)

George Joseph et Maria Green

François de Malherbe naquit à Caen en 1555 d'une famille de magistrats qui prétendait avoir une ascendance de grande noblesse. Il reçut une éducation qui le destinait à la robe et à la foi réformée, mais il ne devait être pour autant ni protestant ni magistrat. Rêvant de la gloire militaire de ses ancêtres, il s'attacha en 1576 au nouveau gouverneur de Provence, Henri d'Angoulême, frère naturel d'Henri III. A Aix il mena une vie joyeuse à la cour élégante du gouverneur, épousa Marie, fille du Président Coriolis, écrivit des vers mais ne combattit pas. A partir de 1586 le poète se retrouva en Normandie où il connut une existence difficile. Son protecteur était mort et il reçut peu d'aide de sa famille. Il tenta de s'établir à la cour de France, où il présenta *Les Larmes de Saint-Pierre*, mais en vain. Se détournant de la poésie, il fortifia son âme par les conseils stoïciens de Sénèque, et fit de la politique. Il repartit pour Aix en 1595. Ce fut là, en 1605, qu'il s'imposa comme premier poète de France lorsqu'il présenta son premier chef-d'œuvre, l'ode *A la Reine sur sa bienvenue en France*, à Marie de Médicis. Il devint chef de toute une école poetique et lia une amitié avec l'orateur Du Vair et l'érudit Peiresc. Avec Peiresc il commença une correspondance qui dura toute sa vie.

En août 1605, à l'âge de cinquante ans, Malherbe monta à Paris où il fut présenté au roi par Vauquelin des Yvetaux, précepteur des enfants royaux. Malherbe écrivit la *Prière pour le Roi allant en Limousin*. Les vers plurent. Henri IV le plaça comme pensionnaire chez le Duc de Bellegarde, chez qui il acquit le nom de «Père Luxure», à cause de ses exploits amoureux—sa femme restera en Provence jusqu'à la fin de sa vie. Briguant une pension royale, Malherbe partit en guerre contre Desportes—le poète le plus en faveur à l'époque. Ce dernier, généreux, l'invita à dîner, seulement pour s'entendre dire que son potage valait mieux que sa traduction des psaumes. Plus tard Malherbe dit qu'il ferait des fautes de Desportes un livre plus gros que toutes ses poésies mises ensemble. Dans ce but, il annota un exemplaire des œuvres de Desportes qui seront à la base de ce que nous savons de la «doctrine» de Malherbe. Car il dispensa celle-ci dans sa petite chambre meublée de sept ou huit chaises en paille rue des Petits Champs. En dépit de tous ses efforts, Malherbe n'aura une pension sur la maison royale qu'après la mort d'Henri IV en 1610. Il fera partie alors du petit cercle intime de la régente Marie de Médicis, mais il sera mis à l'écart par Luynes à partir de 1617, et ne reviendra en faveur qu'avec l'avènement de Richelieu (1622). Celui-ci le fera trésorier de France en Provence, mais la fortune lui restera ennemie. En 1626 son seul héritier, Marc-Antoine, sera tué dans un duel et Malherbe se consacrera à réclamer justice jusqu'à la fin de sa vie en 1628.

On entend dans l'œuvre de Malherbe l'écho de toute la tradition classique, mais surtout celui d'Horace et de Sénèque. Malherbe avait lu aussi les Italiens. *Les Larmes de Saint-Pierre* appartiennent à la Contre-Réforme de Trente, et les poésies amoureuses développent une casuistique pétrarquiste quoique plus sobre que celle des derniers poètes valois. Cependant, Malherbe ne pratique pas l'imitation directe. Il se limite plutot aux grands lieux communs connus de tout le monde quant à l'invention poétique. Quant au style, il rappelle les anciens sans les copier, et ne garde des éléments de la réforme ronsardienne que ceux que la langue française avait pu vraiment assimiler.

En cela il participa—voire couronna—le grand mouvement rationalisant d'épuration que connut la poésie française à la fin du XVIe siècle. Ronsard lui-même avait simplifié ses poésies à la fin de sa vie. Mais Malherbe apporta à cette réforme le goût de l'éloquence sobre et posée de la magistrature normande telle que la concevaient son ami Du Vair et certains poètes du cercle caennais tels le grave moraliste Vauquelin de la Fresnaye, le poète orateur néo-latin Jean Roussel, Bertaut, et Du Perron. Ses odes officielles représentent les premiers chefs d'œuvres du classicisme français et par sa doctrine il affirme le mouvement classique dans la poésie française du XVIIe siècle. En quoi consiste cette doctrine? Malherbe la dispensa oralement, ne laissant comme texte écrit que les notes qu'il mit en marge de son exemplaire des œuvres de Desportes. Malherbe voulut que son œuvre fût compréhensible aux crocheteurs du Port au Foin. Ce que la Pléiade conseillait pour enrichir le vocabulaire, Malherbe le rejette afin de l'épurer: néologismes, provincialismes, archaïsmes, termes techniques, mots composés, et mots bas. Le résulat sera un vocabulaire abstrait, impersonnel, et incolore. La syntaxe doit être naturelle et standardisée. Malherbe proscrit l'omission de l'article et du pronom personnel sujet. Il interdit l'inversion et l'anacoluthe. En ce qui concerne l'invention et la disposition, il cherche une simplicité sobre et logique. Il faut que les allusions mythologiques soient connues de tout le monde et que les différentes parties du poème soient clairement distinguées. La prosodie doit suivre des règles sévères. Malherbe bannit le hiatus, l'enjambement, et la coupe à l'hémistiche. Il veut que la rime soit aussi riche pour l'oeil que pour l'oreille, et il exclut des rimes à base de noms propres, de mots composés, ou de mots à racine semblable. Il cherche en général une langue pure, claire, précise, et logique.

Malherbe se détourne donc de l'inspiration fougueuse de la Pléiade et fait de la poésie une lente œuvre de travail intellectuel. Il ne produira que 4000 vers à cause soit de ses exigences, soit, on l'a dit, de sa paresse. Avant 1605 ses poèmes principaux sont les *Larmes de St. Pierre*, la *Consolation à Monsieur du Périer*, et l'ode *A la Reine sur sa bienvenue*. Il écrit aussi à la cour d'Henri d'Angoulême des poésies licencieuses qui confirment sa réputation de Père Luxure.

Entre 1605 et 1610 Malherbe—poète du roi—écrivit ses deux odes complètes à Henri IV, des poèmes pour les grands tel Bellegarde, des poésies de circonstance pour les ballets de cour, et des poésies d'amour pour la Vicomtesse d'Auchy (Caliste), et la Comtesse de la Roche. Sur commande il composa des vers d'amour pour Henri

IV (Alcandre). Durant la période 1610 à 1617 Malherbe continua dans la même veine: poésies de circonstance pour les ballets de cour et sur les morts et mariages de la famille royale, pièces d'amour sur commande, et des pièces liminaires. Il se mit aussi à écrire des stances paraphrasant les psaumes, sans doute pour ménager les puissances dévotes qui s'étaient imposées après la mort d'Henri IV. C'est dans cette période que Malherbe atteignit sa pleine maturité, *L'Ode à la Reine sur les heureux succès de sa Régence* étant peut-être la plus parfaite de ses œuvres dans ce genre. Sous Luynes, Malherbe écrivit très peu, mais il reprit la plume pour Richelieu et Louis XIII (voir surtout la belle ode *Pour le Roi allant châtier*). Et peu avant sa propre mort, il composa le sonnet sur la mort de son fils.

Il laissa aussi des écrits en prose: sa correspondance avec Peiresc, des lettres de consolation, des traductions de Tite-Live et de Sénèque.

La poésie de Malherbe est assez répétitive. Malherbe utilise tours de phrase, rimes, images, voire des pièces presque entières plus d'une fois. Lire Malherbe donc, c'est lire une œuvre comme standardisée. C'est que Malherbe avec un dédain aristocratique voyait la poésie comme un simple métier et disait qu'un poète n'était pas plus utile à l'état qu'un bon joueur de quilles. Et pourtant, Malherbe fut incontestablement poète au sens plein du terme. Si le Père Luxure n'arriva pas à faire revivre les conventions de l'amour raffiné, l'homme paresseux sut faire ressortir les beautés du calme stoïcien et de l'ordre monarchique. C'est dans ces moments, surtout dans les odes et dans la *Consolation à Monsieur du Périer* que le grammairien rejoint le poète pour nous faire ressentir le frisson de la vérité universelle dans des vers d'une beauté impeccable.

Son œuvre créa le modèle du discours élevé en France. Comme Sainte-Beuve l'a dit, il a suffi de quelques-unes de ses strophes pour «monter une lyre». Tel fut et reste la réputation de Malherbe en dépit des protestations de gens de lettres comme Régnier, Mlle. de Gournay, et plus tard, Gautier ou Banville. Il est vrai que même ses admirateurs reconnurent ses faiblesses. Boileau, dont on connaît le célèbre «Enfin Malherbe vint...», reconnaissait que Malherbe n'était pas grand poète par nature mais par «son esprit et par son travail», Balzac tout en reconnaissant «l'excellence de son élocution» l'appelle «un borgne dans un royaume d'aveugles».

La critique universitaire, analytique, a corrigé et raffiné. Ferdinand Brunot et Barbara von Gemmingen-Obstfelder étudient la doctrine de Malherbe d'après son commentaire sur Desportes tandis que Maurice Souriau, Phillipe Martinon, et René Fromilhague se penchent sur des questions de prosodie. Emile Faguet et plus récemment Claude Abraham remettent en question la véritable influence de Malherbe sur la poésie française, tandis que Gustave Allais, René Bray, F. Brunot, Marcel Raymond, et Raymond Lebègue défendent la position traditionnelle en la raffinant.

Malherbe, est-il un poète classique? Du point de vue du style—ce qu'en rhétorique on appelle l'élocution—il est indéniable que Malherbe donne une première version du grand style. Quant à la structure logique—ce qui relève du domaine de l'invention rhétorique—il y a eu plus de discussion. F. Brunetière, R. Lebègue, et autres l'affirment en insistant sur l'unité loqique des poèmes de Malherbe. Mais d'autres comme Philip Wadsworth et David Lee Rubin remettent en question cet ordre logique. D.L. Rubin y voit un ordre supérieur et caché—que l'on aurait appelé baroque autrefois—tissé d'un entrelacement de mythes, métaphores, thèmes et développements logiques. Nous-mêmes avons montré par ailleurs que l'unité des poèmes est une unité de convention qui suit d'assez près les topiques rhétoriques de l'éloge et de la description. Par rapport à l'inspiration fougueuse avec laquelle la Pléiade mania les mêmes conventions, l'ode de Malherbe est d'un ordre et d'une sobriété que l'on pourrait appeler classique. Plus récemment Robert Corum explore le classicisme de Malherbe dans les consolations de celui-ci. Tandis que M. Green en explique le fonds politique et H. Fluchère, la sincérité. Nicolas Ruwet et Gérard Genette explore le classicisme par rapport à la théorie de Jakobson. Ainsi les études récentes révèlent-elles une richesse chez Malherbe qui échappe à toute synthèse étroite—richesse qui fait que des esprits comme Chénier, Sainte-Beuve, Baudelaire, et Ponge ont reconnu jusqu'à nos jours que ce que fit Malherbe est beau.

BIBLIOGRAPHIE

EDITIONS

Œuvres de Malherbe. Recueillies et annotées par L. Lalanne. Paris: Hachette, 1862-1869. 5 vol. et un album.

Les Poésies de Malherbe. Par Maurice Allem et Ph. Martinon. Paris: Garnier, 1926.

Malherbe, Œuvres poétiques. Ed. R. Fromilhague et R. Lebègue. Paris: Société les Belles Lettres, 1968, 2 vol.

Malherbe, Œuvres. Ed. Antoine Adam. Paris: Gallimard, 1971.

ETUDES

Abraham, Claude. *Enfin Malherbe. The Influence of Malherbe on French Lyric Prosody, 1605-1674*. Lexington, Ky.: U. of Kentucky P, 1971.

Allais, Gustave. *Malherbe et la poésie française à la fin du XVIe siècle*. Paris: Thorin, 1891.

Baustert, Raymond. *L'Univers moral de Malherbe: étude de la pensée dans l'oeuvre poétique*. Bern, New York: Peter Lamg, 1997.

Brunot, Ferdinand. *La Doctrine de Malherbe d'après son commentaire sur Desportes*. Paris: Masson, 1891.

Counson, A. *Malherbe et ses sources*. Liège: Vaillant-Carmane, 1904.

Fromilhague, René. *La Vie de Malherbe, apprentissage et luttes (1555-1610)*. Paris: Colin, 1954.

———. *Malherbe. Technique et création poétique*. Paris: Colin, 1955.

Gilles, Henri. *François de Malherbe*. Mondeville: Diffusion normande du livre, 1984.

Humiston, C.H. *A Comparative Study of the Metrical Technique of Ronsard and Malherbe*. Berkeley, Los Angeles: U. of California P, 1941.

Malherbe et son temps; IVe centenaire de naissance (1555-1955).

FRANÇOIS DE MALHERBE (1555-1628)

_____. *Etudes. Dix-Septième siècle*, 1956, no. 31.

Malherbe. Annales de Normandie, 4 (1956).

Ponge, Francis. *Pour un Malherbe*. Paris: Gallimard, 1965.

Racan, Honoré de. «Mémoires pour la vie de Malherbe» *Œuvres complètes de Racan*. Ed. Tenant et Antoine de Latour. Paris: Jannet, 1847, pp. 253-297.

Regnier, Adolphe. *Lexique de la lanque de Malherbe*. Paris: Oudin, 1907.

Rubin, David Lee. *Higher, Hidden Order: Design and Meaning in the Odes of Malherbe*. Chapel Hill: U. of North Carolina P, 1972.

Souriau, Maurice. *La Versification de Malherbe*. Poitiers: Millet et Pain, 1892.

Winegarten, Renée. *French Lyric Poetry in the Age of Malherbe*. Manchester: Manchester UP, 1954.

CHAPITRES

Bray, René. «La Rupture avec le XVIe siècle» [Malherbe et Ronsard]. *La Formation de la doctrine classique en France*. Paris: Nizet, 1957, pp. 7-28.

Brunot, F. *Histoire de la langue française des origines à nos jours*. Paris: Armand Colin, 1966, 3, pp. 1-18.

Faguet, Emile. *Histoire de la poésie française de la Renaissance au Romantisme*. Paris: Boivin, 1923-26, I, pp. 239-308.

Galli Pellegrini, Rosa. «L'Emploi de la mythologie chez Malherbe». *La Mythologie au dix-septième siècle*. s.l.: Centre Méridional de Rencontres sur le dix-septième siècle, 1982.

Lebègue, R. «Malherbe et son temps». *La Poésie française de 1560 à 1630*. Paris: Société d'Edition d'Enseignement Supérieur, 1951. Deuxième Partie.

Raymond, Marcel. «Esquisse d'un Malherbe». *Baroque et renaissance poétique*. Paris: J. Corti, 1955, pp. 153-167.

Rubin, David Lee. «Prière Pour le Roy allant en Limousin» and «The Odes of Malherbe Reconsidered». *The Knot of Artifice: A Poetic of the French Lyric in the Early 17th Century*. Columbus: Ohio State U. P., 1981, pp. 13-30 et 93-102.

Sainte-Beuve, Charles A. «Malherbe et son école». *Causeries du Lundi*. Paris: Garnier, s.d., pp. 8, 67-87.

ARTICLES

Baily, Carol Ann. «Portraits of a Queen: Malherbe, Rubens and Marie de Medici». *Cahiers du Dix-septième: An Interdisciplinary Journal* [CDS].1 (automne, 1987), pp. 47-59.

Brunetière, Ferdinand. «La Réforme de Malherbe et l'évolution des genres». *Revue des Deux Mondes*, 6 (déc., 1892), pp. 660-83.

Chauveau, Jean-Pierre & Wentzlaff-Eggbert, Christian. «Malherbe et les crocheteurs du Port-au-Foin». *Papers on French Seventeenth Century Literature* [PFSCL], 10 (1983), pp. 511-532.

Corum, Robert T. «Generic Modulation in Consolations by Malherbe, Tristan l'Hermite and Théophile de Viau». *Convergences: Rhetoric and Poetic in Sev-*

enteenth-Century France: Essays for Hugh M. Davidson. Ed. David L. Rubin et Mary McKinley. Columbus: Ohio State U.P., 1989, pp. 161-175.

Fluchère, Henri. «Beauté mon beau souci: Fragment d'un Malherbe». *Equilibrium of Wit: Essays for Odette de Mourgues*. Ed. Peter Bayley, Dorothy Gabe Coleman, et Alison Fairlie.

Gemmingen-Obstfelder, Barbara von. «En Relisant Malherbe: Où En Est La Doctrine?». *Textes et langages* 4 (1980), pp. 57-76.

Genette, Gérard. «Cratylisme et persécution». *Poétique: Revue de théorie et d'analyse littéraires* [Poétique], 11 (novembre, 1980), pp. 515-518.

Gershuny, Walter. «Seventeenth-Century French Commemorative Verse: Subversive Subtexts». *CDS*, 3 (printemps, 1989), pp. 270-289.

Green, Maria A. & Rubin, David Lee. «Reaction to the Odes of Malherbe, a Critical Sketch». *Œuvres et critiques*, I (hiver, 1975-76), pp. 58-62.

Green, Maria. «Les Règles et le roi». *XIV Congresso internazionale di linquistica e filologia romanza: Atti V*. Ed. Alberto Varvaro. Naples; Amsterdam: Macchlaroli; Benjamins, 1981, pp. 513-524.

Hubert, J.D. «Malherbe à l'assaut du Parnasse». *Esprit Créateur*, vol. 16, no. 2, pp. 105-13.

Joseph, George. «Rhetoric and the Structure of Malherbe's Odes Celebrating Royalty». *Papers on French Seventeenth Century Literature*, no. 3 (1975), pp. 59-67.

Kibédi-Varga, A. «Enfin Du Perron vint: Malherbe ou le sens de la publicité». *Revue d'Histoire Littéraire de France* [RHLF], 47 (1967), pp. 1-17.

Lebègue, R. «Enfin Malherbe revient». *Nouvelles littéraires*, 15 septembre, 1955.

———. «Les Larmes de saint Pierre, poème baroque». *Revue des Sciences Humaines*, 1949, pp. 145-54.

———. «Malherbe». *Dictionnaire des lettres françaises, Le Dix-septième siècle*. Ed. G. Giente et. al. Paris: Fayard, 1944, pp. 653-660.

———. «Malherbe correcteur de tragédie». *RHLF*, 41 (1934), pp. 161-84, 344-61, 481-96.

———. «Malherbe disciple et critique de Ronsard». *La Basse Normandie et ses poètes à l'époque classique*. Actes du Colloque de Caen, Octobre, 1975, pp. 21-28.

———. «Nouvelles études malherbiennes». *Bibiothèque d'Humanisme et Renaissance*, 5 (1944), pp. 153-208.

———. «Situation de Malherbe en 1955». *Education nationale*, 9 (1955), pp. 3-5.

Leiner, Wolfgang. «Malherbe, François de (1555-1628)» in: Franco Simone, *Dizionario Critico della letteratura Francese*. Torino: UTET, 1973, pp. 719-725.

Ruwet, Nicolas. «Malherbe: Hermogène ou Cratyle?». *Poétique* 42 (1980), pp. 195-224.

Wadsworth, Philip A. «Form and Content in the Odes of Malherbe». *PMLA*, 78 (1963), pp. 190-95.

———. «Malherbe's Youthful Elegy». *L'Esprit créateur*, 1966, pp. 264-269.

François de Malherbe (1555–1628)

Poemes a consulter

1. Paraphrase sur le Psaume VI. Stances.
2. Imitation du Psaume, «Lauda anima mea Dominum».
3. Prière pour le Roi allant en Limousin.
4. Ode au feu Roi sur l'heureux succès du voyage de Sedan.
5. Ode sur l'attentat commis en la personne de sa Majesté le 19 de décembre 1605.
6. A la Reine sur sa bienvenue en France. Ode.
7. Pour le Roi allant châtier la rebellion des Rochelois... Ode.

Les Larmes de Saint-Pierre, Imitees du Tansille,
et Dediees au Roy: par Le Sieur Malherbe[1]

I   Ce n'est pas en mes vers qu'une amante abusée[2]
Des appas enchanteurs d'un parjure Thésée
Après l'honneur ravi de sa pudicité,
Laissée ingratement en un bord solitaire,
Fait de tous les assauts que la rage peut faire,
Une fidèle preuve à l'infidélité.   6

II   Les ondes que j'épands d'une éternelle veine,
Dans un courage[3] saint ont leur sainte fontaine,
Où l'amour de la terre, et le soin de la chair
Aux fragiles pensers ayant ouvert la porte,
Une plus belle amour se rendit la plus forte,
Et le fit repentir aussitôt que pécher.[4]   12

---

1. Œuvre de jeunesse d'un goût baroque, ce poème est librement imité des «Lagrime di San Pietro» de Luigi Tansillo. Il a été publié pour la première fois dans une plaquette en 1587, mais son auteur le condamnera plus tard et il sera comme oublié au XVIIe siècle. G. Allais et R. Lebègue ont comparé le poème de près avec son modèle italien. R. Fromilhague y voit l'influence de La Roque (Œuvres chrestiennes, 1590) dans certaines des divergences avec Tansillo. Ce poème par son style rappelle les poésies religieuses et morales d'autres poètes aixois tels La Ceppède, L. Galaup de Chasteuil, et César de Nostredame. R. Lebègue a montré qu'il s'agit d'un poème baroque par les images, les antithèses, la vigueur et l'enflure du langage, et par des tours rares ou nouveaux.
2. Ariane aida Thésée à tuer le Minotaure de Crète, mais celui-ci l'abandonna pendant le voyage de retour à Athènes.
3. cœur.
4. Vv. 9 & 12: rime normande.

III   HENRI,[5] de qui les yeux et l'image sacrée
Font un visage d'or à cette âge ferrée[6]
Ne refuse à mes voeux un favorable appui:
Et si pour ton autel ce n'est chose assez grande,
Pense qu'il est si grand, qu'il n'aurait point d'offrande,
S'il n'en recevait point que d'égales à lui.   18

IV   La foi qui fut au cœur d'où sortirent ses larmes,
Est le premier essai de tes premières armes[7],
Pour qui tant d'ennemis à tes pieds abattus
Pâles ombres d'enfer, poussières de la terre,
Ont connu ta fortune, et que l'art de la guerre
A moins d'enseignements que tu n'as de vertus.   24

V   De son nom de rocher[8], comme d'un bon augure,
Un éternel état l'Eglise se figure,
Et croit par le destin de tes justes combats,
Que ta main relevant son épaule courbée?
Un jour, qui n'est pas loin, elle verra tombée
La troupe[9] qui l'assaut[10] et la veut mettre bas.   30

VI   Mais le coq a chanté[11], pendant que je m'arrête
A l'ombre des lauriers qui t'embrassent la tête,
Et la source déjà commençant à s'ouvrir,
A lâché les ruisseaux, qui font bruire leur trace,
Entre tant de malheurs estimant une grâce
Qu'un monarque si grand les regarde courir.   36

VII   Ce miracle d'amour, ce courage invincible,
Qui n'espérait jamais une chose possible,
Que rien finît sa foi que le même trépas[12],
De vaillant fait couard, de fidèle fait traître,
Aux portes de la peur abandonne son maître,
Et jure impudemment qu'il ne le connaît pas.   42

---

5. Henri III.
6. *IVe Bucolique de Vigile*, vv. 8-9: «Tu modo nascenti puero, quo ferrea primum/ Desinet ac toto surget gens aurea mundo».
7. Allusion à la foi que manifesta Henri III lors de ses victoires de Jarnac et de Moncontour.
8. cf. S. Mathieu XVI pour le jeu de mots entre Pierre et «rocher».
9. Les Huguenots.
10. assaille.
11. Dans la Bible, Pierre renie le Christ trois fois avant que le coq ne chante.
12. que le trépas lui-même.

François de Malherbe (1555–1628)

VIII   A peine la parole avait quitté sa bouche,
Qu'un regret aussi prompt en son âme le touche:
Et mesurant sa faute à la peine d'autrui,
Voulant faire beaucoup, il ne peut davantage
Que soupirer tout bas, et se mettre au visage
Sur le feu de sa honte, une cendre d'ennui.   48

IX   Les arcs qui de plus près sa poitrine joignirent,
Les traits qui plus avant dans le sein l'atteignirent,
Ce fut quand du Sauveur il se vit regardé:
Les yeux furent les arcs, les oeillades les flèches
Qui percèrent son âme, et remplirent de brèches
Le rempart qu'il avait si lâchement gardé.   54

X   Cet assaut comparable à l'éclat d'une foudre,
Pousse et jette d'un coup ses défenses en poudre,
Ne laissant rien chez luy, que le même penser
D'un homme qui tout nu[13] de glaive et de courage,
Voit de ses ennemis la menace et la rage,
Que le fer en la main le viennent offenser.   60

XI   Ces beaux yeux souverains qui traversent la terre,
Mieux que les yeux mortels ne traversent le verre,
Et qui n'ont rien de clos à leur juste courroux,
Entrent victorieux en son âme étonnée,
Comme dans une place au pillage donnée,
Et lui font recevoir plus de morts que de coups.[14]   66

XII   La mer a dans le sein moins de vagues courantes,
Qu'il n'a dans le cerveau de formes différentes:
Et n'a rien toutefois qui le mette en repos:
Car aux flots de la peur sa navire qui tremble
Ne trouve point de port, et toujours il lui semble
Que des yeux de son maître il entend ce propos.   72

XIII   «Et bien, où maintenant est ce brave[15] langage?
Cette roche de foi? cet acier de courage?
Qu'est le feu de ton zèle au besoin devenu?
Où sont tant de serments qui juraient une fable?
Comme tu fus menteur, suis-je pas véritable?
Et que t'ai-je promis qui ne soit advenu?   78

13. dénué.
14. coups d'yeux.
15. assuré.

XIV	Toutes les cruautés de ces mains qui m'attachent, Le mépris effronté que ces bouches me crachent, Les preuves que je fais de leur impiété, Pleines également de fureur et d'ordure, Ne me sont une pointe aux entrailles si dure, Comme le souvenir de ta déloyauté.	84
XV	Je sais bien qu'au danger les autres de ma suite Ont eu peur de la mort, et se sont mis en fuite:[16] Mais toi, que plus que tous j'aimai parfaitement, Pour rendre en me niant ton offense plus grande, Tu suis mes ennemis, t'assembles à leur bande, Et des maux qu'il me font prends ton ébattement.[17]	90
XVI	Le nombre est infini des paroles empreintes Que regarde l'Apôtre en ces lumières[18] saintes: Et celui seulement, que sous une beauté Les feux d'un oeil humain ont rendu tributaire, Jugera sans mentir quel effet a pu faire Des rayons immortels l'immortelle clarté.	96
XVII	Il est bien assuré que l'angoisse qu'il porte, Ne s'emprisonne pas sous les clefs d'une porte, Et que de tous côtés elle suivra ses pas: Mais parce qu'il la voit dans les yeux de son maître, Il se veut absenter, espérant que peut-être Il la sentira moins en ne la voyant pas.	102
XVIII	La place lui déplaît, où la troupe maudite Son Seigneur attaché par outrages dépite,[19] Et craint tant de tomber en un autre forfait, Qu'il estime déjà ses oreilles coupables, D'entendre ce qui sort de leurs bouches damnables, Et ses yeux d'assister aux tourments qu'on lui fait.	108

---

16. S. Mathieu XXVI.
17. divertissement agréable.
18. yeux.
19. brave [verbe].

XIX	Il part, et la douleur qui d'un morne silence	
	Entre les ennemis couvrait sa violence	
	Comme il se voit dehors a si peu de compas,[20]	
	Qu'il demande tout haut, que le sort favorable	
	Lui fasse rencontrer un ami secourable,	
	Qui touché de pitié lui donne le trépas.	114
XX	En ce piteux état il n'a rien de fidèle,	
	Que sa main qui le guide où l'orage l'appelle,	
	Ses pieds comme ses yeux ont perdu la vigueur:	
	Il a de tout conseil[21] son âme dépourvue,	
	Et dit en soupirant que la nuit de sa vue	
	Ne l'empêche[22] pas tant que la nuit de son cœur.	120
XXI	Sa vie auparavant si chèrement gardée,	
	Lui semble trop longtemps ici-bas retardée:	
	C'est elle qui le fâche, et le fait consumer:	
	Il la nomme parure, il la nomme cruelle,	
	Et toujours se plaignant que sa faute vient d'elle,	
	Il n'en veut faire compte, et ne la peut aimer.	126
XXII	«Va, laisse moi, dit-il, va déloyale vie,	
	Si de te retenir autrefois j'eus envie,	
	Et si j'ai désiré que tu fusses chez moi,	
	Puisque tu m'as été si mauvaise compagne,	
	Ton infidèle foi maintenant je dédaigne,	
	Quitte-moi, je te quitte, et ne veux plus de toi.	132
XXIII	Sont-ce tes beaux desseins, mensongère et méchante,	
	Qu'une seconde fois ta malice m'enchante[23]?	
	Et que pour retarder d'une heure seulement	
	La nuit déjà prochaine à ta courte journée	
	Je demeure en danger que l'âme qui est née	
	Pour ne mourir jamais, meure éternellement?	138

---

20. mesure.
21. résolution.
22. embarrasse.
23. verbe pris dans le sens magique.

XXIV Non, ne m'abuse plus d'une lâche pensée:
       Le coup encore frais de ma chute passé
       Me doit avoir appris à me tenir debout,
       Et savoir discerner de la trêve la guerre,
       Des richesses du ciel les fanges de la terre,
       Et d'un bien qui s'envole, un qui n'a point de bout.   144

XXV   Si quelqu'un d'aventure en délices abonde,
       Il te perd aussitôt et déloge du monde:
       Qui te porte amitié, c'est à lui que tu nuis:
       Ceux qui te veulent mal, sont ceux que tu conserves:
       Tu vas à qui te fuit, et toujours le réserves
       A souffrir en vivant davantage d'ennuis[24].   150

XXVI   On voit par ta rigueur tant de blondes jeunesses,
       Tant de riches grandeurs, tant d'heureuses vieillesses,
       En fuyant le trépas au trépas arriver:
       Et celui qui chétif[25] aux misères succombe,
       Sans vouloir autre bien, que le bien de la tombe,
       N'ayant qu'un jour à vivre, il ne peut l'achever.   156

XXVII Que d'hommes fortunés en leur âge première,
       Trompés de l'inconstance à nos ans coutumière
       Du depuis se sont vus en étrange langueur:
       Qui fussent morts contents, si le ciel amiable[26]
       Ne les abusant pas en son sein variable,
       Au temps de leur repos eût coupé ta longueur.   162

XXVIII Quiconque de plaisir a son âme assouvie,
       Plein d'honneur et de bien, non sujet à l'envie,
       Sans jamais à son aise un malaise éprouver,
       S'il demande à ses jours davantage de terme,
       Que fait-il ignorant, qu'attendre de pied ferme
       De voir à son beau temps un orage arriver?   168

24. douleur.
25. malheureux.
26. ami.

XXIX	Et moi, si de mes jours l'importune durée Ne m'eût en vieillissant la cervelle empirée, Ne devais-je[27] être sage, et me ressouvenir D'avoir vu la lumière aux aveugles rendue, Rebailler aux muets la parole perdue, Et faire dans les corps les âmes revenir?	174
XXX	De ces faits non communs la merveille profonde, Qui par la main d'un seul étonnait tout le monde, Et tant d'autres encor me devaient avertir, Que si pour leur auteur j'endurais de l'outrage, Le même qui les fit, en faisant davantage, Quand on m'offenserait me pourrait garantir.	180
XXXI	Mais troublé par les ans, j'ai souffert que la crainte Loin encore du mal, ait découvert ma feinte: Et sortant promptement de mon sens et de moi, Ne me suis aperçu qu'un destin favorable M'offrait en ce danger un sujet honorable D'acquérir par ma perte un triomphe à ma foi.	186
XXXII	Que je porte d'envie à la troupe innocente[28] De ceux qui massacrés d'une main violente Virent dès le matin leur beau jour accourci! Le fer qui les tua leur donna cette grâce, Que si de faire bien ils n'eurent pas l'espace[29], Ils n'eurent pas le temps de faire mal aussi.	192
XXXIII	De ces jeunes guerriers la flotte vagabonde Allait courre fortune aux orages du monde, Et déjà pour voguer abandonnait le bord: Quand l'aguet[30] d'un Pirate arrêta le voyage: Mais leur sort fut si bon, que d'un même naufrage Ils se virent sous l'onde et se virent au port.	198

---

27. n'aurais-je dû.
28. Vv. 187 sqq.: allusion au massacre des Saints Innocents (S. Mathieu II). R. Fromilhague voit dans le passage qui suit l'influence du sonnet 19 des *Œuvres chrétiennes* de La Roque. L'évocation du naufrage ne pourrait-elle pas être un souvenir du mythe de Thésée et le Minotaure? Chaque année Athènes dut envoyer un bateau de jeunes gens livrés en sacrifice au Minotaure.
29. temps.
30. embuscade.

XXXIV Ce furent de beaux lis, qui mieux que la nature,
       Mêlant à leur blancheur l'incarnate peinture,
       Que tira de leur sein le couteau criminel,
       Devant que d'un hiver la tempête et l'orage,
       A leur teint délicat pussent faire dommage,
       S'en allèrent fleurir au printemps éternel. 204

XXXV   Ces enfants bienheureux (créatures parfaites,
       Sans l'imperfection de leurs bouches muettes)
       Ayant Dieu dans le cœur ne le purent louer:
       Mais leur sang leur en fut un témoin véritable
       Et moi pouvant parler, j'ai parlé misérable
       Pour lui faire vergogne, et le désavouer. 210

XXXVI Le peu qu'ils ont vécu leur fut grand avantage,
       Et le trop que je vis ne me fait que dommage,
       Cruelle occasion du souci qui me nuit:
       Quand j'avais de ma foi l'innocence première,
       Si la nuit de la mort m'eût privé de lumière,
       Je n'aurais pas la peur d'une immortelle nuit. 216

XXXVII Ce fut en ce troupeau que venant à la guerre
       Pour combattre l'Enfer et défendre la terre,
       Le Sauveur inconnu sa grandeur abaissa:
       Par eux il commença la première mêlée,
       Et furent eux aussi, que la rage aveuglée
       Du contraire parti les premiers offensa. 222

XXXVIII Qui voudra se vanter, avec eux se compare
        D'avoir reçu la mort par un glaive barbare,
        Et d'être allé soi-même au martyre s'offrir.
        L'honneur leur appartient d'avoir ouvert la porte
        A quiconque osera d'une âme belle et forte,
        Pour vivre dans le ciel, en la terre mourir. 228

XXXIX O désirable fin de leurs peines passées:
Leurs pieds qui n'ont jamais les ordures pressées,
Un superbe plancher des étoiles se font:
Leur salaire payé les services précède,
Premier que d'avoir mal ils trouvent le remède,
Et devant le combat ont les palmes au front. 234

XL Que d'applaudissements de rumeurs et de presse:
Que de feux, que de jeux, que de traits de caresse:
Quand là-haut en ce point on les vit arriver.
Et quel plaisir encore à leur courage tendre,
Voyant Dieu devant eux en ses bras les attendre,
Et pour leur faire honneur les Anges se lever: 240

XLI Et vous femmes trois fois quatre fois bienheureuses
De ces jeunes Amours les mères amoureuses,
Que faites-vous pour eux, si vous les regrettez?
Vous fâchez[31] leur repos, et vous rendez coupables
Ou de n'estimer pas leurs trépas honorables,
Ou de porter envie à leurs félicités. 246

XLII Le soir fut avancé de leurs belles journées,
Mais qu'eussent-ils gagné par un siècle d'années?
Ou que leur advint-il en ce vite départ,
Que laisser promptement une basse demeure,
Qui n'a rien que du mal, pour avoir de bonne heure
Aux plaisirs éternels une éternelle part? 252

XLIII Si vos yeux pénétrants jusqu'aux choses futures
Vous pouvaient enseigner leurs belles aventures:
Vous auriez tant de bien en si peu de malheurs,
Que vous ne voudriez[32] pas pour l'empire du monde,
N'avoir eu dans le sein la racine féconde
D'où naquit entre nous ce miracle de fleurs. 258

XLIV Mais moi puisque les lois me défendent l'outrage
Qu'entre tant de langueurs me commande la rage,
Et qu'il ne faut soi-même éteindre son flambeau,
Que m'est-il demeuré pour conseil et pour armes,
Que d'écouler ma vie en un fleuve de larmes,
Et la chassant de moi l'envoyer au tombeau? 264

31. troublez.
32. voudriez: deux syllabes.

XLV	Je sais bien que ma langue ayant commis l'offense Mon cœur incontinent en a fait pénitence: Mais quoi? si peu de cas ne me rend satisfait: Mon regret est si grand, et ma faute si grande, Qu'une mer éternelle à mes yeux je demande, Pour pleurer à jamais le péché que j'ai fait».	270
XLVI	Pendant que le chétif en ce point se lamente, S'arrache les cheveux, se bat et se tourmente, En tant d'extrémités cruellement réduit, Il chemine toujours, mais rêvant à sa peine, Sans donner à ses pas une règle certaine, Il erre vagabond où le pied le conduit.	276
XLVII	A la fin égaré (car la nuit qui le trouble Par les eaux de ses pleurs son ombrage redouble) Soit un cas d'aventure, ou que Dieu l'ait permis, Il arrive au jardin où la bouche du traître, Profanant d'un baiser la bouche de son maître, Pour en priver les bons aux méchants l'a remis.	282
XLVIII	Comme un homme dolent, que le glaive contraire A privé de son fils, et du titre de père, Plaignant deçà delà son malheur advenu, S'il arrive à la place où s'est fait le dommage, L'ennui renouvelé plus rudement l'outrage, En voyant le sujet à ses yeux revenu.	288
XLIX	Le vieillard, qui n'attend une telle rencontre, Sitôt qu'au dépourvu sa fortune lui montre Le lieu qui fut témoin d'un si lâche méfait: De nouvelles fureurs se déchire et s'entame, Et de tous les pensers qui travaillent son âme L'extrême cruauté plus cruelle se fait.	294
L	Toutefois il n'a rien qu'une tristesse peinte, Ses ennuis sont des jeux, son angoisse une feinte, Son malheur un bonheur, et ses larmes un ris, Au prix de ce qu'il sent, quand sa vue abaissée Remarque les endroits où la terre pressée, A des pieds du Sauveur les vestiges écrits.	300

François de Malherbe (1555–1628)

LI C'est alors que ces cris en tonnerre s'éclatent,
Ses soupirs se font vents, qui les chênes combattent,
Et ses pleurs qui tantôt descendaient mollement,
Ressemblent un torrent qui des hautes montagnes
Ravageant, et noyant les voisines campagnes,
Veut que tout l'univers ne soit qu'un élément.   306

LII Il y fiche ses yeux, il les baigne, il les baise,
Il se couche dessus, et serait à son aise,
S'il pouvait avec eux à jamais s'attacher:
Il demeure muet du respect qu'il leur porte,
Mais enfin la douleur se rendant la plus forte
Lui fait encore un coup une plainte arracher.   312

LIII «Pas adorés de moi, quand par accoutumance
Je n'aurais comme j'ai de vous la connaissance,
Tant de perfections vous découvrent assez:
Vous avez une odeur des parfums d'Assyrie
Les autres ne l'ont pas, et la terre flétrie
Est belle seulement où vous êtes passé.   318

LIV Beaux pas de ces beaux pieds, que les astres connaissent,
Comme ores à mes yeux vos marques apparaissent
Telle autrefois de vous la merveille me prit,
Quand déjà demi-clos sous la vague profonde,
Vous ayant appelés vous affermîtes l'onde,
Et m'assurant les pieds m'étonnâtes l'esprit.   324

LV Mais ô de tant de biens indigne récompense!
O dessus les sablons inutile semence!
Une peur, ô Seigneur, m'a séparé de toi:
Et d'une âme semblable à la mienne parjure
Tous ceux qui furent tiens, s'ils ne t'ont fait injure,
Ont laissé ta présence, et t'ont manqué de foi.   330

LVI De douze, deux fois cinq étonnés de courage
Par une lâche fuite évitèrent l'orage,
Et tournèrent le dos quand tu fus assailli:
L'autre qui fut gagné d'une sale avarice,
Fit un prix de ta vie à l'injuste supplice,
Et l'autre en te niant plus que tous a failli[33].   336

---

33. Toute cette strophe rappelle des événements dans S. Mathieu XXVI.

LVII	C'est chose à mon esprit impossible à comprendre:	
	Et nul autre que toi ne me la peut apprendre,	
	Comme a pu ta bonté nos outrages souffrir:	
	Et qu'attend plus de nous ta longue patience,	
	Sinon qu'à l'homme ingrat, la seule conscience	
	Doive être le couteau qui le fasse mourir?	342
LVIII	Toutefois tu sais tout, tu connais qui nous sommes,	
	Tu vois quelle inconstance accompagne les hommes	
	Faciles à fléchir quand il faut endurer:	
	Si j'ai fait comme un homme en faisant une offense,	
	Tu feras comme Dieu d'en laisser la vengeance,	
	Et m'ôter un sujet de me désespérer.	348
LIX	Au moins si les regrets de ma faute advenue	
	M'ont de ton amitié quelque part retenue,	
	Pendant que je me trouve au milieu de tes pas,	
	Désireux de l'honneur d'une si belle tombe,	
	Afin qu'en autre part ma dépouille ne tombe,	
	Puisque ma fin est près, ne la recule pas».	354
LX	En ces propos mourants ses complaintes se meurent,	
	Mais vivantes sans fin ses angoisses demeurent,	
	Pour le faire en langueur à jamais consumer:	
	Tandis la nuit s'en va, ses chandelles s'éteignent,	
	Et déjà devant lui les campagnes se peignent	
	Du safran que le jour apporte de la mer[34].	360
LXI	L'Aurore d'une main en sortant de ses portes,	
	Tient un vase de fleurs languissantes et mortes:	
	Elle verse de l'autre une cruche de pleurs,	
	Et d'un voile tissu de vapeur et d'orage	
	Couvrant ses cheveux d'or découvre en son visage	
	Tout ce qu'une âme sent de cruelles douleurs.	366
LXII	Le Soleil qui dédaigne une telle carrière,	
	Puisqu'il faut qu'il déloge, éloigne sa barrière,	
	Mais comme un criminel qui chemine au trépas,	
	Montrant que dans le cœur le voyage le fâche,	
	Il marche lentement, et désire qu'on sache	
	Que si ce n'était force il ne le ferait pas.	372

---

34. Vv. 357 et 360: rime normande.

François de Malherbe (1555–1628)

LXIII   Ses Yeux par un dépit en ce monde regardent:
Ses chevaux tantôt vont, et tantôt se retardent,
Eux-mêmes ignorants de la course qu'ils font,
Sa lumière pâlit, sa couronne se cache,
Aussi n'en veut-il pas, cependant qu'on attache
A celui qui l'a fait, des épines au front[35].   378

LXIV   Au point accoutumé les oiseaux qui sommeillent,
Apprêtés à chanter, dans les bois se réveillent:
Mais voyant ce matin des autres différent,
Remplis d'étonnement ils ne daignent paraître,
Et font à qui les voit ouvertement connaître,
De leur peine secrète un regret apparent.   384

LXV   Le jour est déjà grand, et la honte plus claire
De l'Apôtre ennuyé, l'avertit de se taire,
Sa parole se lasse, et le quitte au besoin:
Il voit de tous côtés qu'il n'est vu de personne,
Toutefois le remords que son âme lui donne,
Témoigne assez le mal qui n'a point de témoin.   390

LXVI   Aussi l'homme qui porte une âme belle et haute,
Quand seul en une part[36] il a fait une faute,
S'il n'a de jugement son esprit dépourvu:
Il rougit de lui-même, et combien qu'il ne sente
Rien que le Ciel présent et la terre présente,
Pense qu'en se voyant tout le monde l'a vu.   396

(G. J.)

---

35. Antithèse entre la couronne du soleil et la couronne d'épines.
36. seul en un endroit.

Consolation a Monsieur du Perier
Gentilhomme d'Aix-en-Provence[37]
sur la Mort de Sa Fille

I	Ta douleur, du Périer, sera donc éternelle,
	    Et les tristes discours[38]
	Que te met en l'esprit l'amitié[39] paternelle
	    L'augmenteront toujours?
		4

II	Le malheur de ta fille, au tombeau descendue
	    Par un commun[40] trépas,
	Est-ce quelque dédale[41] où ta raison perdue
	    Ne se retrouve pas?
		8

III	Je sais de quels appas son enfance était pleine,
	    Et n'ai pas entrepris,
	Injurieux ami, de soulager ta peine
	    Avecque son mépris[42].
		12

IV	Mais elle était du monde, où les plus belles choses
	    Ont le pire destin,
	Et, Rose, elle a vécu ce que vivent les Roses,
	    L'espace d'un matin.
		16

V	Puis, quand ainsi serait[43] que, selon ta prière,
	    Elle aurait obtenu
	D'avoir en cheveux blancs terminé sa carrière,
	    Qu'en fût-il advenu[44]?
		20

VI	Penses-tu que plus vieille en la maison céleste
	    Elle eût eu plus d'accueil?
	Ou qu'elle eût moins senti la poussière funeste
	    Et les vers du cercueil?
		24

37. Monsieur du Périer, avocat au parlement d'Aix. Lebègue fixe à 1598 la date de la composition de cette pièce.
38. Arguments de la raison.
39. amour.
40. Selon la tradition chrétienne la mort est la conséquence de la chute de l'homme.
41. Dédale construisit pour Minos un labyrinthe d'où le Minotaure ne pouvait pas s'échapper. Noter la métonymie et l'inversion de valeurs dans l'allusion malherbienne.
42. I.e., ami voulant t'outrager, soulageant ta peine en te faisant mépriser les agréments de ta fille.
43. Cette suite de trois conjonctions signifie: «d'ailleurs, si».
44. Le raisonnement présenté ici appartient à la tradition stoïcienne, mais Malherbe dans la strophe suivante applique le même argument à l'attente chrétienne de la vie éternelle. Dans toute la consolation, le poète mêle stoïcisme et christianisme.

VII	Non, non, mon du Périer, aussitôt que la Parque
	   Ote l'âme du corps,
	L'âge s'évanouit au-delà de la barque,
	   Et ne suit point les morts.
		28

VIII	Tithon[45] n'a plus les ans qui le firent cigale;
	   Et Pluton aujourd'hui,
	Sans égard du passé les mérites égale
	   D'Archémore et de lui.
		32

IX	Ne te lasse donc plus d'inutiles complaintes;
	   Mais sage à l'avenir,
	Aime une ombre comme ombre, et des cendres éteintes
	   Eteins le souvenir.
		36

X	C'est bien, je le confesse[46], une juste coutume,
	   Que le cœur affligé,
	Par le canal des yeux vidant son amertume,
	   Cherche d'être allégé.
		40

XI	Même quand il advient que la tombe sépare
	   Ce que Nature a joint,
	Celui qui ne s'émeut a l'âme d'un Barbare,
	   Ou n'en a du tout point.
		44

XII	Mais d'être inconsolable, et dedans sa mémoire
	   Enfermer un ennui[47],
	N'est-ce pas se haïr pour acquérir la gloire[48]
	   De bien aimer autrui?
		48

XIII	Priam, qui vit ses fils abattus par Achille,
	   Dénué de support
	Et hors de tout espoir du salut de sa ville,
	   Reçut du réconfort[49].
		52

---

45. Zeus, à la prière de l'Aurore, conféra à Tithon l'immortalité, mais non pas l'éternelle jeunesse. Le vieux Tithon ratatiné, se plaignait de son destin sur le ton aigu d'une cigale.
46. rendre témoignage.
47. Abattement de l'esprit, douleur profonde.
48. Sénèque croit que «le pleurer excessif est plutôt marque de vanité et de vouloir être estimé affligé que d'une véritable amitié».
49. Car Achille, chef grec, lui rendit la dépouille de son fils Hector, que celui-là avait tué.

XIV	François, quand la Castille, inégale à ses armes,
	    Lui vola son Dauphin[50],
	Sembla d'un si grand coup devoir jeter des larmes
	    Qui n'eussent point de fin.
		56

XV	Il les sécha pourtant, et comme un autre Alcide,
	    Contre fortune instruit[51],
	Fit qu'à ses ennemis d'un acte si perfide
	    La honte fut le fruit.
		60

XVI	Leur camp qui la Durance avait presque tarie
	    De bataillons épais[52],
	Entendant sa constance eut peur de sa furie,
	    Et demanda la paix[53].
		64

XVII	De moi déjà deux fois d'une pareille foudre
	    Je me suis vu perclus,
	Et deux fois la raison m'a si bien fait résoudre
	    Qu'il ne m'en souvient plus[54].
		68

XVIII	Non qu'il ne me soit grief que la terre possède
	    Ce qui me fut si cher;
	Mais en un accident qui n'a point de remède,
	    Il n'en faut point chercher.
		72

XIX	La mort a des rigueurs à nulle autre pareilles;
	    On a beau la prier,
	La cruelle qu'elle est se bouche les oreilles,
	    Et nous laisse crier.
		76

50. A l'aide d'une comparaison implicite, le poète établit un contraste entre l'attitude de Priam, dont la supplique lui valut seulement qu'on lui rendit la dépouille de son fils, et celle de François I et d'Alcide (Hercule). Le fils de François I fut tué, selon la rumeur, sur l'ordre de Charles-Quint d'Espagne, et les enfants d'Hercule furent menacés par le tyran de Thèbes, Lycos. Au lieu de se perdre en lamentations, l'un et l'autre passèrent à une action qui amena un changement favorable pour leur pays. Il est sous-entendu que la douleur en soi n'appartient ni à la tradition héroïque, ni à celle de l'Age d'Or.
51. prémuni.
52. nombreux.
53. En juillet 1536, après la mort du Dauphin, Charles-Quint avait envahi la Provence. Au mois de septembre Montmorency le contraignit à une retraite désastreuse. En 1537 il fut forcé de conclure un armistice et en 1538 une trêve de dix ans.
54. *Perclus*: ne pouvant plus raisonner. Cet oubli fortuit de la mort de ses propres enfants fait partie d'une convention stoïque et ne constitue pas une confession personnelle. Les véritables sentiments de Malherbe étaient profonds comme ses lettres l'attestent. Dans le poème, le retour au ton personnel après le caractère détaché des allusions historiques et mythologiques, dans la stance précédente, fournit un exemple frappant du sens inné de la proportion chez Malherbe. Il est conscient de parler à son prochain et de ne pas simplement exposer une philosophie stoïque.

XX	Le pauvre en sa cabane, où le chaume le couvre,	
	Est sujet à ses lois;	
	Et la garde qui veille aux barrières du Louvre	
	N'en défend point nos Rois[55].	80
XXI	De murmurer contr'elle et perdre patience,	
	Il est mal à propos:	
	Vouloir ce que Dieu veut est la seule science	
	Qui nous met en repos[56].	84

(M.G., G.J.)

Chanson[57]

I	Sus debout la merveille des Belles[58].	
	Allons voir sur les herbes nouvelles	
	Luire un émail dont la vive peinture	
	Défend à l'art d'imiter la nature.	4
II	L'air est plein d'une haleine de roses,	
	Tous les vents tiennent leurs bouches closes,	
	Et le Soleil semble sortir de l'onde	
	Pour quelque amour plus que pour luire au monde.	8
III	On dirait à lui voir sur la tête	
	Ses rayons comme un chapeau de fête[59],	
	Qu'il s'en va suivre en si belle journée	
	Encore un coup[60] la fille de Pénée[61].	12

55. Vv. 77-80. Malherbe a francisé l'image horatienne: «*Pallida mors aequo pulsat pede pauperum tabernas / Regumque turres*». (Odes, I, IV), en substituant le Louvre au palais. Ce changement concrétise l'idée de l'égalité devant la mort, idée qui autrement ne serait qu'une platitude philosophique.
56. Vv. 83-84. Les derniers vers mettent en évidence la conviction de Sénèque: «C'est d'elle (de la philosophie) qu'il faut apprendre à nous humilier à Dieu, vouloir ce qu'il veut...» (Epître dans la traduction de Malherbe, op. cit., p. 322).
57. Cette chanson avait été inspirée par les vers: «*ma sol parchè quel vanno / nome senza oggetto, / quell'idolo d'errori, idol d'inganno*» (Tasso, *Aminta*, Acte I, Sc. II, v. 669-671). D'après Racan Malherbe «faisait ses vers pour être lus dans le cabinet du roi et des ruelles des dames».
58. Interjection familière pour exhorter, pour exciter. Les «*carpe diem*», tel que celui-ci, commencent toujours par une invitation à l'action.
59. Couronne portée sur la tête à l'occasion de réjouissance. L'image implicite est celle d'Apollon à la poursuite de Daphné qui s'échappa, métamorphosée par Zeus en laurier. Dans la mythologie c'est l'origine de la couronne de laurier, un «chapeau de fête».
60. Encore une fois.
61. Daphné fille de Pénée, fleuve en Thessalie.

IV	Toute chose aux délices conspire,
	Mettez-vous en votre humeur de rire;
	Les soins profonds d'où les rides nous viennent,
	A d'autres ans qu'aux vôtres appartiennent.	16

V	Il fait chaud, mais un feuillage sombre
	Loin du bruit nous fournira quelque ombre,
	Où nous ferons, parmi les violettes,
	Mépris de l'ambre et de ses cassolettes[62].	20

VI	Près de nous sur les branches voisines
	Des Genêts, des Houx et des Epines,
	Le Rossignol déployant ses merveilles,
	Jusqu'aux rochers donnera des oreilles.	24

VIII	Et peut-être à travers des fougères,
	Verrons-nous de Bergers à Bergères,
	Sein contre sein, et bouche contre bouche
	Naître et finir quelque douce escarmouche[63].	28

IX	C'est chez eux qu'Amour est à son aise;
	Il y saute, il y danse, il y baise,
	Et foule aux pieds les contraintes serviles
	De tant de lois qui le gehennent[64] aux villes.	32

X	O qu'un jour mon âme aurait de gloire
	D'obtenir cette heureuse victoire,
	Si la pitié de mes peines passées
	Vous disposait à semblables pensées!	36

XI	Votre honneur, le plus vain des idoles,
	Vous remplit de mensonges frivoles;
	Mais quel esprit que la raison conseille,
	S'il est aimé ne rend point de pareille?	40

(M.G.)

---

62. Cotgrave, un contemporain de Malherbe, mentionne l'ambre blanche «…which being given to drinke in wine, unto a fasting wench, will force her to pisse, if she has lost her maidenhead» (*A Dictonary of the French and English Tongues*, 1610, facsimile reprint, Presse universitaire de la Caroline du Sud, 1968). Une dame qui se respecte ferait mieux d'éviter cette étrange substance et son parfum (cassolette).
63. Engagement sexuel. L'invitation discrète au voyeurisme fait partie du message «séducteur» du poème.
64. Mettent à la torture.

François de Malherbe (1555–1628)

A LA REINE

SUR LES HEUREUX SUCCÈS DE SA RÉGENCE.[65]

ODE

1610

I
Nymphe[66] qui jamais ne sommeilles,
Et dont les messages divers
En un moment sont aux oreilles
Des peuples de tout l'univers :
Vole vite, et de la contrée
    Par où le jour fait son entrée
Jusqu'au rivage de Calis[67],
Conte[68] sur la terre et sur l'onde
Que l'honneur unique du monde,
C'est la Reine des fleurs de lis.   10

II
Quand son Henri, de qui la gloire
Fut une merveille[69] à nos yeux,
Loin des hommes s'en alla boire
Le nectar avecque les dieux,
En cette aventure effroyable,
A qui ne semblait-il croyable
Qu'on allait voir une saison
Où nos brutales perfidies
Feraient naître des maladies
Qui n'auraient jamais guérison[70] ?   20

---

65. Quand Henri IV fut assassiné, le 14 mai 1610, son fils Louis XIII n'avait que neuf ans et sa mère Marie de Médicis devint régente.
66. La Renommée.
67. Cadix (port d'Espagne).
68. Annonce, publie.
69. Dans le sens étymologique : miracle.
70. Dans ses odes à la Reine, Malherbe identifie la Régente «mythologisée» avec Athéna. Le choix des mots étrange de la deuxième strophe, où les «brutales perfidies» engendreront des maladies sans guérison, s'explique par une allusion à Marie de Médicis qui, comme Athéna, a le pouvoir d'accorder la santé et d'éloigner la maladie.

III   Qui ne pensait que les Furies
       Viendraient des abîmes d'Enfer
       En[71] de nouvelles barbaries
       Employer la flamme et le fer,
       Qu'un débordement de licence
       Ferait souffrir à l'innocence
       Toute sorte de cruautés[72]?
       Et que nos malheurs seraient pires
       Que naguère sous les Busires[73]
       Que cet Hercule avait domptés?   30

IV   Toutefois, depuis l'infortune
       De cet abominable jour,
       A peine la quatrième lune
       Achève de faire son tour,
       Et la France a les destinées
       Pour elle tellement tournées
       Contre les vents séditieux[74],
       Qu'au lieu de craindre la tempête[75],
       Il semble que jamais sa tête
       Ne fut plus voisine des Cieux.   40

---

71. par.
72. Inhumanité, férocité, tyrannie.
73. Tyran d'Egypte qui sacrifiait les voyageurs étrangers à Zeus.
74. David Lee Rubin, qui examine les images spatiales de cette ode, est d'avis que «The winds are 'séditieux' in the sense that they defy the limits of force and velocity imposed upon them by nature». Néanmoins, aidée par le destin, la Régente les vaincra et inaugurera, par son pouvoir magique, l'Age d'Or. (*Higher, Hidden Order: Design and Meaning in the Odes of Malherbe*, Chapel Hill: The University of North Carolina Press, 1972, p. 92).
75. «La tempête» et son antithèse «le port» et «la bonace» apparaissent vingt-quatre fois dans les odes officielles du poète, probablement pour indiquer la paix assurée par la continuité de l'ordre souverain.

François de Malherbe (1555–1628)

V   Au delà des bords de la Meuse,
L'Allemagne a vu nos guerriers,
Par une conquête fameuse[76]
Se couvrir le front de lauriers.
Tout a fléchi sous leur menace;
L'aigle même leur a fait place,
Et les regardant approcher,
Comme lions à qui tout cède,
N'a point eu de meilleur remède
Que de fuir, et se cacher.   50

VI   Reine qui pleine de charmes[77]
Pour toute sorte d'accidents,
As borné le flux de nos larmes
En ces miracles évidents,
Que peut la fortune publique
Te vouer d'assez magnifique,
Si mise au rang des immortels
Dont ta vertu suit les exemples,
Tu n'as avec eux dans nos temples,
Des images, et des autels[78]?   60

---

76. Allusion à la prise de Juliers, le 1er septembre 1610, par le maréchal de La Châtre. Rubens s'est inspiré des images de cette strophe (et aussi de celles des strophes II et III) pour peindre une série de tableaux, qui sont exposés au Louvre. «Le treizième tableau nous montre la Renommée couronnant de lauriers la Reine en manteau fleurdelisé, tandis que l'aigle impérial s'enfuit» (Raymond Lebègue, «Malherbe et Rubens», *Revue Archéologique*, XXII, 1944, p. 59).
77. Conjurations.
78. «Rien sur terre n'est plus grand ou plus haut et proche de Dieu que la majesté des rois», déclarait Jean Bodin, un contemporain de Malherbe qui, le premier, avança la théorie de la souveraineté. Pour Bodin le souverain était «une image de Dieu»; Malherbe l'associait à des «temples» et à des «autels». «Tant que mon dos aura des ailes, son image aura des autels». Dans cette apostrophe à la Reine, où il porte l'attention sur la source de cette bonace et non plus sur la condition de la France, les idées de Malherbe coïncident exactement avec celles du vieux légiste Bodin. (Cf. J.U. Lewis, «Jean Bodin's Logic of Sovereignty», *Political Studies*, Oxford, XVI, June 1968, pp. 205-222.)

VII   Que saurait enseigner aux Princes
Le grand Démon[79] qui les instruit,
Dont ta sagesse en nos provinces
Chaque jour n'épande[80] le fruit?
Et qui justement ne peut dire,
A te voir régir[81] cet empire,
Que si ton heur[82] était pareil
A tes adorables mérites,
Tu ferais dedans ses limites
Lever et coucher le Soleil?   70

VIII   Le soin qui reste à nos pensées,
O bel Astre, c'est que toujours
Nos félicités commencées
Puissent continuer leur cours:
Tout nous rit, et notre navire
A la bonace qu'il désire:
Mais si quelque injure du Sort
Provoquait l'ire de Neptune,
Quel excès d'heureuse fortune
Nous garantirait de la mort?   80

IX   Assez de funestes batailles
Et de carnages inhumains
Ont fait en nos propres entrailles
Rougir nos déloyales mains;
Donne ordre que sous ton Génie[83]
Se termine cette manie:
Et que las de perpétuer
Une si longue malveillance,
Nous employons notre vaillance
Ailleurs qu'à nous entretuer.   90

---

79. Génie, esprit, cf. le démon de Socrate.
80. Répandre.
81. David Lee Rubin remarque que «the sense that Malherbe attaches to the word includes but goes beyond the common definition…Malherbe also recalls the etymological meaning, 'to impose order and value'». (Op. cit., p. 91).
82. Bonne fortune.
83. Démon tutélaire. Génie signifie aussi l'art de défendre un endroit. Dans cette ode c'est la deuxième allusion à Athène, protectrice des cités.

X   La Discorde aux crins de couleuvres[84],
     Peste fatale aux potentats,
     Ne finit ses tragiques œuvres
     Qu'en la fin même des Etats.
     D'elle naquit la frénésie
     De la Grèce contre l'Asie:
     Et d'elle prirent le flambeau
     Dont ils désolèrent leur terre,
     Les deux frères de qui la guerre
     Ne cessa point dans le tombeau.   100

XI   C'est en la paix que toutes choses
     Succèdent selon nos desirs:
     Comme au printemps naissent les roses,
     En la paix naissent les plaisirs;
     Elle met les pompes aux villes,
     Donne aux champs les moissons fertiles:
     Et de la majesté des Lois
     Appuyant les pouvoirs suprêmes,
     Fait demeurer les diadèmes
     Fermes sur la tête des Rois.   110

XII Ce sera dessous cette Egide[85]
     Qu'invincible de tous côtés
     Tu verras ces peuples sans bride
     Obéir à tes volontés:
     Et surmontant leur espérance,
     Remettras en telle assurance
     Leur salut, qui fut déploré,
     Que vivre au siècle de Marie,
     Sans mensonge et sans flatterie,
     Sera vivre au siècle doré[86].   120

---

84. Malherbe élargit la vision virgilienne de la Guerre entrevue dans l'Enfer: «*vipereum crinem vittis innexa cruentis*». *Enéïde*, VI, v. 280-281). A cette vision il superpose l'image d'une destruction totale par la guerre de Troie (v. 96) et celle de la guerre fraticide de Thèbes (v. 99).
85. Allusion à Athène qui colore l'ode entière.
86. Pour Malherbe l'Age d'Or n'est pas un mythe du passé, mais une promesse de l'avenir, une conséquence inévitable de la souveraineté.

XIII	Les Muses, les neuf belles Fées,	
	Dont les bois suivent les chansons,	
	Rempliront de nouveaux Orphées	
	La troupe de leurs nourrissons:	
	Tous les voeux seront de te plaire;	
	Et si ta faveur tutélaire	
	Fait signe de les avouer,	
	Jamais ne partit de leurs veilles	
	Rien qui se compare aux merveilles	
	Qu'elles feront pour te louer.	130
XIV	En cette hautaine entreprise,	
	Commune à tous les beaux esprits,	
	Plus ardent qu'un athlète à Pise[87],	
	Je me ferai quitter le prix[88]:	
	Et quand j'aurai peint ton image,	
	Quiconque verra mon ouvrage	
	Avouera que Fontainebleau,	
	Le Louvre, ni les Tuileries,	
	En leurs superbes galeries	
	N'ont point un si riche tableau.	140
	Apollon à portes ouvertes	
	Laisse indifféremment cueillir	
	Les belles feuilles toujours vertes	
	Qui gardent les noms de vieillir;	
	Mais l'Art d'en faire des Couronnes,	
	N'est pas su de toutes personnes;	
	Et trois ou quatre seulement,	
	Au nombre desquels on me range,	
	Peuvent donner une louange	
	Qui demeure éternellement[89].	150

(M.G., G.J.)

---

87. Ville ancienne du Péloponnèse, près d'Olympe, où se célébraient les jeux olympiques.
88. Gagner le premier rang.
89. S'attribuer l'immortalité n'est pas une expression d'arrogance, c'est observer une ancienne tradition poétique que Pétrarque a transmise aux poètes de la Renaissance. Malherbe donne un nouveau sens à un lieu commun en s'identifiant avec les forces de l'ordre dont il partage la gloire.

François de Malherbe (1555–1628)

Sur la Mort du Fils de l'Auteur[90]
Sonnet

Que mon fils ait perdu sa dépouille mortelle[91],
Ce fils qui fut si brave[92], et que j'aimai si fort:
Je ne l'impute point à l'injure du sort,
Puisque finir à l'homme est chose naturelle[93].

Mais que de deux marauds[94] la surprise infidèle[95]   5
Ait terminé ses jours d'une tragique mort,
En cela ma douleur n'a point de réconfort[96];
Et tous mes sentiments sont d'accord avec elle.

O mon Dieu, mon Sauveur, puisque par la raison
Le trouble de mon âme étant sans guérison,   10
Le voeu de la vengeance est un voeu légitime[97];

Fais que de ton appui je sois fortifié;
Ta justice t'en prie et les auteurs du crime
Sont fils de ces bourreaux qui t'ont crucifié[98].

---

90. En 1627 Marc-Antoine le dernier fils du poète, alors âgé de soixante-douze ans, fut tué dans une querelle avec deux autres jeunes gens. Dans la «Consolation à Monsieur du Périer» Malherbe passe d'un cœur léger sur la perte de ses deux autres fils avec stoïcisme, et pourtant ce sonnet est imprégné d'un sentiment paternel passionné.
91. Il est sous-entendu que son fils n'a pas perdu son âme immortelle, un point que Malherbe doit préciser dès le début s'il doit faire appel à Dieu.
92. Qui a beaucoup de valeur, de courage.
93. Le vers est en accord à la fois avec le stoïcisme chrétien et avec celui de Sénèque.
94. Vils et impudents coquins. Paul de Fortia, Seigneur de Piles et Gaspar de Bovet, baron de Bormes sont déshonorés par cette épithète et par conséquent il ne leur est plus permis de faire passer la mort de Marc-Antoine pour une «affaire d'honneur».
95. Malherbe renforce ici l'image de «maraud» en faisant croire qu'il s'agissait d'un guet-apens. La certitude du fait n'est pas prouvée, mais l'adjectif «infidèle» avec sa triple connotation de trahison d'un ami, de déloyauté envers le roi, et d'impiété prépare le terrain pour sa supplication à Dieu aussi bien qu'au roi.
96. On ne s'attend pas à la résignation des stoïques ni des chrétiens devant un mal réparable.
97. Malherbe admet franchement son désir de vengeance—il n'est pas aveuglé par la passion—mais il prouve dans cette circonstance la légitimité de son désir non stoïque et non chrétien.
98. Le lecteur moderne considère comme une injustice suprême le geste de solliciter Dieu pour qu'il considère une telle coïncidence, mais pour Malherbe et ses contemporains, ce serait le point culminant d'une fusion de la doctrine chrétienne, du stoïcisme et de la douleur paternelle.

CHARLES-TIMOLÉON DE BEAUXONCLES (1560?-1611)
SIEUR SE SIGOGNE

Mona Tobin Houston

La biographie de Sigogne n'est pas très riche, se réduisant à quelques dates vérifiées, à des anecdotes dans les mémoires de l'époque, et à des allusions personnelles dans des poèmes, soit de Sigogne, soit d'autrui, auxquelles il serait peu prudent de se fier.

Charles-Timoléon de Beauxoncles, sieur de Sigogne (le nom s'écrit de toutes les façons possibles) naquit probablement vers 1560 et passa son enfance à Dieppe. Il participa aux guerres de religion du côté de la Ligue; en 1590 pourtant, lors de la bataille d'Ivry, il se rendit, en compagnie de trois autres ligueurs, à Sully, et se constitua son prisonnier. A partir de cette date, l'ancien ligueur dépendra de la faveur du roi Henri IV.

En 1593 Sigogne se maria. C'est probablement vers cette même date qu'il obtint le gouvernement du Dunois et de Chateaudun, où il ne paraît pas être resté longtemps, car Sigogne était entré dans les grâces du roi et se trouvait avant 1600 souvent à la cour. Il est mêlé à la liaison du roi et d'Henriette d'Entragues, Marquise de Verneuil, écrivant des lettres et des poèmes au nom du roi. Vers 1603 il devint gouverneur de Dieppe. En 1604 le complot que trament la Marquise de Verneuil, son père, et son frère contre le roi est éventé; le roi, pourtant, ne peut pas ne pas accorder le pardon à sa bien-aimée mais pose des conditions à sa grâce. Sigogne était un de ceux choisis pour transmettre les messages au roi. Cette période de faveur prit fin subitement: lors d'une perquisition chez la Marquise on découvrit des *poulets* écrits par Sigogne qui semble y avoir parlé plus en son propre nom qu'au nom du roi. Le roi lui ordonna de regagner Dieppe (janvier 1605). Les invectives féroces où l'on accuse Sigogne de tous les péchés semblent dater de cette période de disgrâce. A Dieppe, Sigogne a dû se consoler en menant une vie de débauche et de prodigalité; il organisait des fêtes publiques très coûteuses. Quand le roi eut pardonné sa maîtresse, Sigogne demanda lui aussi à être pardonné. Après quelques hésitations, le roi lui accorda son pardon.

Sigogne, pourtant, ne vivra plus à la cour: la favorite ayant été supplantée, il resta à Dieppe, si l'on excepte quelques voyages dans la capitale. Il vient à Paris pour le couronnement: le 13 mai 1610. Le lendemain, Henri IV est assassiné. Sigogne part à toute vitesse pour sa citadelle de Dieppe, où il rallie la population à la couronne. Il meurt à Dieppe en 1611.

Des poèmes de Sigogne font leur apparition à partir de 1600 dans des recueils collectifs alors très à la mode: *La Muse Folastre* (1600), *Le Parnasse,* tome II (1607), et *Les Muses gaillardes* (1609). Des recueils qui paraissent entre 1614 et 1632 continuent à publier des poèmes de Sigogne.

L'œuvre de Sigogne frappe par la vigueur du langage et la férocité de l'invective. C'est une poésie hautement personnelle où il n'est point question de vices en général mais d'individus bien déterminés. L'interprétation des poèmes est d'autant plus difficile que les cibles sont peu connues ou inidentifiables. Nous savons, par exemple, qu'une Charlotte du Tillet, une vieille fille à la cour, mêlée aux amours de la Marquise de Verneuil et du roi, est la bête noire de Sigogne et que bon nombre des poèmes sur les vieilles ont Mlle du Tillet pour cible. Mais même ces poèmes sont souvent obscurs parce que nous savons si peu sur la vie de cette personne.

Ce qui nous intéresse dans ces poèmes, c'est le processus poétique qui les informe. Les poèmes de Sigogne constituent, le plus souvent, des entassements de détails, qui donnent une impression de profusion, d'excès même et d'incohérence. Les procédés sont souvent d'une extrême simplicité: surtout dans les poèmes plus longs, on trouve des accumulations d'observations minutieuses aboutissant à une sorte de pointe ou de concetto, assez souvent une obscénité. Certains poèmes sont construits de façon plutôt schématique. Par exemple, «Contre une Vieille Courtisane» se compose de 15 sixains sur la décrépitude hideuse d'une femme autrefois belle. Après deux sixains qui presentent ce contraste, les sixains sont tous divisés en deux parties représantant respectivement le passé et le présent et y sont passés en revue les cheveux, la voix, les yeux, la bouche et ainsi de suite. Un autre poème de dix sixains suit un schéma grammatical: chaque sixain commence par «Quand je voy» suivi de la mention d'une partie du corps, et le terme de comparaison est présenté par «je pense voir» ou «je me figure». D'autres poèmes ont une structure plus dramatique, soit pour le fond ou pour la forme: dialogue, combat, scènes d'action. L'impression d'incohérence est due, souvent, au manque de renseignements sur les personnes visées et sur les événements auxquels l'auteur fait allusion. Parfois un mot n'existe plus ou a changé de sens, ou bien l'objet qui est un terme de comparaison a disparu.

Sigogne ressemble à ses contemporains satiriques par son obscénité, par le vocabulaire, et par le choix des sujets. Les poèmes sur un objet («L'anatomie du manteau de court»), sur une partie du corps («Sur le nez d'un courtisan»), les satires contre les vieilles abondent dans les recueils satiriques. Sigogne, qui est sans rival en matière d'obscénité, nous intéresse parce qu'on pressent dans cette profusion parfois gênante et franchement désagréable, une cohérence dans l'incohérence, un principe organisateur qui est l'associationnisme. Nous sommes en présence d'un esprit violent et fantasque, extrêmement usuel d'ailleurs, pour qui chaque image a une espèce de pouvoir générateur, entrâinant d'autres images.

L'œuvre de Sigogne comprend 73 poèmes publiés entre 1600 et 1620 sous son nom. Excluons les onze épigrammes de 4 à 18 vers pour établir une statistique qui ne sera pas inutile.

Pour ce qui concerne les sujets: plus de la moitié (35) ont pour sujet les femmes. L'œuvre de Sigogne comprend un poème sans intention satirique, cinq curieux poemes marqués par une virtuosité verbale qui semble être leur seule fin; deux poèmes sur des objets, quatre sur des parties du corps, douze poèmes qui visent les hommes, et trois sur les maladies vénériennes.

En ce qui concerne la prosodie, l'œuvre de Sigogne montre une grande variété. Les formes courtes représentent environ 30 pour cent de l'œuvre: 14 sonnets plus 7 poèmes (de 20 à 30 vers) composés de quatrains ou de sixains. Il y a 17 pièces de 32 à 60 vers, 12 poèmes de 66 à 102 vers; 10 poèmes de 108 à 200 vers, un poème de 222 et un de 284.

Les sonnets mis à part, Sigogne semble préférer le sixain comme strophe: il y a 30 poèmes où il utilise cette forme contre 8 poèmes en quatrains et 10 poèmes non-strophiques. L'octosyllabe est le vers préféré de Sigogne, suivi par l'alexandrin. Bien que Sigogne semble avoir une prédilection pour les formes plus étendues, et ce sont souvent ses longs poèmes qui ont le plus frappé les lecteurs, on peut dire que les formes plus courtes sont d'une organisation plus serrée et révèlent des effets poétiques plus denses et plus brillants. Pour montrer la variété et la qualité de la poésie de Sigogne, j'ai fait mon choix de poèmes parmi ces formes plus compactes.

Ce qui distingue Sigogne des autres poètes qu'on trouve dans les recueils satiriques, c'est la violence dans l'invective, une certaine démonologie et certaines images particulièrement frappantes.

Les fréquentes allusions aux sorcières, aux démons, à l'enfer qu'on rencontre chez Sigogne semblent dépasser l'emploi de ces termes comme épithètes conventionnelles: ces allusions représentent, le plus souvent, un point culminant d'horreur et de dégoût dans le mouvement du poème.

Parmi les procédés frappants il faut signaler l'emploi fréquent de la transformation de la personne, généralement une femme, en objet: cette réification (et non la simple comparaison avec un objet, très fréquente elle aussi) est souvent le point culminant d'une série de comparaisons, d'analogues ou d'invectives.

Parmi les images les plus remarquables chez Sigogne, il faut mentionner la petitesse, la minceur et la sécheresse vues comme des aspects méprisables de la personne, et la transparence et la maigreur dans l'image saisissante de la personne transformée en lanterne. On a souvent dit que la source de cette image se trouve chez le poète italien Berni, qui avait écrit que quelqu'un était une lanterne vive sous une forme humaine; on a prétendu que Sigogne n'avait fait que délayer son modèle. Chez Sigogne, au contraire, la transformation en lanterne est risible ou bien cruellement concrète et pleine d'horreur.

Une autre particularité frappante peut être vu dans l'emploi très fréquent que fait Sigogne des poissons, des fruits de mer, et d'autres objets marins comme termes de comparaison: le gouverneur de Dieppe connaissait bien ses brochets, morues, merlans, moules, fanals et falots.

Nos poèmes ont été tirés, ainsi que les faits biographiques, de l'édition et de la notice préliminaire des *Œuvres satyriques* du Sieur de Sigogne faite par Fernand Fleuret et Louis Perceau (Paris, 1920).

Sigogne a peu attiré l'attention critique: il faut mentionner un article d'Arnaldo Pizzorusso «Per un commento a Sigogne», publié d'abord dans les *Studi in Onore di*

Charles-Timoléon de Beauxoncles (1560?–1611)

Italo Siciliano, tome 2 (1967) et réédité, avec des modifications insignifiantes, dans *Da Montaigne a Baudelaire,* pages 143-152 (Rome, 1971). Voir aussi D. L. Rubin, *The Knot of Artifice* (1981), pages 77-88.

LECTURES SUPPLÉMENTAIRES:
La Satire contre une dame maigre
Le Pourpoint
Satyre contre une dame sorcière qui frayait avec le Diable
Le Testament du Vérolé
Stances Satyriques contre l'Olivâtre Perrette
Fantaisie

SONNET

Ce corps défiguré, bâti d'os et de nerfs,
Couvert d'un parchemin où l'horreur est écrite,
Qui fait voir au travers une flamme illicite,
Peut servir de lanterne à descendre aux enfers.

Et ce cœur, tout rongé de mille et mille vers, 5
Que la vengeance prend lors que l'amour le quitte,
Où l'inceste, le meurtre et la fureur habite[1],
Où les forfaits commis se montrent découverts.

Qui a vu d'un tel corps une telle âme hôtesse?
Corps infect et défait, âme fausse et traîtresse. 10
Sans être désunis vous passerez là-bas,

Et si vous nous restez, semence de désordre,
C'est que de vous l'enfer ne veut encore pas,
Et la mort sur vos os ne peut trouver que mordre[2]!

---

1. *habite:* accord pour la rime plutôt que pour le sens qui veut *habitent.*
2. *que mordre:* de quoi mordre.

Mepris

I	Pourceau le plus cher d'Epicure[3], Qui, contre les lois de nature, Tournez vos pages à l'envers, Et qui, pris aux chaînes du vice, Vous plongez dedans le délice, J'ai du limbe entendu vos vers[4] !	6
II	Vous dites que j'ai fait la poule[5] Et des dames fendu la foule, De mon maître le messager, Mais votre courage de verre Vous rend une poule à la guerre Et un lièvre dans le danger.	12
III	Si j'ai fait d'amour le Message, Je n'ai point violé l'usage Ni la coutume de la cour; Mais vous allez fuyant les dames, Et, brûlant d'exécrables flammes, Aux hommes vous faites l'amour.	18
IV	Quittez votre inutile épée Qui ne fut oncque au sang trempée, Dont le nom vous fait tant de peur; Suivez le destin de votre âme: Prenez la robe d'une femme, Puisque vous en avez le cœur!	24
V	Valet aux gages de la panse, Vous ramenez Sodome en France: Qui en doute, vous fait grand tort: Vous tremblez au seul bruit des armes, Mourant de frayeur aux alarmes, Et vous bravez un homme mort.	30

---

3. Ce terme est pris, abusivement, pour signifier celui qui s'adonne au plaisir des sens. Il vient de la quatrième épître d'Horace «Me pinguem et nitidum bene curata cute uises, / cum rider uoles, Epicuri de grege porcum».
4. Sigogne répond par ce poème à une satire écrite contre lui où l'auteur feint que Sigogne soit mort.
5. *faire la poule:* faire le lâche.

VI	Du limbe, toute l'assemblée De vos lubricités troublée, Vous prie de vous convertir, Sinon, Dieu, qui brûla Gomorrhe, Vous en fera sentir encore Le supplice et le repentir.	36
VII	Dauphin des Cités abîmées[6] Par l'ire du ciel enflammées, Aux vieux siècles de l'âge d'or, Venez aux maisons criminelles De l'Enfer, régner dessus elles, Vous et votre beau Melliflor[7].	42

STANCES

I	Cette petite Dame au visage de cire, Ce manche de couteau propre à nous faire rire, Qui a l'oeil et le port d'un antique rebec[8], Mérite un coup de bec.	4
II	Elle a la bouche et l'oeil d'une chatte malade, L'Auguste majesté d'une vieille salade[9]; Sa petite personne et son corps de brochet Ressemble un trébuchet[10].	8
III	La voyant pâle et triste en sa blancheur coiffée, Les Dieux de nos ruisseaux l'estiment une Fée, Les autres un lapin revenu d'un bouillon, Ou bien un papillon.	12

---

6. *abîmées:* précipitées dans l'abîme.
7. *Mellifor:* semble être un nom de convention pour un jeune élégant.
8. *rebec:* sorte de viole primitive, à archet et à trois cordes. Il existe aussi à cette époque un terme d'opprobre *visage de rebec*, visage à l'air pincé, personne insignifiante.
9. *salade:* casque porté par les cavaliers aux XVe et XVIe siècles.
10. *trébuchet:* piège pour prendre les petits oiseaux, et qui consiste en une cage dont la partie supérieure bascule dans la cage l'oiseau qui s'y pose pour prendre des grains. La forme de la cage suggère la jupe gonflée.

IV	Le moindre petit vent pour soulager sa peine,
	Comme vent de lutins la porte à la fontaine,
	Car elle pèse moins, la Nymphe[11] du Jardin,
	Que son vertugadin[12]. 16

V	Je consacre en ces vers sa tête de linotte,
	Afin que tous les fols en fassent leur marotte,
	Et veux que de son corps, mistement[13] Damoiseau[14],
	On en fasse un fuseau. 20

SONNET

Magot[15], en vous peignant, je vous pince sans rire[16];
Assurez-vous la grâce, à ce coup c'est de bon,
Je vous veux crayonner sur la peau d'un jambon,
Et faire mon pinceau de l'ergot d'un Satyre.

Je vous fais les sourcils de goudron de navire,   5
L'oeil de coque de moule, et les dents de charbon,
Le front de merlus[17] cuit, la barbe d'un chardon,
La bouche d'une éponge et les joues de cire.

L'oreille de la peau d'une chauve-souris;
L'éclat de votre teint, de crotte de Paris;   10
Et puis, je vous veux mettre en taille douce et fine,

---

11. *Nymphe:* ce mot est souvent employé ironiquement pour *femme*.
12. *vertugadin:* bourrelet pour faire bouffer la jupe autour des hanches; la jupe ou la robe munie de ce bourrelet.
13. *mistement:* nettement, gaiement, gentiment, joliment, comme un mignon, ingénieusement.
14. *Damoiseau:* jeune galant; élégant; jeune efféminé. Ces mots sont extrêmement difficiles à interpréter: «son corps, ingénieusement comme celui d'un galant élégant» ne correspond guère au mouvement du poème.
15. *Magot:* une sorte de singe, mis ici pour le nom de la cible de la satire. Ce poème, qui ressemble à d'autres poèmes satiriques, où le poète énumère les parties du corps de la dame en question pour les comparer à quelque chose de laid ou de désagréable, en diffère par le fait qu'il ressemble à ces portraits de la Renaissance où les fruits ou les légumes sont disposés de façon à composer le portrait.
16. *pince sans rire:* jeu qui consiste à garder son sérieux pendant qu'on barbouille le visage d'une personne en le pinçant avec les doigts noircis de charbon ou d'encre.
17. *merlus:* colin.

Au bout d'un grand bâton, ainsi qu'un Papegai[18],
Afin que tout passant, le premier jour de Mai[19],
Salisse d'un crachat votre mauvaise mine.

Sonnet

Elle a beaucoup de l'air d'une antique Marotte;
Son teint est délicat comme un vieux brodequin[20],
Son corps est embonpoint[21] autant qu'un mannequin,
Et chemine aussi gai comme un lièvre qui trotte.

Elle parle en oison qui jase dans la crotte; 5
Elle rit en guenon qui a son vert coquin[22];
Elle sent aussi bon que fait un vieux bouquin,
Et tient sa gravité comme un âne qu'on frotte;

Son chant approche fort d'un geai pris à la glu;
Amoureuse est à voir comme un plat de merlu[23], 10
Gaillarde comme un chat qui gambade en gouttière:

Bref, c'est un marmouset[24] habillé d'un rabat[25],
Un balai écourté d'une vieille sorcière,
Car qui la monterait irait droit au Sabat!

---

18. *Papegai:* perroquet. Il s'agit d'un perroquet de bois, mis au bout d'une perche ou en haut d'un grand arbre ou d'un clocher pour servir de but à un tir annuel. Ceux qui frappent les ailes et celui qui fait tomber l'oiseau étaient exempts de la taille pour un an et recevaient, lors de cet exploit, des titres également pour l'année à venir: le Chevalier, le Baron, et le Roy du Papegay.
19. *premier jour de Mai:* date de fêtes populaires et très probablement celle du tir sur le papegai. Quand Sigogne devint gouverneur de Dieppe, il établit un tir sur le papegai le troisième dimanche de mai.
20. *brodequin:* le mot a ici son sens de botte souple, chaussure montante d'étoffe ou de cuir.
21. *embonpoint:* malgré sa forme nominale, ce mot est employé ici avec son sens adverbial: *en bon point.*
22. *vert coquin:* il faut lire *ver coquin,* le nom donné a un parasite du cerveau de quelques bêtes, particulièrement du mouton, et qui cause le *tournis,* une maladie qui se manifeste par le tournoiement de la bête atteinte. La définition de Cotgrave nous apprend que ce vers était supposé attaquer l'homme et le rendre capricieux et fantasque.
23. *merlu:* poisson osseux, voisin de la morue, appelé colin à Paris.
24. *marmouset:* figurine grotesque.
25. *rabat:* linge uni ou à dentelle attaché au col du pourpoint.

Sonnet

Ce ne sont que des os, des nerfs, des peaux, du plâtre;
On la ferait servir à Rouen de falot[26]
Et de bride au mulet de monsieur Amelot[27].
Cependant, elle croit que chacun l'idolâtre.

Vieille, modérez-vous, sans faire la folâtre   5
Vous avez le cuir[28] sec comme du camelot[29].
Vos bras doux à toucher comme une anse de pot,
Et riez justement comme un bouc que l'on châtre.

Sans mouiller le patin[30], le moindre petit vent
Vous ferait traverser la grand'mer de Levant[31];   10
Je vous condamne à mort cette vieille morue:

Qu'on fasse l'échafaud d'un pied de trébuchet[32],
Mettez-vous à genou, tendez le col de grue,
Qu'on vous tranche la tête avecques un jonchet[33].

---

26. Richelet définit *falot* comme «lanterne au bout d'un bâton, ou d'un grand manche de bois»; Cotgrave est plus exact, nous apprenant qu'il s'agit d'une lanterne en forme de petite cage de fer, à l'intérieur de laquelle on brûlait du bois, du charbon, ou des cordes tressées et enduites de poix. Ces lanternes étaient placées au bout d'un bâton, en haut d'un édifice ou bien suspendues d'un toit. *Servir à Rouen de falot* suggère l'emploi comme fanal pour guider les vaisseaux. On retiendra l'idée de l'extrême maigreur de la femme et de sa comparaison avec un objet.
27. *Amelot:* Ce personnage nous reste inconnu.
28. *cuir:* peau.
29. *camelot:* étoffe faite de poil de chèvre, mêlé de laine ou de soie.
30. *patin:* chaussure de femme à semelle très haute, faite de liège.
31. *grand'mer de Levant;* la Méditerranée.
32. *trébuchet:* petite balance à plateaux. Le pied serait donc le support central.
33. *jonchet:* bâtonnet de bois, d'os, d'ivoire utilisé dans le jeu qui consiste à laisser tomber pêle-mêle ces bâtonnets sur une table pour les retirer un à un avec un petit crochet sans faire remuer les autres.

Charles-Timoléon de Beauxoncles (1560?–1611)

Satyre Contre Une Dame

I   Sèche pièce de bois, triste ordonnance d'os,
Ventre maigre et fleuri[34], vieux râtelier du dos,
Portrait vif de la mort, portrait mort de la vie,
Fantôme qui paraît sous un masque trompeur,
Qui fait craindre la crainte, et fait peur à la peur,
Et détourne l'envie, à la même d'une envie[35];   6

II   Maigre défiguré[36] qui n'a rien que la peau,
Encores une peau qui n'est que de drapeau[37],
Une peau qui se fronce en cent rides altières,
Une peau dont le teint, tout cuit, et tout hallé,
Ressemble, épouvantable, au parchemin collé
Dessus un test[38] de mort, qu'on trouve aux cimetières;   12

III   Charogne sans couleurs, dépouille du tombeau,
Carcasse déterrée, atteinte d'un Corbeau,
Semblable aux visions que nous a fait le somme:
Tu es quelque vieil corps dans la neige fondu,
Ou un corps de sorcier à un gibet pendu,
Qu'un démon a vêtu[39] pour faire peur à l'homme.   18

IV   Si quelqu'un, transporté d'un courroux violent,
Te mettait dans le ventre un flambeau tout ardent,
Pour faire de ton corps une épreuve nouvelle,
Au travers de ton flanc on verrait la clarté,
Comme dans un falot[40], parmi l'obscurité,
Au travers d'une Corne[41] on voit une chandelle!   24

---

34. *fleuri:* couvert de boutons.
35. Ce vers obscur, que les éditeurs de Sigogne, succombant à la tentation d'y voir un parallèle avec le vers précédent, glosent «l'auteur veut dire qu'elle fait envie à l'Envie» donne, grammaticalement, plutôt quelque chose comme: Et elle détourne l'Envie de son chemin ordinaire, à la même façon qu'une représentation allégorique de l'envie.
36. *défiguré:* le masculin est sans doute une erreur: la cible de ce poème, comme de tous les poèmes de Sigogne de ce genre est une femme.
37. *drapeau:* drap, généralement de lin.
38. *test:* crâne.
39. *vêtu:* revêtu, c'est-à-dire, un corps ranimé par un démon qui y est entré.
40. *falot:* pris ici dans le sens de lanterne portative.
41. *une Corne:* des lamelles de corne étaient utilisées pour les parois de lanternes.

SONNET

Ce manteau de damas à grand'figure plate,
Sur le corps délicat comme dents de râteau,
Fait ainsi que l'ardoise au faîte d'un château,
Car il ne couvre rien que la chétive latte.

Quand son doigt de fétu la chatouille ou la gratte, 5
De son corps résonnant[42] comme fonds de bateau,
Comme clochettes font sous le coup d'un marteau,
Dans l'oreille et partout un petit bruit éclate.

Elle ressemble aux coqs qui gardent les clochers[43];
Je veux qu'on la balance[44] avec un jeu d'échers[45], 10
Passez-lui sous l'épaule un long brin de fougère,

Levez du petit doigt pour en prendre le poids;
Les échets[46] vont à bas, la vieille est plus légère,
Elle ne pèse pas la coque d'une noix!

---

42. Le texte porte *raisonnant*.
43. *clochers:* les girouettes.
44. *balance:* compare.
45. *échers:* échecs.
46. *échets:* échecs.

Mathurin Régnier (1573-1613)

Susan Tiefenbrun

Boileau a immortalisé Régnier tout en soutenant le caractère classique de son œuvre audacieuse: «Le célèbre Régnier est le poète français qui, du consentement de tout le monde, a le mieux connu, avant Molière, les moeurs et les caractères des hommes».

Régnier naît en 1573. Il est tonsuré et envoyé au collège où il apprend assez de latin pour traduire Ovide et Horace. Bientôt son oncle Desportes, personnage de grande réputation et influence à la cour, se charge de sa vie. En 1587 le Cardinal de Joyeuse emmène Régnier à la cour de Rome à titre de page, et, pendant ces dix ans de service insupportables, Régnier trouve le moyen de recevoir une initiation poétique auprès de son oncle. Là, il profite des leçons de cet érudit abbé et de sa bibliothèque chargée de chefs-d'œuvre de la Pléiade. En 1605 Régnier se décide à quitter le cardinal et son emploi de secrétaire afin de pouvoir multiplier les visites à son oncle. Durant les mois qui précèdent la mort de Desportes (octobre 1606), Régnier écrit un grand nombre d'œuvres qui vont lui assurer une place importante à la cour. C'est pendant cette période féconde que Régnier compose les *Satires* IV, V et VII à IX, ainsi que le *Discours au roi,* qui est présenté au roi quelques mois après l'arrivée de Malherbe à la cour. Les deux poètes sont invités à entrer au Cabinet royal, mais ils se brouillent peu après, lors de la célèbre «affaire du potage». La légende rapporte que Régnier, gravement lésé par le testament de Desportes, traîne dès lors une vie misérable dans les cabarets et les tavernes où se tenaient les réunions d'un cénacle satirique auquel il appartenait. En fait, après la mort de Desportes le satirique reçoit une large pension du roi, grâce à l'intervention d'un certain marquis de Cœuvres, conseiller des amours royales, personnage d'un rang élevé et de moeurs douteuses. Un autre ami qui aura une influence considérable sur la vie et sur l'œuvre poétique de Régnier est Philippe Hurault de Cheverny, abbé commendataire de Royaumont. C'est dans l'abbaye de Royaumont que Régnier, chanoine de Chartres depuis juillet 1609, retrouve d'autres poètes restés fidèles aux traditions de l'humanisme, poètes fort différents de ces bas rimeurs méprisables, tels qu'on les retrouve dans *Macette* sous les traits du poète crotté au pourpoint en lambeaux. Et pourtant on peut discerner les effets du cercle de Royaumont dans la composition de *Macette:* «Prenez-moi ces abbés, ces fils de financiers... On trouve bien la cour dedans un monastère».

Selon la légende, Régnier meurt le 16 octobre 1613 d'une maladie dont il ne faut pas parler et qui lui vaut la réputation inexacte de poète débraillé par contraste avec son confrère Malherbe. Bien qu'on fasse souvent la comparaison entre la discipline de Malherbe, qui annonce l'âge classique, et la liberté de Régnier, qui se rattache plutôt au siècle précédent, les *Satires* témoignent de l'effort constant de ce dernier pour élever la satire à la dignité d'un genre littéraire légitime. C'était *La Défense et l'illustration de la langue française* qui, en proscrivant le style vulgaire et en préconisant le lyrisme, avait détourné les esprits littéraires de la satire, laquelle exige en premier lieu le réalisme dans la peinture de la vie familiale. L'œuvre de Régnier est une poésie savante qui relie les deux traits essentiels de la satire antique: lieux communs de morale et tableaux de moeurs. Selon la tradition de la rhétorique et d'après les règles du *laus et vituperatio,* la satire se doit de corriger les moeurs douteuses grâce à un style assez libre et parfois mélangé qui loue la vertu et blâme les vices ainsi que la folie humaine.

L'auteur de *Macette* est considéré comme l'un des représentants de la coulée gauloise. Il préfère le «souverain style» de Ronsard et le courant littéraire issu de Rabelais. Tout en restant fidèle à la tradition des humanistes, Régnier imite les satiriques moralistes grecs et surtout les latins, Perse et Juvénal. Quelques satires rivalisent avec celles d'Horace, d'autres sont adaptées d'Ovide. Son souci de se relier à la grande tradition classique se manifeste dans la forme de ses poèmes. Ayant écarté l'octosyllabe, il adopte l'alexandrin qui se rapproche le plus des satiriques latins. Régnier respecte les anciens, la souplesse de leur style, le bon sens de leur morale. Quand il dénonce Malherbe, c'est précisément son goût de la nouveauté qu'il attaque, les excès de sa raison exigeante, et le joug que les modernes prétendaient imposer à la poésie française. Par contraste avec les modernes, Régnier adopte une construction bien plus libre, remplie d'archaïsmes, de maximes, et de proverbes qui font un contraste vif avec les langages techniques de la justice, de l'agriculture, et de la finance qui s'y trouvent également. C'est une poésie pittoresque, haute en couleurs, qui ne recule pas devant certaines obscénités. Le mouvement rapide du style, l'abondance des exemples, la concision des idées, et la démarche hardie se fondent sur la *satura* latine.

Il n'y a aucun doute que la *Satire XIII* est non seulement la plus belle du recueil mais un chef-d'œuvre du genre. Quant à Macette, entremetteuse de l'époque de Henri IV et fausse dévote, sa représentation littéraire incarne l'hypocrisie éternelle. Le portrait de Macette se développe en trois parties et contient trois voix différentes sinon contradictoires: celle d'un auteur qui loue Macette (v. 1-36, 37-50), celle de Macette qui propose une vie de courtisane à une jeune fille sage et silencieuse à laquelle le narrateur caché s'intéresse particulièrement (v. 51-108, 109-273), et finalement celle du satirique furieux qui attaque le vice du genre de vie proposé par Macette (v. 274-282). Le poème constitue une veritable démonstration de gymnastique verbale. Le satirique manipule aisément des mots à significations multiples, des superpositions métaphoriques, et des ironies dramatiques et verbales, tout en transformant le rôle du lecteur d'observateur passif à celui de créateur poétique à la recherche de sens profonds.

Mathurin Régnier (1573–1613)

Les Satires ont été souvent rééditées et les grandes éditions de notre époque sont celle de E. Courbet (1875), J. Plattard (1930), et Gabriel Raibaud (1958); les notes de ce dernier m'ont été particulièrement précieuses pendant le rétablissement en français moderne de son édition du texte. Citons aussi l'édition de Violet le Duc, surtout pour son «Histoire de la Satire», celle de Lucien Dubech, pour son introduction, celles de Brossette (1729), Poitevin (1860), et Barthélémy (1862) pour les notes, et celle de Louis Lacour (1937). Quant aux études consacrées à Régnier, il y en a malheureusement très peu. Mentionnons *La Bibliographie de M. Régnier* par H. Cherrier (Paris, 1884) et surtout *Mathurin Régnier,* la thèse de Joseph Vianey (Paris: Hachette, 1896). Il faut citer aussi *La Macette de Régnier,* étude importante de Ferdinand Brunot (Paris: Société Nouvelle de Librairie et d'Edition, 1900); un court article de J. Coriden Lyons, «Notes on Mathurin Régnier's Macette», *Studies in Philology* 28 (1931), 301-305, Robert Aulotte, *Mathurin Régnier, Les Satires* (Paris: SEDES, 1983); Petra Strien-Bourmer, *Mathurin Régnier und die Verssatire seit der Pleiade* (Paris: Biblio 17, 1992); et finalement mon analyse «Régnier's Macette. A Semiotic Study of Satire», *Semiotica* 13 (1976), 131-153, reprise dans *Signs of the Hidden* (La Haye: Rodopi, 1980), Strien-Bourmer, Petra. *Mathurin Régnier und die Verssattire* seit *der Pléiade*. Paris, Seattle: PFSCL, 1992.

Satire XIII

Macette

La fameuse Macette[1] à la Cour si connue,
Qui s'est aux lieux d'honneur[2] en crédit maintenue
Et qui, depuis dix ans, jusqu'en ces derniers jours[3],
A soutenu le prix en l'escrime[4] d'amours,
Lasse enfin de servir au peuple de quintaine[5],   5

---

1. Macette: diminutif de Thomasse. Ce prénom désigne dans *La Muse Folastre* (1ère édition, 1603, *Proverbes d'amour*) une dame experte aux trafics d'amour. Voir le nom «Macette» qui figure parmi les membres du bordel dans la satire précédente (v. 113). La connotation négative du nom rend le qualificatif «fameuse» assez ironique.
2. Lieux d'honneur. Cf. Satire XII, 19 «logis d'honneur». Cette signification de connotation favorable permet un jeu de mots sur l'expression «au lieu d'honneur» qui aurait pour but de dévaloriser Macette. Ce contraste sémantique est soutenu par la dualité du terme «crédit», qui signifie non seulement un aspect de l'honnêteté (valeur, honneur) mais la confiance dans la solvabilité de quelqu'un.
3. Depuis l'âge de dix ans jusqu'en ces derniers temps. (Note de Raibaud).
4. Un exercice par lequel on apprend l'art de manier l'arme blanche (épée, fleuret, sabre). Cette métaphore du jeu («l'escrime d'amours») constitue le commencement d'une superposition sémantique de deux codes, celui de l'amour et celui de la guerre.
5. Au jeu de la quintaine, un cavalier devait de sa lance frapper en son milieu l'écu que tenait un mannequin; s'il manquait son coup, c'est l'homme de bois qui, en pivotant, le frappait de son épée. Au sens libre, cf. Maynard, Contre une vieille, *Cabinet satirique* I, 441. (Note de Raibaud).

N'étant passe-volant[6], soldat ni capitaine,
Depuis les plus chétifs[7] jusque aux plus fendants[8]
Qu'elle n'ait déconfit[9] et mis dessus les dents,
Lasse, dis-je[10], et non soûle[11] enfin s'est retirée
Et n'a plus autre objet que la voûte éthérée[12] ;   10
Elle qui n'eut, avant que[13] pleurer son délit[14],
Autre ciel pour objet que le ciel de son lit,
A changé de courage et confite[15] en détresse
Imite avec ses pleurs la sainte pécheresse[16],
Donnant des saintes lois à son affection,   15

---

6. Faux soldat, homme placé frauduleusement dans un corps de troupes par un officier pour grossir l'effectif et obtenir indûment des crédits. (*Dictionnaire du français classique*, Dubois et Lagane).
7. Vils, misérables, sans valeur.
8. Fanfarons, malins; métonymie dérivée du gérondif «fendant» qui signifiait en escrime le coup donné du haut en bas. Ce mot reprend la métaphore du jeu introduite au vers 4 par «l'escrime» et continuée par «la quintaine» (vers 5).
9. «Ce mot est vieux et ne peut être reçu que dans le burlesque. Il signifie défaire, battre, et tailler en pièces quelques troupes de gens de guerre». (*Dictionnaire*, Richelet, 1680) Son emploi au sens figuré de ruiner, abattre ou épuiser est confirmé dans l'expression suivante «mettre dessus les dents» qui veut dire accabler où épuiser.
10. La voix singulière du poète satirique s'affirme et se distingue de celle de Macette dont le discours est presque toujours blasphématoire mais jamais entièrement faux.
11. Non satisfaite. Expl. étym.: Latin *satullus*, qui a suffisamment, à satiété. Cette expression légèrement vulgaire reprend le code de l'amour implicite dans le nom même de Macette (cf. Note 1).
12. La voûte éthérée: voûte des cieux, métaphore précieuse. Voilà la fin d'un immense développement soutenu depuis le premier vers afin de définir «la fameuse Macette». Cette reconstruction d'un cliché poétique («la voûte des cieux»), périphrase métonymique de Dieu, donne un ton légèrement ironique dont l'effet poétique est renforcé par la signification double du terme éthérée qui veut dire «surnaturel» ainsi que «sublime».
13. Avant de.
14. Ensemble des fautes; en latin théologique: *delictum*.
15. Sens fig. (1538)—être confite dans la piété, en dévotion. *Confiteor*, une prière de la liturgie catholique commençant par ce mot qui veut dire «je confesse».
16. Madeleine.

Elle a mis son amour[17] à la dévotion,
Sans art elle s'habille et simple en contenance,
Son teint mortifié prêche la continence
Clergesse[18] elle fait jà[19] la leçon aux prêcheurs,
Elle lit saint Bernard, la Guide des Pécheurs[20],   20
Les Méditations de la mère Thérèse[21],
Sait que c'est qu'hypostase[22] avec syndérèse[23],
Jour et nuit elle va de couvent en couvent,
Visite les saints lieux, se confesse souvent,
A des cas réservés grandes intelligences,   25
Sait du nom de Jésus[24] et toutes les indulgences,
Que valent chapelets, grains bénits enfilés[25],
Et l'ordre du cordon des pères Récollets[26].
Loin du monde elle fait sa demeure et son gîte,
Son œil tout pénitent ne pleure qu'eau bénite,   30
Enfin c'est un exemple, en ce siècle tortu,
D'amour, de charité, d'honneur et de vertu.
Pour béate[27] partout le peuple la renomme,
Et la Gazette même a déjà dit à Rome[28],
La voyant aimer Dieu et la chair maîtriser   35

---

17. Elle a mis son amour comme on met un aliment à une sauce. C'est dans la juxtaposition choquante du code spirituel (amour, dévotion) au code matériel (de la cuisine) que réside l'ironie verbale de la satire.
18. «Oudin explique fort bien ce mot en espagnol par *muger docta*, et en italien *donna sacienta, ô dotta*, femme savante. Selon Borel on a dit 'clergesse' pour savante...parce qu'il n'y avait autrefois que les gens de l'Eglise qui étudiassent». (Note de l'Edition Poitevin).
19. déjà.
20. Sermons, méditations et divers traités de Saint Bernard, traduits pendant la deuxième moitié du XVIème siècle. *La Guide des Pécheurs,* ouvrage de Louis de Grenade (1570) traduit en fançais en 1574 et 1577; encore considéré un «bon livre» au temps de *L'Ecole des Maris*.
21. Les méditations sur le Pater soulèverent l'enthousiasme des âmes pieuses; *La Vie de la mère Thérèse* (canonisée en 1622) était considérée «La Bible des Bigottes» (L'Estoile, Reg. j. de Henri IV, 2 juillet 1606).
22. Terme de théologie qui signifie «personne». «Il n'y a qu'une nature en Dieu, il y a trois hypostases». (Trévoux, cité dans l'Edition Poitevin).
23. Terme de dévotion qui signifie «remords».
24. Allusion à la confrérie du nom de Jésus, en l'église Saint Gervais.
25. Du Perron rapporta de Rome des indulgences «desquelles les plus grands catholiques se moquaient. Elles portaient ce titre: Indulgence octroyée par N.S.P. le pape Clément VIII aux chapelets, grains, croisettes, rosaires...» (L'Estoile, Reg.j. septembre 1595).
26. Il s'agit de la confrérie du cordon de Saint François «instituée en mémoire du lien dont J. Christ fut attaché» (Richelet). Ce cordon peut être porté par des laïcs affiliés aux Récollets, religieux franciscains.
27. La béatification est le premier degré vers la sainteté, c'est-à-dire, la canonisation.
28. Deux Gazettes apparaissent au début du XVIIe siècle, celle de Marcellin Allard (1604) et celle de J. Petit (Rouen, 1609). Il s'agit ici d'une gazette romaine.

Qu'on n'attend que sa mort pour la canoniser.
Moi-même qui ne crois de léger aux merveilles,
Qui reproche[29] souvent mes yeux et mes oreilles,
La voyant si changée en un temps si subit,
Je crus qu'elle l'était d'âme comme d'habit,   40
Que Dieu la retirait d'une faute si grande,
Et disais à part moi: «Mal vit qui ne s'amende».
Jà déjà[30] tout dévot, contrit[31] et pénitent,
J'étais à son exemple ému d'en faire autant,
Quand par arrêt du Ciel qui hait l'hypocrisie,   45
Au logis d'une fille où j'ai ma fantaisie,
N'ayant pas tout à fait mis fin à ses vieux tours[32]
La vieille me rendit témoin de ses discours.
Tapi[33] dans un recoin et couvert d'une porte,
J'entendis son propos, qui fut de cette sorte: 50
«Ma fille, Dieu vous garde[34] et vous veuille bénir;
Si je vous veux du mal, qu'il me puisse advenir!
Qu'[35] eussiez-vous tout le bien dont le Ciel vous est chiche[36]!
L'ayant[37] je n'en serai plus pauvre ni plus riche;
Car n'étant plus du monde[38] au bien je ne prétends,   55

---

29. Terme de droit qui veut dire «récuser» (dans le contexte des témoins).
30. Tout d'un coup.
31. Celui qui est profondément touché du sentiment de ses péchés.
32. Cette litote constitue la préparation rhétorique du renversement du portrait favorable de la vieille Macette pure et pieuse présenté par un narrateur satirique. Ce renversement, qui produit l'ironie dramatique de la satire, est réalisé d'une part par la présence cachée de ce narrateur qui n'est pas omniscient et qui s'intéresse particulièrement à la réception du discours de Macette, et d'autre part, par la présence moins cachée du lecteur-voyeur qui observe le scénario sans y participer.
33. Caché, dans une posture ramassée, et d'une manière plus ou moins menaçante.
34. «Dieu vous garde» est une salutation d'entrée. Ces propos délicats à double sens continuent le code religieux de la bénédiction tout en évoquant le langage courtois de Macette, trafiqueuse d'amour.
35. «Que» était fréquent dans les phrases optatives.
36. Le ciel vous est chiche = Dieu qui répugne à dépenser ce qu'il faudrait.
37. Si vous l'aviez. Macette tâche de paraître sincère, désintéressée, détrouée au bien-être de cette jeune fille qui est l'objet du désir du narrateur caché dans un coin. Dans cette situation fort comique (qui rappelle le triangle Orgon-Tartuffe-Elmire dans la scène célèbre de l'Acte IV où Tartuffe essaie de séduire Elmire, tandis qu'Orgon cache sa présence), il y a une superposition des codes religieux, économiques, et érotiques.
38. Du monde «matériel» par rapport au monde spirituel ou religieux, auquel Macette prétend

Mathurin Régnier (1573–1613)

Ou bien si j'en désire, en l'autre je l'attends;
D'autre chose ici-bas le bon Dieu je ne prie:
A propos, savez-vous? on dit qu'on vous marie;
Je sais bien votre cas: un homme grand, adroit[39],
Riche et Dieu sait s'il a tout ce qu'il vous faudrait!   60
Il vous aime si fort: Aussi[40] pourquoi ma fille,
Ne vous aimerait-il? Vous êtes si gentille,
Si mignonne et si belle et d'un regard si doux
Que la beauté plus grande est laide auprès de vous.
Mais tout ne répond pas au trait de ce visage   65
Plus vermeil qu'une rose et plus beau qu'un image[41].
Vous devriez, étant belle, avoir de beaux habits,
Eclater de satin, de perles, de rubis.
Le grand regret que j'ai! Non pas, à Dieu ne plaise,
Que j'en ai de vous voir belle et bien à votre aise,   70
Mais pour moi je voudrais que vous eussiez au moins
Ce qui peut en amour satisfaire à vos soins[42],
Que ceci fût de soie et non pas d'étamine.
Ma foi, les beaux habits servent bien à la mine;
On a beau s'agencer[43] et faire les doux yeux,   75
Quand on est bien paré on en est toujours mieux:
Mais sans avoir du bien que sert la renommée?
C'est une vanité confusément semée
Dans l'esprit des humains, un mal d'opinion[44],
Un faux germe avorté dans notre affection[45].   80

---

appartenir.
39. Qui a des manières aisées; bien tourné (Cotgrave).
40. Mais aussi; d'ailleurs.
41. Le nom *image*, normalement féminin, est parfois employé au masculin. Cf. *Astrée*, *Stances*, II, 305 «Je les adore...non pas comme un'image;».
42. Aux soucis que vous vous faites pour être si belle.
43. *S'agencer* est employé ici au sens étymologique, «se rendre gente, ou gentille», dont la connotation négative de duplicité est confirmée par l'expression suivante «faire les doux yeux».
44. Un mal qui ne demeure qu'en l'opinion.
45. On suit la métaphore filée de l'enfantement dans les lexèmes semée, un *mal*, un faux *germe* et *avorté*. Un faux germe, c'est un mauvais germe qui ne parvient pas à terme et avorte. Le mot «semée» suggère une conception, et «le mal d'opinion» correspond au mal d'enfantement. «Affection», c'est la sensibilité.

Ces vieux contes d'honneur dont on repaît[46] les dames
Ne sont que des appas pour les débiles âmes
Qui sans choix de raison ont le cerveau perclus.
L'honneur est un vieux saint que l'on ne chôme plus[47];
Il ne sert plus de rien, sinon d'un peu d'excuse   85
Et de sot entretien pour ceux-là qu'on amuse,
Ou d'honnête refus quand on ne veut aimer;
Il est bon en discours pour se faire estimer;
Mais au fond c'est abus; sans excepter personne,
La sage le sait vendre où la sotte le[48] donne.   90
Ma fille, c'est par là qu'il vous en faut avoir[49];
Nos biens comme nos maux sont en notre pouvoir,
Fille qui sait son monde a saison opportune,
Chacun est artisan de sa bonne fortune,
Le malheur par conduite au bonheur cédera.   95
Aidez-vous seulement et Dieu vous aidera.
Combien, pour avoir mis leur honneur en séquestre,
Ont-elles aux atours échangé le limestre[50]
Et dans les plus hauts rangs élevé leurs maris?
Ma fille, c'est ainsi que l'on vit à Paris,   100
Et la veuve aussi bien comme[51] la mariée,
Celle est chaste, sans plus,[52] qui n'en[53] est point priée.
Toutes au fait d'amour se chaussent en un point[54],
Et Jeanne que-tu-sais[55], dont on ne parle point,
Qui fait si doucement la simple et la discrète,   105

---

46. Se dit des hommes en marche et des chevaux. «Repaître» est employé ici au sens figuré d'entretenir, occuper, amuser.
47. Vers très célèbre ayant une formule concise et ironique à la manière de la Rochefoucauld. Cette maxime prend la forme d'une équation (l'honneur est…) qui démolit une tradition respectée (la sainteté, l'honneur) par l'emploi du négatif (ne…plus) ainsi que l'épithète péjorative (vieux). Chômer un saint veut dire célébrer une fête par la cessation du travail.
48. D'après Brunot *le* représente «honneur», sujet de tout le passage. *Le* est un pronom impersonnel. (Cf. Brunot, *La Macette de Régnier,* Paris: Société nouvelle de librairie, 1900).
49. Avoir de l'argent. (Oudin, *Curiositez françoises pour supplément aux Dictionnaires,* Paris: A. de Sommaville, 1640).
50. *Echanger à:* syntaxe usuelle. On appelait «atours» un chaperon de femme. Avec le limestre, serge grossière, on faisait des coiffes très simples.
51. *comme: que.*
52. *Sans plus:* et aucune autre (Brunot).
53. *En,* pronom impersonnel, correspond à *le,* vers 90.
54. Se chausser un point: sont «de même humeur, volonté, nature» (Oudin, *Cur.* 91). Le point est la marque faite sur une règle de cordonnier pour prendre mesure.
55. Formule passe-partout qu'on employait pour éviter de désigner plus précisément une personne. Cette évasion verbale fait un vif contraste aux concrétisations précédentes telles que «se chaussent en un point».

Elle n'est pas plus chaste, ains[56] elle est plus secrète,
Elle a plus de respect, non moins de passion
Et cache ses amours[57] sous sa discrétion.
Moi-même, croiriez-vous, pour être plus âgée,
Que ma part, comme on dit[58], en fût déjà mangée? 110
Non, ma foi[59], je me sens et dedans et dehors
Et mon bas peut encore user deux ou trois corps.
Mais chaque âge a son temps: selon le drap la robe[60];
Ce qu'un temps on a trop, en l'autre on le dérobe:
Etant jeune, j'ai su bien user des plaisirs, 115
Ores[61] j'ai d'autres soins en semblables désirs;
Je peux passer mon temps et couvrir le mystère,
On trouve bien[62] la cour dedans un monastère
Et après maint essai enfin j'ai reconnu
Qu'un homme comme un autre est un moine tout nu; 120
Puis, outre le saint voeu qui sert de couverture,
Ils sont trop obligés au secret de nature[63]
Et savent plus discrets apporter en aimant,
Avec moins d'éclat plus de contentement.
C'est pourquoi déguisant les bouillons de mon âme, 125
D'un long habit de cendre enveloppant ma flamme[64],
Je cache mon dessein aux plaisir adonné;
Le péché que l'on cache est demi pardonné[65],
La faute seulement ne gît en la défense[66],
Le scandale et l'opprobre est[67] cause de l'offense; 130

---

56. Ainsi. Le vieux mot est retenu pour le compte de syllabes.
57. Le pluriel est à remarquer. La fréquence de ses rapports amoureux est le signe d'un manque de sincérité.
58. *Comme on dit* prouve que l'expression «en manger la part» était en effet locution proverbiale.
59. *Ma foi:* expression populaire. Macette pouvait jouer ici sur le sens propre du terme «foi».
60. Les proverbes et les maximes abondent dans le discours de Macette qui en dérive des effets humoristiques en les renouvelant (eg. v. 180).
61. *Or (ore, ores):* maintenant, présentement.
62. Ce vers qui résume l'hypocrisie de la vie religieuse achève toute sa force satirique dans le petit mot «bien».
63. Ils sont par nature liés (obligés) au secret. «Secret» qui reprend «couverture» du vers précédent affirme le code du masque établi dès le début du poème.
64. L'habit gris (cendre) que portaient les religieux était symbole de passions éteintes.
65. Ces propos blasphématoires nous rappellent la morale pernicieuse que Tartuffe propose à Elmire dans l'acte IV, scène V:
  Le scandale du monde est ce qui fait l'offense,
  Et ce n'est pas pécher que pécher en silence (1505-6).
66. La faute existe seulement dans la défense. Voilà une attaque subtile du système judiciaire souvent satirisé par les poètes.
67. Personne ne semble être choqué par l'emploi du verbe au singulier. Voir le même procédé au vers 186.

Pourvu qu'on ne le sache il n'importe comment,
Qui peut dire que non ne pèche nullement;
Puis la bonté du Ciel nos offenses surpasse:
Pourvu qu'on se confesse on a toujours sa grâce;
Il donne quelque chose à notre passion; 135
Et qui jeune n'a pas grande dévotion,
Il faut que pour le monde à la feindre il s'exerce:
C'est entre les dévots un étrange commerce,
Un trafic par lequel, au joli temps qui court,
Toute affaire fâcheuse est facile à la Cour. 140
Je sais bien que votre âge, encore jeune et tendre,
Ne peut ainsi que moi ces mystères comprendre;
Mais vous devrez, ma fille, en l'âge où je vous vois,
Etre riche, contente, avoir fort bien de quoi,
Et pompeuse en habits, fine, accorte[68] et rusée, 145
Reluire de joyaux ainsi qu'une épousée.
Il faut faire vertu de la nécessité:
Qui sait vivre ici bas n'a jamais pauvreté;
Puisqu'elle[69] vous défend des dorures l'usage,
Il faut que les brillants soient en votre visage, 150
Que votre bonne grâce en acquière pour vous:
Se voir du bien, ma fille, il n'est rien de si doux,
S'enrichir de bonne heure est une grand'sagesse,
Tout chemin d'acquérir se ferme à la vieillesse
A qui ne reste rien, avec la pauvreté 155
Qu'un regret épineux d'avoir jadis été,
Où[70] lorsqu'on a du bien, il n'est si décrépite[71]
Qui ne trouve (en donnant) couvercle à sa marmite.
Non, non, faites l'amour, et vendez aux amants
Vos accueils, vos baisers et vos embrassements; 160
C'est gloire et non pas honte, en cette douce peine,
Des acquêts de son lit accroître son domaine;
Vendez ces doux regards, ces attraits, ces appas,
Vous-même vendez-vous, mais ne vous livrez pas;
Conservez-vous l'esprit, gardez votre franchise, 165

---

68. Mot vieux et littéraire qui veut dire gracieux et vif, ou habile. L'adjectif «rusée» semble en confirmer plutôt le deuxième sens.
69. *elle:* vertu.
70. Tandis que, comme au vers 90.
71. Qui est dans une extrême déchéance physique, usé, vieux.

Prenez tout s'il se peut, ne soyez jamais prise.
Celle qui par amour s'engage en ces malheurs,
Pour un petit plaisir a cent mille douleurs;
Puis un homme au déduit[72] ne vous peut satisfaire,
Et quand, plus vigoureux, il le pourrait bien faire,   170
Il faut tondre[73] sur tout et changer à l'instant,
L'envie en est bien moindre et le gain plus contant.
Surtout soyez de vous la maîtresse et la dame[74];
Faites, s'il est possible, un miroir de votre âme,
Qui reçoit tous objets et tout contant[75] les perd;   175
Fuyez ce qui vous nuit, aimez ce qui vous sert,
Faites profit de tout et même de vos pertes;
A prendre sagement ayez les mains ouvertes,
Ne faites, s'il se peut, jamais présent ni don,
Si ce n'est d'un chabot pour avoir un gardon[76].   180
Parfois on peut donner pour les galants attraire[77],
A ces petits présents[78] je ne suis pas contraire,
Pourvu que ce ne soit que pour les amorcer[79]:
Les fines en donnant se doivent efforcer
A faire que l'esprit et que la gentillesse   185

---

72. *Au déduit:* divertissement, jeux amoureux, plaisir. Expression «du style le plus simple» (*Dictionnaire français,* Richelet, 1680).
73. Employé au sens figuré de dépouiller, couper à ras, égaliser en coupant. Le mot «tondre» ouvre la voie au code économique qui continuera dans le vers suivant («moindre...le gain plus contant»).
74. Redoublement d'une expression très fréquente pour indiquer la domination complète. Cf. Godard, *Les Amours de Lucrèce,* 1594, p. 185: «Je veux estre de moy la dame et la maistresse». L'emploi du mot «dame» dans ce sens date du moyen âge.
75. *Tout contant:* qui prend tout avec indifférence (Cotgrave).
76. Un chabot est un poisson à grosse tête, dont une espèce vit près des côtes rocheuses. C'est cette allusion géographique qui communique au lecteur la connotation négative inhérente au mot. Un gardon est un poisson qui vit dans les eaux douces, d'où la connotation positive par rapport au chabot.
77. Attirer par les appâts. Ce mot n'est guère en usage.
78. Au XVIe siècle les présents étaient mutuels. Cf. Brantôme, *Dames galantes,* Vigneau, 83-84.
79. Ce verbe continue la métaphore filée du poisson (*chabot, gardon, attraire* un poisson avec l'*amorce*).

Fasse estimer les dons et non pas la richesse[80].
Pour vous, estimez plus qui plus vous donnera,
Vous gouvernant ainsi, Dieu vous assistera;
Au reste, n'épargnez ni Gautier ni Garguille[81];
Qui se trouvera pris, je vous pri' qu'on l'étrille[82];   190
Il n'est que d'en avoir[83], le bien est toujours bien,
Et ne vous doit chaloir[84] ni de qui, ni combien.
Prenez à toutes mains, ma fille, et vous souvienne[85]
Que le gain a bon goût, de quelque endroit qu'il vienne;
Estimez vos amants selon le revenu: 195
Qui donnera le plus, qu'il soit le mieux venu;
Laissez la mine à part, prenez garde à la somme;
Riche vilain vaut mieux que pauvre gentilhomme:
Je ne juge pour moi les gens sur ce qu'ils sont,
Mais selon le profit et le bien qu'ils me font.   200
Quand l'argent est mêlé, l'on ne peut reconnaître
Celui du serviteur d'avec celui du maître;
L'argent d'un cordon bleu[86] n'est pas d'autre façon
Que celui d'un fripier ou d'un aide à maçon.
Que le plus ou le moins y mette différence   205

---

80. Selon les gens cultivés (les fines) l'esprit et la gentillesse du donateur valorisent le don.
81. *Gautier et Garguille:* toutes sortes de personnes. «Gautier et Gargouille étaient deux bouffons qui jouaient dans les farces, avant que le théâtre français ne fût perfectionné. Leurs noms ont passé en proverbe pour signifier des personnes méprisables et sans distinction» (Note de Brossette).
82. *Qu'on l'étrille:* qu'on le dépouille; loger à l'étrille, c'était être en danger de se faire écorcher par l'hôte (Brunot). Le code économique, signe linguistique du système financier élaboré par Macette, se manifeste dans l'expression «étriller» qui veut dire, par extension, faire payer trop cher à un client.
83. Avoir du bien, avoir de l'argent.
84. S'échauffer pour. Il m'en chaut: cela m'importe, cela m'intéresse. L'ambiguïté de ce sens réside non seulement dans l'emploi du zeugma (Il...ne vous doit chaloir), mais dans l'antéposition du verbe «prendre» au vers 190. La phrase veut dire: ni de qui que vous preniez, ni combien, cela ne doit pas vous chaloir, car il fait bon d'avoir.
85. L'emploi exhortatoire du subjonctif signifie «souvenez-vous!».
86. On appelait *Cordon bleu* un chevalier de l'ordre du Saint-Esprit, fondé en 1578 par Henri III, et réservé aux grands dignitaires.

Mathurin Régnier (1573-1613)

> Et tienne seulement la partie en souffrance[87],
> Que vous rétablirez du jour au lendemain;
> Et toujours retenez le bon bout à la main[88]
> De crainte que le temps ne détruise l'affaire.
> Il faut suivre de près le bien que l'on diffère   210
> Et ne le différer qu'en tant que l'on ne peut,
> On se puisse aisément rétablir quand on veut[89].
> Tous ces beaux suffisants[90], dont la Cour est semée,
> Ne sont que triacleurs[91] et vendeurs de fumée,
> Ils sont beaux, bien peignés, belle barbe au menton,   215
> Mais quand il faut payer, au diantre le teston[92]!
> Et faisant des mourants[93] et de l'âme saisie,
> Ils croient qu'on leur doit pour rien la courtoisie;
> Mais c'est pour leur beau nez! Le puits n'est pas commun[94]
> Si j'en avais un cent, ils n'en auraient pas un[95].   220

87. *En souffrance:* en suspens; marchandises qui sont en souffrance sont celles qui n'ont pas été retirées. La partie (c'est-à-dire l'article d'un compte) est mise en souffrance quand on en diffère le paiement. Macette veut dire: Si la somme promise est importante, on peut accorder un délai; mais à la première injonction (du jour au lendemain) le débiteur sera astreint à rétablir cette partie en souffrance. Selon Brunot le verbe «rétablir» n'est pas le mot qui convient exactement ici. On le dit d'un article rayé et non d'un article en souffrance.
88. Allusion au bon bout du fil que la fileuse ne doit pas perdre sous peine d'embrouiller son travail. L'allusion sexuelle de cette métaphore crée une ambiguïté favorable à l'établissement des effets d'ironie. «Le bien que l'on diffère», «la partie en souffrance», «le bon bout», et «l'affaire» sont des termes suffisamment polysémiques pour permettre des significations multiples qui jouent sur la sexualité et le protocole des finances.
89. Vers embarrassé:
> «Et ne le différer qu'en tant que l'on le peut
> Aisément rétablir aussitôt qu'on le veut»
> (Note de Brossette).

Il faut comprendre: Ne le différer que si on peut le rétablir tout de suite, ou en tant qu'il se puisse éventuellement rétablir.
90. L'adjectif *beaux* crée un effet d'ironie mordante, confirmé par l'emploi de la métaphore agricole *(semée)* qui, dans le contexte de la cour, aurait une nuance péjorative et dénigrante.
91. *Triacleurs* (pour thériacleurs): vendeurs de thériaque, onguent de charlatan.
92. *Teston:* monnaie d'argent que portait d'un côté la tête du roi. *Au diantre le teston:* pas d'argent!
93. *Mourants:* soupirants. Il s'agit des amoureux transis dont Régnier a fait ailleurs un portrait.
94. Locution proverbiale.
95. Image hyperbolique qui explique le proverbe précédent.

Et le poète crotté[96] avec sa mine austère,
Vous diriez à le voir que c'est un secrétaire,
Il va mélancolique et les yeux abaissés,
Comme un sire[97] qui plaint[98] ses parents trépassés;
Mais Dieu sait, c'est un homme aussi bien que les autres: 225
Jamais on ne lui voit aux mains des patenôtres,
Il hante en mauvais lieux; gardez-vous de cela,
Non, si j'étais de vous, je le planterai là.
Et bien? il parle livre[99], il a le mot pour rire;
Mais au reste après tout, c'est un homme à satire[100]; 230
Vous croiriez, à le voir, qu'il vous dût adorer;
Gardez[101], il ne faut rien pour vous déshonorer.
Ces hommes médisants ont le feu sous la lèvre[102],
Ils sont matelineurs[103], prompts à prendre la chèvre[104],
Et tournent leurs humeurs en bizarres façons, 235
Puis ils ne donnent rien si ce n'est des chansons[105];
Mais non, ma fille, non; qui veut vivre à son aise,
Il ne faut simplement un ami qui vous plaise,
Mais qui puisse au plaisir joindre l'utilité;
En amour autrement c'est imbécilité; 240

---

96. *Le poète crotté*, un cliché de l'époque qui veut dire le poète gueux, sale, pauvre. Une note intéressante de Brossette: «C'est Régnier lui-même». Voir *Le Poète crotté* de Saint-Amant (*Œuvres*, t. III, p. 32.)
97. *Sire* pouvait avoir un sens très effacé, voisin de *homme*, s'appliquant au vulgaire et aux marchands. Cf. Montaigne, I, ch. 54.
98. Pleure.
99. *Il parle livre*, c'est-à-dire comme un livre. Cf. *Satire VII*, 117: «Que l'autre parle livre et fasse des merveilles».
100. Comme Régnier, et peut-être comme le narrateur «tapi dans un recoin» «au logis d'une fille où (il a) sa fantaisie». Les lecteurs peuvent apprécier l'ironie dramatique dans la réaction suspendue du narrateur silencieux, qui écoute ces paroles accusatrices sans y répondre.
101. Prenez garde (Nicot, *Dictionnaire François Latin,* Paris, J. du Puys, 1573).
102. La lèvre est la métonymie de la bouche, et le feu une puissance destructrice. Donc, Régnier, cet «homme à satire», veut dire que le mot (qui sort de la bouche) est tout puissant.
103. Fous. Matelineur est un mot formé de Matelin, dit ainsi par corruption de Maturin, saint auquel, par allusion à *matto* on avait coutume de vouer les fous.
104. *Prendre la chèvre* est une locution familière qui veut dire se fâcher, s'emporter.
105. *Des chansons*: des vers, et par allusion au sens figuré: payer des chansons, c'est-à-dire, ne rien donner. Voir la réponse célèbre de Dorine dans *Tartuffe:* «Chansons!». Le complément d'objet, qui attribue une connotation négative aux donateurs de chansons, achève ainsi une identité ironique des «hommes médisants» et «l'homme à satire», c'est-à-dire, à Régnier lui-même. Le satirique est toujours en train de blâmer et de louer à la fois, à cause de l'ambivalence ressentie envers l'objet de la critique qui est, en réalité, l'objet du désir. Voilà la source du jeu psychologique de la satire formelle.

Qui le fait à crédit[106] n'a pas grande ressource,
On y fait des amis mais peu d'argent en bourse.
Prenez-moi ces abbés, ces fils de financiers,
Dont depuis cinquante ans les pères usuriers,
Volant à toutes mains, ont mis en leur famille   245
Plus d'argent que le Roy n'en a dans la Bastille[107];
C'est là que votre main peut faire de beaux coups;
Je sais de ces gens-là qui languissent pour vous;
Car étant ainsi jeune en vos beautés parfaites,
Vous ne pouvez savoir tous les coups que vous faites,   250
Et les traits de vos yeux haut et bas élancés,
Belle, ne voient pas tous ceux que vous blessez;
Tel s'en vient plaindre à moi qui n'ose le vous dire,
Et tel vous rit de jour qui toute nuit soupire
Et se plaint de son mal, d'autant plus véhément   255
Que vos yeux sans dessein le font innocemment.
En amour l'innocence est un savant mystère
Pourvu que ce ne soit une innocence austère
Mais qui sache par art[108], donnant vie et trépas,
Feindre avec douceur qu'elle ne le sait pas: 260
Il faut aider ainsi la beauté naturelle,
L'innocence autrement est vertu criminelle,
Avec elle il nous faut et blesser[109] et guérir
Et parmi les plaisirs faire vivre et mourir.
Formez-vous des desseins dignes de vos mérites,   265

---

106. *A crédit:* pour rien (Littré). La reprise du code économique clôt structuralement la digression sur les poètes (vers 221-236).
107. En 1610, l'année de la mort de Henri IV, il y avait plus de quinze millions de livres d'argent comptant dans les chambres voûtées, coffres et caques de la Bastille (*Mémoires* de Sully, IVe partie, ch. 51).
108. *Par art:* par méthode, par un ensemble de procédés ou de principes. Il se dit parfois avec une nuance défavorable, de toutes les manières et inventions dont on se sert pour déguiser les choses. Cf. La Bruyère: «Deux sortes de gens fleurissent dans les cours…les libertins et les hypocrites, ceux-là gaiement, ouvertement, sans art et sans dissimulation; ceux-ci finement par des artifices, par la cabale» (*Les Caractères,* XVI, 26).
109. Frapper, toucher profondément. Ce lexème, qui appartient traditionnellement au code de la guerre, et qui au sens figuré en langage d'amour, constitue le noeud d'une intersection de deux codes métaphoriques (guerre et amour), dont les effets d'ironie sont ressentis pendant la lecture de la satire.

Toutes basses amours[110] sont pour vous trop petites,
Ayez dessein aux dieux; pour de moindres beautés
Ils ont laissé jadis les cieux déshabités»[111].
Durant tous ces discours, Dieu sait l'impatience[112]!
Mais comme elle a toujours l'œil à la défiance[113],   270
Tournant deça delà vers la porte où j'étais,
Elle vit en sursaut comme je l'écoutais;
Elle trousse bagage[114] et faisant la gentille:
«Je vous verrai demain. A Dieu, bon soir, ma fille».
- Ha, vieille, dis-je, qu'en mon cœur je maudis,   275
Est-ce là le chemin pour gagner Paradis?
Dieu te[115] donne pour guerdon[116] de tes œuvres si saintes
Que soient avant ta mort tes prunelles éteintes,
Ta maison découverte et sans feu tout l'hiver,
Avec tes voisins jour et nuit étriver[117]   280
Et traîner sans confort, triste et désespérée,
Une pauvre vieillesse et toujours altérée.

---

110. On peut prendre l'épithète «basses» en deux sens: économique et moral. Des basses amours sont celles qui sont de moindre valeur comme «bas argent», «bas or», ou «bas aloi». Des basses amours sont celles qui sont immorales.
111. Vieux mot pour dire inhabités, solitaires (Note de Brossette).
112. Un énoncé elliptique venant du pauvre «poète tapi dans un recoin», et qui va bientôt prononcer sa malédiction implacable contre Macette.
113. *Avoir l'œil à la défiance:* être en défiance.
114. *Trousser bagage*, qui veut dire «faire vite, expédier», constitue un jeu possible sur l'expression familière de «trousser les jupes d'une femme», c'est-à-dire les relever.
115. Ce tutoiement inapproprié transmet non seulement le mépris mais la haine du narrateur envers Macette.
116. Loyer, salaire, récompense. *Guerdon* est vieux et n'a plus d'usage que dans le burlesque. (*Dictionnaire de l'académie*, 1694).
117. Disputer, être en querelle, en procès. Les deux infinitifs, *étriver* et *traîner* figurent ici en vertu de l'ellipse du sujet et du verbe (Que tu puisses) dont l'énonciation est implicite.

JACQUES DU LORENS (1580-1655)

Perry Gethner

Jacques Du Lorens ou Du Laurens (1580-1655) naquit à Tillières-sur-Avre en Normandie. Après ses études de droit, il exerça la profession d'avocat au Parlement de Paris, puis à Chartres, où il épousa Geneviève Langlois, qui lui donna douze enfants. C'est par la famille de Geneviève qu'il recueillit la succession de la terre d'Oiré. Mais sa veine satirique lui suscita bientôt des ennemis, et la Cour lui infligea un blâme public. En 1613 il quitta Chartres et fut revêtu de la charge de bailli à Châteauneuf-en-Thimerais. Par la suite il devint lieutenant général du bailliage, puis président. Sa fortune, bien que modeste, lui permit de ramasser une grande bibiiothèque et une collection impressionnante de peintures et de sculptures, pour lesquelles il se passionnait.

Selon quelques-uns de ses contemporains, Du Lorens avait un naturel si méchant et si tracassier qu'il était constamment en querelle avec tout le monde, mais ce jugement est contestable. D'après le portrait qu'il nous trace dans ses écrits, c'était plutôt un homme franc, sincère et d'humeur facile. Par ailleurs, nous lui connaissons des amis de mérite: des patrons influents tels que le duc de Nevers, des poètes comme Rotrou, des artistes estimés comme Vignon et Biard. Comme satirique, il est beaucoup moins aigre et moins véhément—en somme plus souriant—que ses confrères mieux connus, Régnier et Boileau. Aimant la solitude, les livres, les arts, une vie simple et non affectée, et parfois le cabaret aussi, Du Lorens «est de tous les Satiriques l'un de ceux qui inspirent le plus de sympathie: son indignation n'est jamais feinte, sa brusquerie est comique et naturelle[1]». Il ne nomme presque jamais les personnes qu'il ridiculise et semble aimer le genre humain, tout en le critiquant.

A part quelques petits poèmes de circonstance, le corpus de Du Lorens se limite à une cinquantaine de satires et à un gros compendium judiciaire. La majorité des satires se trouvent dans les grands recueils de 1624 et de 1646. Si les textes de 1646 sont presque tous nouveaux, Du Lorens reprend quelques-uns des thèmes traités auparavant. Il y a par exemple deux satires contre le mariage, dont la première (la cinquième du recueil antérieur) est plus amère que celle que nous reproduisons, tirée du recueil de 1646.

Quant au caractère de la femme du poète, il est difficile de discerner l'apport des conventions misogynes de l'expérience vécue. Le poète note en 1624 l'acharnement de Geneviève à contrôler les dépenses et toutes les activités de son mari. D'ailleurs, nous dit-il, «elle fait autant de bruit que toutes les Ménades». Et l'épitaphe qu'il compose pour elle lui valut l'admiration de Boileau:

> Ci-gît ma femme: Ah! qu'elle est bien,
> Pour son repos et pour le mien!

Du Lorens ne semble pas pourtant s'être dégoûté du lien conjugal, car il se remaria en 1654, quelques mois avant de mourir. D'ailleurs, par contraste avec les autres grands satiriques du mariage, Juvénal et Boileau, il en parlait d'après l'expérience personnelle et gardait la capacité de se rire de lui-même, tout en faisant le procès au sexe féminin. Sa *Satire II* se distingue surtout par son caractère enjoué et badin, le langage relativement modeste et peu enflé, le goût des détails familiers et amusants, l'empreinte des traditions populaires et du christianisme, le vocabulaire judiciaire si naturel chez ce poète, et le refus de prendre les choses au tragique.

L'influence de notre poète sur ses successeurs est peu évidente. Pourtant un certain nombre de ressemblances verbales suggèrent que Boileau l'a lu, et la *Satire I* contre l'hypocrisie aurait pu inspirer Molière. Du Lorens reste en tout cas, sinon un génie, un des plus doués des satiriques français et un homme cultivé et aimable que le lecteur moderne se plaira à connaître.

C'est le 19e siècle qui redécouvrit Du Lorens et qui l'a réédité. D. Jouaust réimprima le recueil des *Satires* de 1624 (Paris, 1876), lui et Eugène Villemin, le recueil de 1646 (Paris, 1869), et Prosper Blanchemain, le petit recueil de 1633 (Genève, 1868). Quelques-uns des poèmes détachés furent réédités aussi: «La Moustache des filous arrachée» (in Edouard Fournier, *Variétés historiques et littéraires,* Paris, 1855, t. 11); «Satire contre les demi-savants» (in Edouard Tricotel, *Variétés bibliographiques,* Paris, 1863); «La Calotte» et «Epitaphe pour lui-même» (in Prosper Blanchemain, *Poètes et amoureuses du XVIe siècle,* Paris, 1877); «Satire du triomphe de Cypris», attribuée à Du Lorens (*Bibliophile fantaisiste,* Turin, 1869). La *Satire I* de 1646 figure dans l'anthologie de Fernand Fleuret et Louis Perceau, *Les Satires françaises du XVIIe siècle* (Paris, 1923, t. I). Fleuret et Perceau donnent une excellente bibliographie de notre poète. Malheureusement, la plupart de ces éditions sont presque introuvables aujourd'hui.

NOTE

1. Fleuret et Perceau, *Les Satires françaises du XVIIe siècle* (Paris: Garnier, 1923), I, xxxix.

Jacques du Lorens (1580–1655)

Satire II

Tout de bon, tu vas donc épouser la Donzelle,
Je ne demande point si tu la trouves belle,
Ce serait, MON AMI[2], te faire un sot discours
Puisqu'il n'est ce dit-on point de laides amours ;
Il vaudrait bien autant que tu t'allasses pendre, 5
Voire, mais tu n'es plus en état de m'entendre
Depuis qu'amour t'a mis dans son aveuglement
Tu fais sans marchander ce qu'il veut seulement,
Je parlerais en vain contre le mariage
Et pour t'en dégoûter je l'appellerais cage, 10
Collier spirituel, invisible lien,
Qui nous est figuré par ce nœud gordien[3],
N'était que c'en est fait, et qu'il s'en faut donc taire
Je l'appellerais joug et prison volontaire,
Je dirais qu'il est saint, je dirais qu'il est beau, 15
Toutefois qu'on n'en sort que par l'huis du tombeau,
Et si je n'évitais en mes discours le vice,
Qu'il n'a rien de si doux que le voeu qu'il finisse,
Car j'y suis par destin ou bien pour mon péché,
N'en déplaise au Lecteur, comme un autre attaché ; 20
Au lieu de me jeter un jour par la fenêtre,
Je souffris que l'on mît à mon col ce chevêtre ;
C'est où je tiens encor, d'où je puis de mon mal
En qualité d'expert dresser procès-verbal.
La femme que j'ai prise est une des meilleures, 25
Mais toutefois elle a de si mauvaises heures,
Que Socrate y fût-il, que Xanthippe exerçait,
La pire, à ce qu'on dit, des deux qu'il nourrissait[4],
Il serait bien contraint de lui quitter la place,
On peut juger de là ce qu'il faut que je fasse, 30

---

2. Nous ignorons l'identité de cet ami, qui risque de n'être qu'un écho de Juvénal.
3. Nœud sur le char du roi phrygien Gordios, impossible à dénouer. Pour accomplir l'oracle qui promettait l'empire de l'Asie à celui qui parviendrait à le faire, Alexandre trancha le nœud avec son épée.
4. Selon Xénophon (*Banquet* II, 10) Xanthippe fut la femme la plus acariâtre du monde. L'histoire de la bigamie de Socrate, qu'on ne trouve ni chez Platon ni chez Xénophon, remonte à un ouvrage perdu et attribué à Aristote. Déjà Plutarque contestait l'authenticité de l'ouvrage et de la tradition (*Vie d'Aristide* XXVII, 2). Myrto, la deuxième femme de Socrate, et également mentionnée par Diogène Laërte (II, 26), par Athénée (*Banquet des sophistes* XIII, 556) et par Pseudo-Lucien (*Halcyon*).

Elle est mélancolique et hait tout passe-temps,
Si parfois elle rit c'est signe de beau temps,
Son humeur est fâcheuse et contraire à la mienne,
Mais néanmoins le mal que je lui veux m'advienne ;
J'ai tant souffert qu'un autre en aurait blasphémé, 35
Il est vrai qu'à souffrir je suis accoutumé,
Et quand je souffrirais plus qu'une âme damnée,
C'est donc pour m'éprouver que Dieu me l'a donnée.
Tout ainsi qu'un prêcheur s'il entend le métier,
Sur trois mots de saint Luc fait un sermon entier, 40
Elle sur un ruban, sur un linge, une écuelle,
Un mouchoir égaré bâtit une querelle,
Qui commence au matin et n'achève qu'au soir,
Mais si je n'ai payé ce qu'on nomme devoir,
J'ai tué, j'ai volé, j'ai profané le Temple, 45
Dont je suis châtié pour te servir d'exemple,
T'instruire à mes dépens de n'y manquer jamais,
De cet article seul dépend toute la paix ;
Un mari pourrait être en autre chose habile,
Aussi prudent qu'Ulysse, aussi vaillant qu'Achille, 50
Les mérites à part, s'il est de *frigidis,*
Son épouse voudrait qu'il fût en Paradis.
Or plus elle est pudique et plus en est gourmande,
Prête à le demander si l'on ne lui demande,
La bigote en est là qu'à toute heure elle en veut, 55
Tellement qu'avec elle on est Jean qui ne peut[5] ;
L'une et l'autre est jalouse et son mari fidèle
Doit de jour et de nuit être collé sur elle,
Grande sujétion, dure captivité,
Où mon destin, mon astre, et mon sort m'ont jeté ; 60
Et toi vieux cajoleur t'y pourras-tu réduire ?
Aussitôt le Soleil pourra cesser de luire,
Quiconque est marié n'est pas moins prisonnier
Que celui qu'on écroue et qu'on baille[6] au geôlier,
Il n'importe pour quoi soit pour crime ou pour dette, 65
Une femme te garde, une femme te guette,
Comme un tireur un lièvre, et le chat la souris,
Devant elle un mari n'ose faire un souris,
Il n'ose soupirer eût-il la pleurésie,
Un atome, un soupçon forme sa jalousie : 70

---

5. Homme impuissant.
6. Donne.

Jacques du Lorens (1580–1655)

Tout ce mystère-là je sais dessus le doi,
A cause qu'à mon dam il se passe chez moi,
Sans sujet toutefois, mais il faut que j'en rie,
Et que j'observe en tout la grande confrérie,
Dont le premier statut ou l'auspice de sot, 75
Est se baisser la nuit pour lui bailler le pot:
D'abord à ce devoir j'eus de la répugnance,
Je crois que tu seras enfant d'obéissance,
Et que tu ne feras point de rébellion
Te fît-on pratiquer la loi de Talion, 80
En décorant ton chef du panache invisible
A ce mal si c'est mal tu seras insensible,
Ne dansât-on chez toi que le branle du lou[7],
L'ayant ailleurs dansé tu diras chou pour chou[8]:
Or être ici cocu n'est plus une merveille, 85
Où la femme d'autrui le fait à la pareille:
Ce n'est plus aujourd'hui qu'un commun accident,
Qui tomba l'autre jour dessus un Président,
D'autres dans ton jardin voudront cueillir la rose,
Cornard et marié c'est une même chose, 90
Et disait un Pédant plein d'érudition,
Ainsi que père et fils une relation,
Cette grande maxime est quasi générale,
Quelques-uns en sont hors par grâce spéciale.
Mais tu la garderas, c'est l'unique moyen 95
D'avancer le dessein de ton concitoyen,
Que ses yeux ont blessé, qui soupire pour elle,
C'est ce qui lui fera trouver cent fois plus belle
N'en use pas ainsi, car c'est faire le fol,
Mets-lui si tu m'en crois la bride sur le col, 100
Aussi bien ne peut-on voir la pure innocence,
Que dans les justes bords d'une honnête licence,
Si garder une femme et la lune des loups
C'est tout un, il vaut mieux être sot que jaloux;
Et celle qui le veut le fait sans doute[9] aucune 105

---

7. On trouve également, "danse du loup". Expression libre pour désigner le désir ou l'acte sexuel.
8. Rendre la pareille.
9. Le nom est normalement féminin à l'époque.

De recette à cela le mari n'en a qu'une;
C'est d'avoir à son doigt toujours le vieux anneau,
Qu'un Peintre mit au sien qui fit le Diable beau[10].
Il se faut marier puisque c'est la coutume
Pour éteindre ce feu qu'un bon visage allume; 110
Amour entrait jadis par les yeux dans le cœur[11],
Maintenant c'est du dot[12] que vient son trait vainqueur,
Le meilleur mariage un fort esprit barbouille,
Voire c'est un hasard s'il ne tombe en quenouille,
S'il ne rend les devoirs en toute humilité, 115
La poule avant le coq de tout temps a chanté[13];
Le mari toutefois se peut dire le maître
Pource que s'il ne l'est au moins il le doit être,
Ainsi faut-il parler, ce fut à notre dam,
Qu'Eve dans le jardin fût maitresse d'Adam[14]; 120
Pour un jour que l'on a de calme au Mariage
On en a six au moins de tempête et d'orage,
Ce ne sont que tourments, ce ne sont que malheurs,
De toutes les façons, de toutes les couleurs;
D'où nait ce repentir que si cher on achète, 125
C'est un gouffre connu, néanmoins on s'y jette;
On n'en est pas sorti que l'on y veut rentrer,
Vînt-on d'être échaudé, dût-on pis rencontrer;
Un mari n'est ni doux ni souple par adresse,
Mais la même douceur et la même souplesse, 130
Car sa femme par force à son gré le pétrit,
Et n'a de ses péchés jamais le cœur contrit;
Le faisant Actéon[15], elle fait la dévote,
C'est assez qu'elle est belle ou pour le moins bellote;
Le pauvre homme la souffre, et voyant ce qu'il voit, 135

---

10. Allusion probable à une tradition populaire. Le sens du passage est qu'il faut fermer les yeux.
11. Echo de Juvénal, *Satire VI,* 138-40.
12. Le nom est masculin à l'époque.
13. Du Lorens retourne le proverbe ancien: «Ce n'est pas à la poule à chanter devant (ou avant) le coq». Molière l'utilisera dans *Les Femmes savantes* (v. 1644). Pour l'histoire du proverbe, voir Charles Rozan, *Les Animaux dans les proverbes* II, 99-102.
14. voir Genèse III.
15. Chasseur qui par accident vit Diane dans son bain; la déesse le punit en le transformant en cerf. Du Lorens n'évoque le cerf que pour suggérer les cornes.

Jacques du Lorens (1580–1655)

N'en apprend tous les jours que ce qu'il en savoit.
Il faut bien que ce sexe ait des appas étranges,
Puisqu'au commencement il fut aimé des Anges[16],
Tout nu, sans ornement, on ne voyait encor
Ni satin ni velours, perles ni toile d'or, 140
Encor du blanc d'Espagne[17] on n'avait point l'usage,
Il n'était point d'eau d'Ange[18] à laver le visage,
Maintenant à la cour la beauté sans l'habit,
Et sans les affiquets[19] n'est pas de prompt débit,
On veut paraître et plaire, on veut suivre la mode, 145
Dieu merci que le luxe est en son période[20],
Toutefois dans l'honneur il se faut maintenir,
Mais ami tes moyens y pourront-ils fournir?
Tu rangeras dis-tu son humeur à la tienne,
Tout se fait par amour, hélas qu'à moi ne tienne. 150
Si tu la veux haïr il la faut épouser,
Quantité de maris en peuvent déposer,
A qui pour te montrer qu'ils sont aux repentailles[21],
On n'oserait parler seulement d'épousailles;
Que l'amour soit un Dieu tant qu'il te plaira fort, 155
Le lit du mariage est le lit de sa mort,
Il n'a que faire d'arc, de flèches ni de trousse[22],
Où volontairement une fille se trousse,
Tout s'y fait, tout s'y passe avec trop de loisir,
Cette grande licence en ôte le plaisir: 160
En vertu d'un contrat et qui n'est pas de verre,
On baise, on bat sa femme, on laboure sa terre.
Un quidam dit un jour à son ami parfait
Ce peintre a commencé de faire mon portrait,
De plus je me marie, et l'autre de le plaindre 165
Et répondre en riant, c'est t'achever de peindre.
Les filles de ce temps en savent déjà trop
Qui vont suivant partout leurs mères au galop,
Elles n'ont pas quinze ans qu'on les marie en France
Dès lors sur leurs maris commence leur puissance, 170

---

16. Voir Genèse VI, 1-4.
17. La céruse, employée comme fard.
18. Sorte de préparation rafraîchissante.
19. Bijou, ornement, parure.
20. Le plus haut point. En ce sens, le mot est masculin à l'époque.
21. Repentir.
22. Carquois.

Ce que tu connaîtras à tes dépens un jour,
Puisque tu te résous de cuire à notre four,
Et sous la loi d'Hymen de finir ta fusée
Servant aux uns de fable, aux autres de risée ;
Je vois dans mon esprit ta dolente façon, 175
Et je t'ois regretter de n'être plus garçon,
Dire de sens rassis et puis dire en colère,
Il vaudrait mieux pour moi que je fusse en galère ;
Je ne contrôle point ta résolution,
Mais plutôt je prends part à ton affliction. 180
Pourras-tu supporter une femme qui prêche,
Qui de faire un marché te contraigne ou t'empêche,
Qui dissipe ton bien en te faisant cocu,
N'eût-elle en t'épousant apporté que le cu ?
Si cela n'arrivait tant mieux, une Satire 185
Doit sans de rien jurer prendre la chose au pire,
Elle connaît de tout voire en juge bientôt,
Son ressort est plus grand que celui d'un Prévôt,
Tout est de son gibier, tout est de son calibre,
Taisant[23] l'individu dans l'espèce elle est libre, 190
Encore qu'un méchant s'y puisse aisément voir,
Que cela lui déplaise à cause qu'il est noir,
Il dore la pilule avec cette pensée,
Je ne suis qu'un morceau dans une fricassée,
D'autres y sont touchés plus grands Seigneurs que moi, 195
Ce qui doit justement consoler mon émoi,
Ceux qui souffrent là-bas pour soulager leur peine
S'il faut croire un Poète y regardent Hélène[24],
Hélène des beautés le parfait raccourci,
Le doux tourment des cœurs lorsqu'elle était ici, 200
Et pour qui ce Pluton pour un Dieu trop sévère,
Dût avoir renvoyé Proserpine à sa mere[25].
En disant qu'une femme est la maîtresse au lit
Que c'est où ne rien faire est appelé délit,
Que cette longue absence et qui n'eut point de bornes, 205

---

23. Il faut peut-être lire *toisant*, les deux participes se prononçant alors de la même façon.
24. Allusion peu claire. Si le poète est Dante, celui-ci place Hélène au deuxième cercle de l'enfer parmi les luxurieux (*Inferno* V, 64).
25. La mère de Proserpine (épouse de Pluton, dieu des enfers) est Cérès.

Jacques du Lorens (1580–1655)

A Paris et partout fit pousser plus de cornes
Que n'en avait l'autel du Démon inconnu[26],
Qu'un tel fut bien confus quand il fut revenu,
Du malheureux voyage et qu'il vit sa Charlotte,
Regardant un bambin qu'une vieille emmaillotte, 210
Je ne me promets pas de rompre ton dessein,
Prends pour t'y confirmer que je ne sois pas sain;
La peur que j'ai pour toi d'affection procède
Mais Dieu veuille pourtant que la chose succède[27];
Que celle que tu prends avec toi vive bien 215
Qu'en jupes et collets ne s'en aille ton bien,
Surtout qu'elle n'ait point afin qu'on la contemple
Comme une que je sais de rendez-vous au Temple,
Qui faisant la dévote en son maintien contraint
Regarde quelquefois un homme au lieu d'un saint, 220
Elle montre sa chair, ou plutôt elle étale,
Comme fait ce boucher la sienne sous la halle,
Que vos cœurs et vos corps soient tellement unis
Qu'elle soit ta Vénus, et toi son Adonis[28],
Bref qu'en votre maison n'entre point la discorde 225
Et ne soit pas besoin qu'un Curé vous accorde,
Quand l'un parlera haut comme ne l'oyant pas,
Que l'autre soit muet, du moins qu'il parle bas.
Pource que ce beau sexe est faible de nature,
Le nôtre le souffrant ne se fait point d'injure; 230
C'est où le bon voisin témoigne sa bonté,
Qui n'est que tous les jours par la sienne frotté,
Pour des sujets notés, les plus maigres du monde,
Or sa mauvaise humeur sur ce point elle fonde,
Et sur cette raison qui pourtant ne vaut rien, 235
Voici ce qu'elle dit, je suis femme de bien,
Méchant si je voulais étant si désirée,
Ferais-je pas cela, suis-je trop déchirée?
Surtout il faut tenir des Dames de Paris,
Il ne se trouve là que fort peu de maris, 240

---

26. Allusion peu claire, à moins qu'il s'agisse d'une inversion saugrenue du dieu inconnu dont il est question dans les *Actes des Apôtres* XVII, 23.
27. Réussisse.
28. Chasseur d'une grande beauté, aimé de Vénus.

Qui ne soient diront-ils, mais ce n'est rien du vôtre,
Ou c'est un grand hasard, bien souvent l'un et l'autre,
J'entends cocus, battus; et puis en toutes cours,
Accusez une femme elle a les talons courts,
Maître tel la défend qui chez lui dit la glose, 245
Du médisant barreau souffre la même chose;
A force de prier en un temps opportun,
Que ne peut obtenir un Amant importun?
Une femme se rend, l'astre de sa naissance
A mêlé sa faiblesse avec son ignorance. 250
Eût-elle à son mari préparé du poison,
Pour s'en justifier elle a quelque raison,
Son désir est sa loi, son passion[29] son juge,
Si le cas est douteux l'audace est son refuge,
Et jamais avec elle il n'aura de repos, 255
A cause qu'elle tient son honneur en dépos,
Et que d'homme qu'il est fût-il grand personnage,
Le changer en oiseau, dépend de son ménage,
Cruelle à sa famille et fâcheuse aux voisins,
Celui qui la reprend n'est plus de ses cousins. 260
Elle veut achever toutes ses entreprises,
Et les voeux qu'elle en fait sont connus aux Eglises;
Que ceux qui l'aimeront soient de condition,
Et joignent la constance à la discrétion,
Que sa fille soit belle, et qu'étant mûre et grande, 265
En dépit de Turnus[30] Enée la demande,
Que son mari, jaloux de Monsieur le Baron,
Paye bientôt le droit au nautonnier Charon[31];
Les saints ont de la peine à s'empêcher de rire,
L'oyants journellement ces fadaises redire. 270
Ce fantasque grimoire est fait pour t'avertir,
De peur d'être ennuyeux je veux donc en sortir,
Rumine ce qu'écrit le Prince des Apôtres[32],
Ses conseils à peu près sont conformes aux nôtres,
Le libre Juvénal avant nous a tranché[33], 275

---

29. Est-ce une erreur? Ou ne trouve pas d'autres exemples de ce mot au masculin à l'époque.
30. Roi des Rutuliens et adversaire d'Enée dans l'*Enéide*. Lavinie, d'abord promise à Turnus, épouse enfin le héros troyen.
31. Le nocher des Enfers, qui passait dans sa barque sur le Styx les âmes des morts.
32. Saint Paul, dont les conseils peu enthousiastes sur le mariage se trouvent dans sa première *Epître aux Corinthiens,* VII.
33. Cf. Juvénal, *Satire VI,* 30-32.

Jacques du Lorens (1580–1655)

Que se mettre en ménage est faire un fou marché,
Qu'il vaut mieux se jeter la tête la première
Comme par désespoir du Pont dans la rivière;
Jamais homme ne fut si piqué sur le jeu,
A nous rendre odieux ce légitime nœu; 280
Sa femme à mon avis en cas qu'il en eut une[34],
Non contente de lui voulut être commune;
Moque-toi si tu veux d'un si docte moqueur,
Que tout homme savant le doit savoir par cœur,
Quant à moi je le sais mieux s'il était possible, 285
Et sans comparaison qu'Esdras[35] n'a su la Bible,
Mais si l'on s'aperçoit que nous nous écartons,
Il vaut mieux revenir tout court à nos moutons.
Sois marié demain puisque tu le veux être,
S'il ne tient qu'à cela j'irai quérir le Prêtre; 290
N'en demeure pas là, si j'en ai discouru
Il me faut pardonner quand j'ai l'esprit bourru,
Plutôt dessus moi-même il faut que je m'égaye,
Se taise de l'écot celui qui rien n'en paye;
Des affaires d'autrui c'est toujours te mêler, 295
Mais ce que j'en ai dit n'est pas pour en parler;
Et si j'avais erré comme je m'en rétracte,
En tant que besoin est ou serait, j'en prends acte.

---

34. On ne sait pas si le satirique romain fut marié ou non; nous ne possédons guère de renseignements biographiques sur lui.
35. Scribe et chef religieux lors du retour des Juifs après l'exil babylonien. Ses lectures publiques des textes bibliques aboutirent à une réformation spirituelle (Esdras VII; Néhémie VIII, 5-8).

François de Maynard (1582-1646)

Charles G. S. Williams

Né à Toulouse, en 1582, le fils d'un magistrat, François Maynard y fit son droit et devint de bonne heure avocat au Parlement. De 1605 à 1607, il séjourna à Paris, où il faisait partie de la petite cour de Marguerite de Valois. Poète déjà, il y trouva «l'illustre» Desportes, Régnier, et Laugier de Porchères. Congédié vers 1607, Maynard resta à Paris, dans le quartier Saint-Eustache, près de Malherbe. Il se lia avec lui, et le fréquentait dès 1607. Il fréquentait aussi la cour d'Henri IV, des magistrats influents, de jeunes seigneurs (Bassompierre, Adrien de Montluc, François de Noailles). Avec son ami toulousain Flotte, Colletet et Faret, Boisrobert, Théophile jusqu'en 1623, parfois Saint-Amant, la verve des parnassiens satiriques ne lui plaisait pas moins que les raffinements du cercle de Malherbe.

Après son mariage en 1611, Maynard a passé la plus grande partie de sa vie en Auvergne, à Aurillac où il fut président au siège présidial jusqu'en 1628, ou à Saint-Céré. Il faisait des voyages de retour à Paris avec plus de succès parmi les gens de lettres qu'en offrant ses services, en vers et en prose, à Richelieu, à Séguier (qui le protégeait), et à Mazarin. En 1635, il accompagna l'ambassadeur François de Noailles à Rome. Une ode à la renommée du pape Urbain VIII fut bien reçue, mais Maynard dut rentrer en France sous l'ombre d'une disgrâce et commença en 1636 la retraite involontaire qui le tenait en Auvergne jusqu'à la mort de Richelieu.

Le poète, connu maintenant depuis au moins deux siècles surtout en tant que «disciple de Malherbe», s'associait très tôt au nom du maître. Parmi les premiers poèmes de Maynard à paraître, neuf pièces dans le *Parnasse des plus excellents poètes de ce temps* (M. Guillemot, 1607), des stances, «La victoire de la Constance», figurent au-dessous du poème de Malherbe sur le même sujet et dans la même facture rhythmique. Malherbien, à sa manière d'imitateur admiratif, Maynard n'hésite pas au même moment à s'inspirer manifestement des élégies de Desportes. Mais l'influence capitale de Malherbe l'emporte, dans les premières odes, qui chantent l'amitié naissante pour Racan, la gloire et la mort d'Henri IV. C'est le dixain en mètres brefs, si clairement malherbien, que choisit le poète, tout en s'appropriant, comme l'a montré René Fromilhague,[1] des rythmes et des rimes, des figures et des tours de phrase, et même se permettant des emprunts textuels de plus d'un vers de Malherbe. Des vers des deux poètes, au même sujet, se voisinent de nouveau en 1611 par les vers liminaires des *Vers lugubres et spirituels* de Louis de Chabans. Mais en estimant Maynard «l'homme de France qui savait le mieux faire les vers» (d'après Racan), il s'agissait pour Malherbe de plus d'une imitation servile et des dédicaces.

«Ecolier», sans doute, Maynard fut un étudiant du meilleur cru, d'un esprit indépendant et critique, qui s'est attiré à la nouvelle poésie malherbienne et s'y découvre en affinité avec son esthétique. Parfois il devance le maître en ce qui concerne la métrique. C'est Maynard le premier, paraît-il, qui exigea un arrêt au troisième vers du sixain, et qui étend cette règle au sizain terminal du dixain. En celle-ci, c'est l'écolier, plutôt que Malherbe, qui persiste, jusqu'au perfectionnement dans les odes de 1632 (e.g., *A Noailles*). Taxé par Malherbe du ton caustique de ses épigrammes, et conseillé de les abandonner, Maynard fit le contraire. Cette forme qui se lie à sa jeunesse sied à son tempérament. Il continuait, sa vie durant, à décocher des épigrammes, dignes ou moins dignes du «Martial français».

Le *Nouveau recueil des Délices de la poésie française* (T. du Bray, 1615), réimprimé quatre fois jusqu'en 1630, consacra la réputation du poète dans le monde et parmi les gens de lettres. Un sonnet à Malherbe figure parmi les trente-neuf pièces (90 pages). Mais c'est la facture dans l'ensemble malherbienne (le «détachement du vers», la cohérence syntaxique et rythmique des strophes, l'«honnêteté» de la rime), qui s'imposa aux doctes lecteurs. «L'héritier par excellence, incarnant la pure tradition malherbienne» que respectent Chapelain et Ménage vers 1646 se distingua dans ce recueil[2]. Le poète s'approche de l'idéal malherbien, surtout de la simplicité du langage. Mais dans le ton varié des diverses pièces, parfois d'une ironie railleuse, parfois émouvant, et dans les contrastes de thèmes (la douleur dans l'absence côtoie les plaisirs du moment), une voix lyrique s'individualise qui est celle du recueil de 1646. Sans grande difficulté, l'auteur de ces poésies fut choisi parmi les premiers académiciens. Et un recueil de ses *Nouvelles pièces*, publiées en 1638 sans l'autorisation du poète, lui valut de l'Académie des Jeux Floraux de Toulouse le prix d'un «minerve d'argent» (qui devient le sujet d'une épigramme moqueuse).

Le projet d'un recueil de ses poésies, un choix de son œuvre, fut longtemps retardé par le démon de la révision. Paré d'une dédicace à Mazarin, une préface par Gomberville, et sept pièces liminaires, cet unique recueil indépendant ne parut chez Courbé qu'en juin 1646, six mois avant la mort du poète. Les 268 pièces du volume, coupées en sonnets, épigrammes, et odes, représentent un triage fort sévère de la poésie d'une quarantaine d'années. Des 209 poèmes publiés dans les recueils collectifs jusqu'en 1635, selon Frédéric Lachèvre, Maynard ne garda que le tiers (66). Le poète offre des épigrammes inédites, la moitié des 168; mais sur un total provisoire d'environ 400[3] c'est encore un sacrifice considérable. Les exclusions, vouées à l'oubli selon le testament du poète, comprennent quelques adulations embarrassantes et des dénonciations violentes (des protestants). Exclus aussi sont des poèmes de jeunesse, vers de circonstance — de ballet ou ce que le poète appelle ses «demoiselles du Marais» — des priapes, et même l'ode à Racan. Le poète ne sacrifie pas toutefois toute la poésie de sa jeunesse. En raccourci, toute la carrière du poète se trouve dans ce recueil, avec toutes ses contradictions.

«Tu n'es qu'un faible original / De louange et de raillerie», dit en exergue l'auteur à son livre, et il ajoute prophétiquement, «Je pleure ton destin». La poésie de Maynard a été en effet plus respectée que lue. «On ne lit presque plus son livre», constate l'anthologiste La Martinière en 1720. Depuis deux siècles on en a le plus souvent extrait la poésie de la vieillesse—celle du sentiment croissant de l'échec, du manque, du sens des diminutions—et admiré les nuances rythmiques dans ce que Balzac proclama «une magnificence horatienne» (à propos de l'ode à Alcipe)[4]. Certes, l'ascèse technique, malherbienne, au service du souffle lyrique eut lieu en Auvergne dans cette poésie. Mais le recueil de 1646 ne possède pas dans l'ensemble la stabilité d'un monument. A la fois thuriféraire et satirique, amateur de la solitude philosophique et citadin bachique, sensuel et fruste, tendre et cynique, chercheur de la gloire poétique et railleur de cette recherche, le poète dans ces pièces vit et se laisse voir dans la contradiction.

NOTES

1. «Situation de Maynard», pp. 288-89.
2. Cf. André Stegmann, «Les Recueils de poésie (1597-1720)», pp. 270-73.
3. V. Yves Giraud, «Aspects de l'épigramme chez Maynard», pp. 76-77.
4. Sur Maynard et Horace, consultez Jean Marmier, *Horace en France au XVIIe siècle* (Paris: PUF, 1962), pp. 159-65.

BIBLIOGRAPHIE

Une édition critique de l'œuvre poétique de Maynard est à faire. La plus complète est celle de Ferdinand Gohin, *Poésies de François Maynard*. Paris: Garnier, 1927.

Cahiers Maynard (1973-), éd. Le Marquis de Cambolas et Jean-Pierre Lassale.

Cave, Terence C. «Desportes and Maynard: Two Studies on the Poetry of Wit». *The Equilibrium of Wit. Studies for Odette de Mourgues,* éd. P. Bayley and D.G. Coleman. (Lexington, Ky.: French Forum, 1982), pp. 86-94.

Drouhet, Charles. *Le Poète François Mainard (1583?-1646).* (Paris: Champion, 1909).

Fromilhague, René. «Situation de Maynard». Dans *Maynard et son temps*, pp. 285-97.

Giraud, Yves. «Aspects de l'épigramme chez Maynard». Dans *Maynard et son temps*, pp. 75-94.

———. *Maynard et son temps*. Toulouse: Publications de l'Université de Toulouse-Le Mirail, t. 32 (1976).

Rubin, David L. *The Knot of Artifice: A Poetic of the French Lyric in the Early 17th Century*. Columbus: The Ohio State UP, 1982. Chapitre 4 sur l'«Ode à Alcipe», pp. 63-75.

Stegmann, André. «Les Recueils de poésie (1597-1720)», dans *Maynard et son temps*, pp. 270-273.

François de Maynard (1582–1646)

Autres poemes à lire:

Sonnets: «Je donne à mon désert les restes de ma vie»; «Déserts où j'ai vécu dans un calme si doux»; «Adieu, Paris, adieu pour la dernière fois».

Odes et stances: «L'Astre du jour a beau sorti de l'onde»; «Hélène, Oriane, Angélique»; «La belle vieille»; «A Charles de Maynard»; «A Messire Charles de Noailles»; «Les soins de qui je suis la proie».

Chansons: «Je ne puis souffrir les esprits»; «Que le plus sage de la troupe».

Ode[5]

I
Alcipe[6], reviens dans nos bois,
Tu n'as que trop suivi les rois
Et l'infidèle espoir dont tu fais ton idole
Quelque bonheur[7] qui seconde tes voeux,
Ils n'arrêteront pas le temps qui toujours vole;
Et qui d'un triste blanc va peindre tes cheveux.   6

II
La Cour méprise ton encens.
Ton rival monte, et tu descends;
Et dans le Cabinet[8] le favori te joue[9].
Que t'a servi de fléchir le genou,
Devant un dieu fragile, et fait d'un peu de boue;
Qui souffre, et qui vieillit pour mourir comme nous.   12

III
Romps tes fers, bien qu'ils soient dorés.
Fuis les injustes adorés;
Et descends dans toi-même[10] à l'exemple du sage.
Tu vois de près ta derniere saison:
Tout le monde connaît, ton nom, et ton visage;
Et tu n'es pas connu de ta propre raison.   18

---

5. Le texte cité est celui de l'édition de 1646. La composition date des années 1643-44. Les variantes, citées ici d'après l'edition Gaston Garrisson (Paris: Lemerre, 1887, t. III), attestent trois versions vraisemblablement antérieures à l'imprimée corrigée. A rapprocher avec Racan, «Stances sur la retraite», et Horace, *Odes*, II, xiv. Sur la structure, David L. Rubin (cité ci-dessus).
6. Le courtisan.
7. succès.
8. Lieu le plus retiré dans un appartement royal.
9. Se moque de toi; Var: Comment n'es-tu pas rebuté! / La Fortune t'a maltraité, / Et mis tes compagnons sous le joug de sa roue.
10. La célèbre exhortation socratique. Var: Cesse d'être galant: il est temps d'être sage.

IV   Ne forme que des saints désirs;
            Et te sépare des plaisirs
Dont la molle douceur te fait aimer la vie.
        Il faut quitter le séjour des mortels,
Il faut quitter Philis, Amarante, et Sylvie[11],
A qui ta folle amour élève des autels.   24

V   Il faut quitter l'ameublement
        Qui nous cache pompeusement
Sous de la toile d'or, le plâtre[12] de ta chambre.
        Il faut quitter ces jardins toujours verts,
Que l'haleine des fleurs parfume de son ambre;
Et qui font des printemps au milieu des hivers[13].   30

VI   C'est en vain que loin des hasards
        Où courent les enfants de Mars[14],
Nous laissons reposer nos mains et nos courages;
        Et c'est en vain que la fureur des eaux;
Et l'insolent Borée[15], artisan des naufrages
Font à l'abri du port retirer nos vaisseaux.   36

VII   Nous avons beau nous ménager;
        Et beau prévenir le danger,
La mort n'est pas un mal que le prudent évite[16].
        Il n'est raison, adresse, ni conseil
Qui nous puisse exempter d'aller où le Cocyte[17]
Arrose des pays inconnus au soleil.   40

---

11. Noms de convention romanesque ou pastorale désignant les maîtresses sans référence précise.
12. Les murs nus.
13. Boileau, *Satire VI,* 121-23 rappellent v. 28-30. Toute la première partie du poème qui se termine ici tourne autour de la vanité des choses de ce monde.
14. soldats.
15. Dieu des vents du nord.
16. Var:…que la prudence évite. Dans ces vers de transition, 31-40, la vanité, soulignée par des répétitions d'insistance (en vain, 31, 34; avoir beau, 37, 38), s'associe, par simple opposition, à la mort (Rubin), qui semble remplir la dernière partie du poème.
17. un des fleuves qui environnent les enfers.

François de Maynard (1582–1646)

VIII
        Le cours de nos ans est borné;
        Et quand notre heure aura sonné;
Clotho[18] ne voudra plus grossir notre fusée.
        C'est une loi, non pas un châtiment[19],
Que la nécessité qui nous est imposée
De servir de pâture aux vers du monument[20].   48

IX
        Résous-toi d'aller chez les morts.
        Ni la race, ni les trésors
Ne sauraient t'empêcher d'en augmenter le nombre.
        Le potentat le plus grand de nos jours,
Ne sera rien qu'un nom, ne sera rien qu'une ombre[21],
Avant qu'un demi-siècle ait achevé son cours.   54

X
        On n'est guère loin du matin
        Qui doit terminer le destin
Des superbes tyrans du Danube, et du Tage[22].
        Ils font les dieux dans le monde chrétien:
Mais ils n'auront sur toi que le triste avantage
D'infecter un tombeau plus riche que le tien.   60

XI
        Et comment pourrions-nous durer?
        Le temps qui doit tout dévorer:
Sur le fer, et la pierre, exerce son empire[23].
        Il abattra ses fermes bâtiments
Qui n'offre à nos yeux que marbre, et que porphyre;
Et qui jusqu'aux enfers portent leurs fondements.   66

---

18. La Parque qui file la vie. «Fusée» veut dire le fil autour du fuseau. Var: Une des trois Parques...
19. Var: C'est un devoir...
20. tombeau. L'image est un lieu commun de la poésie sur la mort.
21. Var: Ne sera que poussière et ne sera qu'une ombre.
22. Allusion à l'Empereur Ferdinand III et à Philippe IV d'Espagne. La France faisait la guerre contre l'Empire depuis 1636. Très zélé, Maynard célèbre des victoires, notamment dans «A Monseigneur le Duc d'Enghien: Ce que ton bras a fait aux plaines de Rocroi».
23. Var: v. 61-63: Le temps ne laisse rien debout; / Cet affamé qui mange tout / Sur la dureté même exerce son empire.

XII	On cherche en vain les belles tours[24]
	Où Pâris cacha ses amours,
	Et d'où ce fainéant vit tant de funérailles.
	Rome n'a rien de son antique orgueil,
	Et le vide enfermé de ses vieilles murailles
	N'est qu'un affreux objet, et qu'un vaste cercueil[25]. 72
XIII	Mais tu dois avecque mépris
	Regarder ces petits débris.
	Le temps amènera la fin de toutes choses;
	Et ce beau ciel, ce lambris azuré:
	Ce théâtre, où l'Aurore épanche tant de roses
	Sera brûlé des feux dont il est éclairé. 78
XIV	Le grand astre qui l'embellit
	Fera sa tombe de son lit.
	L'air ne formera plus, ni grêles, ni tonnerres
	Et l'univers, qui dans son large tour[26]
	Voit courir tant de mers, et fleurir tant de terres,
	Sans savoir où tomber, tombera quelque jour[27]. 84

SONNET[28]

Demeure encore au lit, belle et pompeuse Aurore[29],
Sans venir aux mortels ta lumière apporter;
Puisque ses plus doux fruits amour me fait goûter
Entre les bras aimés de celle que j'adore.

Mais quoi! c'est vainement que ta grâce j'implore;   5
Mes voeux ne peuvent pas ton voyage arrêter;
Voire même on dirait que pour me tourmenter,
De ses plus clairs rayons ton visage se dore.

---

24. De Troie. Var: L'herbe est plus haute que les tours.
25. Les vers sonores, 70-72, font écho des lettres de Maynard à Rome en 1635. La déchéance de Romé fut depuis longtemps un symbole grandiose de la mutabilité (cf. Du Bellay, «Nouveaux venus, qui cherchent Rome en Rome»). V. aussi Saint-Amant, «Rome ridicule», st. 57.
26. enceinte.
27. Ce tableau apocalyptique est, selon Jean Marmier (p. 164), une amélioration de ceux de Ronsard et de Bertaut, qui rappelle aussi Horace, *Odes* III, iii. Cf. à cette puissante brièveté la vision baroque (e.g., Saint-Amant, «Le Contemplateur», v. 411-40).
28. Ce sonnet paraît dans les *Délices de la poésie française* (1615) et ne figure pas dans l'édition de 1646. Sur la tradition de l'aubade et ses images, et sur l'esprit ironique de Maynard, v. Terence C. Cave (article cité ci-dessus).
29. Selon la fable, puisque Tithon, l'époux de la déesse, est âgé (cf. v. 10), Aurore sort chaque matin pour chercher un amant.

François de Maynard (1582–1646)

Si c'est le déplaisir de coucher au côté[30]
D'un jaloux à qui l'âge a tout pouvoir ôté,   10
Qui te fait si matin commencer ta carrière.

Pourquoi suis-je privé de ta douce faveur?
Fut-ce par mon conseil, diligente courrière,
Que tu fus épousée à ce fâcheux rêveur?

Sonnet[31]

Cache ton corps sous un habit funeste,
Ton lit, Margot, a perdu ses chalands;
Et tu n'es plus qu'un misérable reste,
Du premier siècle, et des premiers galands.

Il est certain que tu vins sur la terre   5
Avant que Rome eût détrôné ses rois,
Et que tes yeux virent naître la guerre
Qui mit les Grecs dans un cheval de bois.

La Mort hardie, et sous qui tout succombe[32],
N'ose envoyer ta carcasse à la tombe   10
Et n'est pour toi qu'un impuissant démon.

Veux-tu savoir quel siècle t'a porté,
Je te l'apprends. Ton corps est du limon
Qui fut pétri des mains de Prométhée.

---

30. Le ton familier introduit l'ironie qui s'étend dans les tercets. Elle se moque du mythe, à la manière du burlesque, et plus subtilement de l'art du poète.
31. Texte de l'édition de 1646. Le portrait satirique de la vieille courtisane remonte au moins aux satiriques romains. Cf. Régnier, *Satire XIII*, v. 275-82.
32. Equivoque sexuelle; de même, v. 11.

SONNET[33]

Que j'aime ces forêts. Que j'y vis doucement:
Qu'en un siècle troublé j'y dors en assurance[34].
Qu'au déclin de mes ans j'y rêve heureusement,
Et que j'y fais des vers qui plairont à la France.

Depuis que le village est toutes mes amours,   5
Je remplis mon papier de tant de belles choses,
Qu'on verra les savants après mes derniers jours
Honorer mon tombeau de larmes et de roses.

Ils diront qu'Apollon m'a souvent visité,
Et que pour ce désert les Muses ont quitté,   10
Les fleurs de leur montagne, et l'argent de leur onde;

Et diront qu'éloigné de la pompe des rois,
Je voulus me cacher sous l'ombrage des bois
Pour montrer mon esprit à tous les yeux du monde.

ÉPIGRAMMES[35]

Quand dois-je quitter les rochers
Du petit désert qui me cache,
Pour aller revoir les clochers
De Saint Paul, et de Saint Eustache[36],

Paris est sans comparaison,   5
Il n'est plaisir dont il n'abonde;
Chacun y trouve sa maison.
C'est le pays de tout le monde.

Apollon, faut-il que Maynard
Avec les secrets de ton art,   10
Meure en une terre sauvage?

33. Texte de l'édition de 1646.
34. tranquillité.
35. Les textes sont de l'éd. de 1646. La forme et le sujet des épigrammes sont d'une grande variété, en fin de compte «tout le poids du quotidien» (Giraud). La théorie (e.g. Colletet, l'ami de Maynard) veut que l'épigramme possède du sel, du fiel, et du miel. Maynard fait dans les siennes un mélange personnel de ces éléments.
36. Le thème de la nostalgie de Paris revient souvent dans les épigrammes, au début, et en est un des plus frappants.

François de Maynard (1582–1646)

Et qu'il dorme, après son trépas,
Au cimetière d'un village
Que la carte ne connaît pas?

Illustres gueuses de Parnasse[37],
Je pleure le temps que j'ai mis
A vous coiffer de bonne grâce,
Pour vous acquérir des amis.

On vous admire sur la scène[38], 5
Mais vous n'avez plus de Mécène
Qui protège vos intérêts.

Et c'est pour vous avoir peignées
En demoiselles du Marais,
Que mon coffre est plein d'araignées. 10

Tu dis qu'on donne un si haut prix
Aux vers que ma plume débite,
Que la troupe de beaux esprits
Bat des mains lors qu'on les récite.

Et qu'Apollon veut que son art, 5
Malgré l'envie, et l'ignorance,
Dans l'épigramme de MAYNARD,
Fasse quelque honneur à la France.

Cet illustre applaudissement
Me chatouillerait doucement, 10
Sans le destin qui m'importune.

Mais quand tu dis que j'écris bien,
FLOTTE[39], j'apprends de ma fortune,
Que le Cardinal n'en croit rien. 15

---

37. I.e., les Muses.
38. Dans une autre épigramme Maynard a désigné le conseil, d'un ami, d'écrire pour le théâtre.
39. Flotte (1583-?), ami de jeunesse de Maynard et correspondant fidèle à Paris, fut très lié dans le monde et faisait circuler les poèmes à Paris. Il édita la correspondance de Maynard en 1652. Plusieurs pièces lui sont dédiées.

ETIENNE DURAND (1585-1618)

Alvin Eustis

Malgré des dons réels, Etienne Durand ne s'éleva qu'une seule fois au-dessus d'une honnête médiocrité, lorsqu'il écrivit les «Stances à l'Inconstance», qui parurent en 1611 dans *Les Méditations d'Etienne Durand*. Fournisseur attitré de ballets de cour et poète ordinaire de la reine mère Marie de Médicis à partir de 1608, Durand embrassa témérairement ses intérêts, trempa dans un complot contre Louis XIII et son favori le duc de Luynes et fit des retouches à un pamphlet rédigé par des partisans du feu maréchal d'Ancre, où le roi fut comparé à Néron et les Français furent incités à la rebellion. Sa malencontreuse intervention lui valut d'être condamné à être rompu sur la roue et brûlé avec ses écrits en place de Grêve, après avoir fait amende honorable devant le parvis Notre Dame.

BIBLIOGRAPHIE

Bruzzi, Amelia. «Metafore e poesia nelle *Méditations* di Etienne Durand», in: *Studi sul barocco francese*. Bologne: R. Pàtron, 1962, pp. 104-41.

Lachèvre, Frédéric, éd. *Méditations de E.D.* (édition critique). Paris: H. Leclerc, 1906.

Mathieu-Castellani, Gisèle. *Anthologie de la poésie amoureuse de l'âge baroque, 1570-1640*. Paris: Le Livre de Poche, 1991.

Normanno, Luca. «Etienne Durand, poeta barocco». *Culture française* 10 (1963), 245-49.

Pizzorusso, Arnaldo. «Sulla poesia di Etienne Durand». *Letteratura* 4: 19-20 (1956), 34-47.

Puleio, M.T. «Il 'Giocondor' dell'Ariosto e la 'Vagabonde Inconstance' di Etienne Durand», *Le Ragioni critiche*, u.a., 1-2 (Janv. - Juin 1980), 51-72.

Rathmann, Bernd. «Remarques sur les *Stances à l'inconstance* d'Etienne Durand». *PFSCL* 8: 14, 1 (1981), 33-42.

Rogers, Hoyt et Roy Rosenstein, éd., *Poésies complètes d'Etienne Durand*. Genève: Droz (TLF 340), 1990.

Tardieu, Jean. «Etienne Durand, poète supplicié», in: Jean Tortel, éd., *Le Préclassicisme français*. Paris: Cahiers du Sud, 1952, pp. 189-95.

Varga, S.A. «Un poète oublié du 17e siècle. Etienne Durand et les *Stances à l'Inconstance*.» *Neophilologus* 39 (1955), 249-58.

Etienne Durand (1585–1618)

STANCES A L'INCONSTANCE[1]

I   Esprit des beaux esprits, vagabonde Inconstance[2]
Qu'Eole Roi des vents avec l'onde conçut[3],
Pour être de ce monde une seconde essence,
Reçois ces vers sacrés à ta seule puissance
Aussi bien que mon âme autrefois te reçut[4].

II   Déesse qui partout et nulle part demeure,
Qui préside à nos jours et nous porte au tombeau,
Qui fais que le désir d'un instant naisse et meure
Et qui fais que les Cieux se tournent à toute heure,
Encor qu'il ne soit rien ni si grand ni si beau[5].   10

---

1. La supériorité des «Stances» tient à la méditation philosophique qui les détache du néopétrarquisme à la mode depuis Desportes et qui gâte les autres vers de Durand. Non que les thèmes et les motifs néo-pétrarquistes soient complètement absents des «Stances»: mais ils n'apparaissent qu'à la fin, chargés de résonances métaphysiques.
Les «Stances» sont une allégorie adressée à la déesse Inconstance et se composent de quatre parties: 1) une invocation tournant vite à une réflexion sur l'instabilité cosmique, qui décèle la présence de la déesse (str. I-III); 2) une évocation de la nature mobile de l'homme (str. IV-V); 3) la conduite amoureuse du poète qui s'est appliqué la leçon implicite dans les deux premières parties (str. VI-VII) et 4) une conclusion qui est marquée par le retour à l'invocation du début («fille de l'air» du v. 36 rappelant la généalogie du v. 2), où se mélangent pêle-mêle les considérations contenues dans les trois parties précédentes et où enfin l'élément satirique passe au premier plan.
Le poète a dû se rendre compte de la valeur du rythme impair pour faire ressortir son thème; voilà pourquoi il emploie un quintil l'obligeant au redoublement de la première des deux rimes (abaab) et le faisant aboutir ainsi à une pièce qui comporte onze strophes et cinquante-cinq vers.
2. *Esprit:* qualité essentielle et volatile; *beaux esprits*: gens les plus cultivés, fins connaisseurs (diaphore). *Inconstance:* pour bien comprendre l'évolution du poème, il faut saisir son triple sens de motilité 1) cosmique (str. I-III, 2) intellectuelle (str. IV-VIII) et 3) sentimentale (str. VI-VIII). Les trois dernières strophes font ressortir ce triple sens tout en le résumant.
3. *Eole:* le maître des vents; *onde:* eau de mer (antonomase); *conçut:* engendra. L'union d'Eole et de Thétis est bien entendu une invention du poète. Ni le vent ni les vagues de la mer ne peuvent tenir jamais en place.
4. V. 3: *Pour être:* parce que tu es; *seconde essence:* la première, c'est l'atome (str. III); c'est la confusion baroque des principes physiques et des principes moraux. V. 4: *sacrés:* consacrés. V. 5: *bien:* c.-à-d., favorablement.
5. Vv. 6-9: anaphore. Vv. 6-8: paradoxisme soulignant l'instabilité de la déesse; v. 7: *préside:* présides; *porte:* portes. V. 9: selon Aristote et la pensée orthodoxe, chaque planète était entourée d'une sphère de verre qui en constituait le ciel (le système de Ptolémée) et qui la faisait tourner sur elle-même. V. 10: *il ne soit:* c.-à-d., il n'y ait. *si:* de si.

III Si la terre pesante en sa base est contrainte,
   C'est par le mouvement des atomes divers[6];
   Sur le dos de Neptun ta puissance est dépeinte,
   Et les saisons font voir que ta Majesté sainte
   Est l'âme qui soutient le corps de l'Univers[7].

IV Notre esprit n'est que vent et comme un vent volage[8];
   Ce qu'il nomme constance est un branle rétif[9];
   Ce qu'il pense aujourd'hui demain n'est qu'un ombrage;
   Le passé n'est plus rien, le futur un nuage
   Et ce qu'il tient présent il le sent fugitif[10]. 20

V Je peindrais volontiers mes légères pensées,
   Mais déjà le pensant, mon penser est changé[11];
   Ce que je tiens m'échappe, et les choses passées
   Toujours par le présent se tiennent effacées,
   Tant à ce changement mon esprit est rangé[12].

VI Aussi depuis qu'à moi ta grandeur est unie
   Des plus cruels dédains j'ai su me garantir[13];
   J'ai gaussé les esprits dont la folle manie
   Esclave leur repos sous une tyrannie[14],
   Et meurent à leur bien pour vivre au repentir[15]. 30

---

6. Théorie du philosophe romain Lucrèce (98-55 av. J.-C.), qui exposa dans son *De Natura rerum* une conception matérialiste de l'univers selon laquelle les objets et les êtres vivants représentaient une combinaison fortuite d'atomes sous l'effet du double mouvement de la pesanteur et de l'inclinaison (*le clinamen*). V. 11: *contrainte:* ramassée.

7. V. 13: *dos de Neptun:* c.-à-d., les vagues qui roulent sans cesse (métonymie); *Neptun:* licence poétique pour Neptune. V. 14: *saisons* c.-à-d., la succession des saisons. V. 15: langage non plus matérialiste, mais animiste.

8. Les strophes IV et V sortent tout droit des *Essais* de Montaigne. V. 16: *volage:* passager (*volage:* ne s'applique plus qu'aux humains) (ellipse).

9. Vv. 17-18: anaphore; v. 17: *branle rétif:* mouvement (provisoirement) suspendu (oxymore).

10. Vv. 18-20: antithèses; v. 18: *ombrage:* soupçon, vague souvenir; v. 19: *nuage:* c.-à-d., opaque.

11. La strophe V constitue une amplification des trois derniers vers de la strophe IV. V. 22: *le pensant:* pendant que je la pense; *mon penser:* ma pensée.

12. Vv. 20, 23-24: polyptote (tenir). V. 25: *rangé:* soumis.

13. V. 26: c.-à-d., ta grandeur morale que j'imite. V. 27: *dédains:* c.-à-d., des femmes.

14. V. 28: *j'ai gaussé les:* je me suis moqué des; *manie:* folie (pléonasme qui est plus expressif que la banale «grande folie»). V. 29: *Esclave:* rend esclave (allégorie); *repos:* tranquillité d'âme; *tyrannie:* c.-à-d., d'une femme.

15. Langage religieux dans un contexte profane: *meurent:* qui renoncent (ellipse); cf. *mourir au monde:* se retirer au couvent. *bien:* bonheur. *au repentir:* en se repentant; cf. le v. 34: *péché.*

VII Entre mille glaçons je sais feindre une flamme,
Entre mille plaisirs je fais le soucieux[16];
J'en porte une à la bouche, une autre dedans l'âme,
Et tiendrais à péché, si la plus belle Dame
Me retenait le coeur plus longtemps que les yeux[17].

VIII Doncques fille de l'air de cent plumes couverte,
Qui de serf que j'étais m'a mise en liberté[18],
Je te fais un présent des restes de ma perte[19],
De mon amour changé, de sa flamme déserte
Et du folâtre objet qui m'avait arrêté[20]. 40

IX Je te fais un présent d'un tableau fantastique,
Où l'amour et le jeu par la main se tiendront[21];
L'oubliance, l'espoir, le désir frénétique,
Les serments parjurés, l'humeur mélancolique[22],
Les femmes et les vents ensemble s'y verront[23].

---

16. Vv. 31-32; antithèse, anaphore et pointes; V. 31: *glaçons:* 1) sa froideur, 2) sens propre (proximité de flamme); *flamme:* 1) passion, 2) sens propre (proximité de glaçon) (pointes); thème baroque de la feinte.
17. V. 33: *une:* c.-à-d., flamme; *dedans:* dans. V. 34: rime légitime du fait qu'on distinguait rarement entre l'*a* antérieur et l'*a* postérieur; V. *à:* pour un. V. 35: attelage *(coeur-yeux);* cf. le proverbe *loin des yeux, loin du coeur.*
18. V. 36: périphrase/métaphore assimilant Inconstance à un oiseau; *Doncques:* donc. V. 37: *serf:* esclave (latinisme); c.-à-d., esclave amoureux.
19. Les *restes de ma perte* sont ce qui lui reste d'amour, qu'il transfère d'une mortelle à la déesse.
20. V. 39: *flamme déserte:* c.-à-d., l'amour délaissé de la mortelle. V. 40: *folâtre:* léger; *objet:* être; *arrêté:* retenu.
21. Vv. 41-42; c.-à-d., les deux plaisirs de la vie mondaine au XVIIe siècle et par extension, les passades ne tirant pas à conséquence; v. 41: écho du v. 38.
22. V. 43: *oubliance:* oubli. V. 44: *parjurés:* violés; *mélancolique:* sombre, neurasthénique (sens plus fort qu'aujourd'hui, la mélancolie ou bile noire étant l'une des quatre humeurs fondamentales de l'ancienne physiologie).
23. C.-à-d. que tous deux sont passagers. Ce vers introduit les deux dernières strophes, l'avant-dernière étant consacrée (comme les trois premières) aux phénomènes naturels (les «vents») et la dernière, à la femme (les «femmes»).

X   Les sables de la mer, les orages, les nues,
          Les feux qui font en l'air les tonnantes chaleurs[24],
          Les flammes des éclairs plus tôt mortes que vues,
          Les peintures du Ciel à nos yeux inconnues
          A ce divin tableau serviront de couleurs[25].   50

XI   Pour un temple sacré je te donne ma Belle,
          Je te donne son coeur pour en faire un autel[26];
          Pour faire son séjour tu prendras sa cervelle,
          Et moi je te serai comme un prêtre fidèle
          Qui passera ses jours en un change immortel[27].

---

24. Str. X: tous ces phénomènes bougent ou ne durent guère. L'asyndète de cette strophe contraste de manière frappante avec toutes les autres. V. 46: *tonnantes chaleurs:* la foudre (périphrase). Hypotypose.

25. V. 49. *peintures:* couleurs, teintes; utilisation baroque des termes de l'art humain pour désigner la nature.

26. On aura remarqué que cette dernière strophe est monorime pour l'oreille. Vv. 51-53: attributs peu flatteurs de la belle, qui est donc inconstante, volage et légère; v. 53: *cervelle:* cerveau.

27. Vv. 54-55: paradoxisme; *change immortel:* changement immortel. Oxymore qui fait ressortir le sens ambigu de ces vers où visiblement il en a coûté au poète de renoncer à son amour mortel et qui par conséquent est moins un second Hylas qu'il ne le pense.

HONORAT DE BREUIL, MARQUIS DE RACAN (1589-1670)

H. Gaston Hall

Honorat de Breuil, marquis de Racan (1589-1670), homme de lettres tourangeau plus ou moins abandonné par la critique récente, mérite à plus d'un titre l'attention du lecteur. C'est l'auteur des *Bergeries*, pastorale dramatique représentée vers 1620 à l'Hôtel de Bourgogne, reprise cinq ans environ plus tard à la Cour et publiée en 1625, «la première en date de nos comédies de moeurs», écrit Antoine Adam, «la plus certaine origine des comédies de Corneille».[1] Et l'on ne saurait revenir sur le jeugement de H.C. Lancaster, selon lequel les *Bergeries* annoncent tout le système de la versification de la tragédie française classique, car c'est Racan qui adapta au théâtre les principaux éléments de la réforme de Malherbe.[2] Racan est aussi l'auteur des *Mémoires pour la vie de Malherbe* (1651) et de nombreuses poésies, dont les *Stances sur la retraite* (publiées plusieurs fois du vivant du poète avec les *Bergeries*), les *Stances* sur une absence et l'*Ode à la louange de la Reine pendant sa Régence* que nous présentons comme échantillons de ses oeuvres poétiques variées. Il ne serait sans doute pas inutile de rappeler ici qu'aux débuts de la grande révalorisation poétique associée avec le concept du baroque littéraire en France, Racan pouvait être considéré comme «le premier poète lyrique de son temps». C'est le jugement de Louis Arnould, paru dans le *Correspondant* du 20 janvier 1936: jugement partial, sans doute, parce qu'Arnould avait consacré à Racan sa thèse de doctorat d'état et puis les deux volumes de ses poésies publiés par la Société des Textes Français Modernes, qui fournissent encore l'essentiel de nos informations sur ce poète. Mais c'est le jugement d'un érudit qui connaissait admirablement l'oeuvre dont il s'occupe.

Présenté à Malherbe dès son arrivée en 1605 à la Cour de Henri IV, où il était page de la chambre du Roi aux dépendances du duc de Bellegarde, Racan est devenu l'élève préféré du maître. De 1618 à 1630 parurent de Racan dans les anthologies—*Délices de la poésie francaise, Recueils des plus beaux vers*—62 poésies, où Louis Arnould compte 72 rythmes différents, dont 42 inventés par Racan. En 1626 il fournit des vers pour un ballet de cour important, le *Grand bal de la douairière de Billebahaut*. L'année suivante, Nicolas Faret publia plusieurs lettres de Racan dans son *Recueil de lettres nouvelles*. En 1631 Racan publia ses paraphrases des sept psaumes pénitentiels. Son *Ode* au cardinal de Richelieu parut dans les *Nouvelles Muses* de 1633. La poésie religieuse le préoccupe de plus en plus, et l'on peut dire que c'est en poète de la Contre-Réforme qu'il publia avec ses *Odes sacrées* (1651) un *Discours contre la science*. Ses *Dernières oeuvres et poésies chrétiennes* parurent en 1660.

Les *Stances sur la retraite* et les *Stances* sur une absence reflètent d'une part le topos *taedium curiae* et de l'autre celui de l'amour idéal (si c'en est un), thèmes importants des *Bergeries* et des traditions pastorales et élégiaques dont ses oeuvres s'inspirent. L'*Ode à la louange de la Reine* s'inscrit en même temps dans une série d'odes grandioses adressées à des personnages marquants de la Cour, comme le duc de Bellegarde, le Cardinal de Richelieu et le roi Louis XIV, et dans celle des paraphrases en vers des psaumes.

Selon Arnould, les *Stances sur la retraite* offrent «un type achevé de la célèbre imitation créatrice»[3]. Nous dirions volontiers plutôt *contaminatio* ou «contamination créatrice», car les sources littéraires latines et françaises indiquées par Arnould lui-même sont multiples: d'Horace, l'épode II, *Beatus ille qui procul negotiis*...et plusieurs odes, dont II, 16, *Otium divos*...; tels vers des *Géorgiques* de Virgile: *Fortunatus et ille deos qui novit agrestes*...(II, 493 et s.); la deuxième épigramme de Claudien: *Felix qui patriis sevum transegit in agris*; une page de la *Première Semaine* de Du Bartas (1579):

> O trois et quatre fois bienheureux qui s'éloigne
> Des troubles citadins! qui prudent ne se soigne
> Des emprises des Rois, ains servant à Cérès,
> Remuë de ses boeufs les paternels guerets!...
> Des bornes de son champ son désir est borné,...
>   et cette même terre
> Qui naissant le reçut pitoyable l'enterre...;

tel sonnet rustique de Philippe Desportes, dont le tercet qui suit:

> Là, franc d'ambition, je vois couler ma vie
> Sans envier aucun, sans qu'on me porte envie,
> Roi de tous mes désirs, content de mon parti...;

et surtout (quoi qu'en ait pu penser Malherbe) l'ode de Desportes *Sur les plaisirs de la vie rustique* (1573).

Racan reprend non seulement les thèmes de l'ode de Desportes, il en reprend à peu près la forme, car elle comporte exactement quinze sizains, modèle à cet égard des *Stances sur la retraite*. Mais ce sont des sizains en vers décasyllabiques, alors que les alexandrins de Racan sont plus riches, plus sonores, plus souples, plus animés, plus variés. Au début du dix-septième siècle ils étaient plus modernes et surtout plus chargés d'avenir. Nous nous bornerons à citer le premier et le dernier des sizains de Desportes, qui sont parmi les meilleurs de l'Ode et qui permettent de marquer toute la différence entre les manières des deux poètes qui abordent dans des formes voisines les mêmes thèmes:

Honorat de Breuil, Marquis de Racan (1589–1670)

> I O bienheureux qui peut passer sa vie
> Entre les siens, franc de haine et d'envie,
> Parmi les champs, les forêts et les bois,
> Loin du tumulte et du bruit populaire,
> Et qui ne vend sa liberté pour plaire
> Aux passions des princes et des rois.

> XV Douces brebis, mes fidèles compagnes,
> Haies, buissons, forêts, prés et montagnes,
> Soyez témoins de mon contentement!
> Et vous, o dieux! faites, je vous supplie,
> Que cependant que durera ma vie,
> Je ne connaisse un autre changement[4].

Les deux poètes emploient souvent les mêmes mots, mais Racan place mieux *contentement*, par exemple: l'idée de connaître enfin le plaisir d'être satisfait de la vie, qui termine ses *Stances sur la retraite,* alors que Desportes laisse entrevoir dans son dernier mot *changement* la possibilité d'une interruption des plaisirs. Ce qui est sans doute mieux observé, mais moins poétique. C'est une leçon que Jean Racine semble avoir retenu en terminant sa poésie *Ruris et urbis differentia,* qui continue les thèmes déjà évoqués par Desportes et Racan, avec le mot positif *juvant* (me plaisent):

> Quisquis amas strepitus, per me licet, urbe potire;
> Me tamen ipsa magis rura nemusque juvant[5].

Les *Stances sur la retraite* représentent une synthèse de thèmes et de topoi, dont *taedium curiae, aurea mediocritas, vanitas,* comme celle d'images et d'oppositions consacrées: naufrage/port, ondes/moissons, art/nature, lieu de naissance/ lieu d'enterrement. Surtout l'amertume associée avec le topos *taedium curiae* est changée en sagesse, associée avec *aurea mediocritas,* condition et couronnement d'une vie pleinement réussie. C'est une poésie qui métamorphose la déception qui attend la découverte progressive des limites personnelles en méditation sur les limites humaines, en acceptation joyeuse des bornes des possibilités de la vie humaine représentées par celles des terres ancestrales. Ces terres représentent le port d'embarquement et le point d'arrivée de la «nef vagabonde», image de la vie incapable d'atteindre, avant la mort, un autre port plus sûr. Le poète de ces *Stances* renonce à l'ascension. Le retour au port sûr s'effectue par un déplacement horizontal, qui fait contraste avec les risques associés avec la hauteur évoqués à la stance II, où les réminiscences bibliques et horatiennes sont présentées sous la forme d'une série de sentences morales dont la dernière et la plus considérable rappelle les orages météorologiques et métaphoriques qui s'abattent sur les parties les plus hautes des palais royaux—considérés comme les plus élevés des points de vue architectural, économique, social, politique.

La troisième stance définit le bonheur par l'absence des conditions qui lui sont antipathiques: d'une part, l'ambition personnelle, intérieure; et de l'autre, la concurrence, autrui, les fâcheux de «la foule importune» qui représentent autant de vanités, préparation thématique de la conclusion du poème. Ici et dans les deux stances suivantes le poète développe surtout les topoi *taedium curiae* et *aurea mediocritas*. La répétition au vers 19 du verbe *labourer* souligne la sûreté que représente la continuité d'une activité répétée de génération en génération. Le labour s'oppose ainsi au thème de l'orage. Il participe aussi à une conception cyclique de l'expérience de la vie, où les gestes se renouvellent en se répétant et les quatre âges de l'homme répondent aux quatre saisons de l'année: l'automne qui correspond à l'âge de la retraite, par exemple (stance VI). Il prépare surtout le thème de l'abondance développé à la stance VI, abondance qui fait contraste avec l'excès des princes, sans doute, mais surtout avec la misère des rôturiers sans terres et sans travail. Le labour n'est donc pas une malédiction, et les réminiscences bibliques du poète semblent exclure Genèse 3, 17. Sans doute n'envisage-t-il pas de mettre personnellement la main à la charrue, ce qui servirait en tout cas à le distinguer de Quinctius Cincinnatus, consul et dictateur romain au 5e siècle av. J.-C. qui retourna à sa charrue et dont une réminiscence (dit-on) inspire en partie ces *Stances sur la retraite*. La carrière de Racan fut moins illustre que celle du Romain exemplaire, et le thème de l'abondance de ses *Stances* ne correspond guère avec l'austérité républicaine de Cincinnatus. L'usage fait des réminiscences et des topoi est sélectif, personnel, adapté au petit monde idéal que le poète suggère.

Les stances centrales de VI à IX sont autant de «peintures parlantes», une série de tableaux où le poète représente quatre aspects de la vie heureuse: la moisson, la chasse, la promenade à la campagne, le repos. C'est le mot *tableau* du vers 30 qui les introduit comme une réalité que les courtisans ne voient qu'en image (voir le vers 72, qui répond au vers 30). Tout y fait contraste avec la cour: la faucille (v. 32) avec l'épée qui n'est pas nommée, la chasse avec les charges («ce vain espoir de gloire», v. 14), l'argent des ruisseaux et l'or des moissons avec «ces Palais dorés» (v. 75). Ce qui n'exclut pas l'opposition de ces scènes rustiques à d'autres formes de l'ambition, comme celle rejetée à la stance X, où la réminiscence horatienne (*Otium divos, Odes,* II, 16, etc.) s'étaye sans doute d'une conscience de navigations plus récentes, comme celles qui ramenaient en Europe l'argent et l'or des mines d'Amérique. Les «petits flots» luisants et l'or des blés qui doivent être ondoyants s'opposent surtout aux orages qui menacent toute entreprise sur la mer, à l'étranger, à la cour, comme à d'autres moments moins favorables les moissons mêmes (voir les v. 24, 83).

Les «lits naturels» où le sage du poème se repose avec les bergères (stance VIII) joignent les idées de repos et de jouissance à celle du naturel, qui s'oppose au factice (de la cour, de l'art). Ce sont, avec le vers qui évoque le ruisseau et les moissons, les vers centraux des *Stances*. Ces lits naturels sont également éloignés des lits qui représentent le lieu de la naissance du poète et celui où il souhaite mourir. Ils semblent éloignés aussi du lit nuptial: on ne voit pas que le seigneur médite une alliance avec une de ces bergères. Ils s'opposent surtout aux travaux des champs (stance IV, etc.) et aux inquiétudes de la vie de cour. Le dernier vers du sizain, «Qui n'ont d'autres rideaux que l'ombre des buissons», complète ce tableau en l'enrichissant de suggestivités retentissantes. Un Malherbe a beau s'écrier: «Sottise. Ce sont les buissons, non l'ombre, qui font rideau» (Ed. cit., I, 181). Dans un tableau, même parlant, c'est la représentation de l'ombre plutôt que de l'objet qui la projette qui peut ressembler à un rideau. Il s'agit par ailleurs non seulement d'éclairage, mais d'associations, de suggestions littéraires. L'ombre de tout temps est associée aux amours pastorales: le Corydon de Virgile, par exemple:

> Tantum inter densas, umbrosa cacumina, fagos
> Assidue veniebat... (*Bucoliques,* II, 3-4).

Dans la stance de Racan, le seigneur et les bergères s'éloignent de la chaleur du soleil, de la lumière d'une conscience trop éveillée et (le cas échéant) de tout regard indiscret[6]. La discrétion du poète ne précise (mais n'exclut) pas l'union charnelle. Dans la mesure où les rideaux métaphoriques de ces lits naturels la suggèrent, elle serait à distinguer, d'une part, des amours homosexuelles chez Virgile et de l'autre, de l'amour conjugal idéal qui caractérise la pastorale dramatique, et notamment les *Bergeries* de Racan lui-même.

Si la stance VIII est imitée dans une certaine mesure de l'ode et du sonnet rustique cités de Desportes, comme le croit Arnould (éd. cit, I, 181), l'imagination du poète ne semble s'en servir que de tremplin. L'invention y domine. Comme dans les stances précédentes de la moisson et de la chasse, elle serait nourrie aussi d'observation personnelle et d'expérience vécue, jusque dans certains détails d'ordre topographique - les fontaines, les ruisseaux de la stance VIII comme les vallons, les fleuves, les rochers de la stance XV - où Racan modifie ses sources littéraires en faveur, apparemment, d'allusions faites à des particularités de sa propriété de la Roche-Racan (éd. cit., I, 185). Il n'en est naturellement pas de même de la stance IX de la vieillesse, dont Arnould précise deux sources littéraires: l'épigramme II de Claudien, sur le *Vieillard de Vérone qui n'est jamais sorti de chez lui,* et une phrase du premier volume (paru en 1617) de *L'Astrée* de d'Urfé (p. 67), où Racan a pu lire, «Mon père...n'avait rien plus à cœur que de revoir fumer ses foyers où si souvent il avait été emmailloté» (éd. cit., I, 181-82). Une telle aspiration reflète, comme tant d'autres détails de ces *Stances sur la retraire,* le point de vue d'un propriétaire dans une société agraire, pré-industrielle. Cette image de la vieillesse et de la mort a pu être, chez un poète qui vers 1618 n'avait pas encore trente ans, une aspiration personnelle, profondément sentie. Mais il est évident que l'imaginaire guide ici son inspiration davantage que l'expérience vécue. Les sources anciennes et modernes témoignent par ailleurs que les sentiments qu'il poétise dépassent l'observation particulière, individuelle. L'originalité d'une telle stance est dans la qualité de l'expression personnelle d'un sentiment traditionnel, persistant. Les «bras emmaillotés» du nouveau-né anticipent le linceul. Racan évoque une vieillesse et une mort, non pas naturelles, mais en harmonie avec la nature et qui suivent une vie cultivée selon le rythme des saisons et des années, comme les blés et les bois, une vie dont la plénitude attend avec sérénité le faucheur.

La stance X reprend de la première le thème de la mer, image horatienne des voies de l'ambition, et de la stance VII de la chasse, le thème de la mort au lit ancestral, qui complète le tableau de la vieillesse de la stance précédente. L'invention de la stance X est faite en partie d'une contamination de plusieurs morceaux d'Horace (*Odes*, I, 1, et II, 16; *Epîtres*, I, 1...), sur le thème de la mer agitée image de la vie ambitieuse. Dans l'architecture du poème la stance X fournit l'amplification de ce thème jointe à la récapitulation de l'idée de la mort au lieu de la naissance introduite au vers 42. Elle prépare la stance suivante dite de Concini, qui ouvre sur le thème de la contemplation du port des mers orageuses et qui finit par de très précises allusions faites à deux événements politiques récents qui l'illustrent de manière dramatique: Concini assassiné le 24 avril 1617 et le fauconnier de l'adolescent roi Louis XIII, de Luynes, «devenant connétable et Ier ministre, puis le peuple en furie déterrant le cadavre du maréchal d'Ancre et le déchirant en morceaux» (Arnould, éd. cit., I, 183). L'élévation des vers de Racan marque toute la distance du fait divers à la contemplation poétique qui juge et qui généralise.

La stance XII fait pendant à la stance V; les «fleurs naturelles» de la Roche-Racan ou d'autres propriétés privées font contraste avec les fleurs-de-lys des palais royaux. La belle évocation architecturale n'en trahirait pas moins chez Racan un goût des constructions nobles. Et Arnould de rappeler que Racan fera reconstruire le château féodal de son père où il se retirera après avoir fait ces vers et où «il mettra...une tour, un portique et bien des chapiteaux» (éd. cit., I, 183).

Les images qui récapitulent à la stance XIII le topique *taedium curiae* fonctionnent à deux niveaux. A première vue, Racan reprend un système de correspondances traditionnelles dont le point de convergence est le roi, qui est censé être parmi les hommes ce qu'est l'or parmi les métaux, le chêne parmi les arbres, le soleil parmi les astres... Mais ses trois images, «ces Palais dorés», «un chêne élevé», et le soleil, ont toutes de fortes associations littéraires avec les périls des ambitions trop élevées: les hauts murs et les palais dorés de la Rome impériale écroulés; Pompée le Grand qui meurt, comparé dans une similitude célèbre de la *Pharsale* de Lucain à un grand chêne qui tombe; Icare qui s'était trop approché du soleil... Surtout après la «stance de Concini» la convergence traditionnelle de ces images sur le roi n'a rien de flatteur pour lui, car elles représentent la servitude qui rime avec la multitude et qui s'oppose à la solitude de la retraite, comme à la liberté qu'on y retrouve grâce à «l'or des moissons», à «l'ombre des buissons» (stance VIII).

La stance XIV fait entrer à la récapitulation des images traditionnelles—une fumée, des fleurs—de l'éphémère et de la fragilité de la vie. L'apostrophe de la stance finale est inspirée de celle de Desportes, avec les transpositions déjà indiquées: celle du paysage faite par Racan en faveur des particularités de la Roche-Racan et le déplacement du mot *contentement* pour que les *Stances* terminent sur l'antithèse *tourment* et *inquiétude* / *contentement*. Comme *plaisante* au vers 88, ces deux derniers mots en particulier avaient au XVIIe siècle un sens fort, positif. Ils constatent non seulement la fin des peines d'amour et des ennuis de la vie de cour et les plaisirs de la vie champêtre, mais aussi celui d'avoir enfin obtenu de la vie satisfaction.

Les «déserts» de cette apostrophe finale n'ont, bien sûr, rien à voir avec les solitudes, les isolements romantiques, où «rien ne nous rend si grands qu'une grande douleur». On dirait volontiers qu'il s'agit plutôt d'un «Bonjour, allégresse», bonjour qu'on peut comparer utilement avec les adieux de la bergère Arthénice dans les *Bergeries* (Acte II, scène 4):

> Je prends congé du monde et de ses vanités,
> Qui sucrent le venin de tant d'impiétés;
> Adieu donc pour jamais, plaisirs pleins d'amertume,
> Adieu, vaine espérance, où l'âge se consume,
> Adieu, feux insensés, auteurs de mes ennuis,
> Adieu, doux entretien où je passais les nuits,
> Adieu, rochers et bois, adieu, fleurs et plaines,
> Qui saviez de mon coeur les plaisirs et les peines...
> Je vais finir mes jours dedans quelque saint lieu,
> Où jamais le malheur ne me pourra déplaire.
>   (vv. 999-1017)

Ici le topique *vanitas* est plus important que dans les *Stances sur la retraite*, bien qu'Arthénice, à la différence du poète des *Stances,* aime encore les sites qu'elle croit abandonner. Ces adieux offrent par ailleurs un excellent commentaire sur les inquiétudes d'amour de l'avant-dernier vers des *Stances*. Cette comparaison souligne bien aussi le caractère séculier de la retraite envisagée par le poète des *Stances,* qui ne renonce pas au monde, mais à la cour, et qui espère retrouver sans peines d'amour perdues les sites champêtres aimés qu'il invoque et qu'il évoque.

On retrouve dans les élégantes *Stances* sur une absence que nous présentons après les *Stances sur la retraite* l'apostrophe, figure particulièrement adaptée à ce sujet. Le poète amant s'adresse tour à tour au «tyrannique devoir» (premier vers), aux «Dieux dont les Amants implorent le secours» (v. 28), au dieu Océan enfin (deux dernières strophes). Il y paraît que les peines d'amour ne l'ont pas quitté dix ans après la composition des *Stances sur la retraite*. Concluons que Racan poétise les sentiments d'un moment, les sentiments associés dans son esprit aux thèmes dont il s'occupe dans chaque poésie particulière. A certains moments dans ses stances, on peut vouloir dire *je*, ou bien *nous, les hommes comme nous*, et même *tout le monde*. On ne saurait oublier pour autant que dans des stances comme celles-ci sur une absence *je* peut être «un autre», la voix d'un amant abandonné idéal qui se plaint dans un genre poétique dont la rhétorique suppose une forme d'expression personnelle. Même si l'on accepte que le *je* de ces *Stances* représente Racan, la Doris inconnue enfin nommée au dernier vers reste difficile à identifier. Arnould croit, après Jean de La Fontaine, qu'il s'agit de Madeleine du Bois, partie à Londres en 1627 pour entrer à la cour d'Henriette de France, qui en 1625 épousa le roi Charles Ier[7]. Agée alors de quinze ans, elle devait épouser Racan l'année suivante.

Composées donc une dizaine d'années après les *Stances sur la retraite*, 47e pièce du *Recueil* de 1638, elles y sont placées bien avant et forment la 19ᵉ pièce. Avec l'apostrophe on y retrouve une variante du thème de la retraite, surtout à la dernière stance: l'amour qui vaut bien Paris, ses richesses et son orgueil, et même le monde entier, thème cher au théâtre dans la pastorale dramatique, dans la tragédie (*Rodogune*, par exemple) et dans la comédie. Elle semble s'inspirer dans cette stance de la célèbre chanson populaire que Molière met dans la bouche d'Alceste:

> Si le roi m'avait donné
> Paris, sa grand'ville,
> Je dirais au roi Henri
> Reprenez votre Paris;
> J'aime mieux ma mie, au gué!
> J'aime mieux ma mie[8].

C'est bien entendu la femme aimée qui est censée, dans les *Stances* de Racan comme dans *le Misanthrope*, faire le sacrifice réel en renonçant à la vie de cour, alors que l'amoureux propose en échange ce qu'il ne possède pas.

En effet ces *Stances* sont éminemment théâtrales. Comme les stances et d'autres monologues au théâtre baroque, elles dramatisent une crise personnelle, un isolement, un conflit de valeurs sociales et morales, un moment de passion intense qu'on «théâtralise» volontiers. Pierre Corneille entre autres n'a pas manqué d'apprécier la valeur théâtrale des stances et de l'apostrophe, soit séparément (*Stances* de Rodrigue dans *le Cid*, apostrophe d'Emilie au début de *Cinna*), soit ensemble (*Stances* de l'Infante dans *le Cid*, *Stances* de Polyeucte). N'étant pas un genre à forme fixe, les stances permettent au poète d'adapter à son sujet différentes combinaisons formelles et techniques particulièrement appropriées au degré d'intensité des sentiments évoqués. Dans les *Stances* de Rodrigue, par exemple, Corneille emprunte à la ballade une solution qui lui permet de clore chaque stance comme avec un refrain: *Chimène* qui rime avec *peine*, figure destinée à convaincre le public que Chimène est bien la préoccupation principale de l'amant qui parle, que les sentiments qu'il éprouve sur le conflit de valeurs qu'il analyse sont d'une intensité concentrée extraordinaire, héroïque. Le contexte des *Stances* de Racan étant quelque peu moins dramatique, et la crise beaucoup moins aiguë, il évite l'emploi de rimes obsessionnelles. En comparaison avec les *Stances sur la retraite*, cependant, le retour relativement rapide des rimes, joint au rythme moins équilibré de ces *Stances*, s'adapte très bien à l'expression de l'agitation de l'amour et de la mer, à l'atmosphère créée d'attente impatiente. Surtout la rime féminine instable introduite juste avant la pause qui sépare les trois premiers vers des trois derniers de chaque stance aide-t-elle à suggérer l'instabilité agitée d'une attente qu'on désire abréger le plus rapidement possible.

L'hyperbole à la mode au début du XVIᵉ siècle en France domine l'expression des *Stances*, soit les souffrances du poète amant (stance II), soit la divinisation de la femme aimée: «L'Ange dont le Ciel même adore le mérite» (vers 15). L'expression hyperbolique commence dès les premiers vers avec «on ne peut éviter», «incessamment», «tant de», etc. Elle continue jusqu'à la prière extravagante de la dernière stance, qu'elle prépare. Quant à «ce mélange bizarre de tutoiement et de vouvoiement» de cette dernière stance, doit-on supposer une inadvertance de l'imprimeur? Arnould se dit «bien tenté de rétablir, comme [l'édition] Latour [de 1847] le tutoiement partout en mettant *Porte-lui*» (éd. cit., I, 100). Mais l'expression de ces *Stances* hyperboliques est assez hardie pour qu'on puisse croire à une syntaxe déséquilibrée de propos délibéré, pour traduire un état d'esprit préoccupé, agité, exalté.

L'Ode à la louange de la Reine pendant sa Régence qui termine notre sélection, écrite selon Arnould entre 1650 et 1660 et par conséquent très postérieure aux stances précédentes, unit la manière des grandes odes officielles à celle des paraphrases des psaumes. Elle n'en est pas moins flatteuse pour une reine dévote à laquelle on dédiait volontiers ouvrages d'édification morale et de piété, Anne d'Autriche, mère de Louis XIV né en 1638 et de son frère Philippe né en 1640, régente depuis la mort en 1643 de son mari Louis XIII jusqu'à la majorité précoce de son fils aîné proclamée en 1651. L'absence de toute allusion faite à la Fronde, comme la jeunesse des princes supposée (v. 13, 22), le theme d'une croisade contre les Turcs introduit à la fin de la strophe III, et d'autres détails suggèrent une date de composition bien avant 1651 et même avant les troubles de la Fronde éclatés en 1648. Mais le vers 13 s'inspire de la Vulgate, du verset 2 du Psaume 8: «ex ore...lactentium»; les poètes peuvent évoquer les événements passés au présent; et nous nous bornerons à conclure que la composition précède de nombreuses années la première publication dans les *Dernières oeuvres et poésies chrétiennes* de Racan (1660).

Tout dans cette ode est grandiose, surtout la vision dite stellaire de Racan, qui s'inspire des Psaumes. La première pièce du *Recueil de 1638,* la paraphrase du psaume XVIII *Coeli enarrant...*, évoque déjà «Les feux du Firmament.../ Dont le silence parle et s'entend par les yeux» (strophe I). Et de proclamer ensuite après David:

> III   Ces visibles effets d'une cause invisible,
> Ces suprêmes grandeurs, cette essence impassible,
> Exigent de nos coeurs l'honneur qui leur est dû;
> Ils prêchent aux Gentils, ils prêchent aux sauvages,
> Et dans tout l'univers il n'est point de langages
> Où leur discours muet ne puisse être entendu
> (éd. cit., I, 23-24).

La cosmologie de Racan dans l'*Ode à la louange de la Reine* est à peu près celle des Psaumes. Arnould fait valoir que «l'espace imaginaire» des strophes I et VIII, espace «qui ne peut être atteint que par l'imagination», ne correspond pas aux espaces imaginaires de la physique d'Aristote. Il est évident que les observations de Galilée n'ont pas influencé la vision du poète. Ce qui laisse une cosmologie vaguement ptolémaïque que trahissent plusieurs expressions: «dessus les Cieux» (v. 6, 48), «ici bas» (v. 8, 39), etc. Cette cosmologie est hiérarchique, et c'est à elle que correspondent les hiérarchies politiques et religieuses des strophes V et VII surtout: pour haute que soit la naissance d'un roi, il est inférieur à l'ange le moins élevé de rang; le pouvoir du roi sur la terre est de droit divin; l'homme est le maître absolu de toutes les autres créatures terrestres. Racan s'inspire dans les vers 39-42 des versets suivants du Psaume 8 que nous citons d'après la traduction de l'Ecole de Jérusalem:

> A peine le fis-tu moindre qu'un dieu,
> le couronnant de gloire et de splendeur;
> tu l'établis sur l'oeuvre de tes mains,
> tout fut mis par toi sous ses pieds,
> brebis et boeufs, tous ensemble,
> les bêtes même sauvages,
> oiseaux du ciel et poissons de la mer,
> parcourant les sentiers des eaux.

Ces versets reprennent un thème du premier récit de la Création (Genèse, I, 28-30). Il serait donc injuste d'attribuer à Racan la responsabilité personnelle d'une attitude à laquelle on peut justement attribuer d'indicibles souffrances parmi les populations animales. L'insensibilité du poète à cet égard représente une des limites de la sensibilité de sa religion, de sa nation et de son temps. C'est une insensibilité qu'on peut comparer avec la piété politique de cette *Ode*, où le monarque est loin d'être considéré comme «absolu»: la reine reste responsable devant Dieu pour l'éducation des princes, qui sont responsables à Dieu pour l'appui de ses lois.

Comme toutes les poésies de Racan, cette *Ode* ne révèle ses hautes qualités poétiques que lue à haute voix, avec une attention particulière à la fonction musicale de chaque syllabe, de chaque allitération, de chaque rime, du rythme de chaque vers. La répétition des rimes et des formules saisissantes de la première strophe dans la dernière fait alors un grand effet. La sonorité verbale harmonieuse se joignant aux évocations sidérales illimitées touche au sublime.

La fortune littéraire de Racan est liée à celle de Malherbe, «Ces deux rivaux d'Horace, héritiers de sa Lyre», considérés comme «nos maîtres» par La Fontaine, qui en 1671 s'occupa d'une édition d'oeuvres choisies de Racan. Boileau approuve sa manière de chanter «Philis, les bergers et les bois» (*Art poétique,* Chant 1er), et il suggère ailleurs (sans doute sans ironie) que «Racan pourrait chanter au défaut d'un Homère» (*Satire IX*). Du côté des Modernes dans la querelle des Anciens et des Modernes, Perrault partage ce jugement: «Aux Homères divins, aux Virgiles superbes, / On voit se mesurer nos Racans, nos Malherbes» (*Epître au roi*). Racan est encore estimé (avec Malherbe et Sarasin) dans l'*Epître aux Muses* de J.-B. Rousseau. A ces jugements correspondent des éditions posthumes: celle entreprise par La Fontaine en 1671, celle de Breugière de Barante (1698), et l'édition Coutelier (1724). Mais ce sont des éditions partielles où des oeuvres choisies de Racan paraissent avec celles d'autres poètes. Ce n'est qu'en 1857 que Tenant de Latour publie dans la «Bibliothèque elzévirienne» la première édition à peu près complète des oeuvres de Racan. La thèse de L. Arnould (1896), le premier et le dernier livre sérieux dédié à l'étude de ce poète, atteste à la fin du XIXe siècle un certain intérêt dans les milieux universitaires, qui n'étaient pas à cette date étrangers aux goûts littéraires du grand public cultivé. L'édition critique des oeuvres de Racan entreprise par Arnould pour la Société des Textes Français Modernes n'a commencé à paraître qu'en 1930. Il n'a pu achever que les deux premiers volumes: *Poésies* (surtout profanes) (1930) et les *Bergeries* (1937). Arnould avait été devancé par l'édition V. Larbaud-A. Stols de ses *Poésies lyriques profanes* (Maastricht, 1928) et par l'édition P. Camo des *Bergeries et autres poésies* dans la collection Garnier (Paris, 1929). La publication en 1935 d'un petit volume dans la collection des «Classiques Larousse» des *Poésies* de Malherbe, de Maynard et de Racan confirme un modeste renouveau d'intérêt dans ses poésies dans l'entre-deux-guerres et que la réputation de Racan est liée à cette date à celles de Malherbe et de Maynard. On attend toujours une édition critique des poésies religieuses de Racan. La thèse de P. Leblanc sur *Les Paraphrases françaises des Psaumes* (Paris, 1960) contient toutefois un chapitre important sur cette partie de l'oeuvre de Racan.

NOTES

1. A. Adam, *Histoire de la littérature française au XVIIe siècle*, 5 vol., Paris, 1949-56, I, 204.
2. H.C. Lancaster, *A History of French Dramatic Literature in the Seventeenth Century*, 9 vol., Baltimore, 1929-42, I, 167.
3. L. Arnould, éd., Racan, *Poésies*, 2 vol., Paris, 1930-36, I, 167-68.
4. Ibid., I, 170-71.
5. Racine, *Oeuvres complètes*, publ. par R. Picard et d'autres, 2 vol., Paris, 1956, I (*Théâtre, poésies*), 1052.
6. Dans le sonnet rustique de Desportes on trouve le vers:
«Et tout encourtiné de buissons délectables» (éd. cit., I, 181).
7. Ce fut probablement les *Bergeries* qu'Henriette de France fit jouer à Londres en 1626, représentation où elle tint un rôle (voir Lancaster, *A History*, I, 233).
8. Molière, *Le Misanthrope*, Acte I, scène 2, cité par Arnould, éd. cit., I, 100.

BIBLIOGRAPHIE

Arnould, L. *Un gentilhomme de lettres au XVIIe siècle: H. de Bueil, seigneur de Racan*, nouvelle éd., Paris, 1901.

Hall, H.G. «A Reading of Racan's *Ode à Bussy de Bourgogne*», *la Cohérence intérieure: études sur la littérature française du XVIIe siècle présentées en hommage à Judd D. Hubert*, Paris, 1977, pp. 145-56.

Larbaud, V. «Notes sur Racan», *Revue de Paris,* 1er nov. 1927, pp. 42-54.

Leblanc, P. «Racan», *Les Paraphrases françaises des Psaumes à la fin de la période baroque (1610-1660)*, Paris, 1960, pp. 186-216.

Martinon, Ph. *Les Strophes. Etude historique sur les formes de la poésie lyrique en France depuis la Renaissance*, Paris, 1912.

Maurice-Amour, L. «Musique et poésie au temps de Louis XIII. Racan», *Revue d'histoire littéraire de la France*, LVI (1956), pp. 216-20.

Racan. *Oeuvres complètes,* publiées par T. de Latour, Paris, 1857.

_____. *Poésies* I, et II (les *Bergeries),* publiées par L. Arnould, Paris, 1930, 1937.

_____. *Les Mémoires pour la vie de Malherbe*, dans Malherbe, *Poésies,* publiées par Ph. Martinon, Paris, 1926.

Ridgely, B.S. «Racan and the Old and New Astronomics», *Yale French Studies* no. 49 (1973), pp. 154-69.

LECTURES SUPPLEMENTAIRES

Les deux volumes des *Poésies* de Racan dans la collection de la S.T.F.M., et notamment *Le XVIIIe Psaume*, les odes aux rois Louis XIII et Louis XIV, au duc de Bellegarde, au comte Bussy de Bourgogne, à M. de Balzac, à Mrg. le cardinal duc de Richelieu; et les *Bergeries*.

Honorat de Breuil, Marquis de Racan (1589–1670)

Stances

(Stances sur la retraite)

I   Thirsis[9] il faut penser à faire la retraite,
    La course de nos jours est plus qu'à moitié faite,
    L'âge insensiblement nous conduit à la mort,
    Nous avons assez vu sur la mer de ce monde
    Errer au gré des flots notre nef vagabonde[10],
    Il est temps de jouir des délices du port.   6

II Le bien de la fortune est un bien périssable,
    Quand on bâtit sur elle on bâtit sur le sable,
    Plus on est élevé plus on court de dangers,
    Les grands Pins sont en bute aux coups de la tempête,
    Et la rage des vents brise plutôt le faîte
    Des maisons de nos Rois, que des toits des Bergers[11].   12

III O bien-heureux celui qui peut de sa mémoire
    Effacer pour jamais ce vain espoir de gloire,
    Dont l'inutile soin traverse nos plaisirs,
    Et qui loin retiré de la foule importune
    Vivant dans sa maison content de sa fortune
    A selon son pouvoir mesuré ses désirs[12].   18

IV Il laboure le champ que labourait son père,
    Il ne s'informe point de ce qu'on délibère
    Dans ces graves conseils d'affaires accablés,
    Il voit sans intérêt la mer grosse d'orages,
    Et n'observe des vents les sinistres présages
    Que pour le soin qu'il a du salut de ses blés.   24

---

9. Arnould croit identifier ce *Thirsis* (nom de berger de Théocrite et de Virgile souvent employé par les poètes du début du 17e siècle) avec «le voisin de campagne et l'ami de Racan, René d'Armilly, à qui le poète adresse en vers et en prose ses réflexions les plus tristes et les plus profondes sur le mal moral qui l'entoure...» (éd. cit., I, 176).
10. *nef vagabonde:* le poète a pu préférer *nef,* synonyme poétique de navire, parce qu'elle est au féminin. Littré indique à l'article *vagabond* qu'au XVIIe siècle la prononciation de cet adjectif au masculin était sujet à controverse, que l'emploi au féminin évite.
11. Souvenirs d'Horace, *Odes,* II, 10, suggère Arnould, qui guident l'expression d'observations personnelles: «Racan avait vu son puissant oncle Honorat de Bueil tué par les Ligueurs... Henri IV assassiné, le chevalier de Guise tué..., le prince de Condé arrêté, son protecteur, le comte de Bellegarde, disgrâcié, le maréchal d'Ancre assassiné, etc., etc.» (éd. cit., I, 177).
12. «Béatitude» qui s'inspire de deux strophes de l'ode citée de Desportes, et d'un vers vigoureux de Du Bartas (voir la notice préliminaire).

V   Roi de ses passions il a ce qu'il désire,
           Son fertile domaine est son petit empire,
           Sa cabane est son Louvre, et son Fontainebleau[13].
           Ses champs et ses jardins, sont autant de Provinces,
           Et sans porter envie à la pompe des Princes,
           Se contente chez lui de les voir en tableau.   30

VI   Il voit de toutes parts combler d'heur sa famille,
           La javelle à plein poing tomber sous la faucille,
           Le vendangeur ployer sous le faix des paniers,
           Et semble qu'à l'envi les fertiles montagnes,
           Les humides vallons, et les grasses campagnes
           S'efforçent à remplir sa cave et ses greniers.   36

VII   Il suit aucunesfois[14] un cerf par les foulées
           Dans ces vieilles forêts du peuple reculées,
           Et qui même du jour ignorent le flambeau:
           Aucunesfois des chiens il suit les voix confuses
           Et voit enfin le lièvre après toutes ses ruses,
           Du lieu de sa naissance en faire son tombeau.   42

VIII   Tantôt il se promène au long de ses fontaines,
           De qui les petits flots font luire dans les plaines
           L'argent de leurs ruisseaux parmi l'or des moissons,
           Tantôt il se repose avecque les Bergères
           Sur des lits naturels de mousse et de fougères,
           Qui n'ont d'autres rideaux que l'ombre des buissons.   48

---

13. Le 15 janvier 1625 Racan écrira de la Roche-Racan à Malherbe qu'il y jouit «d'un repos aussi calme que celui des Anges; j'y suis Roi de mes passions aussi bien que de mon village...» (éd. cit., II, 18). Racan incorpore dans ce souvenir probable d'Horace (*Epîtres* I, 1 et 10), ou bien du sonnet rustique de Desportes, une mention très précise de deux palais royaux principaux.

14. *aucunesfois*: selon Vaugelas, *Remarques sur la langue française* (1647), ce mot «commence à sentir le vieux et la rance». Dans la mesure où il tendait vers 1618 déjà à l'archaïsme, sa répétition peut contribuer à l'évocation nostalgique d'activités traditionnelles «dans ces vieilles forêts», etc.

IX Il soupire en repos l'ennui de sa vieillesse,
    Dans ce même foyer où sa tendre jeunesse
    A vu dans le berceau ses bras emmaillotés,
    Il tient par les moissons registre des années,
    Et voit de temps en temps leurs courses enchaînées
    Vieillir avecque lui les bois qu'il a plantés.   54

X   Il ne va point fouiller aux terres inconnues
    A la merci des vents et des ondes chenues[15]
    Ce que nature avare a caché de trésors,
    Et ne recherche point pour honorer sa vie,
    De plus illustre mort ni plus digne d'envie,
    Que de mourir au lit où ses pères sont morts.   60

XI Il contemple du port les insolentes rages
    Des vents de la faveur auteurs de nos orages,
    Allumer des mutins les desseins factieux:
    Et voit en un clin d'oeil par un contraire échange,
    L'un déchiré du peuple au milieu de la fange,
    Et l'autre à même temps élevé dans les Cieux[16].   66

XII S'il ne possède point ces maisons magnifiques,
    Ces tours, ces chapiteaux, ces superbes portiques[17],
    Où la magnificence étale ses attraits:
    Il jouit des beautés qu'ont les saisons nouvelles,
    Il voit de la verdure et des fleurs naturelles,
    Qu'en ces riches lambris l'on ne voit qu'en portraits.   72

XIII Crois-moi, retirons-nous hors de la multitude,
    Et vivons désormais loin de la servitude
    De ces Palais dorés où tout le monde accourt,
    Sous un chêne élevé les arbrisseaux s'ennuient,
    Et devant le Soleil tous les Astres s'enfuient,
    De peur d'être obligés de lui faire la cour.   78

---

15. *chenues:* chenu peut garder avec les premières significations littérale et figurée notées par Littré des associations suggérantes: «tout blanc de vieillesse», «couvert de neige».
16. Sur l'assassinat de Concini et l'élévation de Charles de Luynes, voir la notice préliminaire.
17. Arnould signale que Racan mettra dans la Roche-Racan une tour, un portique et bien des chapiteaux (éd. cit., 1, 183).

XIV	Après qu'on a suivi sans aucune assurance Cette vaine faveur qui nous paît d'espérance, L'envie en un moment tous nos desseins détruit, Ce n'est qu'une fumée, il n'est rien de si frêle, Sa plus belle moisson est sujette à la grêle. Et souvent elle n'a que des fleurs pour du fruit.	84
XV	Agréables deserts, séjour de l'innocence, Où loin des vanités, de la magnificence, Commence mon repos et finit mon tourment, Vallons, fleuves, rochers, plaisante solitude[18], Si vous fûtes témoins de mon inquiétude, Soyez-le désormais de mon contentement.	90

STANCES

I	Tyrannique devoir qu'on ne peut éviter,
	    M'as-tu fait quitter
	Celle pour qui mon coeur incessamment soupire[19],
	Et faut-il que toujours avec tant de rigueurs
	    Tu possèdes l'empire
	Que notre vanité t'a donné sur les coeurs?
		6

II	Les ennuis que je sens me sont si douloureux
	    Que les plus malheureux,
	Quelque juste douleur dont leur âme soit pleine,
	S'ils ont du sentiment d'une vraie amitié
	    Au récit de ma peine
	Verront leur désespoir se changer en pitié.
		12

---

18. Sur la transposition du paysage chez Racan pour adapter une strophe de Desportes aux particularités de sa propriété, voir la notice préliminaire.
19. Sur l'identité de la Doris de ces *Stances* et les circonstances de leur composition vraisemblablement vers 1627, voir la notice préliminaire.

III Le seul bien dont Amour allège mon tourment,
    Est qu'il m'offre en dormant,
  L'Ange dont le Ciel même adore le mérite[20] :
  Ainsi quand le jour donne aux autres sa clarté,
    C'est lors qu'elle me quitte,
  Et ne vois le Soleil que dans l'obscurité. 18

IV Quand je lui dis *Adieu* mon âme s'envola
    Du côté qu'elle alla.
  Elle adore partout et suit partout sa flamme.
  Qu'on ne s'étonne point de savoir que je vis
    Séparé de mon âme,
  Amour depuis ce temps m'en a toujours servi. 24

V Je connais que ma vie est si près du trépas
    Que je n'espère pas
  De jamais plus revoir ses beautés adorables,
  O Dieux dont les Amants implorent le secours,
    Soyez-moi favorables :
  Avancez son retour ou prolongez mes jours. 30

VI Et toi dont la colère est l'effroi des vaisseaux[21]
    Ne charge point tes eaux
  De cet Astre divin dont mon coeur est esclave,
  Et ne profane point en ces barbares lieux,
    Que la Tamise lave
  Un Soleil qui n'est fait que pour luire à mes yeux. 36

---

20. *mérite :* Rappelons que dans les premières comédies de Corneille, «la beauté aux yeux de l'amoureux fait le mérite de l'aimée», mais que «ce caractère de mérite qu'on accorde à la beauté physique, aux appas, aux avantages du corps, s'étend naturellement à tout ce qui séduit dans la personne aimée, au charme de la conversation…, à ses qualités de coeur et d'esprit…, au prestige du caractère, des talents personnels…» (Octave Nadal, *Le sentiment de l'amour dans l'oeuvre de Pierre Corneille*, Paris, Gallimard, 1948, pp. 287-89).
21. «Il parle à l'Océan sur lequel on emmenait en Angleterre celle qui devait être son épouse» (Jean de La Fontaine, cité dans éd. cit., I, 98).

VII   Si l'amour du pays que tu tiens embrassé[22]
        Est ce qui t'a poussé
    A faire à nos dépens luire son diadème,
    Portez-lui la richesse et l'orgueil de Paris[23],
        Portez-lui Paris même,
    Portez-lui tout le monde et me laisse Doris.   42

ODE: A LA LOUANGE DE LA REINE PENDANT SA REGENCE[24]
DONT LE SUJET EST IMITÉ DU PSAUME 8. DOMINE DOMINUS NOSTER...

I   O Toi, qui t'es rendu sur la Terre et sur l'Onde
    L'aimable étonnement des yeux de tout le monde,
    Seul Dieu de qui le nom est partout glorieux,
    Dont la grandeur remplit et la lumière éclaire
        L'espace imaginaire
    Des vides infinis qui sont dessus les Cieux.   6

II   Lors que de ces clartés dont ta gloire est pourvue,
    Tu daignes ici bas sur nous jeter la vue,
    L'objet le plus chéri de tout ce que tu vois,
    N'est-ce pas ce grand soin où s'occupe sans cesse
        Notre sage Princesse,
    A nourrir ses enfants pour l'appui de tes Lois[25]?   12

---

22. *embrassé:* choix de mot heureux: *embrassé* se rapporte à *amour,* d'une part, et de l'autre à la géographie (la mer n'entoure pas l'Angleterre).
23. Sur la syntaxe de cette dernière stance et la vieille chanson qui l'inspira probablement, voir la notice préliminaire.
24. La reine Anne d'Autriche, veuve de Louis XIII, régente de 1643 à 1651. Sur le problème de la date de la composition de cette ode publiée pour la première fois dans les *Dernières oeuvres et poésies chrétiennes* de Racan (1660), voir la notice préliminaire.
25. Louis XIV, né en 1638, et Philippe, futur duc d'Orléans, né en 1640.

III	Elle imprime en leur âme en quittant la mammelle[26],	
	La vertu qui nous mêne à la vie éternelle,	
	Et l'espoir des honneurs qui nous y sont promis,	
	Jusqu'à tant que leur bras puisse, armé du tonnerre,	
	En une sainte guerre,	
	Combattre pour la foi contre tes ennemis[27].	18
IV	Elle veut qu'aux flambeaux dont la voûte azurée	
	Par ta magnificence est brillante et parée	
	Ils contemplent l'Empire où toi seul es le Roi;	
	Et que leurs faibles yeux qui ne font que de naître	
	Y puissent reconnaître	
	Qu'il n'est point de grandeur qui ne vienne de toi.	24
V	Leurs coeurs humiliés savaient dès leur enfance	
	Que sans avoir égard à leur haute naissance	
	De la seule vertu tu sais faire le choix;	
	Et savaient dans l'éclat des publiques louanges,	
	Que le dernier des Anges	
	Est plus grand devant toi que le premier des Rois.	30
VI	Ils connaissent dès lors que les mets délectables	
	Qu'offrent la Terre et l'Onde à l'envi sur leurs tables	
	Et par qui tu préviens nos besoins et nos voeux,	
	Sont les dignes bienfaits où la magnificence	
	De ta Toute-puissance	
	Témoigne à tes enfants l'amour qu'elle a pour eux.	36

---

26. *en quittant la mammelle*: «lorsqu'ils quittent la mammelle», inspiré par le verset 2 du psaume 8: «ex ore...lactentium».

27. Racan envisage probablement une croisade contre les Turcs, idée plus développée dans son *Ode* au roi Louis XIII, strophes 10 et 11, et assez répandue à l'époque, par exemple dans le sonnet de Desmarets de Saint-Sorlin que tout le monde pouvait lire sur le piédestal de la statue équestre de Louis XIII dans la Place Royale (place des Vosges), dans la politique du père Joseph, etc. Je doute qu'il s'agisse de protestants, auxquels la France s'est alliée dans la Guerre de Trente Ans et plus tard par un traité avec Cromwell; ou bien de jansénistes, surtout si cette *Ode* date de 1650 environ ou même de ces années de la régence d'Anne d'Autriche qui précèdent la Fronde.

VII La main qui nous soumet sous le pouvoir suprême
De ceux que la naissance orne du diadème,
Veut que l'homme ici bas règne sous son appui,
Et le fait disposer avec autant d'empire,
De tout ce qui respire,
Que si tout ce qui vit, ne vivait que pour lui[28]. 42

VIII Admirons donc sans fin la sagesse profonde
Du seul Dieu qui régit le Ciel, la Terre et l'Onde,
Du seul Dieu dont le nom est partout glorieux
Dont la grandeur remplit, et la lumière éclaire
L'espace imaginaire
Des vides infinis qui sont dessus les Cieux. 48

---

28. Sur l'insensibilité chrétienne de Racan, voir la notice préliminaire.

Théophile De Viau (1590-1626)

Guido Saba, Alvin Eustis, Claire Gaudiani

Théophile de Viau naquit en 1590 à Clairac dans l'Agenais. Son père, avocat à Bordeaux, avait dû abandonner cette ville pendant les luttes religieuses et s'était établi dans la propriété de Boussères. Il fit des études secondaires à Nérac, puis à Montauban et dut s'inscrire aux cours de médecine à Bordeaux. En 1611 nous le retrouvons étudiant à l'Académie protestante de Saumur. Entre 1611 et 1613 il dut faire partie d'une compagnie d'acteurs en tant qu'auteur de pièces. En 1615 nous retrouvons ses traces en Hollande en compagnie de Guez de Balzac. Vers 1614 il entra au service du comte de Candale comme «maître d'hôtel» et, à sa suite, il put séjourner longuement à Paris et être introduit à la Cour. Il dut également subir les contrecoups de la vie agitée de son protecteur. Plus tard il trouvera dans le duc de Montmorency un protecteur plus sensible aux arts et à la poésie. Quand il était encore au service de Candale, le 14 juin 1619 il reçut l'ordre de quitter le royaume de France pour avoir fait des vers «indignes d'un chrétien», mais plus probablement pour des raisons politiques. Son exil prit fin sur l'ordre du Roi en mars-avril 1620. A la suite de Louis XIII il fit partie de l'armée qui, en juillet-août 1620, affronta les troupes de la Reine-Mère et des princes rebelles et qui, deux fois, en 1621 et 1622, se rendit dans le Midi pour briser la révolte des Huguenots. Entre août et septembre 1622 il se convertit au catholicisme. Vers le mois de novembre 1622 fut publié le *Parnasse satyrique,* recueil de caractère scandaleux, qui contenait en première page un sonnet attribué à Théophile. Cette publication suscita la réaction des Jésuites et en particulier du Père Garasse qui écrivit sa *Doctrine curieuse des beaux esprits de ce temps*, dirigée en particulier contre Théophile, considéré comme «le chef de la bande athéiste» et «le roy des libertins». D'autre part, le Procureur du roi, Molé, décida l'instruction d'un procès contre les auteurs supposés du *Parnasse satyrique* et la Cour du Parlement, sur sa demande, le 11 juillet 1623 ordonna l'arrestation de Théophile. Celui-ci s'enfuit et se réfugia à Chantilly, demeure des Montmorency. Après le jugement par contumace du 18 août, qui le condamna à être brûlé vif parce que reconnu coupable du crime de lèse-majesté divine, Théophile décida de quitter la France mais il fut arrêté le 17 septembre en Picardie et, ensuite, il fut enfermé à la Conciergerie, où il devait rester presque deux ans. Le 1er septembre 1625 le Parlement prononça finalement la sentence qui condamna Théophile au bannissement à perpétuité du Royaume de France. En réalité, il ne fut jamais obligé de quitter la France, même s'il est difficile de suivre ses déplacements durant la dernière année de sa vie. Il mourut le 25 septembre 1626 à Paris à l'hotel de Montmorency.

Parmi les nombreux admirateurs que Théophile s'était procurés dans le monde littéraire il faut citer au moins Saint-Amant, Boisrobert, Georges de Scudéry, Mairet, Tristan l'Hermite.

Après la publication de plusieurs textes poétiques dans les *Recueils* de l'époque, à partir de 1619, la publication des *Œuvres,* dont le privilège porte la date du 6 mars 1621, où sont réunis les textes que Théophile avait composés jusqu'à cette date (la traduction-paraphrase du *Phédon* de Platon, 76 poésies et la nouvelle en latin *Larissa*), la renommée du poète trouva une sorte de consécration. A cause de son absence il ne put avoir soin de l'impression et disposa autrement les pièces de poésie dans la deuxième édition de 1622. La *Seconde partie* de ses *Œuvres* parut en mai 1623 (privilège du 18 avril). Elle comprenait la *Première journée*, fragment d'une histoire comique, 24 compositions en vers et la tragédie de *Pyrame et Thisbé,* dont la représentation, qui dut avoir lieu avant sa publication, marqua une autre étape importante sur la voie de sa célébrité. Ce que les éditeurs anciens appelèrent très tôt *Troisième partie,* comprend le *Recueil de toutes les pièces faites par Théophile depuis sa prise jusques à présent* (11 pièces en vers et 2 en prose écrites en prison et publiées d'abord en plaquettes) et l'*Apologie au Roy* (septembre-octobre 1625). En 1641 J. Mairet publia les *Nouvelles œuvres de Théophile, composées d'excellentes lettres françoises et latines.*

Dans sa production poétique, Théophile montre qu'il a retenu la leçon de Malherbe mais sans refuser ce qui lui semblait encore valable de la tradition qui se rattachait à Ronsard. On peut s'apercevoir que dès ses premiers vers il tend à préciser sa propre physionomie et à affirmer sa propre autonomie devenant un chef de file parmi les poètes «modernes» de l'époque. D'ailleurs il était parfaitement conscient que son refus du principe même de l'imitation et son affirmation que le poète ne doit obéir qu'à son penchant naturel (*Elégie à une dame*) caractérisaient et différenciaient de manière essentielle sa poétique par rapport à la Pléiade mais aussi à Malherbe.

A un certain moment de son évolution intellectuelle il s'est reconnu dans le courant de pensée qu'on appelle «libertinisme», et sa poésie d'idées est certainement quelque chose de nouveau pour son époque et en même temps une des parties les plus modernes de son œuvre.

Naturellement la poésie d'amour occupe la plus grande partie de sa production. Avant de refuser et réfuter la poétique de dérivation pétraquiste et ronsardienne (*A Monsieur du Fargis*), Théophile écrivit copieusement des vers qui se rattachaient à cette tradition. Mais lorsqu'il sera conscient des caractéristiques expressives qui correspondent le mieux à son monde intérieur, en pleine maturité, il essaiera de traduire l'alternance de sentiments, tantôt joyeux, le plus souvent tourmentés, que lui procurent ses dernières expériences amoureuses. Dès ses premiers vers, qui lui valurent immédiatement un grand succès, Théophile sut trouver des expressions insinuantes d'une authentique sensualité dans les célèbres odes *Le Matin* et *La Solitude,* considérées à juste titre comme les premières manifestations d'une poésie personnelle de la nature. Mais si même ailleurs nous trouvons l'expression réussie de deux motifs qui sont au centre de son œuvre, celui de l'amour sensuel et celui de la nature, Théophile a atteint le sommet de ses capacités dans l'expression de son sentiment de la nature dans la *Lettre à son frère* et dans les dix odes de *La Maison de Sylvie*. Il faut dire que parfois nous trouvons l'exceptionnel talent du poète même dans les nombreux vers de circonstance que Théophile écrivit pour louer ses nobles protecteurs, pour des ballets, etc.

Si Malherbe avec quelques autres écrivains de son temps ne paraissent pas apprécier la poésie de Théophile, la plupart des jeunes poètes contemporains lui reconnurent une place très importante pour les éléments de nouveauté et d'authenticité lyrique qu'elle apportait à travers un certain renouvellement des thèmes, par une savante musicalité des vers et par l'emploi inattendu des images. Le nombre considérable d'éditions de ses œuvres complètes jusqu'à la fin du XVIIe siècle montre d'une manière évidente que son œuvre poétique eut la faveur des lecteurs même à l'époque classique. Seulement la brutale condamnation prononcée par Boileau provoqua la disparition du poète Théophile dans le panorama de la poésie française pendant plus d'un siècle. Mais depuis que Théophile Gautier, en 1834, a attiré l'attention sur sa poésie, on a assisté à un intérêt croissant pour son œuvre tant de la part des poètes que de celle des critiques. Et si on doit juger d'après le nombre des travaux parus surtout après que la notion de baroque a été utilisée dans l'histoire littéraire, il semble que Théophile soit actuellement l'un des poètes français de la première moitié du XVIIe siècle les plus appréciés, les plus lus et les plus étudiés.

Bibliographie

Histoire de la réception critique:

Saba, G. *Théophile de Viau e la critica*, Università di Trieste, 1964.

Editions

Œuvres complètes, éd. crit. publiée par G. Saba, Roma-Paris, Ateneo-Nizet, 1978-1987, 4 vol.

Œuvres poétiques, éd. crit. publiée par J. Streicher, Genève-Lille, Droz-Giard, 1951 (*Première partie*); Droz-Minard, 1958 (*Seconde et Troisième parties*), («Textes littéraires français»).

Œuvres poétiques, éd. publiée par G. Saba, Paris, Bordas, 1990.

Etudes critiques — Monographies

Andrieu, J. *Th. de V.: Etude bio-bibliographique*, Bordeaux, 1887.

Schirmacher, K. *Th. de V. Sein Leben und seine Werke*, Leipzig-Paris, 1897.

Lachèvre, F. *Le procès du poète Th. de V.*, Paris, 1909, 2 vol. (La bibliographie des œuvres de Th. de V. se trouve dans le 2e vol.).

Adam, A. *Th. de V. et la libre pensée française en 1620*, Paris, 1935.

Impiwaara, H. *Etudes sur Th. de V., auteur dramatique et poète*, Turku, 1963.

Bruzzi, A. *Il Barocco nella poesia di Th. de V.*, Bologna, 1965.

Müller, G. *Untersuchung des poetischen Stils Théophiles de Viau*, München, 1968.

Meyer-Minnemann, K. *Die Tradition der klassischen Satire in Frankreich. Themen und Motive in den Verssatiren Théophiles de Viau*, Bad Homburg v. d. H.-Berlin-Zürich, 1969.

Gaudiani, C. L. *The Cabaret Poetry of Th. de V.* [*Text and Traditions,*] Tübingen-Paris, Narr-Place, 1981, («Etudes littéraires françaises», 13).

CHAPITRES D'ETUDES GENERALES ET ARTICLES:

de Mourgues, O. «Reason and Fancy in the Poetry of Th. de V.», *L'Esprit créateur*, 1961.

Nelson, Jr, L. *Baroque Lyric Poetry*, New Haven-London, 1961, (Chap.: «Théophile's 'La Solitude'»).

Warnke, F.J. *European Metaphysical Poetry*, New Haven-London, 1961.

Stone, Jr., D. «Th.'s 'La Solitude': An Appraisal of Poem and Poet», *The French Review*, 40, 1966.

Hill, R.E. «In context: Th. de V's 'La Solitude'», *Bibliothèque d'Humanisme et Renaissance*, 1968.

Bray, B. «Pour l'explication de l'ode de Th. de V., 'Le Matin'», *Het Franse Boek*, 1970.

Pugh, A.R. «The Unity of Th.'s 'La Solitude'», *The French Review*, Special issue, 3, 1971.

Pedersen, J. *Images et figures dans la poésie française de l'âge baroque*, Copenhague, 1974, (Chap.: «Les Images poétiques de Th. de V.»).

Rothe, A. *Französiche Lyrik im Zeitalter des Barock*, Berlin, 1974, (chap.: «Th. de V.», avec l'analyse de l'ode: «A Monsieur de L. sur la mort de son Père»).

Lafay, H. *La poésie française du premier XVIIe siècle (1598-1630)*, Paris, 1975.

Hallyn, F. *Formes métaphoriques dans la poésie lyrique de l'âge baroque en France*, Genève, 1975.

Marmier, J. «La poésie de Th. de V., Théâtre du moi», *Papers on French Seventeenth Century Literature*, 9, 1978.

Gaudiani, C. L. «The Androgynous Vision in the Love Poetry of Th. de V.», *Papers on French Seventeenth Century Literature*, 11, 1979.

Eustis, A. «A Deciphering of Th.'s 'Un corbeau devant moy croasse'», *L'Esprit créateur*, 1980.

Rubin, D. L. *The Knot of Artifice: A Poetic of the French Lyric in the Early 17th Century*, Columbus, 1981, (analyse de «Le Matin» et de «Un corbeau devant moy croasse»).

Kohls, J. *Aspekte der Naturthematik und Wirklichkeitserfassung bei Th. de V., Saint-Amant und Tristan l'Hermite, Ein Beitrag zur Erforschung der französischen Barockliteratur*, Frankfurt/M. —Bern-Las Vegas, 1981.

THÉOPHILE DE VIAU (1590–1626)

Théophile de Viau. Actes du 22e Colloque de la North American Society for Seventeenth Century French Literature (NASSCFL) du 1 au 3 mars 1990 à l'Université du Nevada, Las Vegas, publiés par M. F. Hilgar, Paris-Seattle-Tübingen, *Papers on French Seventeenth Century Literature*, 1991, (Biblio 17).

Théophile de Viau. Actes du Colloque international du Centre Méridional des Rencontres sur le 17e siècle (CMR 17) du 19 au 20 octobre 1990 à Marseille, Paris-Seattle-Tübingen, *Papers on French Seventeenth Century Literature*, 1991, (Biblio 17).

LE MATIN[1]
ODE

I   L'aurore sur le front du jour,
Sème l'azur, l'or et l'ivoire,
Et le soleil lassé de boire[2],
Commence son oblique tour.   4

II   Les chevaux[3] au sortir de l'onde,
De flamme et de clarté couverts[4],
La bouche et les naseaux ouverts,
Ronflent la lumière du monde[5].   8

NOTES

1. Cette ode, l'une des premières œuvres de Théophile, est aussi l'un de ses poèmes les plus connus. Au moment de l'aube, les amants réunis et immobiles regardent le monde qui s'anime autour d'eux: moment privilégié et transcendant. La première partie (vers 1-12) décrit l'arrivée de la lumière. La deuxième (13-56) présente le réveil des animaux et des gens du village qui commencent chacun à son tour son travail quotidien. Dans la dernière partie (57-64) le poète note l'arrivée de la lumière devant sa propre porte et propose à son amante une promenade dans ce jardin qui les attend. La fraîcheur et le lyrisme de cette ode sont typiques de la poésie amoureuse du jeune Théophile. Les références mythologiques et la forme poétique rappellent en particulier «La Solitude» (p. 230). Or dans «Le Matin» le poète transforme les conventions de l'alba en recréant un moment quotidien ordinaire: l'aube. Voir l'explication de ce poème dans *The Knot of Artifice*, D.L. Rubin, (Columbia: Ohio State University Press, 1980), pp. 49-59.
2. *lassé de boire:* ennuyé de boire. V. 3-4: On dit poétiquement que le soleil boit l'eau de la mer pendant la nuit. Une fois ennuyé de boire, il surgit de la mer et apporte la lumière au monde.
3. *chevaux:* ceux qui mènent le char d'Apollon dans lequel se trouve le soleil.
4. *couverts:* c.-à-d., les chevaux couverts de flamme et de clarté.
5. *ronflent ...monde:* La lumière et le travail représentent les deux motifs principaux du poème.

III	La lune fuit devant nos yeux,	
	La nuit a retiré ses voiles,	
	Peu à peu le front des étoiles	
	S'unit à la couleur des cieux[6].	12
IV	Déjà la diligente avette[7],	
	Boit la marjolaine et le thym,	
	Et revient riche du butin[8],	
	Qu'elle a pris sur le mont Hymette[9].	16
V	Je vois le généreux[10] lion,	
	Qui sort de la demeure creuse,	
	Hérissant sa perruque affreuse,	
	Qui fait fuir Endymion[11].	20
VI	Sa dame[12] entrant dans les bocages,	
	Compte les sangliers qu'elle a pris,	
	Ou dévale chez les esprits	
	Errant aux sombres marécages.	24
VII	Je vois les agneaux bondissants	
	Sur ces bleds qui ne font que naître[13]:	
	Cloris chantant les mène paître	
	Parmi ces coteaux verdissants.	28
VIII	Les oiseaux d'un joyeux ramage,	
	En chantant semblent adorer	
	La lumière qui vient dorer	
	Leur cabinet[14] et leur plumage.	32

---

6. C.-à-d., Peu à peu les étoiles disparaissent.
7. *avette*: abeille. L'adjectif *diligente* établit un motif central du poème, le travail.
8. *butin*: pillage; choses pillées ou conquises; dans ce cas-ci, le pollen.
9. *le mont Hymette*: montagne de l'Attique, au sud d'Athènes, renommée pour son miel; aussi l'endroit à partir duquel la déesse Aurore bannit l'obscurité du monde chaque matin.
10. *généreux*: de race noble, brave, courageux.
11. Le poète reprend la légende du jeune berger Endymion, aimé de la Lune-Diane, déesse de la Nuit. Dans sa pièce, *Pyrame et Thisbé* (Acte IV, Scène 3), Théophile rappelle cette légende avant que Thisbé n'aperçoive le lion affamé.
12. *Sa dame*: référence ambiguë: le poète fait allusion à Diane amante d'Endymion et à la lionne, épouse du lion, mentionné au vers 17. Diane est la déesse de la chasse et la lionne est réputée pour une chasseuse féroce.
13. *ne font que naître*: commencent à peine à pousser.
14. *cabinet*: retraite, refuge.

IX   La charrue écorche la plaine,
　　　　　Le bouvier qui suit les sillons,
　　　　　Presse de voix et d'aiguillons,
　　　　　Le couple des boeufs qui l'entraîne.   36

X   Alix apprête son fuseau,
　　　　　Sa mère qui lui fait la tâche,
　　　　　Presse le chanvre qu'elle attache
　　　　　A sa quenouille de roseau[15].   40

XI   Une confuse violence
　　　　　Trouble le calme de la nuit,
　　　　　Et la lumière avec le bruit,
　　　　　Dissipe l'ombre et le silence[16].   44

XII   Alidor cherche à son réveil
　　　　　L'ombre d'Iris qu'il a baisée,
　　　　　Et pleure en son âme abusée
　　　　　La fuite d'un si doux sommeil[17].   48

XIII   Les bêtes sont dans leur tanière
　　　　　Qui tremblent de voir le soleil:
　　　　　L'homme remis par le sommeil,
　　　　　Reprend son œuvre coutumière.   52

XIV   Le forgeron est au fourneau:
　　　　　Ois comme le charbon s'allume,
　　　　　Le fer rouge dessus l'enclume,
　　　　　Etincelle sous le marteau[18].   56

XV   Cette chandelle semble morte,
　　　　　Le jour la fait évanouir[19],
　　　　　Le soleil vient nous éblouir,
　　　　　Vois qu'il passe au travers la porte.   60

---

15. Ces deux strophes reprennent le motif du travail quotidien dans le monde.
16. A l'aube, les bruits de ceux qui commencent leur travail coïncident avec l'arrivée de la lumière.
17. Dans cette strophe, l'arrivée de la lumière ne provoque que le regret du sommeil interrompu à l'inverse des strophes précédentes, où le travail recommença à l'aube. V. 46: *Iris:* l'arc-en-ciel.
18. Vv. 53-56: Dans cette scène, le poète présente la lumière comme résultat du travail du forgeron. V. 54: *ois:* écoute. V. 55: *dessus:* sur.
19. V. 57: La lumière du jour rend moins efficace celle de la chandelle.

| XVI | Il est jour, levons-nous Philis,
Allons à notre jardinage,
Voir s'il est comme ton visage,
Semé de roses, et de lys[20]. | 64 |

LA SOLITUDE[21]
ODE

| I | Dans ce val solitaire et sombre[22],
Le cerf qui brame au bruit de l'eau,
Penchant ses yeux dans un ruisseau,
S'amuse[23] à regarder son ombre. | 4 |

| II | De cette source une naïade,
Tous les soirs ouvre le portail
De sa demeure de cristal[24]
Et nous chante une sérénade. | 8 |

| III | Les nymphes que la chasse attire
A l'ombrage de ces forêts
Cherchent des cabinets[25] secrets
Loin de l'embûche[26] du satyre. | 12 |

---

20. V. 64: *de roses et de lys*: fleurs associées souvent à Vénus en poésie. Dans la dernière strophe de l'*alba longa* traditionnelle, le couple amoureux se sépare. Le couple dans «Le Matin» reste ensemble, tranquille, peu troublé par le travail des autres et la lumière du jour.

21. Ayant paru sous sa forme définitive en 1621, cette ode respire la fraîcheur et l'ardeur de la jeunesse. La pièce la plus célèbre du poète, elle a fait couler beaucoup d'encre. La plupart des critiques y ont cherché en vain une unité toute factice semblable à l'armature logique des «Stances à Du Périer» de Malherbe, comme si la création baroque, libre et fantaisiste, pouvait s'assimiler aux règles de la composition classique. L'unité est ici une bipolarité thématique assortie de mouvements contrastés: 1) le décor (str. 1-13), 2) le couple (str. 16-41); les strophes 14 et 15 servent de transition. La seconde section se divise à son tour en deux parties inégales dont chacune est introduite par une invitation à la bien-aimée (str. 16 et 33), qui en même temps indique un changement de ton et d'allure. L'ampleur de la phrase, subissant sans effort la contrainte des rimes embrassées, est en contrepoint à la brièveté du quatrain d'octosyllabes. De même, le jeu des sonorités (rimes redoublées, assonances, allitérations) et la variété des mouvements oratoires sont tout à fait remarquables.

22. V. 1er: *val*: vallon. Les deux qualificatifs livrent dès le premier vers le motif fondamental, qui reparaît presque de strophe en strophe: un endroit écarté et enchanté convenant à des amours secrètes.

23. V. 3: *Penchant*: penchant la tête en baissant (ellipse). *S'amuse*: s'attarde.

24. Vv. 6-7: la rime est fondée sur le fait que l'usage hésitait entre *cristal* et *cristail*.

25. V. 11: *cabinets*: cachettes (cf. cabinet de verdure).

26. V. 12: *embûche*: guet-apens.

IV	Jadis au pied de ce grand chêne,	
----	Presque aussi vieux que le soleil,	
	Bacchus, l'Amour et le Sommeil	
	Firent la fosse de Silène[27].	16

V	Un froid et ténébreux silence	
---	Dort à l'ombre de ces ormeaux,	
	Et les vents battent les rameaux	
	D'une amoureuse violence[28].	20

VI	L'esprit plus retenu s'engage[29]	
----	Au plaisir de ce doux séjour,	
	Où Philomèle nuit et jour	
	Renouvelle un piteux langage[30].	24

VII	L'orfraie et le hibou s'y perche[31],	
-----	Ici vivent les loups-garous[32],	
	Jamais la justice en courroux,	
	Ici de criminels ne cherche[33].	28

VIII	Ici l'Amour fait ses études,	
------	Vénus dresse des autels[34]	
	Et les visites des mortels	
	Ne troublent point ces solitudes[35].	32

---

27. Vv. 13-14: hyperbole. V. 15: antonomase (le vin, Cupidon, Morphée). Silène fut le père de Bacchus et un dieu ithyphallique (d'où l'équivoque que recèle le passage). Une chanson populaire déclare: «Le vin m'endourt [sic] et l'amour m'y réveille».

28. Vv. 17-20: personnification. V. 18: *ces* renvoie au «val» de la première strophe ou annonce le «doux séjour» de la strophe VI. Vv. 19-20: prolongement de l'équivoque de la strophe IV. V. 20: oxymore.

29. V. 21: *plus:* le plus; *s'engage:* s'attache.

30. Vv: 23-24: Philomèle fut changée en rossignol (antonomase); *piteux:* pitoyable.

31. V. 25: le singulier du verbe représente l'état de la langue, plutôt qu'une licence poétique (syllepse).

32. Vv. 25-26: le lycanthrope, comme l'orfraie et le hibou, évoque la sorcellerie; c'est le «paysage funèbre» de la poésie baroque substituée au *locus amoenus* de la poésie pastorale antique ou renaissante.

33. V. 27: *la justice:* la police (antonomase); *cherche:* recherche.

34. V. 29: c.-à-d., *études* dans les jeux d'adresse, notamment le tir à l'arc. V. 30: l'autel est le symbole de l'union des couples.

35. V. 32: *solitudes:* solitude (synecdoque du pluriel pour le singulier).

IX	Cette forêt n'est point profane,	
	Ce ne fut point sans la fâcher[36]	
	Qu'Amour y vint jadis cacher	
	Le berger qu'enseignait Diane[37].	36

X	Amour pouvait par innocence,	
	Comme enfant, tendre ici des rets,	
	Et comme reine des forêts,	
	Diane avait cette licence[38].	40

XI	Cupidon d'une douce flamme[39]	
	Ouvrant la nuit de ce vallon,	
	Mit devant les yeux d'Apollon	
	Le garçon qu'il avait dans l'âme[40].	44

XII	A l'ombrage de ce bois sombre	
	Hyacinthe se retira,	
	Et depuis le soleil jura	
	Qu'il serait ennemi de l'ombre[41].	48

XIII	Tout auprès le jaloux Borée,	
	Pressé d'un amoureux tourment,	
	Fut la mort de ce jeune amant,	
	Encore par lui soupirée[42].	52

36. Vv. 33-34: c'est dire que la forêt (personnifiée) a un caractère sacral (cf. les autels de Vénus de la strophe VIII). V. 33: *point* n'avait le plus souvent pas plus de force que *pas*.
37. V. 35: l'usage n'était pas encore fixé au sujet de l'article défini, ou sa suppression, avec les abstractions personnifiées (cf. le v. 29). V. 36: *enseignait:* instruisait; le mythe d'Endymion (périphrase), le seul amour de la chaste Diane.
38. Vv. 37-40: toute cette strophe développe la précédente (amplification). V. 38: *rets:* c.-à-d., filet de l'amour. V. 39: Diane était «reine des forêts» en tant que déesse de la chasse. V. 40: *licence:* autorisation.
39. V. 41: pointe: 1) sens littéral, 2) sens figuré d'amour.
40. V. 44: le mythe d'Hyacinthe, converti en fleur (périphrase). Les deux strophes suivantes vont raconter le mythe (amplification et hypotypose).
41. Vv. 47-48: pointe: 1) sens littéral de la lumière, 2) sens figuré et mythologique. Les jacinthes poussent dans les sous-bois.
42. Vv. 49-52: amoureux d'Hyacinthe et rival jaloux d'Apollon, ce vent violent du Nord fit dévier le disque que se lançaient Apollon et Hyacinthe; le disque frappa à la tempe le jeune homme, qui fut tué sur le coup.

XIV	Sainte forêt ma confidente, Je jure par le Dieu du jour Que je n'aurai jamais amour Qui ne te soit toute évidente[43].	56
XV	Mon ange ira par cet ombrage, Le soleil le voyant venir, Ressentira du souvenir[44] L'accès de sa première rage.	60
XVI	Corinne je te prie approche, Couchons-nous sur ce tapis vert, Et pour être mieux à couvert, Entrons au creux de cette roche:	64
XVII	Ouvre tes yeux je te supplie, Mille amours logent là-dedans, Et de leurs petits traits ardents Ta prunelle est toute remplie[45].	68
XVIII	Amour de tes regards soupire, Et ton esclave devenu, Se voit lui-même retenu Dans les liens de son empire[46].	72
XIX	O beauté sans doute[47] immortelle, Où les Dieux trouvent des appas, Par vos yeux je ne croyais pas Que vous fussiez du tout si belle.	76
XX	Qui voudrait[48] faire une peinture Qui pût ses traits représenter, Il faudrait bien mieux inventer Que ne fera jamais nature.	80

---

43. Vv. 53-56: apostrophe. V. 56: *toute:* tout.
44. V. 59: *du souvenir:* dans sa mémoire. V. 60: *rage:* folie.
45. V. 67: *traits:* flèches; *ardents:* pointe: 1) sens figuré (la passion), 2) sens concret (brûlants). Dans le langage convenu de la poésie amoureuse, les yeux de la belle lançaient des flèches qui pénétraient les yeux de l'amoureux et lui transperçaient le cœur.
46. V. 72: *empire:* domination (paradoxe du vainqueur vaincu).
47. V. 73: *sans doute:* sans aucun doute (sens plus fort qu'aujourd'hui).
48. V. 77: *Qui voudrait:* si on voulait. Cette strophe formule l'esthétique baroque de surpasser

XXI	Tout un siècle les destinées	
	Travaillèrent après[49] ses yeux,	
	Et je crois que pour faire mieux	
	Le temps n'a point assez d'années.	84

XXII	D'une fierté pleine d'amorce[50],	
	Ce beau visage a des regards	
	Qui jettent des feux et des dards	
	Dont les Dieux aimeraient la force.	88

XXIII	Que ton teint est de bonne grâce!	
	Qu'il est blanc, et qu'il est vermeil!	
	Il est plus net que le soleil,	
	Et plus uni que de la glace[51].	92

XXIV	Mon Dieu que tes cheveux me plaisent,	
	Ils s'ébattent dessus ton front,	
	Et les voyant beaux comme ils sont,	
	Je suis jaloux quand ils te baisent[52].	96

XXV	Belle bouche d'ambre et de rose,	
	Ton entretien est déplaisant,	
	Si tu ne dis en me baisant	
	Qu'aimer est une belle chose.	100

XXVI	D'un air plein d'amoureuse flamme[53],	
	Aux accents de ta douce voix,	
	Je vois les fleuves et les bois	
	S'embraser comme a fait mon âme.	104

XXVII	Si tu mouilles tes doigts d'ivoire	
	Dans le cristal de ce ruisseau,	
	Le Dieu qui loge dans cette eau	
	Aimera s'il en ose boire.	108

---

la nature tout en l'imitant, et qui n'est ni renaissante (reproduire la nature) ni classique (choisir ses traits généraux et nobles).

49. Vv. 81-84: hyperboles et amplification de la str. XX. V. 82: *après:* à.
50. Vv. 86-88: hyperbole. V. 86: *amorce:* attrait.
51. La rime des vv. 89 et 92 est parfaitement légitime; on ne distinguait pas encore avec rigueur entre l'*a* antérieur et l'*a* postérieur. V. 91: *net:* c.-à-d., lumineux.
52. V. 93: *dessus:* sur. V. 96: *baisent:* pointe: 1) embrassent (sens figuré), 2) touchent (sens concret).
53. V. 101: *flamme:* pointe (sens figuré et sens concret). La pointe est prolongée au v. 104 avec le sens figuré et le sens concret de *s'embraser*.

XXVIII   Présente-lui ta face nue,
         Tes yeux avecques l'eau riront,
         Et dans ce miroir écriront
         Que Vénus est ici venue[54].   112

XIX   Si bien elle y sera dépeinte,
         Les[55] faunes s'en enflammeront,
         Et de tes yeux qu'ils aimeront
         Ne sauront découvrir la feinte.   116

XXX   Entends[56] ce Dieu qui te convie
         A passer dans son élément,
         Ois qu'il soupire bellement
         Sa liberté déjà ravie.   120

XXXI   Trouble-lui cette fantaisie,
         Détourne-toi de ce miroir,
         Tu le mettras au désespoir
         Et m'ôteras la jalousie.   124

XXXII   Vois-tu ce tronc et cette pierre?
         Je crois qu'ils prennent garde à nous,
         Et mon amour devient jaloux
         De ce myrte et de ce lierre[57].   128

XXXIII   Sus ma Corinne! que je cueille
         Tes baisers du matin au soir,
         Vois comment pour nous faire asseoir
         Ce myrte a laissé choir sa feuille[58].   132

---

54. V. 108: *en ose:* ose en. Vv. 109-112: cette strophe contient l'image par excellence de la poésie baroque: l'eau qui, telle une glace, renvoie une image renversée de la réalité. V. 110: *avecques:* avec. V. 112: hyperbole.
55. Vv. 113-116: cette strophe prolonge et amplifie le motif de la strophe précédente, lequel est à la base même du problème baroque de la nature de la réalité: la confusion de l'illusion et de la vérité. V. 114: *Les:* que les.
56. A partir d'ici, le ton devient de plus en plus véhément grâce à l'emploi d'une série d'impératifs. V. 119: *Ois:* entends; *soupire:* soupire après; *bellement:* doucement.
57. V. 128: *ce myrte et ce lierre:* c.-à-d., parce qu'ils s'embrassent. Motifs ovidiens (personnification et métamorphose) qui seront repris dans *Pyrame et Thisbé*. V. 129. *que:* marque l'optatif.
58. V. 132: *feuille:* feuilles (synecdoque). C'est la croyance baroque non seulement à la nature animiste, mais à la réversibilité des phénomènes naturels, car les feuilles du myrte sont persistantes.

XXXIV   Ois le pinson et la linotte
Sur la branche de ce rosier,
Vois branler leur petit gosier,
Ois comme ils ont changé de note.   136

XXXV   Approche, approche ma driade,
Ici murmureront les eaux,
Ici les amoureux oiseaux
Chanteront une sérénade[59].   140

XXXVI   Prête-moi ton sein pour y boire
Des odeurs qui m'embaumeront[60],
Ainsi mes sens se pâmeront
Dans les lacs de tes bras d'ivoire.   144

XXXVII   Je baignerai mes mains folâtres
Dans les ondes de tes cheveux[61],
Et ta beauté prendra les voeux
De mes œillades[62] idolâtres.   148

XXXVIII   Ne crains rien, Cupidon nous garde.
Mon petit ange es-tu pas mien[63]?
Ha! je vois que tu m'aimes bien,
Tu rougis quand je te regarde.   152

XXXIX   Dieux, que cette façon timide
Est puissante sur mes esprits!
Renaud ne fut pas mieux épris
Par les charmes de son Armide[64].   156

---

59. Vv. 138-140: motifs sexuels de la chanson populaire (cf. «Sur les marches du palais» la fontaine au «mitan» du lit). Vv. 138-139: anaphore.
60. Vv. 141-142: synesthésie (ou catachrèse).
61. Vv. 141, 145-146: métaphore filée (*boire, baignerai, ondes*).
62. V. 148: *œillades:* regards.
63. V. 150: *es-tu pas:* n'es-tu pas. Ce tour ne relevait pas encore du langage familier, pas suffisant à la négation.
64. Vv. 155-156: *Renaud, Armide:* personnages du grand roman en vers de l'Italien Le Tasse, la *Jérusalem délivrée* (1575), très goûté en France à cette époque. v. 156: *charmes:* pointe: 1) sortilèges, 2) sens moderne. Armide était sorcière.

XL Ma Corinne que[65] je t'embrasse,
   Personne ne nous voit qu'Amour,
   Vois que même les yeux du jour
   Ne trouvent point ici de place.   160

XLI Les vents qui ne se peuvent taire,
   Ne peuvent écouter aussi[66].
   Et ce que nous ferons ici[67]
   Leur est un inconnu mystère.   164

Stances[68]

I Quand tu me vois baiser tes bras,
 Que tu poses nus sur tes draps,
 Bien plus blancs que le linge même:
 Quand tu sens ma brûlante main
 Se pourmener dessus[69] ton sein,
 Tu sens bien Cloris que je t'aime.   6

---

65. V. 157: *que:* introduit l'optatif.
66. V. 159: *yeux du jour:* c.-à-d., rayons de soleil (métaphore). V. 161: *se peuvent:* peuvent se. V. 162: *aussi:* non plus.
67. V. 163: circonlocution.
68. Ce poème, célèbre pour son érotisme, mentionne en fait les sens de la vue, du toucher, de l'ouïe et de l'odorat. Le temps semble suspendu pendant que la passion et la souffrance du poète contrastent vivement avec la passivité de son amante. L'exclamation de la dernière strophe détruit l'équilibre et souligne l'isolement du poète. Les trois premières strophes rappellent l'histoire d'Endymion qui a dormi sous l'œil amoureux de Diane. La quatrième strophe, où apparaît le nom même de Diane, offre cinq images (de silence et d'immobilité) qui rappellent sucessivement la terre (la rose), le feu (le soleil), l'air (Diane et le char dans les cieux), l'eau (la naïade) et l'art (les Grâces dans le tableau), c'est-à-dire l'univers scientifique (les quatres éléments) et esthétique (la peinture). De plus, la rose et le soleil représentent la nature. Diane et la naïade suggèrent la présence du monde mythologique pendant que l'image des Grâces évoque à la fois l'art, le mythe et la beauté de la nature. Ces images illustrent le silence et l'immobilité de Cloris enfermée dans le sommeil. La rose et le soleil rendent leur offrande en silence comme le poète rend son amour. La naïade et les Grâces sont retenues ou encloses dans l'eau et dans le tableau. Sans bruit, Diane et son char illuminent la nuit. Dans la cinquième strophe, le poète qui souffre lui aussi en silence interrompt ce moment fragile et chargé de sensualité et le poème se termine sur un cri de douleur du poète-voyeur.
69. V. 5: *se pourmener:* variante de se promener. *dessus:* sur.

II	Comme un dévot devers les cieux[70],	
	Mes yeux tournés devers tes yeux	
	A genoux auprès de ta couche,	
	Pressé[71] de mille ardents désirs,	
	Je laisse sans ouvrir ma bouche,	
	Avec toi dormir mes plaisirs.	12

III	Le sommeil aise de t'avoir[72]	
	Empêche tes yeux de me voir,	
	Et te retient dans son empire	
	Avec si peu de liberté,	
	Que ton esprit tout arrêté	
	Ne murmure ni ne respire.	18

IV	La rose[73] en rendant son odeur,	
	Le soleil[74] donnant son ardeur,	
	Diane et le char[75] qui la traîne,	
	Une naïade dedans l'eau[76],	
	Et les Grâces dans un tableau[77],	
	Font plus de bruit que ton haleine.	24

V	Là je soupire auprès de toi,	
	Et considérant comme quoi[78]	
	Ton œil si doucement repose,	
	Je m'écrie: ô ciel! peux-tu bien	
	Tirer d'une si belle chose	
	Un si cruel mal que[79] le mien?	30

---

70. V. 7: *Comme un dévot devers les cieux:* comme un dévot [tourné] vers le ciel. V. 7 et 8: *devers:* vers.
71. V. 10: *pressé:* accablé, angoissé.
72. V. 13: *aise:* content, heureux. *t'avoir:* te posséder, te dominer.
73. V. 19: *La rose:* fleur associée à Rome à la déesse Vénus.
74. V. 20: *Le soleil:* associé au dieu romain Sol (Apollon Hélios: grec).
75. V. 2: *Diane et le char:* Diane, associée à son frère Apollon, dieu du soleil, est souvent caractérisée en poésie comme déesse de la lune. Le char conduit par Diane porte la lune, comme le char conduit par Apollon porte le soleil.
76. V. 22: *Une naïade:* divinité inférieure du sexe féminin qui habite les fontaines, les lacs et les rivières. *Dedans:* dans.
77. V. 23: *Les Grâces:* les trois Grâces. Aglaé, Thalie et Euphrosine personnifient le don de plaire. Elles sont peintes dans le tableau de Botticelli.
78. V. 26: *comme quoi:* comme.
79. V. 30: *si cruel mal que:* un mal aussi cruel que.

Théophile De Viau (1590–1626)

Ode[80]

I   Un corbeau[81] devant moi croasse,
Une ombre offusque[82] mes regards,
Deux belettes, et deux renards,
Traversent l'endroit où je passe:
Les pieds faillent[83] à mon cheval,
Mon laquais tombe du haut mal[84],
J'entends craqueter le tonnerre[85],
Un esprit se présente à moi,
J'ois Charon qui m'appelle à soi[86],
Je vois le centre de la terre.   10

---

80. Cette petite ode soulève un problème encore plus fondamental que l'unité de «La Solitude», celui du sens. Elle fut écrite vers 1620, à une époque où le poète se sentait guetté par des dangers extérieurs et où il fut obligé, après l'exil que le roi lui avait imposé en 1619, de se soumettre à l'odieux chantage du premier ministre, le duc de Luynes, et de devenir le panégyriste officiel de ce dernier. Ce ne fut qu'à ce prix qu'il put échapper aux poursuites judiciaires à cause de son libertinage (dans les deux sens du terme). L'ode représente donc un effort de la part du poète pour formuler son désarroi, et à trois niveaux différents, chacun ayant une signification qui lui est propre. Le niveau littéral représente une évasion hors de son milieu grâce à un voyage aux enfers (comme Orphée ou Enée); du centre de la terre, les phénomènes naturels lui apparaissent à l'envers. Le niveau allégorique est une vengeance satirique que lui occasionnait le duc de Luynes, à lui qui estimait l'indépendance par-dessus tout: le duc, qui devançait Louis XIV en dansant le rôle du Soleil dans les ballets de cour, est carbonisé, tout comme il avait menacé de faire brûler le poète au bûcher (c'est la mort réservée aux hérétiques). Enfin, le niveau symbolique, qui est le plus profond: le poète y entre en rapport avec des forces primitives, celles de l'«inconscient collectif» (Jung), et exprime son angoisse au moyen de la défaite des symboles ouraniens (le soleil, l'homme, le cheval, le vautour) par les symboles chtoniens (Charon, les belettes, les renards, l'aspic, le serpent). En d'autres termes, c'est le retour au chaos par le triomphe des puissances infernales sur les puissances célestes. L'ode est-elle à rapprocher de la poésie surréaliste par l'étrangeté des images, comme beaucoup de critiques l'ont prétendu? Une telle analogie ne saurait être que fausse; l'univers de Théophile, si inversé qu'il soit, garde ses référents dans la réalité. Contrairement aux surréalistes, le poète ne fait pas de ses vers une ontologie nouvelle. La littérature sera encore pendant trois siècles la littérature, non un succédané de la métaphysique. Le dizain de l'ode est original sous deux aspects. D'abord, le système des rimes: alors que le dizain régulier comportait quatre rimes croisées, deux rimes plates et quatre rimes embrassées, Théophile remplace les rimes croisées par un premier quatrain à rimes embrassées. Le second trait original, c'est la syntaxe: la phrase ample du dizain est d'ordinaire calquée sur la phrase latine (cf. plus loin la «Lettre à son frère»); ici, la suppression de tout élément de subordination, ou la parataxe, ajoute à l'impression de terreur, comme si l'extrême laconisme du poète provenait de son accaparement par le spectacle épouvantable qui se déroulait devant lui. Le lecteur remarquera enfin que les deux strophes sont reliées entre elles par la même rime qui ouvre (vv. 1 et 4) et clôt (vv. 17 et 20) l'ode.
81. V. 1er: *corbeau:* oiseau de mauvais augure.
82. V. 2: *offusque:* obscurcit. C'est sans doute l'ombre d'un mort.
83. V. 5: *faillent:* manquent.
84. V. 6: on croyait que les épileptiques, plus sensibles que les autres, pressentaient les catastrophes imminentes.
85. V. 7: c'est peut-être le bruit d'un séisme.
86. V. 9: *ois:* entends. Charon étant le passeur des âmes à travers les marais de l'Achéron jusqu'à l'autre rive, la terre a dû se fendre jusqu'aux enfers.

II   Ce ruisseau remonte en sa source,
Un boeuf gravit sur[87] un clocher,
Le sang coule de ce rocher[88],
Un aspic s'accouple d'une ourse,
Sur le haut d'une vieille tour
Un serpent déchire un vautour[89],
Le feu brûle dedans la glace[90],
Le soleil est devenu noir,
Je vois la lune qui va choir[91],
Cet arbre est sorti de sa place[92].   20

Sonnet[93]

Sacrés murs du soleil où j'adorai Philis[94],
Doux séjour où mon âme était jadis charmée,
Qui n'est plus aujourd'hui sous nos toits démolis,
Que le sanglant butin d'une orgueilleuse armée[95];

---

87. V. 12: *gravit sur:* gravit (v. tr.).
88. V. 13: c'est la métamorphose virgilienne et, surtout, ovidienne.
89. V. 16: encore un renversement de l'ordre naturel: c'est le vautour qui normalement déchire avec ses serres le serpent.
90. V. 17: *dedans:* dans. Le phénomène est ou physique (la glace des fleuves entourant les feux aux enfers) ou moral (Pétrarque, dont l'amoureux transi est en même temps brûlant de fièvre) ou alchimique (l'œuvre au rouge et l'œuvre au blanc, deux des opérations essentielles de la transmutation des métaux).
91. Vv. 18-19: ces images sont tirées du dernier livre de la Bible, l'Apocalypse, et annoncent le Jugement Dernier.
92. V. 19: *choir:* tomber. V. 20: ce n'est pas un arbre ordinaire, mais l'arbre de vie qui sert d'axe cosmique à la terre; c'est là également une image de l'alchimie.
93. Ce sonnet évoque les ruines de la ville natale de Théophile après le passage de l'armée huguenote en 1622. La violence de certaines images constitue un excellent exemple du parti que quelques poètes baroques tirent de la figure de l'hypotypose. La structure consiste en une série d'apostrophes qui personnifient des objets inanimés. Toutes, sauf le fleuve du v. 11, sont des métonymies de Clairac (v. 13) et peuvent donc être considérées comme étant en apposition à ce mot, ce qui donne un effet de crescendo, ou de gradation, aux membres successifs de la phrase unique qui n'atteint son sujet (ou mieux, son vocatif) qu'à l'avant-dernier vers. De plus, ces notations brèves, qui ont l'air d'être prises sur le vif, ressemblent par l'accumulation à certains styles modernes. Quant à la forme du sonnet, si la construction des tercets est régulière, les quatrains ne le sont guère en substituant aux rimes embrassées traditionnelles deux séries de rimes croisées.
94. V. 1er: *Sacrés murs:* murs sacrés; le poète rapproche sa ville méridionale de la ville égyptienne consacrée à Apollon, Héliopolis. Philis était une jeune femme habitant la propriété familiale, Boussères, qui se trouvait près de Clairac.
95. Vv. 2-4: antithèse entre le passé, où son âme avait été ensorcelée par ses amours, et le présent. L'«orgueilleuse armée» était bien entendu protestante.

Ornements de l'autel qui n'êtes que fumée, 5
Grand temple ruiné, mystères abolis[96],
Effroyables objets d'une ville allumée[97],
Palais, hommes, chevaux, ensemble ensevelis[98];

Fossés larges et creux tous comblés de murailles[99],
Spectacles de frayeur, de cris, de funérailles, 10
Fleuve par où le sang ne cesse de courir[100],

Charniers où les corbeaux et loups vont tous repaître[101],
Clairac, pour une fois que vous m'avez fait naître,
Hélas! combien de fois me faites-vous mourir[102].

---

96. V. 6: *temple:* soit le mot courant pour désigner le lieu de réunion des protestants, soit le mot noble pour désigner une église. Ce serait vraisemblablement ce dernier sens, Théophile venant de se convertir, les «mystères» désignant l'Eucharistie et le mot *Palais,* au v. 8, étant un mot noble qui évoque le sac de Troie.
97. V. 7: *allumée:* incendiée.
98. V. 8: ce vers est en apposition à *objets* (v. 7), lui-même l'une des appositions qui charpentent le sonnet, et a pour effet de donner à cette charpente une dimension de profondeur.
99. V. 9: *creux:* profonds; *tous:* tout. Il s'agit d'une ville fortifiée dont les murs, en s'écroulant, ont rempli les douves jusqu'aux bords.
100. V. 4: *Fleuve:* le Lot, qui se jette dans la Garonne quelques kilomètres au-dessous de Clairac. Tout en signifiant aussi couler à l'époque, courir donne une impression de grand débit et de précipitation tumultueuse.
101. V. 12: *repaître:* se repaître.
102. Vv. 13-14: trait d'esprit consistant à accumuler une antithèse, une hyperbole, un paradoxe et une pointe sur *mourir:* 1) mort physique, 2) mort spirituelle due au chagrin (cf. l'expression *mourir de mille morts*). La fabrication de traits d'esprit dans un contexte grave, même tragique, n'a rien pour étonner la génération baroque.

ELEGIE[103]

 Cloris lorsque je songe en te voyant si belle,
Que ta vie est sujette à la loi naturelle[104],
Et qu'à la fin[105] les traits d'un visage si beau,
Avec tout leur éclat iront dans le tombeau,
Sans espoir que la mort nous laisse en la pensée   5
Aucun ressentiment de l'amitié passée[106],
Je suis tout rebuté de l'aise et du souci[107]
Que nous fait le destin[108] qui nous gouverne ici,
Et tombant tout à coup dans la mélancolie,
Je commence à blâmer un peu notre folie[109],   10

---

103. Ni Saba ni Streicher ni Adam ne peut dater ce poème avec précision. Il est probable que Théophile l'a écrit entre 1621 et la fin de 1622. Dans cette élégie, le poète contemple l'amour dans le contexte de la réalité empirique et rejette les trois thèmes conventionnels propres à la poésie amoureuse de la Renaissance: 1) la beauté de la dame inspire un amour éternel; 2) le poète doit souffrir à cause de son amour; 3) le poète n'écrit que pour louer sa dame et lui faire plaisir. Pour sa part, Théophile emploie son don poétique pour se guérir de cette folie qui s'appelle l'amour. Sa réflexion sur la beauté de Cloris introduit l'idée de la perte inévitable de cette beauté au cours de ses méditations sur la vieillesse, la mort, et la décomposition physique (vers 13-56). La guérison (vers 57-60) signale la réorientation du poète vers la nature (vers 61-70). Libéré enfin des douleurs et de la servilité de l'amour (vers 71-80), le poète se rend compte que sa pensée, sous l'effet de la création poétique, a évolué dans le courant de l'élégie. Ce poème rappelle deux autres du même auteur qui ne suivent pas les conventions poétiques. Voir, «Le Matin» p. 217, et «A Monsieur de L. sur la mort de son père» p. 248.
104. *Que ta vie…naturelle:* L'analyse du poète est suscitée par sa contemplation de la beauté de Cloris et de la brièveté de sa vie à elle, et non pas par sa reconnaissance de la brièveté de sa propre vie ni de la vie humaine en général. *Sujette:* soumise. *La loi naturelle:* Expression qui décrit les règles gouvernant l'univers: principes raisonnables et universels.
105. *à la fin:* c.-à-d., à la fin de la vie, après la mort.
106. *Aucun ressentiment…passée:* c.-à-d., aucun souvenir de l'amour qui n'est plus. A l'inverse des poètes plutôt traditionnels, Théophile rejette l'immortalité de l'amour. V. 6: *Ressentiment:* reconnaissance, sentiment auquel on prend part.
107. *Je suis…ici:* c.-à-d., le contentement et l'ennui que le destin nous présente me dégoûtent. Voir V. 1: *Cloris lorsque je songe je suis tout rebuté…Rebuté:* dégoûté, découragé; *aise:* contentement, satisfaction; *souci:* ennui, tourment.
108. *destin:* Dans la philosophie naturaliste, le destin implique le déroulement naturel et systématique de toutes choses au monde.
109. *folie:* Les illusions que suscite l'amour préoccupent le poète à plusieurs reprises dans cette élégie (voir V. 29, V. 53, et V. 82). Le poème raconte ses efforts pour se guérir de cette folie.

Théophile De Viau (1590–1626)

Et fais voeu de bon cœur de m'arracher un jour
La chère rêverie où m'occupe l'amour[110].
Aussi bien faudra-t-il qu'une vieillesse infâme[111]
Nous gèle dans le sang les mouvements de l'âme,
Et que l'âge ensuivant ses révolutions[112],   15
Nous ôte la lumière avec les passions[113].
Ainsi je me résous de songer à ma vie
Tandis que la raison m'en fait venir l'envie;
Je veux prendre un objet où[114] mon libre désir
Discerne la douleur d'avecques[115] le plaisir,   20
Où mes sens tous entiers sans fraude et sans contrainte,
Ne s'embarrassent plus ni d'espoir ni de crainte,
Et de sa vaine erreur mon cœur désabusant,
Je goûterai le bien que je verrai présent;
Je prendrai les douceurs à quoi[116] je suis sensible,   25
Le plus abondamment qu'il me sera possible.
Dieu nous a tant donné de divertissements,
Nos sens trouvent en eux tant de ravissements,
Que c'est une fureur de chercher qu'en nous même[117],
Quelqu'un que nous aimions, et quelqu'un qui nous aime[118].   30

---

110. *La chère ...l'amour:* c.-à-d., L'état de folie où l'amour se rend maître de moi. *Rêverie:* délire, folie. Le poète annonce son intention de se libérer de l'amour.
111. *une vieillesse infâme:* vieillesse déshonorée. L'investigation de la perte inévitable des forces physiques à la fin de la vie n'introduit pas la notion traditionnelle du *carpe diem;* tout au contraire, Théophile ne cherche qu'en lui-même les joies de vivre. Saba explique: *O.C.* Tome II, p. 82, note: «Plusieurs fois Théophile a exprimé son aversion pour la vieillesse; cf., p. ex., *Pyrame et Thisbé*, I, 1, vv. 63 ss. («Vieux spectre d'ossemens»); II, 2, vv. 421 ss. («Ces vieillards dont l'esprit et le corps abbatu, / Erigent l'impuissance en tiltre de vertu»); *Satyre première* (*Œuvres*, 1621), vv. 65 ss. («Une salle vieillesse»).
112. *ensuivant:* suivant, qui suit; *ses révolutions:* Cycles réguliers qui marquent le passage du temps.
113. *la lumière avec les passions:* la lumière naturelle veut dire la raison, donc, la raison et les passions disparaissent.
114. *où:* lequel; voir aussi, V. 21.
115. *Discerne la douleur d'avecques:* distingue la douleur du...
116. *à quoi:* auxquelles.
117. C.-à-d.: Que c'est une folie de chercher ailleurs qu'en nous-mêmes. Le poète reprend le thème de la folie.
118. Le poète suggère que chaque être humain reste isolé de ses confrères.

Le cœur le mieux donné tient toujours à demi[119],
Chacun s'aime un peu mieux toujours que son ami,
On les suit rarement dedans[120] la sépulture,
Le droit de l'amitié cède aux lois de nature[121] :
Pour moi si je voyais en l'humeur où je suis,   35
Ton âme s'envoler aux éternelles nuits,
Quoi que puisse envers moi l'usage[122] de tes charmes,
Je m'en consolerais avec un peu de larmes[123].
N'attends pas que l'Amour aveugle aille suivant,
Dans l'horreur de la nuit des ombres et du vent[124].   40
Ceux qui jurent d'avoir l'âme encore assez forte
Pour vivre dans les yeux d'une maîtresse morte[125],
N'ont pas pris le loisir de voir tous les efforts
Que fait la mort hideuse à consumer un corps,
Quand les sens pervertis sortent de leur usage[126],   45
Qu'une laideur visible efface le visage[127],
Que l'esprit défaillant et les membres perclus,
En se disant adieu ne se connaissent plus,
Que dedans un moment après la vie éteinte,
La face sur son cuir n'est pas seulement peinte[128],   50
Et que l'infirmité de la puante chair
Nous fait ouvrir la terre afin de la cacher[129].
Il faut être animé d'une fureur vive[130],
Ayant considéré comme la mort arrive,
Et comme tout l'objet de notre amour périt,   55

---

119. C.-à-d.: Même celui qui donne son amour le plus généreusement en retient toujours la moitié.
120. D'habitude les amants ne se suivent pas dans le tombeau, c.-à-d, la mort d'un amant ne précipite pas la mort de l'autre membre du couple. Notez le ton ironique. *Dedans:* dans, à.
121. C.-à-d.: La passion succombe à la mort.
122. *usage:* utilité.
123. *avec un peu de larmes:* C.-à-d., je pleurerais très peu; ton ironique.
124. Voir «A Monsieur de L.,» p. 250, V. 52-56. L'amour ne dure pas après la mort.
125. V. 42: Ceux qui se croient prêts à rester épris d'une amante morte.
126. V. 45: *Quand les sens …usage:* quand la mort précipite la métamorphose du corps humain.
127. V. 46: *efface le visage:* en ôte la couleur.
128. V. 50: *la face …peinte:* c.-à-d., on ne peut plus reconnaître les traits du visage. *Cuir:* la peau humaine.
129. V. 52: Elaboration en cinq parties des aspects physiques de la décomposition ignorés par ceux qui croient que l'amour dure après la mort: *Ceux qui jurent …n'ont pas pris le loisir de voir* (a) *tous les efforts que fait la mort …*(b) *qu'une laideur …*(c) *que l'esprit …*(d) *que dedans un moment …la face …*(e) *Et que l'infirmité …*. Cette amplification précédée d'une constatation simple (vv. 39-40) guérit le poète de ses illusions de l'immortalité de l'amour. V. 52: *cacher:* c.-à-d., ensevelir.
130. V. 53: C.-à-d.: Il faut être bien fou. Le poète reprend le thème de la folie.

Si par un tel remède une âme ne guérit.
Cloris tu vois qu'un jour il faudra qu'il advienne
Que le destin ravisse et ta vie et la mienne[131],
Mais sans te voir le corps ni l'esprit dépéri,
Le ciel en soit loué Cloris je suis guéri[132].   60
Mon âme en me dictant les vers que je t'envoie,
Me vient de plus en plus ressusciter la joie[133],
Je sens que mon esprit reprend sa liberté[134],
Que mes yeux dévoilés connaissent la clarté,
Que l'objet[135] d'un beau jour, d'un pré, d'une fontaine,   65
De voir comme Garonne en l'Océan se traîne,
De prendre dans mon île en ses longs promenoirs,
La paisible fraîcheur de ses ombrages noirs,
Me plaît mieux aujourd'hui que le charme inutile
Des attraits dont amour te fait voir si fertile.   70
Languir incessamment après une beauté[136],
Et ne se rebuter d'aucune cruauté[137].
Gagner au prix du sang une faible espérance
D'un plaisir passager qui n'est qu'en apparence,
Se rendre l'esprit mol, le courage abattu,   75
Ne mettre en aucun prix l'honneur ni la vertu,
Pour conserver son mal, mettre tout en usage[138],
Se peindre incessamment et l'âme et le visage[139],
Cela tient d'un esprit où le ciel n'a point mis
Ce que son influence inspire à ses amis[140].   80

---

131. V. 58: Voir V. 2. A la suite de sa méditation, le poète se met à côté de Cloris devant l'inévitabilité de la mort.
132. V. 60: La contemplation de la mort et la décomposition démontre au poète l'absurdité de l'amour, réalités auxquelles le poète ne se croit pas obligé de faire face. Notez la préoccupation du poète avec la guérison.
133. V. 62: C.-à-d., vient de plus en plus me ressusciter la joie.
134. V. 63: *La liberté:* c.-à-d., la liberté impossible sous le joug de l'amour.
135. V. 65: *L'objet:* le spectacle.
136. V. 71: *une beauté:* une belle femme.
137. V. 72: *se rebuter:* se refuser; *cruauté:* douleur.
138. V. 77: *mettre tout en usage:* employer tous les moyens.
139. V. 78: C.-à-d., cacher les vrais sentiments.
140. V. 80: Elaboration de la folie engendrée par l'amour. Théophile donne une description ironique de la conception de l'amour exprimée dans la poésie dite pétrarquiste.

Pour moi que la raison éclaire en quelque sorte,
Je ne saurais porter une fureur si forte,
Et déjà tu peux voir au train de[141] cet écrit,
Comme la guérison avance en mon esprit[142]:
Car insensiblement ma muse un peu légère[143],   85
A passé dessus toi sa plume passagère[144],
Et détournant mon cœur de son premier objet[145],
Dès le commencement j'ai changé de sujet,
Emporté du plaisir de voir ma veine aisée[146]
Sûrement aborder[147] ma flamme rapaisée   90
Et jouer à son gré sur les propos d'aimer,
Sans avoir aujourd'hui pour but que de rimer,
Et sans te demander que ton bel œil éclaire
Ces vers[148] où je n'ai pris aucun soin de te plaire.

---

141. V. 83: *au train de:* au cours de.
142. V. 84: Les thèmes de la folie et de la guérison se répètent de nouveau.
143. V. 85: *légère:* inconstante.
144. V. 86: *dessus:* sur.
145. V. 87: *son premier objet:* son premier but était de louer la beauté de Cloris: voir V. 1.
146. V. 89: *de voir ma veine aisée:* de voir couler facilement mon inspiration poétique. Voir: «A Monsieur de L.,» p. 249, V. 6.
147. V. 90: *aborder:* accoster. *Rapaiser:* calmer.
148. V. 94: *ton bel œil éclaire/Ces vers:* référence ironique aux conventions de la poésie pétrarquiste dont le poète se libère pendant qu'il se guérit de l'amour.

Théophile De Viau (1590–1626)

Lettre de Theophile a Son Frere[149]

I   Mon frère, mon dernier appui,
Toi seul dont le secours me dure,
Et qui seul trouves aujourd'hui
Mon adversité longue et dure,
Ami ferme, ardent généreux[150],
Que mon sort le plus malheureux
Pique d'aventure[151] à le suivre,
Achève de me secourir;
Il faudra qu'on me laisse vivre
Après m'avoir fait tant mourir.   10

II   Quand les dangers où Dieu m'a mis
Verront[152] mon espérance morte,
Quand mes juges et mes amis
T'auront tous refusé la porte[153],
Quand tu seras las de prier,
Quand tu seras las de crier[154],
Ayant bien balancé[155] ma tête
Entre mon salut et ma mort,
Il faut enfin que la tempête
M'ouvre le sépulcre ou le port[156].   20

149. Au moment d'écrire la «Lettre à son frère» (1624), Théophile languit en prison depuis un an à peu près; s'il se sent terriblement diminué, il sait par ailleurs que des amis puissants mettent tout en œuvre pour le faire élargir. L'organisation de ce long poème constitue une alternance entre le présent et le passé. Une première partie (str. I à XVII) fait état des préoccupations du poète en prison, son abattement extrême devant la persécution de ses ennemis et ses raisons d'espérer. Une seconde partie représente une évasion hors du temps, pendant laquelle le poète évoque, de manière exquise, la vie heureuse d'autrefois à Boussères (str. XVIII à XXVIII), tandis qu'une troisième section plus brève le ramène au présent pour qu'il puisse s'élever, dans les derniers dizains, à des accents d'indignation extraordinaires.
150. V. 5: *généreux:* magnanime.
151. Vv. 6-7: c.-à-d. que le pire malheur de sa vie le pousse (pique) peut-être (d'aventure) à secourir (suivre) son sort. La variante d'un des manuscrits, *davantage*, conviendrait mieux que *d'aventure* au sens en créant le genre de paradoxes dont est parsemé le poème. (Cf. sous ce rapport la leçon de la strophe dernière.) Vv. 9-10: antithèse et paradoxe.
152. Vv. 11-12: métonymie ou hypallage (pour: moi, je verrai mon espérance morte, à cause des dangers).
153. Vv. 13-14: c.-à-d., les visites aux amis pour leur demander d'intercéder et aux juges pour les solliciter (telle était la coutume).
154. Vv. 15 -16: anaphore.
155. V. 17: *balancé:* tenu en suspens. Le sujet du participe est *tempête* (v. 19).
156. Vv. 19-20: lieu commun antique de la vie comparée à une navigation sur une mer agitée et pleine d'écueils. V. 20: *sépulcre:* c.-à-d., naufrage.

III Mais l'heure, qui la peut savoir[157] !
Nos malheurs ont certaines courses,
Et des flots dont on ne peut voir
Ni les limites ni les sources[158].
Dieu seul connaît ce changement :
Car l'esprit ni le jugement
Dont nous a pourvus la nature,
Quoi que l'on veuille présumer,
N'entend non plus notre aventure
Que le secret flux de la mer[159]. 30

IV Je sais bien que tous les vivants,
Eussent-ils juré ma ruine,
N'aideront point mes poursuivants
Malgré la volonté divine[160],
Tous leurs efforts sans son aveu[161]
Ne sauraient m'ôter un cheveu ;
Si le Ciel ne les autorise[162],
Ils nous menacent seulement.
Eux ni nous de leur entreprise
Ne savons pas l'événement[163]. 40

---

157. V. 21 : syntaxe expressive de la langue parlée : *la peut :* peut la.
158. Les vv. 21-23 prolongent la métaphore des vv. 19-20. V. 22 : *courses :* expéditions maritimes. V. 23 : *flots :* c.-à-d., orages aux vagues montées (métonymie).
159. Vv. 24-30 : Théophile fait amende honorable, car un des passages inculpés de son œuvre poétique attribuait trop à la nature, pas assez à Dieu dans la création des hommes («Elégie à une dame», vv. 15-20). V. 26 : *l'esprit :* ni l'esprit. V. 29 : *entend non plus :* comprend pas plus ; *aventure :* sort. V. 30 : c.-à-d., la cause mystérieuse du flux et du reflux.
160. V. 32 : *Eussent-ils :* même s'ils ont. V. 33 : les poursuivants furent surtout les deux pères jésuites, Garasse et Voisin. V. 34 : *Malgré :* c.-à-d., en défiant.
161. V. 35 : *aveu :* autorisation.
162. V. 37 : *autorise :* autorise pas.
163. V. 39 : *Eux :* ni eux ; *leur entreprise :* leurs attaques. V. 40 : *savons pas :* savons ; *événement :* résultat.

V	Cependant je suis abattu,	
	Mon courage se laisse mordre,	
	Et d'heure en heure ma vertu	
	Laisse tous mes sens en désordre[164],	
	La raison avec ses discours,	
	Au lieu de me donner secours,	
	Est importune à ma faiblesse[165];	
	Et les pointes de la douleur,	
	Même alors que[166] rien ne me blesse,	
	Me changent et voix et couleur.	50
VI	Mon sens noirci d'un long effroi	
	Ne me plaît qu'en ce qui l'attriste,	
	Et le seul désespoir[167] chez moi	
	Ne trouve rien qui lui résiste.	
	La nuit mon somme interrompu,	
	Tiré d'un sang tout corrompu[168],	
	Me met tant de frayeurs dans l'âme	
	Que je n'ose bouger mes bras,	
	De peur de trouver de la flamme	
	Et des serpents parmi mes draps.	60
VII	Au matin mon premier objet[169],	
	C'est la colère insatiable	
	Et le long et cruel projet	
	Dont m'attaquent les fils du diable[170];	
	Et peut-être ces noirs lutins	
	Que la haine de mes destins	
	A trouvé si prompts à me nuire,	
	Vaincus par des démons meilleurs,	
	Perdent le soin de me détruire[171]	
	Et soufflent leur tempête ailleurs.	70

---

164. V. 41: *Cependant:* en attendant. V. 42: *mordre:* c.-à-d., assaillir. V. 43: *vertu:* force (défaillante). V. 44: *mes sens:* mon jugement.
165. Vv. 47-49: allégorie. V. 47: *discours:* arguments.
166. V. 49: *alors que:* lorsque.
167. V. 51: *sens noirci:* jugement assombri. V. 52: paradoxe. V. 53: *seul désespoir:* désespoir seul.
168. V. 55: *somme:* sommeil. V. 56: *Tiré d'un:* occasionné par un. Théorie de l'ancienne physiologie du sang vicié par une prépondérance de bile noire (l'une des quatre humeurs).
169. V. 61: *mon premier objet:* la première image qui frappe mon esprit.
170. V. 64: *les fils du Diable:* périphrase désignant ses ennemis ecclésiastiques.
171. V. 66: *mes destins:* mon destin (synecdoque). V. 67: *haine:* c.-à-d., eux, par haine (métonymie ou hypallage); *trouvé:* trouvés. On ne faisait pas l'accord lorsque le participe était suivi d'un attribut.

VIII Peut-être comme les voleurs
Sont quelquefois lassés de crimes,
Les ministres de mes malheurs
Sont las de déchiffrer mes rimes[172]:
Quelque reste d'humanité
Voyant l'injuste impunité
Dont on flatte la calomnie,
Peut-être leur bat dans le sein
Et s'oppose à leur félonie
Dans un si barbare dessein[173]. 80

IX Mais quand il faudrait que le Ciel
Mêlât sa foudre à leur bruine
Et qu'ils auraient autant de fiel
Qu'il leur en faut pour ma ruine,
Attendant ce fatal succès,
Pourquoi tant de fiévreux accès
Me feront-ils pâlir la face
Et si souvent hors de propos
Avecques[174] des sueurs de glace
Me troubleront-ils le repos? 90

X Quoique l'implacable courroux
D'une si puissante partie[175]
Fasse gronder trente verroux
Contre l'espoir de ma sortie
Et que ton ardente amitié
Par tous les soins de la pitié
Que te peut fournir la nature
Te rende en vain si diligent
Et ne donne qu'à l'aventure
Tes pas, tes cris, et ton argent[176], 100

---

172. Vv. 72-74: comme dans son gros tome le Père Garasse, qui avait épluché les écrits de Théophile pour dépister la moindre observation sentant, à son avis, le fagot. V. 73: *ministres:* agents. V. 74: *Sont:* sont-ils; *rimes:* vers.
173. Vv. 75-80: allégorie. La syntaxe négligée et la densité d'expression qui caractérisent le genre baroque aboutissent ici à la bizarrerie d'un «reste d'humanité» qui voit et qui bat comme un cœur. V. 77: *flatte:* favorise.
174. V. 82: *bruine:* c.-à-d., la brume qui enveloppe leurs agissements (contre moi). V. 85: *Attendant:* en attendant; *succès:* résultat. V. 86: *accès:* c.-à-d., accès au cours de ses nuits agitées. V. 89: *avecques:* avec.
175. V. 92: *partie:* c.-à-d., partie adverse.
176. V. 98: *diligent:* assidu. V. 99: c.-à-d., rende incertains quant au résultat. V. 100: *Pas:* démarches; *cris:* c.-à-d., protestations; *argent:* c.-à-d., pour les formalités de la procédure et les épices des juges.

XI J'espère toutefois au Ciel:
    Il fit que ce troupeau farouche,
    Tout prêt à dévorer Daniel,
    Ne trouva ni griffe ni bouche[177];
    C'est le même qui fit jadis
    Descendre un air de paradis
    Dans l'air brûlant de la fournaise
    Où les saints parmi les chaleurs
    Ne sentirent non plus la braise
    Que s'ils eussent foulé des fleurs[178].   110

XII Mon Dieu, mon souverain recours,
    Peut s'opposer à mes misères,
    Car ses bras ne sont pas plus courts
    Qu'ils étaient[179] au temps de nos pères.
    Pour être si prêt à mourir
    Dieu ne me peut pas moins guérir[180]:
    C'est des afflictions extrêmes
    Qu'il tire la prospérité,
    Comme les fortunes[181] suprêmes
    Souvent le trouvent irrité.   120

---

177. Vv. 101-104: Daniel dans la fosse aux lions (Dan., VI). V. 104: c.-à-d., pour lui faire mal.
178. Vv. 105-110: Dan., III: l'histoire des trois Juifs épargnés par le feu. V. 108: *les chaleurs:* la chaleur (synecdoque). Vv. 109-110: paradoxe. V. 109: *non:* pas.
179. V. 114: *étaient:* l'étaient.
180. V. 115: *Pour...prêt à:* bien que je sois si près de. V. 116: *ne me peut...guérir:* ne peut...me guérir.
181. Les vers 117-120 et les strophes XIII à XVI traitent le thème baroque du renversement subit des destinées humaines.

XIII   Tel de qui l'orgueilleux destin
Brave la misère et l'envie
N'a peut-être plus qu'un matin
Ni de volupté ni de vie[182].
La fortune qui n'a point d'yeux,
Devant tous les flambeaux des cieux
Nous peut porter dans une fosse[183];
Elle va haut, mais que sait-on
S'il fait plus sûr dans sa carrosse[184]
Que dans celle de Phaéton[185]?   130

XIV   Le plus brave de tous les rois,
Dressant un appareil de guerre
Qui devait imposer des lois
A tous les peuples de la terre,
Entre les bras de ses sujets
Assuré de tous les objets
Comme de ses meilleures gardes,
Se vit frappé mortellement
D'un coup à qui cent hallebardes
Prenaient garde inutilement[186].   140

---

182. V. 121: *de qui:* dont. V. 124: *Ni…ni:* et…et.
183. Vv. 125-127: allégorie. V. 126: c.-à-d., malgré la lumière de toutes les étoiles, étant aveugle.
184. V. 128: *que:* comment. V. 129: *S'il fait:* si c'est; *sa carrosse:* son char (*carrosse* était ordinairement au masculin).
185. V. 130: fils d'Apollon, Phaéton, ayant arraché à son père la permission de conduire le char du soleil, vola trop bas et puis trop haut, si bien que son père, afin d'éviter une conflagration universelle, fut obligé de le foudroyer. L'attribut ordinaire de la Fortune est la roue du haut de laquelle elle précipite dans la misère les gens prospères, tout en élevant les gens malheureux.
186. Vv. 131-140: Henri IV, assassiné en 1610 dans son carrosse. Par une ironie du sort, on avait jeté Théophile dans le même cachot qu'avait occupé avant son exécution l'assassin, François Ravaillac. V. 131: périphrase. V. 132: *appareil:* préparatifs. Vv. 133-134: hyperbole. V. 136: *tous les objets:* tout ce qu'il regardait. V. 139: *à qui:* contre lequel; *hallebardes:* hallebardiers (métonymie).

XV	En quelle plage des mortels	
	Ne peut le vent crever la terre,	
	En quel palais et quels autels	
	Ne se peut glisser le tonnerre?	
	Quels vaisseaux, et quels matelots	
	Sont toujours assurés des flots?	
	Quelquefois des villes entières	
	Par un horrible changement	
	Ont rencontré leurs cimetières	
	En la place du fondement[187].	150
XVI	Le sort qui va toujours de nuit[188]	
	Enivré d'orgueil et de joie,	
	Quoiqu'il soit sagement conduit	
	Garde malaisément sa voie.	
	Ha! que les souverains décrets	
	Ont toujours demeuré secrets	
	A la subtilité des hommes!	
	Dieu seul connaît l'état humain,	
	Il sait ce qu'aujourd'hui nous sommes	
	Et ce que nous serons demain.	160
XVII	Or selon l'ordinaire cours	
	Qu'il fait observer à nature,	
	L'astre qui préside à mes jours	
	S'en va changer mon aventure[189];	
	Mes yeux sont épuisés de pleurs,	
	Mes esprits usés de malheurs	
	Vivent d'un sang gelé de craintes;	
	La nuit trouve enfin la clarté	
	Et l'excès de tant de contraintes	
	Me présage ma liberté[190].	170

---

187. Vv. 141-150: interrogation rhétorique. Vv. 141-142: inversion poétique qui, dans quelques années, ne sera plus permise; V. 141: *plage:* région; v. 142: c.-à-d., faire pousser un volcan. V. 144: c.-à-d., un coup de foudre. Vv. 147-150: p. ex., des fléaux comme un séisme ou un raz-de-marée. V. 150: *En la:* à la (*en* était d'un usage plus répandu qu'aujourd'hui); *du fondement:* des fondations.
188. V. 151: *Le sort:* c.-à-d., le sort individuel; *de nuit:* à l'aveuglette et... V. 156: *Ont...demeuré:* sont...demeurés. On ne distinguait pas encore le sens de *demeurer* d'après l'auxiliaire choisi.
189. V. 162: *Nature:* la nature (cf. «La Solitude», n. 17). Vv. 163-164: sens astrologique de l'astre qui dirige sa destinée en ayant été dans l'ascendant au moment de sa naissance. V. 164: *S'en va:* va; *mon aventure:* ma chance.
190. V. 166: *Mes esprits:* mon cœur. Vv. 168-170: antithèses. Vv. 169-170: paradoxe.

XVIII Quelque lacs qui me soit tendu
       Par de si subtils adversaires,
       Encore n'ai-je point perdu
       L'espérance de voir Boussères[191];
       Encore un coup le Dieu du jour
       Tout devant moi fera sa cour
       Es rives de notre héritage,
       Et je verrai ses cheveux blonds
       Du même or qui luit sur le Tage
       Dorer l'argent de nos sablons[192].   180

XIX   Je verrai ces bois verdissants
       Où nos îles et l'herbe fraîche
       Servent aux troupeaux mugissants
       Et de promenoir et de crèche[193];
       L'aurore y trouve à son retour
       L'herbe qu'ils ont mangé le jour;
       Je verrai l'eau qui les abreuve
       Et j'orrai plaindre les graviers,
       Et repartir l'écho du fleuve
       Aux injures des mariniers[194].   190

XX   Le pêcheur en se morfondant
       Passe la nuit dans ce rivage,
       Qu'il croit être plus abondant[195]
       Que les bords de la mer sauvage;
       Il vend si peu ce qu'il a pris
       Qu'un teston est souvent le prix
       Dont il laisse vider sa nasse,
       Et la quantité du poisson
       Déchire parfois la tirasse[196]
       Et n'en paye pas la façon.   200

191. V. 171: *Quelque:* quel que soit le. V. 174: *voir:* revoir.
192. V. 175: *un coup:* une fois; *le Dieu du jour:* c.-à-d., le soleil (antonomase). V. 176: *Tout:* juste. V. 177: *Es:* aux; *héritage:* propriété familiale. V. 178: *cheveux blonds:* c.-à-d., rayons (métaphore). Vv. 179-180: exemple de l'«orfèvrerie» baroque; V. 179: *le Tage:* fleuve qui traverse l'Espagne et le Portugal et se jette dans l'Atlantique à Lisbonne; on croyait à l'époque que le Tage roulait de l'or. V. 180: *sablons:* plages de sable (métaphore filée et incohérente).
193. V. 181: *promenoir:* lieu de promenade; *crèche:* mangeoire.
194. Vv. 182-183: c.-à-d. que l'herbe a repoussé dans la nuit. V. 183: *mangé:* mangé (licence poétique). Vv. 188-190: personnifications. V. 188: *orrai plaindre:* entendrai se plaindre (métaphore pour *crisser*). V. 189: *repartir:* répondre (personnification).
195. V. 191: *se morfondant:* grelottant. V. 192: *abondant:* c.-à-d., abondant en poisson.
196. V. 195: *si peu:* pour si peu. V. 196: *teston:* pièce de monnaie ayant peu de valeur. V. 197: *Dont:* moyennant lequel. V. 199: *la tirasse:* le filet.

XXI   S'il plaît à la bonté des Cieux
Encore une fois à ma vie
Je paîtrai ma dent et mes yeux[197]
Du rouge éclat de la pavie ;
Encore ce brugnon muscat
Dont le pourpre est plus délicat
Que le teint uni de Calliste
Me fera d'un œil ménager
Etudier dessus la piste
Qui me l'est venu ravager[198].   210

XXII   Je cueillerai ces abricots,
Les fraises à couleur de flammes
Où nos bergers font des écots,
Qui seraient ici bons aux dames,
Et ces figures et ces melons,
Dont la bouche des aquilons
N'a jamais su baiser l'écorce,
Et ces jaunes muscats si chers,
Que jamais la grêle ne force
Dans l'asile de nos rochers[199].   220

XXIII   Je verrai sur nos grenadiers
Leurs rouges pommes entrouvertes,
Où le ciel comme à ses lauriers
Garde toujours des feuilles vertes[200] ;
Je verrai ce touffu jasmin
Qui fait ombre à tout le chemin
D'une assez spacieuse allée,
Et la parfume d'une fleur
Qui conserve dans la gelée
Son odorat et sa couleur[201].   230

---

197. V. 203 : *paîtrai* : rassasierai (attelage et synesthésie).
198. V. 205 : *muscat* : à l'odeur musquée. V. 207 : *Calliste* : celle qui avait été la maîtresse du poète en 1621. V. 208 : *ménager* : de bon administrateur. V. 209 : *dessus la piste* : à la trace. V. 210 : *me l'est venu* : est venu me le.
199. V. 213 : *Où* : dont ; *écots* : repas partagés. V. 214 : c.-à-d., qu'à Paris ces fruits seraient dignes d'être mangés par les femmes d'un rang élevé. V. 217 : c.-à-d., en les gelant (personnification). V. 216 : *force* : traque (personnification). Les grêlons abîment les raisins, comme du côté de Bordeaux.
200. V. 223 : *lauriers* : 1) arbres, 2) feuilles qui couronnent le front d'Apollon et des vainqueurs humains (pointe). V. 224 : l'une et l'autre de ces essences sont donc à feuilles persistantes.
201. V. 229 : *gelée* : c.-à-d., confiture. V. 230 : *odorat* : odeur (métonymie).

XXIV   Je reverrai fleurir nos prés[202],
          Je leur verrai couper les herbes,
          Je verrai quelque temps après
          Le paysan couché sur les gerbes,
          Et comme ce climat divin
          Nous est très libéral de vin,
          Après avoir rempli la grange,
          Je verrai du matin au soir
          Comme les flots de la vendange
          Ecumeront dans le pressoir.   240

XXV   Là, d'un esprit laborieux,
          L'infatigable Bellegarde[203]
          De la voix, des mains et des yeux
          A tout le revenu prend garde;
          Il connaît d'un exacte soin
          Ce que les prés rendent de foin,
          Ce que nos troupeaux ont de laines,
          Et sait mieux que les vieux paysans
          Ce que la montagne et la plaine
          Nous peuvent[204] donner tous les ans.   250

---

202. Vv. 231-240: Théophile désigne dans cette strophe la succession des saisons depuis le printemps jusqu'à l'automne et les tâches qui les caractérisent (la fenaison, la moisson, les vendanges). Polytote très habile aux trois premiers vers. V. 232: *leur:* datif se rattachant à *prés* du v. 231 (personnification). V. 234: c.-à-d., en train de se reposer de ses labeurs (synecdoque pour *paysans*). V. 237: c.-à-d., des foins et du grain. V. 239: *Comme:* comment; *flots:* c.-à-d., le jus de raisin (métaphore).
203. V. 241: l'autre frère du poète, Daniel de Viau, sieur de Bellegarde, qui exploitait le domaine familial pour le compte de tous.
204. V. 245: *d'un exacte soin:* au juste; «plusieurs disent *exacte* au masculin pour *exact*, et très-mal» (Vaugelas). V. 249: les troupeaux passent l'été à la montagne. V. 250: *Nous peuvent:* peuvent nous.

XXVI   Nous cueillerons tout à moitié
        Comme nous avons fait encore,
        Ignorants de l'inimitié
        Dont une race[205] se dévore,
        Et frères et soeurs et neveux
        De mêmes soins, de mêmes voeux
        Flattant une si douce terre,
        Nous y trouverons trop de quoi,
        Y dût l'orage de la guerre
        Ramener le canon du roi[206].   260

XXVII   Si je passais dans ce loisir
        Encore autant que j'ai de vie,
        Le comble d'un si cher plaisir
        Bornerait toute mon envie[207];
        Il faut qu'un jour ma liberté
        Se lâche en cette volupté;
        Je n'ai plus de regret au Louvre;
        Ayant vécu dans ces douceurs,
        Que la même terre me couvre
        Qui couvre[208] mes prédécesseurs.   270

XXVIII Ce sont les droits que mon pays
        A mérités de ma naissance,
        Et mon sort les aurait trahis
        Si la mort m'arrivait en France;
        Non, non, quelque cruel complot
        Qui de la Garonne[209] et du Lot
        Veuille éloigner ma sépulture,
        Je ne dois point en autre lieu
        Rendre mon corps à la nature
        Ni résigner mon âme à Dieu.   280

---

205. V. 251: *à moitié:* en partageant la récolte. V. 252: *encore:* jusqu'ici. V. 254: *race:* c.-à-d., famille.
206. V. 257: *Flattant:* en ménageant. V. 258: *trop de quoi:* plus qu'assez. Vv. 259-260: *Y dût...Ramener:* même si...devait y ramener.
207. Vv. 263-264: *Le comble...toute mon envie:* un si cher plaisir comblerait tous mes désirs.
208. V. 266: *Se lâche:* se laisse aller. V. 267: c.-à-d., que la cour ne me manque plus. Vv. 268-269: l'anacoluthe («Ayant vécu..., la même terre») était plus fréquente qu'en français moderne. V. 269: *Que:* marque l'optatif. Vv. 269-270: anadiplose (*couvre-couvre*).
209. V. 274: *arrivait:* était arrivé (la suite des temps était moins rigoureuse qu'en français moderne); *France:* l'Agenais ne fut réuni à la couronne qu'en 1592. V. 275: *quelque:* quel que soit le. V. 276: le fleuve et son affluent qui arrosent l'Agenais et qui lui donnent son nom moderne de département (Lot-et-Garonne).

XXIX   L'espérance ne confond point,
          Mes maux ont trop de véhémence,
          Mes travaux[210] sont au dernier point,
          Il faut que mon repos commence;
          Quelle vengeance n'a point pris
          Le plus fier de tous ces esprits
          Qui s'irritent de ma constance!
          Ils m'ont vu, lâchement soumis,
          Contrefaire une repentance
          De ce que je n'ai point commis[211].   290

XXX   Ha! que les cris d'un innocent,
          Quelques longs maux qui les exercent,
          Trouvent malaisément l'accent
          Dont ces âmes de fer se percent[212]!
          Leur rage dure un an sur moi
          Sans trouver ni raison ni loi
          Qui l'apaise ou qui lui résiste;
          Le plus juste et le plus chrétien
          Croit que sa charité m'assiste
          Si sa haine ne me fait rien[213].   300

---

210. V. 281: *confond:* c.-à-d., se trompe. V. 282: *véhémence:* violence. V. 283: *travaux:* peines.
211. V. 285: *pris:* prise. On ne faisait pas l'accord quand le participe précédait le sujet. V. 286: *fier:* farouche, cruel. Ceci vise le père Garasse. Vv. 289-290: paradoxe. Le poète songe sans doute à sa «Pénitence», écrite quelques mois plus tôt. V. 289: *une repentance:* un repentir.
212. V. 291: *que:* marque cette fois l'exclamation (cf. le v. 269). V. 292: *Quelques longs:* quelque longs que soient les; *exercent:* tourmentent (cf. l'anglais). V. 294: *Dont:* par lequel; *âmes de fer:* c.-à-d., les Jésuites; *se percent:* convainquent l'opinion.
213. V. 297: *un an:* depuis un an. Vv. 298-300: c.-à-d. qu'il reste indifférent (paradoxe ironique).

XXXI   L'énorme suite de malheurs[214]!
          Dois-je donc aux races meurtrières
          Tant de fièvres et tant de pleurs,
          Tant de respects, tant de prières
          Pour passer mes nuits sans sommeil,
          Sans feu, sans air et sans soleil,
          Et pour mordre ici les murailles:
          N'ai-je encore souffert qu'en vain,
          Me dois-je arracher les entrailles
          Pour soûler leur dernière faim[215]?   310

XXXII   Parjures infracteurs des lois,
          Corrupteurs des plus belles âmes,
          Effroyables meurtriers des rois,
          Ouvriers de couteaux et de flammes,
          Pâles prophètes de tombeaux,
          Fantômes, loups-garous, corbeaux,
          Horrible et venimeuse engeance:
          Malgré vous, race des enfers,
          A la fin j'aurai la vengeance
          De l'injuste affront de mes fers[216].   320

---

214. V. 301: vigueur de ce tour elliptique qui introduit une strophe au rythme et au ton admirables.
215. Vv. 302-310: sarcasme. V. 302: *aux races:* à la race (latinisme). Vv. 303-304: anaphore. V. 305: *Pour passer:* pour avoir passé. V. 307: *pour mordre:* pour avoir mordu (par désespoir). V. 309: *Me dois-je arracher:* dois-je m'arracher. V. 310: *soûler:* assouvir; *dernière:* extrême.
216. Vv. 311-320: à la strophe empreinte de sarcasme succède celle-ci, une série d'apostrophes dont l'invective atteint des accents inégalés avant Chénier et Hugo. Le cahier des doléances du public moyen contre les Jésuites était très chargé: on les accusait d'être les suppôts de la monarchie espagnole, donc fauteurs de désordre en France; d'abuser de leur quasi-monopole de l'instruction; de profiter du confessionnal en ménageant les gens puissants (Cf. *Les Provinciales* de Pascal); d'avoir été les instigateurs en Angleterre de la Conspiration des Poudres (Guy Fawkes) et en France, accusation la plus infamante, de l'assassinat d'Henri IV. V. 311: *infracteurs:* violateurs. V. 314: *Ouvriers:* fauteurs; *couteaux, flammes:* meurtres, incendies (métonymies). V. 315: c.-à-d., annonciateurs de la mort (allitération virgilienne). V. 320: *de:* que sont.

XXXIII Derechef mon dernier appui[217],
        Toi seul dont le secours me dure,
        Et qui seul trouves aujourd'hui
        Mon adversité longue et dure,
        Rare frère, ami généreux,
        Que mon sort le plus malheureux
        Pique davantage à le suivre[218],
        Achève de me secourir;
        Il faudra qu'on me laisse vivre
        Après m'avoir fait tant mourir.   330

XXXIII

A Monsieur de L.
sur la Mort de Son Pere[219]

Ode

I   Ote-toi, laisse-moi rêver:
        Je sens un feu se soulever
        Dont mon âme est tout embrasée,
        O beaux prés, beaux rivages verts,
        O grand flambeau de l'univers
        Que je trouve ma veine aisée[220]!
        Belle aurore, douce rosée,
        Que vous m'allez donner de vers[221]!   8

---

217. Vv. 321-330: cette dernière strophe, marquant un retour aux formules de la première dont elle ne se différencie guère, est d'un effet saisissant par le ton calme et les tendres sentiments après la violence des deux strophes précédentes.

218. V. 326: *sort le plus malheureux:* c.-à-d., le plus grand malheur de toute sa vie (l'emprisonnement au fond d'un misérable cachot). V. 327: *Pique:* pousse; *davantage:* cf. la n. 151.

219. Cette consolation écrite en 1620 dévoile la sensibilité unique de Théophile. Le poète rejette tout effort pour consoler son ami de la mort de son père. D'après les conventions, le poète devrait réconforter le fils et aussi louer le père mort. Or, Théophile le pragmatique contemple la beauté de la nature physique (les trois premières strophes), note l'inéluctabilité de la mort, y compris celle du père (les quatre suivantes), et reconnaît enfin le processus de destruction qui attend la fin de l'univers (les cinq dernières strophes). L'équilibre des huitains en octosyllabes contraste avec le désordre, et même le chaos, de l'apocalypse. La syntaxe est naturelle et souple, presque celle de la langue parlée. Notez en particulier les deux derniers vers qui résument la vision apocalyptique.

220. V. 6: *veine aisée:* mon inspiration poétique libérée.

221. V. 8: *m'allez donner:* allez me donner.

II Le vent s'enfuit dans les ormeaux
    Et pressant les feuillus rameaux[222]
    Abat le reste de la nue[223],
    Iris a perdu ses couleurs[224],
    L'air n'a plus d'ombre, ni de pleurs,
    La bergère aux champs revenue
    Mouillant sa jambe toute nue
    Foule les herbes et les fleurs[225].   16

III Ces longues pluies dont l'hiver[226]
    Empêchait Tircis[227] d'arriver
    Ne seront plus continuées,
    L'orage ne fait plus de bruit,
    La clarté dissipe la nuit[228],
    Ses noirceurs sont diminuées,
    Le vent emporte les nuées[229]
    Et voilà le soleil qui luit[230].   24

IV Mon Dieu que le soleil est beau!
    Que les froides nuits du tombeau
    Font d'outrages[231] à la nature!
    La mort, grosse de déplaisirs[232],
    De ténèbres et de soupirs,
    D'os, de vers, et de pourriture,
    Etouffe dans la sépulture
    Et nos forces, et nos désirs.   32

---

222. V. 10: *fueillus rameaux:* rameaux qui ont beaucoup de feuilles.
223. V. 11: *abat le reste de la nue:* dissipe les nuages.
224. V. 12: *Iris a perdu ses couleurs:* Iris, la déesse représentée par l'arc-en-ciel, ne peint plus le ciel comme elle a fait à l'aube.
225. V. 16: Le poète évoque en termes érotiques une scène matinale tout au début du printemps. Or cette fraîcheur sensuelle contraste nettement avec la destruction de l'univers à la fin de l'ode. Voir aussi: «La Solitude», vers 16 à 20.
226. V. 17: *dont:* à cause de quoi, à suite de quoi.
227. V. 18: *Tircis:* l'ami de Théophile, le M. de Liancourt à qui le poète a envoyé ce poème.
228. V. 21: *dissipe:* fait disparaître.
229. V. 23: *nuées:* nuages.
230. V. 24: *Et voilà le soleil qui luit:* Cette strophe développe la précédente.
231. V. 27: *outrages:* injustices, excès de violence.
232. V. 28: *grosse de déplaisirs:* impatiente, avide.

V   Chez elle les géants sont nains,
Les Mores et les Africains
Sont aussi glacés que le Scythe[233];
Les Dieux y tirent l'aviron,
César comme le bûcheron,
Attendant que l'on ressuscite,
Tous les jours aux bords du Cocyte
Se trouve au lever de Charon.   40

VI   Tircis vous y viendrez un jour:
Alors les grâces et l'amour
Vous quitteront sur le passage,
Et dedans ces royaumes vains,
Effacé du rang des humains,
Sans mouvement et sans visage,
Vous ne trouverez plus l'usage
Ni de vos yeux ni de vos mains.   48

VII   Votre père est enseveli,
Et dans les noirs flots de l'oubli[234]
Où la Parque[235] l'a fait descendre,
Il ne sait rien de votre ennui,
Et ne fût-il mort qu'aujourd'hui[236],
Puis qu'il n'est plus qu'os et que cendre,
Il est aussi mort qu'Alexandre[237]
Et vous touche[238] aussi peu que lui.   56

---

233. Vv. 32-40: Le poète souligne l'égalité de tous les hommes devant la mort. V. 33: *Chez elle:* Chez la mort, c.-à-d., dans la sépulture.

234. V. 50: *les noirs flots de l'oubli:* le fleuve des enfers où les morts doivent boire pour oublier la vie terrestre.

235. V. 51: *la Parque:* désigne les trois divinités de l'Enfer qui contrôlent la durée de la vie de chaque être humain.

236. V. 53: *Il ne sait rien de votre ennui, Et ne fût-il mort qu'aujourd'hui:* C.-à-d.: votre père n'est pas conscient que vous le pleurez; quoiqu'il ne soit mort qu'aujourd'hui…

237. V. 55: *Alexandre:* Alexandre le Grand, mort en 323 B.C.

238. V. 56: *touche:* vous appartient, en parlant des liens de parenté. Dans cette strophe, le poète souligne la finalité de la mort qui sépare définitivement le défunt de sa famille. Cette perspective s'oppose à celle de la théologie chrétienne qui enseigne la communion entre les êtres sur la Terre et ceux qui demeurent à l'au-delà.

VIII Saturne n'a plus ses maisons[239]
Ni ses ailes, ni ses saisons,
Les destins en ont fait une ombre;
Ce grand Mars n'est-il pas détruit?
Ses faits ne sont qu'un peu de bruit;
Jupiter n'est plus qu'un feu sombre
Qui se cache parmi le nombre
Des petits flambeaux de la nuit[240]. 64

IX Le cours des ruisselets errants,
La fière chute des torrents,
Les rivières, les eaux salées,
Perdront et bruit et mouvement:
Le soleil insensiblement,
Les ayant toutes avalées,
Dedans les voûtes étoilées
Transportera leur élément[241]. 72

X Le sable, le poisson, les flots,
Le navire, les matelots,
Tritons, et nymphes, et Neptune
A la fin se verront perclus[242]:
Sur leur dos ne se fera plus
Rouler le char de la Fortune[243],
Et l'influence de la lune
Abandonnera le reflux[244]. 80

---

239. V. 57: *Saturne n'a plus ses maisons:* Le dieu Saturne «fut détrôné et chassé de l'Olympe par son fils Jupiter, mais ici le poète le nomme surtout comme exemple de la fin de tout. En effet au vers 61 il nomme aussi Jupiter qui est devenu simplement 'un petit flambeau de la nuit'». Saba, *O.C.*, T. III, p. 301.
240. Vv. 60-61: Peut-on imaginer qui pourrait échapper à la destruction inévitable si Mars, dieu de la guerre, et Jupiter, roi des dieux, n'ont pas pu s'y sauver?
241. Vv. 65-72: Dès cette strophe, le poète annonce l'apocalypse qui comprend la perte de l'ordre dans l'univers et la confusion des forces naturelles. Il faut comparer l'image de la nature présentée dans ces vers avec celle des deux premières strophes.
242. V. 76: *perclus:* paralysés. Toute la vie marine sera paralysée, y compris les objets physiques, les animaux, les hommes, et les personnages mythologiques.
243. V. 78: *le char de la Fortune:* représente l'ensemble des forces cosmiques et psychiques qui apporte le bonheur et le malheur du Ciel aux êtres humains.
244. Vv. 79-80: *Et l'influence de la lune abandonnera le reflux:* le pouvoir de la lune ne touchera plus la terre, donc le mouvement de la mer (le flux et le reflux) cessera.

XI Les planètes s'arrêteront,
    Les éléments se mêleront
    En cette admirable structure,
    Dont le ciel nous laisse jouir:
    Ce qu'on voit, ce qu'on peut ouir,
    Passera comme une peinture:
    L'impuissance de la nature
    Laissera tout évanouir.   88

XII Celui qui formant le soleil
    Arracha d'un profond sommeil
    L'air et le feu, la terre et l'onde[245],
    Renversera d'un coup de main
    La demeure du genre humain
    Et la base où le ciel se fond:
    Et ce grand désordre du monde
    Peut-être arrivera demain[246].   96

---

245. V. 91: Les quatre éléments d'après la science d'autrefois.
246. Vv. 95-96: L'existence gratuite de l'univers implique la fin aussi gratuite.

ANTOINE GIRARD DE SAINT-AMANT (1594-1661)

Jacques Bailbé, Christian Wentzlaff-Eggebert, Christopher Rolfe, Edwin Duval, Robert Corum, Catherine Ingold

Antoine Girard, qui se fit appeler plus tard Marc-Antoine de Gérard, sieur de Saint-Amant, fils d'un premier Antoine, marchand bourgeois de Rouen, et de Anne Hatif, fut baptisé le 30 septembre 1594 au temple de Quevilly par le pasteur René Bochart. Il fit ses études à Rouen, et compléta sa culture classique par l'étude de l'espagnol et de l'italien, ainsi que par l'expérience tirée des voyages qui le conduisirent en Afrique et aux Indes occidentales. Il jouait du luth avec talent, et il se passionnait pour les problèmes scientifiques. Après avoir composé à Rouen sa *Solitude,* il arriva vers 1620 à Paris, où il se cherche des protecteurs, Montmorency, Gaston d'Orléans, le comte d'Harcourt. Il fréquente aussi les plus fameux cabarets de la capitale où se réunissent ses compagnons, ces «Goinfres» dont il évoque l'assemblée dans la *Chanson à boire.* En 1624, après la mort de son père, protestant convaincu, il se convertit au catholicisme, ce qui favorise sans doute son entrée dans la «domesticité» du duc de Retz, qui assurera des années durant sa sécurité matérielle. Il le suit à Belle-Ile, et lui dédie son premier recueil en 1629. En 1631 il se rend en Angleterre, en 1633 il part pour Rome à la suite du maréchal de Créquy, y écrivant la *Rome ridicule*. A son retour, il devient un des premiers membres de l'Académie française. D'un second voyage en Angleterre, il rapportera l'*Albion,* resté manuscrit. Entre temps, il a pris part à l'expédition de la reprise des îles de Lérins. En 1649, il séjourne en Pologne, où règne Marie de Gonzague, sa protectrice. Il passe à la cour de Christine de Suède avant de regagner la France en 1651; il y met la dernière main au *Moyse sauvé* qui paraît en 1653. Dans le *Dernier Recueil* de ses œuvres (1658), il adresse à Corneille des stances qui attestent, avec quelques strophes du *Contemplateur* (écrit en 1628), la ferveur de ses convictions religieuses. Saint-Amant mourut à Paris le 23 décembre 1661, au terme d'une existence bien remplie.

Bien qu'il se pose en champion de l'originalité dans l'imitation, Saint-Amant s'inspire de plusieurs modèles, dont les influences se conjuguent harmonieusement dans ses œuvres. Il apprécie, quoi qu'il en dise, le solide héritage de la culture humaniste, la verve des satiriques latins, les délicatesses des *Métamorphoses* d'Ovide. Parmi les auteurs français, il est nourri de la fantaisie de Marot, de l'exubérance de Rabelais, des œuvres de Ronsard et de Du Bartas. Pour les contemporains, signalons l'influence de Théophile de Viau, de Boisrobert, de Sigogne, du *Francion* de Sorel.

L'atmosphère pastorale de certains poèmes retrouve celle des *Bergeries* de Racan, que l'*Astrée* met alors en honneur. C'est pourtant l'influence italienne et espagnole qui est prépondérante. Saint-Amant connaît Tassoni, il rivalise avec Berni pour les paradoxes et les éloges outrés, il est fidèle à l'idéal de Marino qui lui permet de laisser s'épanouir son art «pompeux et divers». Il faut ajouter qu'il s'inspire du Tasse dans le *Moyse sauvé*. A l'Espagne il doit le souvenir de Don Quichotte, dont la *Chambre du débauché* retrace les aventures cocasses. Le thème de la retraite au sein de la nature, qui favorise la méditation, fait songer aux *Soledades* de Gongora. Mais chez lui l'imitation est plutôt «contamination», et bien souvent il emprunte aux autres pour rivaliser avec eux plus que pour les imiter.

Son principe essentiel est que la poésie doit plaire. Il se range, comme Théophile de Viau, parmi les modernes. Après Mathurin Régnier, il se plaît aux fantaisies de l'imagination. Quand il utilise le répertoire mythologique ou lorsqu'il compose, à la manière d'Ovide, des pièces qui ont pour sujet des fables antiques, il se place au centre du mouvement poétique de son temps. Le courant précieux, contaminé par le pétrarquisme, apparaît dans les poésies galantes et dans quelques poèmes de circonstance. Il y a chez lui assez d'étrangeté et de fantaisie pour qu'on puisse voir dans son œuvre une ébauche du burlesque, auquel Scarron donnera sa véritable forme. Le style héroï-comique, la parodie mythologique, le mélange des tons en sont les principales manifestations. Mais il participe aussi à la sensibilité maniériste par la luxuriance et le dynamisme des images qu'il multiplie dans ses «fantasques tableaux», ainsi que par la fréquence des thèmes de l'illusion et de la métamorphose qui rendent sensibles le mouvement et l'inconstance de l'univers.

On aurait tort de croire que Saint-Amant se soucie peu du métier poétique (les multiples variantes de certains de ses poèmes prouvent le contraire), et qu'il est un adversaire résolu de Malherbe. Si la fantaisie et le caprice sont des articles majeurs de son art, on peut louer chez lui, après le malherbien Faret, la richesse de l'invention et le «juste tempérament» du jugement et de l'imagination. Avant La Fontaine, il fait sa devise de la diversité. Il avoue lui-même qu'il excelle dans la description. On le constate dans les tableaux qu'il nous donne des spectacles de la nature, traduits avec mouvement et pittoresque, notamment dans la *Pluie,* dans les sonnets des quatre saisons et dans la poésie picturale du *Moyse sauvé*. Il traite, après Ronsard, le thème des visions (*Les Visions*), tandis que les évocations fantastiques exercent sur lui un véritable attrait (*La Nuit, La Solitude*). A. Adam fait justement remarquer que tout le courant de la poésie descriptive de cette époque vient de lui. Mais c'est dans la veine réaliste qu'il trouve son domaine préféré: les scènes de débauche, les caricatures (*La Berne, Le Poète crotté*), le genre héroï-comique de l'*Albion,* du *Passage de Gibraltar* ou de la *Rome ridicule,* la poésie gastronomique qu'il renouvelle avec bonheur dans le *Melon* ou le *Cantal,* font apparaître la richesse du vocabulaire, l'étonnante fantaisie verbale, le sens très vif de l'harmonie du vers et de la strophe. C'est peut-être dans les «caprices» qu'il marque le mieux son originalité dans un langage plus direct et plus familier.

Mais le talent du poète présente une évolution; il essaie de s'adapter à des modes littéraires qui changent. Ne déclare-t-il pas, dans la Préface de son *Moyse sauvé*: «On n'a pas toujours les mêmes goûts: ce qui nous semblait excellent hier ne nous semble pas bon aujourd'hui». Cette évolution le conduit, après le recueil de 1629, rempli de pointes et qui présente un éventail d'images insolites, à une matière plus triviale et à ces «caprices» qu'il affectionne. De même le nombre limité des pièces réalistes dans le dernier recueil de 1658 reflète un changement d'attitude. Les «caprices» disparaissent presque entièrement dans le recueil de 1649, consacré à des sujets plus nobles, et la mythologie tient, après 1640, une place moins importante. Et le *Moyse sauvé* ne présente-t-il pas une nouvelle forme d'épopée, qu'il qualifie d'«idylle héroïque», mais qui reste en retard par rapport au goût classique tendant vers la mesure et la régularité?

Saint-Amant a tenu une grande place parmi ses contemporains. *La Solitude*, son «noble coup d'essay», connut plusieurs imitations. Les nombreuses éditions de ses œuvres confirment son succès. Les reproches que lui adresse Tallemant des Réaux visent la personne plus que l'œuvre; celle-ci est louée par Nicolas Faret, Marolles, Peiresc, Chapelain et Colletet. Certes les critiques de Boileau firent grand tort à sa réputation. On ne trouve, au XVIIIe siècle, que de brèves mentions du poète. L'époque romantique le réhabilite, et notamment Théophile Gautier dans les *Grotesques* (1844). La critique moderne, à la suite de Faguet, de Rémy de Gourmont et de Sainte-Beuve lui assigne la place qu'il mérite dans l'histoire de la poésie française et le considère comme l'un des plus vigoureux et des plus modernes esprits de son temps. L'importance littéraire de la période pré-classique suscite plusieurs études consacrées à Saint-Amant, où il est placé au rang des grands poètes et des témoins privilégiés du goût de l'époque.

BIBLIOGRAPHIE

Les Œuvres de Saint-Amant. publiées par J. Lagny et J. Bailbé, Paris, STFM, 5 vol.

J. Bailbé, «Saint-Amant et l'Italie», *Mélanges F. Simone,* Genève, Slatkine, t. II, pp. 113-133.

———. «Corneille et Saint-Amant», dans *Pierre Corneille,* Colloque Rouen 1984, Paris, PUF, 1985, pp. 211-220.

———. «Du Bartas et Saint-Amant», dans *Du Bartas poète encyclopédique du XVIe siècle,* Paris: La Manufacture, 1988, pp. 27-40.

Corum, R. *Other Worlds and Other Seas*, Lexington, French Forum, 1979.

Duval, E. *Poesis and Poetic Tradition in the Early Works of Saint-Amant*, Columbia, S.C., Summa, 1981.

Gourier, F. *Etude des œuvres poétiques de Saint-Amant*, Genève, Droz, 1961.

Lagny, J. *Le Poète Saint-Amant (1594-1661). Essai sur sa vie et ses œuvres*, Paris, Nizet, 1964.

Lyons, J.D. *The Listening Voice*, Lexington, French Forum, 1984.

Rathé A. «Saint-Amant poète du 'caprice'», *XVIIe siècle,* n. 121, oct.-déc. 1978, pp. 229-244.

Rolfe, C.D. *Saint-Amant and the Theory of «Ut Pictura Poesis»*, London, MHRA, 1972.

Rubin, D.L. *The Knot of Artifice*, Columbus, Ohio State U Press, 1981.

Wentzlaff-Eggebert, C. *Forminteresse, Traditionsverbundenheit und Aktualisierungs bedürfnis als Merkmale des Dichtens von Saint-Amant*, Munich, Max Hueber, 1969.

LECTURES SUPPLÉMENTAIRES DANS L'ŒUVRE DU POETE

Préfaces du *Passage de Gibraltar* et du *Moyse sauvé*, Sonnet: *Le Paresseux, Epître à M. de Villarnoul, Le Cidre, Le Soleil levant, Poème de Joseph, Epître à M. de Melay, La Rome ridicule.*

LA SOLITUDE

A ALCIDON[1]

Dans une *Elégie à Monseigneur le Duc de Rets sur ce qu'on avait mal imprimé ma Solitude* figurant en 1629 à la tête de la première édition des *Œuvres*, Saint-Amant appelle cette ode «l'honneur de mon étude, / Mon noble coup d'essai» (éd. Bailbé, pp. 28.).

Imprimée pour la première fois en 1623 dans un roman de Jean-Pierre Camus, elle a dû circuler bien avant 1629 sous forme manuscrite. Il existe un grand nombre de variantes dont je ne reproduirai ici que les plus importantes, tout en adoptant comme texte de base celui des *Œuvres* de 1629. Pour tout autre détail concernant l'établissement du texte, on se rapportera à l'édition critique des *Œuvres* (1629) publiée par J. Bailbé (STFM, Paris: Didier, 1971) et au supplément du volume V des *Œuvres* de Saint-Amant (éd. crit. publ. par J. Bailbé et J. Lagny, STFM, Paris: Didier, 1979, p. 317).

Les sigles employés sont ceux de l'édition Bailbé: *H* pour le texte qui figure dans *L'Hermiante*, roman de J.-P. Camus, paru en 1623; *M* pour le texte publié par Claude Morlot en 1627 et critiqué par Saint-Amant dans l'*Elégie* citée, parce qu'il contient de nombreuses fautes; *T* pour la version qui figure dans plusieurs éditions des *Œuvres* de Théophile de Viau à partir de 1628. On désigne par *C* les variantes du manuscrit de Conrart décrit dernièrement par J. Lagny (RHLF 78 [1978], pp. 255-259) qui contient une version intermédiaire entre le texte de *H* et celle des *Œuvres* (1629). La collation des variantes prouve que, tel qu'il a été imprimé, le texte de *La Solitude* est le résultat d'un travail long et patient.

---

1. *A Alcidon:* Dans une contrefaçon de l'édition originale on lit: «A Monsieur de Bernières, President en la Cour du Parlement de Rouen». Dans cette même édition et dans quelques-unes qui sont plus tardives, le nom de Bernières est répété au vers 171. Il s'agit de Charles II Maignart, seigneur de Bernières, magistrat du parlement de Normandie, qui a peut-être été le premier protecteur du poète. (Cf. J. Lagny: *Le Poète*, pp. 66-67).

Par «solitude» le poète désigne un «lieu éloigné de la fréquentation des hommes» (Littré, s.v., 50), sens qu'on prêtait volontiers à ce mot au XVIIe siècle. En 1611 Randle Cotgrave le traduit par «a desert, wildernesse, uncouth, an unhabitated place». La Fontaine dira plus tard dans *Le Songe d'un habitant du Mogol*, sans doute en se souvenant de Saint-Amant: «Solitude où je trouve une douceur secrète./ Lieux que j'aimai toujours, ne pourrai-je jamais,/ Loin du monde et du bruit goûter l'ombre et le frais?» (*Fables* XI, 4), et, à peu près à la même époque, Madame de Sévigné écrira à sa fille à propos d'une visite à Port-Royal: «Je vous avoue que j'ai été ravie de voir cette divine solitude, dont j'avais tant ouï parler; c'est un vallon affreux, tout propre à inspirer le goût de faire son salut» (Lettre du 26 janvier 1674).

La Solitude est un poème descriptif. Le poète évoque toute une série d'aspects qu'un endroit «éloigné de la fréquentation des hommes» peut présenter. Dans les premières strophes (I-IV) il reprend les traits essentiels du «locus amœnus» qui est, on le sait, traditionnellement caractérisé par de grands arbres, un pré, un ruisseau, des fleurs, une brise agréable et des oiseaux qui chantent. A ce début s'ajoutent trois «tableaux» qui représentent un marais (V-VII), les ruines de quelques édifices délabrés (VIII-XII) et la mer (XIII-XVIII).

Les aspects évoqués sont si différents qu'il semble difficile de les attribuer à un seul endroit géographiquement déterminé quoiqu'il ne soit pas exclu que le poète qui était normand, s'inspire dans une très large mesure d'observations personnelles, surtout quand il décrit la mer. Cherchant à multiplier les aspects, il ne se limite pas à une perspective unique quand il peint un secteur de ce paysage solitaire, ni à un seul état des choses tel que celui-ci se présente à un moment bien défini par rapport au temps. La description détaillée du marais par exemple est complétée par une strophe illustrant la paix qui y règne à travers l'énumération d'événements qui ne s'y produiront jamais; et quand le «moi» se tourne vers la mer, c'est pour la représenter d'abord sous l'effet d'une tempête et ensuite pendant une accalmie.

Chacun de ces aspects partiels n'occupe souvent qu'une seule strophe, et la forme métrique de celles-ci accentue encore plus le morcellement de la description qui s'ensuit de cette diversification des points de vue. Il est vrai qu'au XVIIe siècle le dizain isométrique est souvent employé pour les odes. Mais Saint-Amant a recours à une variante qu'il n'employera plus jamais dans une poésie strophique et qu'on chercherait en vain chez Malherbe. Dans cette variante, le distique qui se trouve généralement au milieu du dizain est placé à la fin de la strophe. La structure syntaxique que le poète en déduit et la rupture de la cadence habituelle par la reprise immédiate de la rime confèrent un poids démesuré au derniers vers de chaque strophe qui isole celle-ci de la suivante.

C'est avant tout l'enthousiasme du «moi» poétique qui contribue à l'unité de cette ode malgré bien des tendances centrifuges. La répétition anaphorique de l'exclamation «O que j'aime» coordonne tous les aspects décrits en les mettant au même plan par rapport à celui qui les évoque. Son attitude face à eux ne se modifie pas parce que son état d'esprit correspond toujours à l'aspect évoqué; c'est celui-ci qui change et qui par là est même en accord avec des éléments qui, à première vue, semblent contradictoires ou, du moins, difficilement conciliables.

Cette attitude s'exprime clairement dans les trois dernières strophes (XVIII-XX) où le poète explique la nature de «ce fantasque tableau/ Fait d'une peinture vivante» et l'inconséquence qu'on y constate par l'effet de la fureur poétique: «Tantôt chagrin, tantôt joyeux, Selon que la fureur m'enflamme, / Et que l'objet s'offre à mes yeux, / Les propos me naissent en l'âme.» Inutile de rappeler que dans l'ode «un beau désordre est un effet de l'art» (Boileau: *Art poétique* II, 72) et que l'inspiration lyrique est depuis l'antiquité étroitement liée aux beaux sites.

Le goût pour les changements tel qu'il apparaît à plusieurs reprises dans *La Solitude* peut être considéré comme un trait baroque au même titre que certaines images qui se rattachent à la tradition ovidienne qu'une forte influence des poètes maniéristes italiens avait propagée en France au début du XVIIe siècle. Cependant il ne faut pas oublier que c'est surtout dans la littérature pastorale que le paysage reflète la bonne humeur et le désespoir des protagonistes.

Celle-ci était très en vogue vers 1620. De nombreuses traductions de la *Diane* de Montemayor ont été publiées en France depuis 1578; en 1604 Honoré d'Urfé avait fait imprimer un long poème pastoral souvent réédité, *Le Sireine*, alors que les cinq parties de *L'Astrée* voient le jour entre 1607 et 1625.

Dans l'ode de Saint-Amant l'influence de la littérature pastorale ne se manifeste pas seulement à travers la «bergère insensible» de la strophe X. Dès le début de la pièce la solitude évoquée par le poète apparaît comme un endroit «éloigné(s) du monde et du bruit» (I). Elle se définit donc, comme les paysages bucoliques, par le *procul negotiis* horatien, c'est-à-dire par opposition à la civilisation contemporaine, et elle rappelle le siècle d'or par la paix qui lui est propre (V), une paix qui n'est troublée que par l'amour qui, lui, dans le monde des bergers, peut conduire au désespoir (III) et à la mort (IX). C'est un de ces pasteurs malheureux d'ailleurs qui, dans une pastorale dramatique écrite en 1619, reconnaît à des ruines qui sont comparables à celles de Saint-Amant sous bien des points de vue, «ces lieux autrement si plaisans / Quand la belle Arténice, honneur de son village, / Amenait son troupeau dans notre pâturage», fournissant ainsi un bel exemple de la transformation du site en fonction des sentiments amoureux qui dominent l'observateur.

Il est vrai que c'est justement l'absence de toute «bergère» qui fait l'originalité de la scénerie bucolique chez Saint-Amant. Le «moi» poétique est seul et ne parle pas de son amour. Il n'en était pas ainsi dans *La Solitude* de Théophile de Viau (éd. Streicher, I, pp. 16 sqq.) qui est à peine antérieure, et dans une ode inédite de Saint-Amant retrouvée récemment par J. Lagny qui contient déjà certains éléments du paysage qui est évoqué dans *La Solitude* (*Œuvres* V, pp. 302-309).

Antoine Girard de Saint-Amant (1594–1661)

I   O que j'aime la solitude[2] !
       Que ces lieux[3] sacrés à la nuit,
       Eloignés du monde et du bruit[4],
       Plaisent à mon inquiétude[5] !
       Mon Dieu ! que mes yeux sont contents   5
       De voir ces bois qui se trouvèrent
       A la nativité[6] du temps
       Et que tous les siècles révèrent
       Etre encore aussi beaux et verts
       Qu'aux premiers jours[7] de l'univers !   10

II   Un gai zéphire[8] les caresse
       D'un mouvement doux et flatteur ;
       Rien que[9] leur extrême hauteur
       Ne fait remarquer leur vieillesse :
       Jadis, Pan et ses demi-dieux[10]   15
       Y vinrent chercher du refuge[11]
       Quand Jupiter ouvrit les cieux
       Pour nous envoyer le déluge[12],
       Et se sauvant sur leurs rameaux,
       A peine virent-ils les eaux.   20

---

2. V. 1 sqq.: Cf. les descriptions au début du *Sireine* (*Départ* I sqq.).
3. Que ces lieux sacrés à la nuit: cf. *Le Sireine*, *Départ* CXIX: «(lieux...) Voilés d'une éternelle nuit» et *Départ* III.
4. Eloignés du monde et du bruit: voir note 1. Cf. également *Le Sireine*, *Départ* CXLIV-CXLV.
5. inquiétude: «manque de repos, agitation» (Littré, s.v.); cf. «negotium».
6. nativité: ce mot «qui ne se dit qu'en termes de dévotion» (Furetière) contribue à souligner le caractère solennel de ces bois au même titre que les termes «sacrés» (v. 2) et «que tous les siècles révèrent» (v. 8).
7. au premier jour: (*H, C, T*).
8. zéphire: Vent de l'Ouest chez les Anciens (Ovide: *Mét.* I, 64), plus généralement: vent doux et agréable. Cf. *Le Sireine*, *Retour*, VI.
9. Rien que: «seule».
10. les demi-dieux: (*H, C, T*). Saint-Amant, qui dans la version définitive a tendance à supprimer les pronoms possessifs, donne ici une signification plus précise à ces «demi-dieux», en les rapprochant de Pan; ce sont les Satyres, compagnons commis de Bacchus aux oreilles pointues qui sont souvent associés, et même assimilés à Pan (cf. Ovide: *Mét.* I, 192–193 ou VI, 393).
11. leur refuge (*C, T*). suppression du pronom possessif en 1629, sans doute à la suite de la modification du vers précédent.
12. Vv. 15-20: Les détails de la description du déluge chez Ovide ne coïncident pas toujours avec ceux que Saint-Amant donne ici (cf. *Mét.* I, 285 sqq.).

III   Que sur cette épine fleurie[13]
Dont le printemps est amoureux[14],
Philomèle[15] au chant langoureux
Entretient[16] bien ma rêverie!
Que je prends de plaisir à voir   25
Ces monts[17] pendants en précipices
Qui, pour les coups du désespoir[18],
Sont aux malheureux si propices
Quand la cruauté de leur sort
Les force à rechercher la mort!   30

---

13. Entre les strophes II et III on trouve dans *H* et dans les éditions tardives des traductions latines de Pierre Dhoges et du père Golignac une strophe supplémentaire que *M* intercale par erreur entre I et II:

> Que je vois de gui sur ces chênes,
> Tous ces grands ormes sont vêtus
> (Ces grands ormes sont revêtus *M*)
> D'un verd (vieil *M*) lierre aux bras tortus
> Qui les ceint de cent mille chaînes.
> Ce cèdre qui si hautement
> Fend les airs qu'il brave et menace
> S'en va heurter au firmament,
> Pour y faire entrer son audace,
> Et là placer sa gravité (en gravité *M*)
> Au rang de queque déité.

On ignore pourquoi cette strophe a été supprimée au cours de l'élaboration du texte définitif. Il est vrai qu'elle contient une rime d'homonymes «chênes-chaines» et qu'au vers 109 la version définitive garde trace «du lierre aux bras tortus» qui tient beaucoup de place dans cette strophe.

14. Cette épine fleurie/Dont le Printemps est amoureaux: cf. Ovide «Verque novum stabat cinctum florente corona» (*Met.* II, 27) et d'Urfé «(un rivage...) émaillé d'un printemps de fleurs» (*Le Sireine*, *Départ* III). On sait qu'à travers certains sonnets de Ronsard, c'est la rose chantée par Ausone qui devient le symbole de la nature renaissante et de la jeunesse.

15. Philomène: (*M*, *T*), erreur manifeste, car c'est Philomèle, fille de Pandion, roi d'Athènes, qui a été métamorphosée en rossignol (cf. Ovide, *Mét.* VI, 424 sqq.); «aux chants» (*C*).

16. entretient: «parle à» (Littré, s.v., 60).

17. Les monts: (*H*), cf. v. 35, note; J. Bailbé rappelle que La Fontaine écrit dans *Les deux chèvres* «Quelque mont pendant en précipice» (*Fables* XII, 4). Dans *Le Sireine* l'action se déroule en grande partie dans les «hautes montagnes/Et les rochers du grand Léon» (*Retour* CXCII), mais que le protagoniste désespéré cherchera à se suicider, ce sera en se précipitant d'un bâteau à la mer (*Retour* XXXIII-XXXV). Voir Jacques Bailbé, «Saint-Amant et La Fontaine», *Mélanges Enéa Balmas* (à paraître).

18. de désespoir: (*H*); il n'y a que le désespoir qui puisse justifier les tentatives de suicide des amants frappés par «le sort cruel» (*Le Sireine*, *Retour* CCXXVII). Ceux-ci sont d'ailleurs souvent sauvés comme Céladon dans l'*Astrée*.

IV   Que je trouve doux le ravage
De ces fiers torrents vagabonds
Qui se précipitent par bonds[19]
Dans ce vallon vert et sauvage!
Puis, glissant sous les arbrisseaux[20], 35
Ainsi que des serpents sur l'herbe[21],
Se changent en plaisants ruisseaux[22]
Où quelque naïade[23] superbe
Règne comme en son lit[24] natal
Dessus un trône de cristal! 40

---

19. Vv. 31-34: Cf. *Le Sireine*: «ce ruisseau sourdait d'un rocher,/(…)/Son onde allait par petits bonds (…)» (*Départ* V-VI).
20. dans ces arbrisseaux (*C*); à rapprocher de la variante du v. 26—la distribution des pronoms démonstratifs est apparemment le fruit d'une longue recherche—et de celle du v. 36. Cf. «Près d'un rivage verdoyant/En courbes replis ondoyant,/Sous l'ombre d'un penchant boccage» (*Départ* III).
21. sous l'herbe: (*H, M*).
22. V. 37 sqq. Cf. Théophile de Viau dans *La Solitude*: «De cette source une Naïade/Tous les soirs ouvre le portail/De sa demeure de cristal» (éd. G. Saba, p. 53).
23. naïade: D'après la mythologie grecque les naïade étaient les filles de Zeus. Elles présidaient aux fontaines et aux cours d'eau. Depuis la Renaissance les statues de naïades sont fréquentes dans les parcs et les jardins. Cf. ces vers de Saint-Amant figurant dans une ode conservée dans *C*:
    Trois naïades près d'un étang,
    En figures de marbre blanc
    Qui par leur sein faisaient descendre
    L'eau dans un vase bien construit,
    Semblaint n'oser plus en répandre
    De peur de faire trop de bruit (*Oeuvres* V, p. 301).
24. en son lieu: (*H, C, M, T*).

V   Que j'aime ce marais[25] paisible!
Il est tout bordé d'alisiers[26],
D'aulnes, de saules et d'osiers
A qui le fer n'est point nuisible!
Les nymphes y cherchant[27] le frais,   45
S'y viennent fournir de quenouilles[28],
De pipeaux[29], de joncs et de glais,
Où l'on voit sauter les grenouilles[30]
Qui de frayeur s'y vont cacher
Sitôt qu'on veut s'en approcher[31].   50

---

25. V. 41 sqq.: Cf. la description de l'étang que Théophile de Viau donnera en 1624 dans l'*Ode* III, de la *Maison de Sylvie* (éd. J. Streicher, II, pp. 147 sqq.).

26. tout bordé d'alisiers: Souvenir de «la fontaine des alisiers» qui est le point de rencontre des bergers dans les nombreuses traductions françaises de la *Diana* de Montemayor et, par là, dans *Le Sireine* de d'Urfé (cf. *Départ* XI et *Retour* CXXIX, CCXLIV ou CCXLVIII) qui connut douze éditions entre 1604 et 1619. Par «alisier» on désigne aujourd'hui le sorbier qui ne se trouve guère au bord de l'eau. Dans les dictionnaires de l'époque le mot est le plus souvent associé au «micocoulier» et à un arbre qu'Ovide appelle «aquatica lotos» (*Mét.* IX, 341 et X, 96); les traducteurs de la *Diana* rendent tous «aliso» qui signifie «aulne», par «alisier» (cf. Christian Wentzlaff-Eggebert: *Forminteresse, Traditionsverbundenheit und Aktualisierungsbedürfnis als Markmale des Dichtens von Saint-Amant*, München 1970, pp. 81 sqq.).

27. y cherchent: (*M, T*); cf. «Or ces nymphes venaient d'un pas / Qui semblait presque d'être las, / Se rafraîchir à la fontaine» (*Le Sireine, Retour* CCXLI); voir aussi *Départ* X et CXLIV ou *Retour* CCXLI.

28. quenouilles: filer la quenouille est l'attribut des nymphes (Virgile: *Géorg.* IV, 348); celles-ci sont souvent faites de tiges de roseaux (cf. Littré, s.v.). Chateaubriand écrira dans *Le Génie du christianisme* à propos de la poule d'eau: «….et les naïades du ruisseau, pour mieux cacher cette jeune mère, plantent autour d'elle leur quenouilles de roseaux, chargées d'une laine empourprée» (I, V, 7).

29. pipeaux: Flûte champêtre, chalumeau (cf. *Le Sireine, Départ* XVI); *joncs:* la leçon fautive de *T* fournit une explication qui est confirmée par deux vers du *Sireine;* cf. «Les nymphes (…) / Y sont fournies de quenouilles, / De chapeaux de jonc et de glais» (I) et «Il portait à rebras fort long / Un chapeau de moëlle de jonc» (*Départ* XIII); *glais:* glaïeuls.

30. grenouilles: Saint-Amant associe volontiers les grenouilles aux quenouilles, ne serait-ce que parce que les rimes en «-nouille» sont rares (cf. *Le Melon, Œuvres* II p. 24). On sait que les grenouilles sont mentionnées chez les Bucoliques grecs, chez Virgile (*Géorg.* III, 431) et chez Ovide (*Mét.* VI, 381 et XV, 375).

31. Qu'on en veut approcher (*H, C*).

VI Là[32], cent mille oiseaux aquatiques
    Vivent sans craindre en leur repos
    Le giboyeur fin et dispos
    Avec ses mortelles pratiques;
    L'un, tout joyeux d'un si beau jour,   55
    S'amuse à béqueter sa plume;
    L'autre alentit[33] le feu d'amour
    Qui dans l'eau même le consume[34],
    Et prennent tous innocemment
    Leur plaisir en cet élément.   60

VII Jamais l'été ni la froidure
    N'ont vu passer dessus cette eau
    Nulle charrette ni bateau
    Depuis que l'un et l'autre[35] dure.
    Jamais voyageur altéré   65
    N'y fît[36] servir sa main de tasse[37],
    Jamais chevreuil[38] désespéré
    N'y finit sa vie à la chasse,
    Et jamais le traître hameçon
    N'en fit sortir aucun poisson.   70

32. V. 51 sqq. Cf. «Ce ruisseau sourdait d'un rocher, / Que dévot n'eût osé toucher / De main ni de langue altérée, / Ni le berger ni son troupeau / Parce qu'ils croyaient que cette eau fût à Diane consacrée» (*Le Sireine, Départ* V). Quoique d'Urfé ne parle pas d'un étang, mais d'un ruisseau, on peut s'étonner de certaines ressemblances.
33. alentir: rendre plus lent, moins vif. cf. d'Urfé: «D'alentir sa douleur trop vite» (*Le Sireine, Retour* CCXLIX); pour l'antithèse «feu d'amour—eau» cf. *Le Sireine, Absence* X sqq. et Théophile de Viau, éd. J. Streicher, II, p. 148.
34. se consume: (*M*, certaines éditions des *Œuvres*).
35. l'une et l'autre: (*H*).
36. Ne fit: (*C*).
37. N'employa sa main en guise de tasse: (J. Bailbé).
38. nul cerf: (*H, C, M, T*); cette variante, et les deux précédentes permettent d'apprécier le jeu subtil des rapports et des parallélismes dans le texte définitif.

VIII	Que j'aime à voir la décadence[39]
	De ces vieux châteaux[40] ruinés
	Contre qui les ans mutinés[41]
	Ont déployé leur insolence!
	Les sorciers y font leur sabbat[42];	75
	Les démons follets[43] s'y retirent
	Qui d'un malicieux ébat
	Trompent nos sens et nous martyrent[44];
	Là se nichent en mille trous
	Les couleuvres et les hiboux.	80

---

39. décadence: «Etat de ce qui commence à choir, à tomber» (Littré s.v., 1à où ce vers est cité).
40. Cf. «Et conduisez vos pas devers un vieux château,
    Maintenant des lutins l'effroyable demeure» (Racan: *Les Bergeries*, 436-437) et surtout:
    «A ces vieux bâtiments de qui l'on voit à peine
    Les ornements du faîte étendus sur l'arène,
    A ces murs éboulés par la suite des ans,
    Je reconnais ces lieux autrefois si plaisants
    (…)
    Ces alisiers témoins de nos plaisirs passés
    Ont encore en leur tronc nos chiffres enlacés:
    Cette vieille forêt d'éternelle durée
    L'accusera sans fin de sa foi parjurée.
    (…)
    Mais que de visions, qui passent et repassent,
    Que de fantômes vains en ces rives s'amassent!
    Sont-ce morts ou démons qui s'approchent de moi?
    Tout fait peur à mes yeux! (…)» (Racan: *Bergeries*, vv. 1547-1566).
41. mutiné: «se dit figurément et poétiquement des choses qui résistent, qui détruisent, qui sont contraires» (Furetière; cité par J. Bailbé).
42. V. 75 sqq.: Le thème du fantastique est souvent considéré comme un trait baroque (cf. J. Bailbé à propos des *Visions*, in: *Œuvres* [1629], p. 124). Pour Saint-Amant et pour ses contemporains il était surtout étroitement lié à la mélancolie (cf. les vers de Racan cités plus haut, les *Visions*, v. 2 et la *Préface* de Nicolas Faret, in: *Œuvres* [1629], p. 17, mais aussi *La Plainte de Tircis* in: *Œuvres*, II, pp. 127-129).
43. démons follets: «Esprit follet ou, substantivement, follet sorte de lutin familier plus malin que malfaisant» (Littré, s.v., 2o).
44. «Font peur aux gens» (*H*), «et les martirent» (*H, C*); martirer: tourmenter.

IX L'orfraie[45] avec ses cris funèbres,
    Mortels augures des destins,
    Fait rire et danser les lutins
    Dans ces lieux remplis de ténèbres.
    Sous un chevron de bois maudit   85
    Y branle[46] le squelette horrible
    D'un pauvre amant qui se pendit
    Pour une bergère insensible
    Qui d'un seul regard de pitié
    Ne daigna voir son amitié.   90

X   Aussi le ciel[47], juge équitable
    Qui maintient les lois en vigueur,
    Prononça contre sa rigueur
    Une sentence épouvantable:
    Autour de ces vieux ossements   95
    Son ombre aux peines condamnée
    Lamente en longs gémissements
    Sa malheureuse destinée,
    Ayant pour croître son effroi
    Toujours son crime devant soi.   100

---

45. orfraie: (= effraie), oiseau de mauvais augure associé aux corbeaux (R. Belleau, *Bergeries*, cité par Littré s.v.) et aux hiboux (Théophile de Viau, éd. J. Streicher, I, p. 17); cf. Ovide: «foedaque fit volucris, venturi nuntia luctus, / ignavus bubo, dirum mortalibus omen» (*Mét.* V, 549-550); cf. également Racan: *Les Bergeries*, vv. 63-64.

46. Y brûle: (*C*); J. Bailbé a sans doute raison en considérant comme fautive cette leçon qui prête un sens surprenant à la strophe.

47. V. 91 sqq.: Dans *C, M, T* le texte diffère considérablement de celui qui a été retenu par le poète en 1629:

        Aussi le ciel juge équitable
        Pour punir cette (telle, *M*) cruauté
        Prononça contre sa beauté
        Une sentence (D'un jugement *M*) épouvantable:
95   Dans ce lien vaste et plein d'effroi
        Elle fait sa triste demeure
        Et son âme enrage de quoi
        Le sort ne veut pas qu'elle meure
        Mais (Ains, *M*) qu'elle vive seulement
100   Pour faire vivre son tourment.

La strophe manque dans *L'Hermiante*. On peut penser que la «sentence» qu'elle illustrait ne plaisait pas à Jean-Pierre Camus qui, «très soucieux de l'efficacité morale de ses livres, (...) ne se faisait pas faute de tronquer les citations des poètes qu'il avait lus» (A. Adam: *Histoire de la littérature française* I, p. 421).

La bergère est en effet punie parce qu'elle n'a pas écouté celui qui l'aimait, thème souvent exploité dans la poésie amoureuse. Le texte reste plus proche de la tradition pastorale dans la première version où la mort est refusée à la bergère qui vit «pour faire vivre son tourment». Cf. p.ê. ces vers de d'Urfé:

XI   Là[48] se trouvent sur quelques marbres
      Des devises[49] du temps passé;
      Ici l'âge a presque effacé
      Des chiffres taillés sur les arbres[50].
      Le plancher du lieu le plus haut   105
      Est tombé jusque dans la cave
      Que la limace et le crapaud
      Souillent de venin et de bave;
      Le lierre y croît au foyer
      A l'ombrage d'un grand noyer.   110

Mais c'est le ciel cruel qui veut
Faire voir à mon dam, qu'il peut
Donner une peine plus grande
Aux mortels, que la mort n'est pas,
Refusant même le trépas
Lors que plus on le lui demande.
      (*Le Sireine, Retour* CCXXXII)

Alors que les variantes dans *M* sont sans grande importance, celles des *Œuvres* (1629) prouvent que le poète a soin d'adapter la forme aux exigences malherbiennes (cf. l'élimination de la rime «cruauté—beauté»; d'autre part il fait disparaître avec «la bergère» le dernier être humain qui animait cette «solitude»; il n'y a plus que «son ombre» qui par ses «gémissements» fait écho aux cris funèbres de l'effraie et aux rires des lutins.

48. Vv. 101-110: L'état actuel du texte est le résultat d'une série de retouches stylistiques qui ne sont pas sans intérêt; on lisait d'abord v. 104: «gravés» (*H*); vv. 105-106: «les planchers...sont tombés» (*H, T*); v. 105: «du toit» (*H, C, M, T*); v. 106: «au fond de la cave» (*H, M, T*); v. 108: «collent de venimeuse (vénéneuse *T*) bave» (*H, C, M, T*); v. 109: «Le gazon» (*H, C, M, T*), cf. v. 21, note; v. 110: «D'un vieux (vieil)» (*H, C, M, T*).

49. devises: «figure emblématique avec quelque sentence concise qui l'explique» (Littré, s.v., 2°).

50. Des chiffres taillés sur les arbres: il s'agit des initiales que les amants gravaient partout dans les romans sentimentaux et dans la littérature pastorale de l'époque. Cf. e.g. *Le Sireine, Départ* XC-XCVI.

XII   Là-dessous s'étend[51] une voûte
Si sombre en un certain endroit[52]
Que, quand Phébus y descendrait,
Je pense qu'il n'y verrait goutte.
Le sommeil[53] aux pesants sourcils,   115
Enchanté[54] d'un morne silence,
Y dort bien loin de tous soucis
Dans les bras de la Nonchalance,
Lâchement[55] couché sur le dos[56]
Dessus[57] des gerbes de pavots.   120

---

51. l'on trouve: (*H*), on trouve: (*C, M, T*); dans un premier état ce vers ressemblait donc beaucoup au début de la strophe précédente; l'emploi du verbe «s'étend» permet aussi d'éliminer «on»; par la suite il rend nécessaire la modification du vers 119. Quant à la «voûte» il y a dans *Les Bergeries* de Racan près du «vieux château» (cf. *supra*, v. 72, note) «dans un rocher sur la rive où nous sommes, / Un antre plus hanté des démons que des hommes / Qu'une viorne épaisse enclôt tout à l'entour» (vv. 439-443).
52. Si basse et noire en un endroit: (*H, M, T*).
53. Vv. 115-117: «Le Sommeil aux yeux aveuglés / Tout assoupi de nonchalance / Par ses ronflements redoublés» (*H, C, M, T*). Par la suppression des ronflements le poète fait disparaître dans la version définitive une impression acoustique qui ne cadrait pas avec le niveau de style et encore moins avec «la céleste harmonie du doux luth» des vers 126-127. Les grottes sont nombreuses dans *Le Sireine* (*Départ* X, *Absence* IX, *Retour* CCXXIII, CCXXVI-CCXXIX), mais c'est Ovide qui décrit longuement la demeure de Somnus (*Mét.* XI, 592 sqq.): Celui-ci dort «molli languore solutus» (v. 648) dans une caverne que Phébus, le soleil, n'atteint pas de ses rayons. Les pavots poussent à l'entrée et un silence absolu règne aux alentours.
54. enchanté: ensorcelé.
55. Lâchement: mollement, sans vigueur (Larousse).
56. Vv. 118-119: «Y trouble (troublent, *C*; corrompt, *T*) toujours le silence, / S'étendant lâche sur (S'étend couché dessus, *C*) le dos» (*H, C, M, T*).
57. Entre: (*H, T*), Parmy: (*C, M*).

XIII   Au creux de cette grotte fraîche
Où l'amour se pourrait geler,
Echo[58] ne cesse de brûler
Pour son amant froid et revêche;
Je m'y coule sans faire bruit[59]   125
Et, par la céleste harmonie
D'un doux luth[60] aux charmes instruit,
Je flatte sa triste manie,
Faisant répéter mes accords
A la voix qui lui sert de corps.   130

---

58. L'histoire d'Echo est racontée par Ovide (*Mét.*, 394 sqq.). Méprisée par Narcisse, Echo se cache dans les bois où elle fait sa demeure des grottes solitaires tout en perdant peu à peu son corps de chagrin. Saint-Amant insiste plus sur l'amour que sur le sentiment de dépit qui domine Echo chez Ovide. Il modifie ainsi légèrement le mythe en faveur de l'antithèse «geler: brûler» qui varie celle des vers 57-58.

59. Dans une première version qui est attestée par *H, M* et *T*, Saint-Amant avait écrit:
    Je m'y coule tout bellement
    Et par la céleste harmonie
    D'un luth touché mignardement
    Je charme sa triste manie.

En corrigeant ce texte, le poète substitue au vers 125 «doucement» à «bellement» obtenant par cette retouche une expressivité plus grande.

Avant la publication des *Œuvres* de 1629 il cherche à adapter son texte aux exigences formelles du moment en éliminant la rime «doucement—mignardement» qui ne correspondait pas aux règles que Malherbe avait établies. Il garde toutefois le sens du mot en remplaçant «tout doucement» par «sans faire bruit»; il garde également le mot lui-même sous la forme de l'adjectif «doux» qu'il ajoute à «luth» (v. 127). La substitution de «Je charme» par «Je flatte» est due à la modification de «mignardement» en «aux charmes instruit», expression qui reflète beaucoup plus la difficulté de trouver des rimes en «-ruit» que le talent du poète.

60. luth: le luth est souvent mentionné dans les premières poésies de Saint-Amant. On sait que le poète en jouait (cf. J. Lagny: *Le poète…*, pp. 42-43); il en parle à plusieurs reprises (*Œuvres* (1629) I, p. 62 et p. 134). D'autre part le roi Aladin en joue dans une pièce intitulée *Regrets d'une bergère* (*Œuvres* V, p. 297), et, dans une *Ode de St. Amand* sans titre, publiée récemment, Isabelle dont le poète chante les perfections, charme celui-ci des «doux accords» de son instrument (*Œuvres* V, pp. 302-303).

XIV Tantôt, sortant de ces ruines[61],
　　　Je monte au haut de ce rocher[62]
　　　Dont le sommet semble chercher
　　　En quel lieu se font les bruines[63] :
　　　Puis je descends tout à loisir[64]　　　　　　　　135
　　　Sous une falaise[65] escarpée
　　　D'où je regarde[66] avec plaisir
　　　L'onde qui l'a presque sapée[67]
　　　Jusqu'au siège de Palémon[68],
　　　Fait d'éponges et de limon.　　　　　　　　　　140

61. Même phénomène qu'aux vers 125-128. Dans un premier état du texte un «De là» (*H, M, T*) avait inutilement souligné l'idée du déplacement exprimé par «sortant de ces ruines, / Je monte». Cette tautologie est éliminée par l'«Après» de *C* qui établit toutefois une succession trop stricte des déplacements dans le temps, défaut qui est corrigé par le «Tantôt» de la version définitive.
62. sur ce vieux: (*H*), «sur ce vieil» (*C, M*), «sur un vieux» (*T*): élimination d'un adjectif trop fréquent dans la première version qui avait déjà été supprimé au vers 110.
63. les bruines: la bruine est une «petite pluie très fine et froide» (Littré, s.v.).
64. Le lieu où: (*C*).
65. Comme J. Lagny (*Le Poète*, p. 64), J. Bailbé reconnaît dans cette strophe le souvenir des falaises du pays de Caux. D'Urfé parle dans *Le Sireine* «d'un rocher écarté» qu'il décrit par ces mots: «Ce roc diversement pointu / Du vent à toute heure battu / Etait le rempart du rivage, / Dans la mer son dos avancé / Ne craignait le flot insensé / Qui s'y rompait à coup d'orage» (*Retour* LVII).
66. je contemple: (*M*), «à mon plaisir» (*H, M, T*).
67. toute sap(p)ée: (*H, C, M, T*).
68. Jusqu'au siège de Palémon: Cf. Ovide, *Mét.* IV, 525 sqq. Sur la demande de Vénus le jeune Mélicerte est métamorphosé en Palémon par Neptune lorsque sa mère Ino se précipite avec lui d'une «falaise escarpée» que le poète latin décrit ainsi: «Imminet aequoribus scopulus: pars ima cavatur / Fluctibus et tectus defendit ab imbribus undae» (vv. 525-526).

	XV	Que c'est une chose agréable[69]	
		D'être sur le bord de la mer[70]	
		Quand elle vient à se calmer	
		Après quelque orage effroyable!	
		Et[71] que les chevelus Tritons[72],	145
		Hauts[73] sur les vagues secouées,	
		Frappent les airs d'étranges tons	
		Avec leurs trompes enrouées,	
		Dont l'éclat rend respectueux	
		Les vents les plus impétueux.	150

---

69. V. 141 sqq.: Saint-Amant parlera en 1628 dans *Le Contemplateur* (v. 151 sqq.) de ces strophes qu'il consacre à la mer. Tristan L'Hermite vantera dans *La Mer* le «plaisir» de se «coucher / Sur le gazon d'une falaise» (v. 5 sqq.) et le Père Bouhours citera les vers 151-154 dans les *Entretiens d'Ariste et d'Eugène* I (Bibl. de Cluny, p. 67); cf. J. Bailbé (ad v. 142) qui rappelle également quelques vers de Lucrèce à propos de la strophe XV: «Suave mari magno turbantibus aequora ventis / e terra magnum alterius spectare Laborem» (II, 1-2). Certains détails se trouvent aussi dans *Le Sireine* (*Départ* CXLVII-CXLVIII, *Retour* I-IV ou CCLXIX). Cf. également les exemples cités par J. Rousset (*Anthologie de la poésie baroque française* I, p. 212, p. 213 et p. 253) où la mer est évoquée dans un contexte philosophique, et les «églogues marines» du XVIe siècle (v. A. Hulubei: *L'Eglogue en France au XVIe siècle*, Paris, 1938, p. 69, p. 728 et passim).
70. «Que d'être au bord (aux bords *T*) de cette mer» (*H, C, M, T*).
71. Vv. 145-150:
Et que tous les vents appaisés
S'enfuyants (S'enfuient *C*) avecques les nues,
Les Tritons encore embrassés (ombragés *C*, embrasés *M*)
Replongent leurs têtes chenues,
Et s'en revont (en leur séjour *H*) faire l'amour
Aux lieux (au lieu *C*) où Thétis tient sa cour.
(*H, C, M, T*)
Plusieurs raisons semblent avoir déterminé le poète à modifier ces six vers: la construction absolue du début était difficile à comprendre (cf. la leçon de *C*), la rime «apaisés—embrassés» pouvait être jugée insuffisante (cf. *M*) et l'expression «s'en revont faire l'amour» ne correspondait pas tout à fait au niveau du style employé dans cette ode, sans parler des objections qu'elle peut avoir provoquées au nom d'une morale édifiante (cf. *H*).
72. les chevelus Tritons: Chez Ovide c'est un Triton qui fait reculer les eaux après le déluge en soufflant dans un coquillage qui est décrit de façon détaillée par le poète (*Mét.* I, 330 sqq.).
73. Hauts: dressés (J. Bailbé).

Antoine Girard de Saint-Amant (1594–1661)

XVI Tantôt l'onde, brouillant l'arène[74],
    Murmure et frémit de courroux,
    Se roulant dessus les cailloux[75]
    Qu'elle apporte et qu'elle r'entraîne[76].
    Tantôt elle étale en ses bords   155
    Que l'ire de Neptune outrage[77],
    Des gens noyés, des monstres morts,
    Des vaisseaux brisés du naufrage,
    Des diamants, de l'ambre gris[78]
    Et mille autres choses de prix.   160

---

74. la vague un peu plus forte: (*H, C, M, T*): dans le premier état du texte cette strophe se rattache à celle qui précède, alors que dans la version définitive le poète la fait contraster avec celle qui suit; l'arène: le sable.
75. Vv. 153-154: Pour J. Lagny (*Le Poète,* p. 64) et pour J. Bailbé, Saint-Amant se souvient ici «des plages normandes de galets» (vv. 153-154, note).
76. «Qu'elle entraîne, et qu'elle rapporte» (*H, C, M, T*), variante qui s'explique par la modification du vers 151.
77. Parmy l'ambre et la pourcelaine
    Des gens noyés, des monstres morts,
    Les ossements d'une baleine,
    Des coffres vogans dessus l'eau,
    Le (Les *H*) débris de quelque vaisseau (bateau *T*)
        (*H, C, M, T*);
L'ire de Neptune: la colère de Neptune se manifeste par des tremblements de terre, des tempêtes et des inondations dès qu'il frappe le sol ou les eaux de son trident (cf. e.g. *Mét.* I, 274).
78. l'ambre gris: «concrétion intestinale des cachalots, de couleur cendrée, tenace et flexible, qui exhale une odeur analogue à celle du musc» (Larousse). Il s'agit donc d'un détail qui se rattache de loin aux «ossements d'une baleine» de la première version. Mais dans le texte définitif, l'ambre gris qui se payait cher, prend le sens d'objet de valeur, comme les «diamants» que le poète cite au même vers. Cf. ces vers de Boileau: «(…) lève-toi.—Pour quoi faire après tout?—/ Pour courir l'Océan de l'un à l'autre bout, / Chercher jusqu'au Japon la porcelaine et l'ambre, / Rapporter de Goa le poivre et le gimgembre» (*Sat.* VIII, 73-76).

XVII   Tantôt, la plus claire du monde,
Elle semble un miroir flottant[79]
Et nous[80] présente à l'instant
Encore d'autres cieux sous l'onde[81] :
Le soleil s'y fait si bien voir,   165
Y contemplant son beau visage,
Qu'on est quelque temps à savoir
Si c'est lui-même ou son image,
Et d'abord il semble à nos yeux
Qu'il s'est laissé tomber des cieux.   170

---

79. miroir flottant: «La conjonction des motifs de l'eau et du miroir», écrit J. Rousset à propos de la sensibilité baroque, «est (...) singulièrement féconclante pour une imagination portée à vibrer au contact de la mobilité, du reflet, de l'illusion et du mélange» (*Anthologie de la poésie baroque française*, I, p. 12). La preuve en sont de nombreux exemples qu'il cite sous le titre *Les eaux miroitantes* (I, 229 sqq.). On y ajoutera de Viau («miroirs flottants», éd. J. Streicher, I, p. 141) et Saint-Amant («glace liquide», *Œuvres* IV, p. 15), ainsi que ces vers de Racan:
    Les flambeaux éternels, qui font le tour du monde
    Percent à longs rayons le noir cristal de l'onde,
    Et sont vus à travers si luisants et si beaux,
    Qu'il semble que le Ciel soit dans le fond des eaux (*Les Bergeries*, vv. 65-68).
80. Qui vous: (*M*) — Et vous (*T*).
81. en l'onde: (*H*); *sous l'onde:* puisque le pronom «elle» (v. 162) représente «l'onde» (cf. v. 155 et v. 150), la structure de la phrase est celle-ci: «(l'onde...) nous représente (...) d'autres cieux sous l'onde». Cette construction curieuse s'explique peut-être par les nombreux remaniements dont cette ode a été l'objet et qu'on ne connaît sans doute pas tous. Rien dans le texte de la strophe n'interdit de supposer, par exemple, qu'elle ait fait partie d'abord de la description d'un étang.

XVIII   Alcidon[82], pour qui je me vante
        De ne rien faire que[83] de beau,
        Reçois ce fantasque tableau[84]
        Fait d'une peinture vivante[85].
        Je[86] ne cherche que les déserts   175
        Où rêvant tout seul, je m'amuse
        A des discours assez diserts[87]
        De mon génie avec la muse[88]:
        Mais mon plus aimable[89] entretien
        C'est[90] le ressouvenir du tien.   180

---

82. Bernières: (dans la contrefaçon de 1629 et la plupart des éditions plus tardives); cf. note 2. *H* donne «Sérafic», nom d'un des personnages du roman de Camus.
83. «De ne rien faire que» (*H, M*).
84. «Je n'aime rien que» (*M*) — «Je me promène en ses» (*T*).
85. Fait d'une peinture vivante: cf. ce vers de Théophile de Viau cité par J. Bailbé «Les traits vivants d'une peinture;» (éd. J. Streicher, II, p. 137) et ces mots de Faret à propos de Saint-Amant: «Cette chaleur que les Anciens ont appelée génie, ne se communique qu'à fort peu d'esprits, et ne se fait principalement remarquer qu'aux descriptions qui sont comme de riches tableaux où la nature est représentée, d'où vient que l'on a nommé la poésie une peinture parlante» (*Œuvres* [1629], p. 15).
86. Vv. 175-178: La «solitude» est favorable à la création poétique. Cf. v. 191 sqq. et *Œuvres* (1629), p. 4. Cf. également *Le Sireine, Départ* XXXI.
87. assez divers: (*C*).
88. Qui partent du sein de ma muse: (*H*), «avec ma muse» (*C*), «et de ma muse» (*M*).
89. Mais tout mon plus doux: (*H, C, M, T*).
90. Est le: (*H, M*).

XIX Tu[91] vois dans cette poésie
　　　Pleine de licence et d'ardeur[92]
　　　Les beaux rayons de la splendeur
　　　Qui m'éclaire la fantaisie:
　　　Tantôt chagrin, tantôt joyeux[93],　　　　　　185
　　　Selon que la fureur m'enflamme,
　　　Et que l'objet s'offre à mes yeux,
　　　Les propos me naissent en l'âme,
　　　Sans contraindre la liberté
　　　Du démon qui m'a transporté[94].　　　　　　190

91. Vv. 181-190: Cette strophe a été sensiblement modifiée par le poète qui avait d'abord écrit:
　　Tu vois dans cette poésie
　　Qui se promène en liberté,
　　Les (Des, C) traits d'un esprit emporté
　　De (A, T) la divine frénésie:
　　Tantôt chagrin, tantôt joyeux,
　　Selon (Ainsi, M) que la fureur m'inspire,
　　Et que l'objet s'offre à mes yeux,
　　Je prends plaisir à le décrire,
　　Les vers m'en plairont grandement,
　　Si tu les relis seulement (H, C, M, T).
Comme aux vers 125 et 127, Saint-Amant a donc éliminé la rime «grandement—seulement», contraire aux exigences de Malherbe qui soulignait l'isolement des vers 189 et 190 à l'intérieur de la strophe. Dans la version définitive le poète emploie les rimes «liberté—transporté» qui avaient figuré aux vers 182 et 183 sous la forme «liberté—emporté» où elles sont remplacées par «ardeur» et «splendeur». Mais la modification la plus réussie est sans doute la variante du vers 188 qui, en 1629, exprime si bien l'idée de création spontanée chère à Saint-Amant.
92. L'ardeur est une qualité essentielle de la poésie aux yeux des «modernes» vers 1620. Cf. la première version de ces vers et l'ode A Théophile publiée en 1621 où Saint-Amant s'adresse aux poètes de son temps par les mots «Esprits de feu, savants génies» (Œuvres [1629], p. 3).
93. Tantôt chagrin, tantôt joyeux: cf. supra, note 1.
94. Du démon qui m'a transporté: J. Bailbé fait remarquer que dans Le Melon Saint-Amant appelle Apollon «le démon de ma veine» (Œuvres II, p. 30). Le démon est donc, pour reprendre l'expression de J. Lagny «le bon esprit qui inspire le poète» (loc. cit.) ce qui rend plus clair le sens du vers 192.

Antoine Girard de Saint-Amant (1594–1661)

XX   O que j'aime la solitude!
C'est l'élément des bons esprits[95],
C'est par elle que j'ai compris
L'art d'Apollon sans nulle étude:
Je l'aime pour l'amour de toi,   195
Connaissant que ton humeur[96] l'aime;
Mais quand je pense bien à moi[97],
Je la hais pour la raison même,
Car elle pourrait[98] me ravir
L'heur de te voir et te servir.   200

Le Mauvais Logement
Caprice[99]

I   Gîté[100] dans un chien de grabat,
Sur un infâme lit de plume,
Entre deux draps teints d'apostume[101],
Où la Vermine me combat:
Je passe les plus tristes heures
Qui dans les mortelles Demeures
Puissent affliger les Esprits;
Et la Nuit si longue m'y semble,
Que je crois qu'elle ait entrepris
D'en joindre une douzaine ensemble.   10

---

95. beaux esprits: (*H, M, T*).
96. humeur: «disposition du tempérament ou de l'esprit soit naturelle, soit accidentelle» (Littré, s.v., 4°).
97. *à moi:* à mes intérêts.
98. me pourroit: (*C, M*).
99. En composant ce poème des plus piquants, Saint-Amant s'est inspiré du *Capitolo del Prete da Povigliano* de Francesco Berni, lui empruntant l'inspiration générale et quelques détails spécifiques (Voir W. Roberts, «Berni's 'Mal Allogio' Motif in Saint-Amant», *Studi Francesi*, 27, 1965, pp. 465-471). En fait, le thème du mauvais logement—que Saint-Amant avait déjà traité dans son étonnante «Chambre du Débauché»—a séduit l'imagination d'autres poètes français de l'époque tels Régnier (*Satire XII*), Racan (l'ode «Vous qui riez de mes douleurs») et Claude de l'Estoile («Chanson d'un grenadin dans l'hôtellerie de Clamart»).
100. Gîter: coucher.
101. Apostume: abcès suppurant, et ce qui en sort.

II	Parmi tant d'incommodités	
	Je compte tous les coups de Cloche;	
	Et comme un Oison à la broche	
	Je me tourne de tous côtés:	
	Une vilaine Couverture,	
	Relique de la pourriture[102],	
	Malgré moi s'offre à me baiser;	
	Mais, si je lui défends ma bouche,	
	Je ne saurais lui refuser	
	Qu'à mes jambes elle ne touche.	20
III	Elle supplante les linceuls[103]	
	Qui se sauvent dans la ruelle[104];	
	Mais pour fuir cette cruelle	
	Les pauvrets n'y vont pas tous seuls:	
	Un Manteau de laine d'Espagne	
	En ce chemin les accompagne,	
	Du travail à demi suant[105],	
	Et sans prétendre à la victoire,	
	Dans un pot de chambre puant	
	Il glisse, et va chercher à boire.	30
IV	Au clair de la Lune qui luit	
	D'une lueur morne, et blafarde,	
	Mon oeil tout effrayé regarde	
	Voltiger mille oiseaux de Nuit:	
	Les Chauves-souris, les Fresaies	
	Dont les cris sont autant de plaies	
	A l'oreille qui les entend,	
	Découpant l'Air humide et sombre,	
	Percent jusqu'où mon corps s'étend	
	Et le muguettent[106] comme une ombre.	40

---

102. C'est-à-dire: en très mauvais état.
103. Linceuls: draps.
104. Ruelle: espace laissé entre un des côtés du lit et le mur.
105. Le manteau humide est comparé à un fugitif frénétique et couvert de sueur.
106. Muguetter: faire la cour à une jeune fille.

V Un essaim de maudits Cousins[107],
Bruyant[108] d'une fureur extrême,
Me fait renasquer[109] en moi-même
Contre la saison des raisins:
L'un sur ma main donne[110] en Sangsue;
L'autre sur ma trogne se rue,
Me rendant presque tout meseau[111];
Je les poursuis, je les attrape,
Et sans m'épargner le museau
Pour les y tuer je me frappe. 50

VI Cent Rats, d'insolence animés,
Se querellent sous une table
Où jamais repas délectable
N'apparut aux yeux affamés:
Là tantôt aux barres[112] ils jouent;
Là tantôt ils s'entre-secouent,
Pipant d'un ton aigre et mutin;
Et tantôt cette fausse[113] race
S'en vient ronger pour tout festin
Les entrailles de ma paillasse. 60

VII Une troupe de Farfadets
Différents de taille, et de forme,
L'un ridicule, et l'autre énorme,
S'y démènent en Diables-Cadets[114]:
Ma visière[115] en est fascinée,
Mon ouïe en est subornée,
Ma cervelle en est hors de soi;
Bref, ces fabriqueurs[116] d'impostures
Etalent tout autour de moi
Leurs grimaces, et leurs postures. 70

---

107. Cousins: moustiques.
108. bruyant: participe du verbe «bruire» (faire du bruit) qui ne s'emploie plus que comme adjectif.
109. Renasquer: renâcler, jurer.
110. Donner sur: frapper, porter un coup.
111. Meseau: lépreux. Ce mot a disparu au XVIIe siècle.
112. Barres: jeu de course entre deux camps limités chacun pour une barre tracée sur le sol.
113. Fausse: méchant, sournois.
114. En Diables-Cadets: les lutins se démènent comme de jeunes diables vigoureux.
115. Visière: vue.
116. Fabriqueurs: faiseurs. Ce mot semble avoir disparu au XVIIe siècle.

VIII Les Rideaux ne m'empêchent point
De voir toutes leurs singeries;
Ces infernales nigeries[117]
Me font frémir sous l'embonpoint[118]:
J'ai beau pour en perdre l'image
Qui me baille[119] un teint de fromage
M'efforcer à cligner les yeux,
L'effroi me taillant des croupières,
Par un effet malicieux
Change en besicles mes paupières[120]. 80

IX Maints faux rayons éparpillés
En fanfreluches[121] lumineuses,
Offrent cent chimères hideuses
A mes regards en vain cillés[122]:
Ma trop crédule fantaisie
En est si vivement saisie
Qu'elle même se fait horreur;
Et sentant comme elle se pâme,
Je me figure en cette erreur
Qu'on donne le moine[123] à mon âme. 90

X Que si je pense m'endormir,
Dans les moments de quelque trêve,
Un Incube[124] aussitôt me crève[125],
Et rêvant je m'entr'ois gémir.
Enfin mes propres cris m'éveillent,
Enfin ces Démons s'émerveillent
D'être quasi surpris du jour;
Ils font gille[126] à son arrivée,
Et la diane du tambour
M'avertit que l'Aube est levée. 100

---

117. nigeries: niaiseries.
118. Quoique costaud, le poète tremble de peur.
119. Bailler: donner.
120. Le poète continue à voir les farfadets au travers de ses paupières fermées comme si celles-ci étaient des lunettes.
121. Fanfreluches: signifie ici «flammèches».
122. Mes regards en vain cillés: autrement dit «mes yeux en vain fermés».
123. Donner le moine: jouer un mauvais tour à quelqu'un qui est en train de dormir en tirant une ficelle attachée à son orteil.
124. Incube: il s'agit ici d'un malaise physiologique et non pas de l'un de ces démons masculins autrefois censés abuser des femmes endormies.
125. crever: épuiser.
126. Faire gille: s'enfuir.

Antoine Girard de Saint-Amant (1594–1661)

Le Melon[127]

Quelle odeur sens-je en cette Chambre?
Quel doux parfum de Musc et d'Ambre
Me vient le Cerveau réjouir,
Et tout le Coeur épanouir?
Ah bon Dieu! j'en tombe en extase; 5
Ces belles Fleurs qui dans ce Vase
Parent le haut de ce buffet,
Feraient-elles bien cet effet?
A-t-on brûlé de la pastille[128]?
N'est-ce point ce vin qui pétille 10

---

127. Publié pour la première fois en 1631 dans la *Suite des Œuvres, Le Melon* est aujourd'hui l'œuvre comique la plus connue de Saint-Amant. Le début et la fin du poème constituent une sorte de monologue dramatique à la première personne adressé à des auditeurs présents (vv. 37, 113, 251 et 297), et qui reflète une réalité immédiate et changeante exactement contemporaine du discours du poète. Serti dans ce cadre essentiellement lyrique se trouve un long passage d'inspiration plutôt épique, une narration au passé et à la troisième personne dont le sujet est un lieu commun de la littérature antique—le festin des dieux suivant leur bataille contre les Géants révoltés (vv. 117-296).
A ces deux parties formellement distinctes correspondent deux procédés comiques bien différents. Le cadre lyrique chante les louanges d'un simple melon en termes si excessifs qu'ils étonnent, tandis que le centre épique présente les dieux immortels et les augustes héros de l'antiquité sous un jour tout à fait dérisoire. *Le Melon* juxtapose donc deux procédés exactement inverses qui relèvent tous deux d'une disconvenance radicale entre fond et forme: l'exaltation d'un sujet humble au moyen d'un style démesurément grandiose, et la dévalorisation d'un sujet noble au moyen d'un style inconvenablement familier.
Ces deux techniques ne sont pas originales. La première fut inventée par les sophistes grecs au Ve siècle avant J.-C. et s'appelle le paradoxe. Elle fut dès l'origine un jeu rhétorique dont la virtuosité consiste à louer le plus hyperboliquement possible un objet (une personne, une condition) méprisable ou même détestable. Beaucoup pratiqué à l'antiquité (comme en témoignent un éloge d'Hélène par Gorgias, l'éloge d'une mouche par Lucien et un éloge de la calvitie par Synésios), le paradoxe fut vigoureusement relancé à la Renaissance par Erasme en son *Eloge de la folie* et par Rabelais en sa louange des dettes (*Tiers livre,* 2-4), parmi tant d'autres. En portant aux nues un melon d'Anjou, Saint-Amant prend sa place dans une tradition vieille de plus de vingt siècles.
L'autre technique recevra une étiquette nouvelle au milieu du XVIIe siècle—le burlesque—mais n'en est pas pour autant moins ancienne que le paradoxe. On en trouve les racines dans la comédie d'Aristophane (cf. Dionysos dans *Les Grenouilles,* par exemple) et dans les dialogues de Lucien. Son renouvellement moderne se voit dans les grandes épopées parodiques de la Renaissance de Pantagruel à Don Quichotte. En se moquant des dieux de l'antiquité, Saint-Amant rejoint les origines de cette vieille tradition qu'il connaissait si bien.
Il est évident qu'on risquerait de tomber dans l'anachronisme en parlant de l'«originalité» du *Melon*. Qu'il suffise de constater que ce poème est une œuvre éminemment littéraire, et que son génie consiste à renouveler d'une manière fraîche et immédiate de vieux thèmes, genres, procédés comiques et traditions de notre littérature occidentale.
128. Encens.

Dans ce Cristal, que l'Art humain
A fait pour couronner la main;
Et d'où sort quand on en veut boire
Un air de Framboise[129] à la gloire
Du bon terroir, qui l'a porté 15
Pour notre éternelle santé?
Non, ce n'est rien d'entre ces choses,
Mon penser, que tu me proposes.
Qu'est-ce donc? Je l'ai découvert
Dans ce panier rempli de vert[130]; 20
C'est un MELON, où la Nature,
Par une admirable structure,
A voulu graver à l'entour
Mille plaisants chiffres d'Amour,
Pour claire marque à tout le monde, 25
Que d'une amitié sans seconde
Elle chérit ce doux manger;
Et que d'un souci ménager[131]
Travaillant aux biens de la terre,
Dans ce beau fruit seul elle enserre 30
Toutes les aimables vertus,
Dont les autres sont revêtus.
   Baillez[132]-le-moi, je vous en prie,
Que j'en commette idolâtrie:
O quelle odeur! qu'il est pesant! 35
Et qu'il me charme en le baisant!
Page, un couteau, que je l'entame:
Mais qu'auparavant on réclame[133],
Par des soins au devoir instruits,
Pomone[134], qui préside aux fruits, 40
Afin qu'au goût il se rencontre
Aussi bon qu'il a belle montre,
Et qu'on ne trouve point en lui
Le défaut des gens d'aujourd'hui[135].
Notre prière est exaucée, 45

129. Un vin qui «sent la framboise» est un vin délicat, excellent.
130. Verdure, feuilles vertes (cf. v. 136).
131. Avec soin, quant à l'administration de ses biens ou à l'exercice de ses fonctions.
132. Donnez, passez.
133. Invoque, prie (cf. v. 45).
134. Nymphe protectrice des vergers et des fruits. Voir plus bas, vv. 218-220 et la note 71.
135. Ce «défaut» est l'hypocrisie qui cache derrière un masque de vertu le vice secret—préoccupation morale constante depuis Montaigne jusqu'au *Tartuffe* de Molière.

Antoine Girard de Saint-Amant (1594–1661)

Elle a reconnu ma pensée:
C'en est fait, le voilà coupé,
Et mon espoir n'est point trompé.
O Dieux, que l'éclat qu'il me lance,
M'en confirme bien l'excellence! 50
Qui vit jamais un si beau teint?
D'un jaune sanguin il se peint:
Il est massif[136] jusques au centre,
Il a peu de grains dans le ventre;
Et ce peu-là, je pense encor 55
Que ce soient autant de grains d'or:
Il est sec, son écorce est mince,
Bref, c'est un vrai manger de Prince,
Mais bien que je ne le[137] sois pas,
J'en ferai pourtant un repas. 60
  Ah! soutenez-moi, je me pâme,
Ce morceau me chatouille l'Ame;
Il rend une douce liqueur,
Qui me va confire le cœur,
Mon appétit se rassasie 65
De pure et nouvelle Ambroisie[138];
Et mes sens[139], par le goût séduits,
Au nombre d'un sont tous réduits.
  Non, le Coco, fruit délectable,
Qui lui tout seul fournit la table 70
De tous les mets que le désir
Puisse imaginer et choisir,
Ni[140] les baisers d'une Maîtresse,
Quand elle-même nous caresse,
Ni ce qu'on tire des roseaux, 75

---

136. Plein, le contraire de creux.
137. *Le* renvoie à «Prince» au vers précédent, tandis que «en» au vers 60 renvoie à «manger».
138. Nourriture des dieux de l'antiquité qui rend immortel celui qui en goûte.
139. Trois autres «sens» ont été dénombrés au cours des vers précédents: l'odeur (1-16), la vue (21-32, 49-57), et le toucher (35-36).
140. La répétition du mot «Ni» en tête des vers suivants est un exemple de la figure de rhétorique appelée anaphore.

Que Crète nourrit dans ses eaux[141],
Ni le cher Abricot que j'aime,
Ni la Fraise avecque la crème,
Ni la Manne[142] qui vient du Ciel,
Ni le pur aliment du Miel,   80
Ni la Poire de Tours sacrée,
Ni la verte Figue sucrée,
Ni la Prune au jus délicat,
Ni même le Raisin muscat,
(Parole pour moi bien étrange)[143]   85
Ne sont qu'amertume et que fange
Au prix de ce MELON divin,
Honneur du Climat Angevin.
Que dis-je d'Anjou? je m'abuse,
C'est un fruit du crû de ma Muse,   90
Un fruit en Parnasse[144] élevé,
De l'eau d'Hippocrène[145] abreuvé,
Mont, qui pour les Dieux seuls rapporte
D'excellents fruits de cette sorte,
Pour être proche du Soleil,   95
D'où leur vient ce goût nonpareil:
Car il ne serait pas croyable
Qu'un lieu commun, quoiqu'agréable,
Eût pu produire ainsi pour nous
Rien de si bon, ni de si dous.   100

---

141. On songe à la musique que l'on «tire» des flûtes de roseaux (cf. note 67), mais les Crétois étaient connus surtout comme d'excellents archers, et faisaient de leurs roseaux des flèches. Peut-être faut-il voir ici une allusion confuse au *dictame*, herbe qui ne pousse qu'en Crète et qui est censée faire tomber les flèches d'un animal blessé: selon Pline, les cueilleurs de cette herbe la plaçaient dans des roseaux pour qu'elle ne s'évente pas (*Histoire naturelle*, XXV, 92-93). C'est ce même dictame que Vénus «cueille sur l'Ida de Crète» et mélange avec de l'ambroisie et de la panacée pour en faire le médicament qui guérit miraculeusement Enée blessé d'une flèche (cf. Virgile, *Enéide*, XII, 411-424). Un tel baume serait tout à fait à sa place dans ce catalogue de mets ambrosiaques ou célestes (cf. vv. 66 et 79-80).
142. Comparaison hardie avec la nourriture miraculeuse envoyée par Dieu aux Hébreux dans le désert (cf. *Exode*, XVI).
143. Cette «parole étrange» est le dénigrement du «raisin muscat» au vers 86—«étrange» en effet parce que Saint-Amant jouissait déjà en 1631 d'une grande réputation de poète bachique dont les œuvres célébraient souvent les vertus du raisin.
144. Montagne en Phocide (Grèce) consacrée à la poésie, l'un des séjours préférés des neuf Muses. L'oracle d'Apollon pythien à Delphes est situé sur son versant sud (cf. vv. 101ss.).
145. Fontaine du mont Hélicon en Boétie qui jaillit d'un rocher quand le cheval ailé Pégase le frappa de son sabot. Ses eaux sont fréquentées par les Muses et inspirent les poètes qui en boivent. Cf. Hésiode, *Théogonie*, 1-8.

O vive Source de lumière[146]!
Toi dont la route coutumière
Illumine tout l'Univers, Phébus,
Dieu des Fruits, et des Vers,
Qui tout vois, et qui tout embrasses[147], 105
Ici je te rends humbles grâces
D'un cœur d'ingratitude exent[148],
De nous avoir fait ce Présent:
Et veux pour quelque récompense
Dire en ce lieu ce que je pense, 110
Et de ce MELON, et de toi,
Suivant les signes que j'en voi.
Mais, que tandis[149], ô chère Troupe,
Chacun laisse en repos la Coupe,
Car ce que je vous vais chanter 115
Vaut bien qu'on daigne l'écouter[150].
   Après que Jupiter avecque son Tonnerre
Eut fait la pétarade[151] aux Enfants de la Terre[152],
Et que les Dieux[153] lassés revinrent du Combat,
Où Pan perdit ses gants, Apollon son rabat, 120

---

146. Apollon, beau dieu de la poésie et de la santé, souvent identifié avec le soleil par son épithète *Phébus*, «le Brillant» (cf. v. 104).
147. Cette formule est calquée sur une épithète homérique souvent utilisée dans la poésie épique pour qualifier le soleil. Cf. Homère, *L'Odyssée*, XI, 109 et XII, 323 («Hélios, qui voit tout et entend tout»), et Ovide, *Métamorphoses*, IV, 172.
148. Exempt. Même orthographe au vers 234.
149. En attendant, pendant que je parle.
150. Ici commence la partie burlesque du poème. En passant du mode lyrique au mode épique, Saint-Amant abandonne les vers octosyllabiques disposés en rime plate (le mètre employé dans la majorité de ses poèmes satiriques et légers) en faveur du mètre héroïque par excellence, l'alexandrin.
151. *Pétarade* signifie soit une détonation de charge explosive, soit des coups de sabots accompagnés de pets donnés par un cheval qui se rue. «Faire la pétarade» semble jouer sur les deux sens du mot ici, et signifie «renverser en bafouant».
152. Traduction de l'épithète latine *terrigenae* qui s'applique aux Géants, enfants de Gaia (la Terre) fécondée par le sang d'Ouranos (le Ciel). Il s'agit donc de la Gigantomachie—la révolte entreprise par les Géants contre Jupiter (Zeus) et les dieux olympiens pour venger la défaite de leurs frères aînés les Titans, déposés antérieurement au moment de la Titanomachie, ou Guerre des Titans. Cf. Hésiode, *Théogonie*, 176-187 et Apollodore, *Bibliothèque*, I. vi. 1-2.
153. Pour les dieux mentionnés aux vers 120-123 voir les notes 192, 146, 201, 203, 202, 205 et 163.

Mars l'un de ses souliers, Pallas une manchette,
Hercule par un trou l'argent de sa pochette,
Mercure une jartière, et Bacchus son cordon,
Pour s'être dans les coups jetés à l'abandon;
Après, dis-je, ce choc, où l'Ane de Silène[154]   125
Aux plus mauvais Garçons[155] fit enfin perdre haleine,
Par l'extrême frayeur que sa voix leur donna,
De quoi le Ciel frémit, et l'Enfer bourdonna;
On dit qu'il fut conclu qu'en signe de victoire,
Tout le reste du jour se passerait à boire,   130
Et que chacun d'entre eux fournissant au Banquet,
Apporterait son mets troussé comme un paquet.
   Soudain de tous côtés sur l'Olympe[156] se virent
Plats deçà, plats delà, que des Nymphes servirent,
Le bras nu jusqu'au coude, et le sein découvert,   135
Orné de quelque Fleur avec un peu de vert[157].
   Ce Dieu qui des premiers autorisa l'Inceste[158],
Devant qui les plus grands de la troupe céleste,
Plus petits que Cirons, de peur de le fâcher
N'oseraient seulement, ni tousser, ni cracher;   140
L'audacieux Jupin, pour commencer la danse,
Et présenter à l'oeil de quoi garnir la panse,
Fit apporter pour soi dans un bassin de pris
Quantité de Gibier que son Aigle avait pris[159].
   La superbe Junon[160], qui dans une charrette   145

154. Silène est un vieillard camus et pansu d'une laideur extrême, compagnon et ancien maître de Bacchus (Dionysos). Toujours ivre, il se soutient au moyen d'un bâton, ou se tient mal monté sur son âne. Selon une version tardive du mythe, cet âne prit peur devant la charge des Géants et se mit à braire si fort que les assaillants, soupçonnant un monstre horrible, s'enfuirent de l'Olympe.
155. Ce sont les Géants, «garçons» parce que «Enfants de la Terre» (v. 118), «mauvais» parce que révoltés. Ils seront qualifiés plus bas de leur épithète traditionnelle, «orgueilleux» (v. 211).
156. Haute montagne dans le nord de la Grèce près de la Macédoine, résidence des dieux olympiens.
157. Le catalogue de dieux et de mets qui suit présente quelques similarités, quant à la forme, avec un défilé des dieux décrit dans *La secchia rapita* (*Le Seau volé*), poème héroï-comique de l'Italien Tassoni (1622), et quant au fond, avec un banquet des dieux décrit dans *Les Illustrations de Gaule et Singularités de Troye*, I, 29, de Jean Lemaire de Belges (1512).
158. C'est Jupiter, appelé «Jupin» au vers 141, qui «autorisa l'Inceste» en épousant sa soeur Junon (Héra), enfant comme lui de Saturne (Cronos) et de Rhéa. Cette façon de désigner une personne ou une chose par circonlocution s'appelle *périphrase*, figure de rhétorique qui caractérise le style épique depuis Homère et Virgile, et qui sera donc employée à outrance dans toute la partie burlesque du *Melon*.
159. L'aigle est l'emblème traditionnel de Jupiter, le symbole de son règne impérial. Il apparaît dans ce contexte comique comme un simple oiseau de proie.
160. Héra, soeur et épouse de Jupiter, reine des Olympiens qui garantit les droits et privilèges familiaux de la femme—le mariage, la maternité, etc. Elle est terrible dans sa jalousie et impitoyable dans son acharnement contre ses nombreuses rivales.

Que des Paons font rouler[161], fait souvent sa retrette
En l'Empire incertain des Animaux volans,
Prit de la main d'Iris[162] un bouquet d'Ortolans,
Qui fleurissait de graisse, et conviait la bouche
          A lui donner des dents une prompte escarmouche,   150
Durant qu'il était chaud, et qu'il s'en exhalait
Un gracieux parfum que le nez avalait.
   Le Compère Denis[163] à la trogne vermeille,
Qui veut toujours chiffler[164], même quand il sommeille,
Rendant de son pouvoir Ganimède[165] ébahi,   155
Voulut que le Nectar[166] fît place au vin d'Ay[167],
Dont il fit apporter par ses folles Ménades[168],
Qui faisaient en hurlant mille Pantalonnades[169],
Cinquante gros flacons remplis jusques aux bords,
Pour le plaisir de l'âme, et pour le bien du corps.   160
   La Déesse des Fours, des Moulins, et des Plaines[170],
Où l'oeil du bon Pitaut[171] voit l'espoir de ses peines;
Celle qui s'éclairant de deux flambeaux de Pin,
A force de trotter usa maint escarpin[172],
En cherchant nuit et jour la Donzelle[173] ravie,   165

---

161. Le paon est l'emblème de Junon. Pour ces vers, cf. Ovide, *Métamorphoses*, II, 531-533.
162. Iris est la messagère des dieux, attachée surtout à Junon. Elle apparaît aux mortels comme l'arc-en-ciel.
163. Dionysos, c'est-à-dire Bacchus, dieu du vin, dont le visage («la trogne») trahit l'enivrement perpétuel.
164. Siffler, ici au sens populaire de «boire».
165. Un éphèbe troyen enlevé par Jupiter sur l'Olympe où il devint l'échanson des dieux.
166. Breuvage céleste des dieux, comme l'ambroisie en est la nourriture.
167. Ville située sur la Marne près de Reims, connue pour ses vins.
168. «Les Furieuses», c'est-à-dire les Bacchantes, femmes consacrées aux mystères de Bacchus et qui célébraient son culte par des fêtes extatiques et délirantes, appelées Orgies ou Bacchanales.
169. Danses grotesques, ou tout simplement «tours de Pantalon». Pantalon est un vieillard salace, l'un des personnages-type de la *commedia dell'arte*.
170. Cérès (Déméter), déesse de la terre cultivée qui apporte le blé et assure l'abondance des récoltes. Les étapes successives dans la production du pain sont évoquées ici dans l'ordre inverse—fours (pain), moulins (farine), plaines (blé)—selon une figure de rhétorique appelée *hysteron proteron*, ou *praepostera locutio*.
171. Rustre, paysan.
172. Chaussure.
173. «Donzelle» est une forme méprisante de «demoiselle». Il s'agit de la vierge Proserpine (Perséphone), fille de Cérès et de Jupiter, qui fut enlevée par Pluton (Hadès) aux enfers et cherchée désespérément à travers le monde entier par sa mère angoissée. Cf. Ovide, *Métamorphoses*, V, 341-571.

Cérès au crin doré[174], le soutien de la vie,
Munit les Assistants, au lieu de pain mollet,
De biscuits à l'eau-rose, et de gâteaux au lait.
   Celui qui sur la Mer impétueuse et fière,
En son humide main porte une Fourchefière[175]   170
Dont il rosse les Flots quand ils font les mutins,
Excités par les vents, qui sont leurs vrais Lutins,
Fit servir devant lui par la Fille de chambre
De Madame Téthys[176], un plat d'Huîtres à l'Ambre,
Que l'un de ses Tritons[177], non pas sans en goûter,   175
Du fond de l'Océan lui venait d'apporter.
Celle qui sur un Mont sa chasteté diffame[178],
La Princesse des Fous, qui comme Sage-femme
Assiste à ce travail où l'on pisse des os[179],
Et dont elle délivre en disant certains mots;   180
Diane au front connu, de qui l'humeur sauvage
Ne se plaît qu'aux Forêts à faire du ravage,
Fit mettre sur la table un Faon de Daim rôti,
Que d'une sauce à l'Ail on avait assorti.
Le Forgeur écloppé[180], qui avait fait son domicile   185

---

174. Aux cheveux d'or, épithète métonymique qui évoque les champs de blé sur lesquels Cérès préside.
175. Fourche à dents de fer, outil d'agriculteur qui désigne ici le trident de Neptune (Poséidon), dieu des mers.
176. L'une des Titanides, femme d'Océan, symbole de la fertilité des eaux. Une variante porte la leçon «Thétis», divinité marine qui épousa le mortel Pélée et donna le jour à Achille. Etant homophones en français ces deux noms grecs furent souvent confondus dans la poésie de l'époque.
177. Dieux marins, mi-hommes mi-poissons, fils de Neptune et d'Amphitrite. Cf. *La Solitude*, vv. 145-155.
178. Diane (Artémis), déesse de la chasse et de la chasteté qui apparaît dans le ciel comme la lune. Les périphrases de cette octave font allusion à l'amour de Luna (Séléné) pour Endymion (v. 177), à l'association traditionnelle entre la lune et la folie (v. 178), à l'assimilation de Diana-Luna à Lucina, déesse romaine de l'enfantement qui aide la mère en travail en marmonnant des formules magiques (vv. 178-180), aux cornes de la lune portées en couronne par Diane (v. 181), et au rôle de Diane comme déesse de la chasse (vv. 181-182).
179. Faire un enfant.
180. Vulcain (Héphaïstos), le forgeron boiteux des dieux qui fabrique dans son atelier les foudres de Jupiter.

Parmi les Pets flambants que lâche la Sicile[181],
Ce beau fils qui se farde avecque du charbon,
Fit porter par Stérope[182] un monstrueux Jambon,
Et six langues de Boeuf, qui depuis mainte année,
En grand pontificat[183] ornaient sa cheminée,   190
Où tout expressément ce Patron des Cocus[184]
Les avait fait fumer pour donner à Bacchus[185].
    La Garce qui naquit de l'excrément de l'Onde[186],
Pour courir l'aiguillette[187] en tous les lieux du Monde,
Vénus la bonne Cagne[188] aux paillards appétits,   195
Sachant que ses Pigeons[189] avaient eu des petits
En fit faire un pâté, que la grosse Euphrosine[190],
Qui se connaît des mieux à ruer en Cuisine,
Elle-même apporta plein de culs d'Artichaud
Et de tout ce qui rend celui de l'homme chaud[191].   200
    Le Bouc[192] qui contraignit la Nymphe des quenouilles[193]
De se précipiter dans les bras des Grenouilles,
Pour sauver son honneur qu'il voulait escroquer,
En l'ardeur dont Amour l'était venu piquer,
Pan le Roi des Flûteurs, de qui dans l'Arcadie   205

---

181. L'atelier de Vulcain est situé sous le mont Etna en Sicile; les flammes et la fumée qui sortent du volcan au moment d'une éruption sont les feux de sa forge souterraine.
182. Stéropès est l'un des Cyclopes, géants à un oeil qui travaillent dans la forge de Vulcain. Cf. Virgile, *Enéide*, VIII, 416-438.
183. En grand honneur, en grande dignité.
184. Vulcain exposa devant tous les dieux olympiens l'adultère de sa femme Vénus avec Mars. Cf. Homère, *Odyssée*, vv. 266-366 et Ovide, *Métamorphoses*, IV, 171-189.
185. La viande fumée, comme la viande salée, provoque la soif. C'est cette qualité dipsodique de l'offrande de Vulcain qui explique pourquoi le dieu du vin en est désigné comme le destinataire privilégié.
186. Vénus (Aphrodite), déesse de l'amour, naquit de l'écume de la mer fécondée par les testicules d'Ouranos (le Ciel) châtré par son fils Saturne (Cronos). Son nom grec rappelle cette origine (*aphros* = «écume»). Cf. Hésiode, *Théogonie*, 188-200.
187. Se prostituer, se comporter comme une putain. Parmi les amants de Vénus il faut compter Mars, Bacchus, Mercure, Neptune, Adonis et Anchise.
188. Chienne en rut, et par extension une femme lubrique.
189. La colombe est l'oiseau consacré à Vénus.
190. Euphrosyne est l'une des trois Grâces, ou Charites. Son nom grec signifie «gaieté» ou «réjouissance».
191. L'artichaut était tenu pour un aphrodisiaque.
192. Pan, dieu sylvestre d'Arcadie qui protège les bergers et les troupeaux. Mi-bouc mi-homme, il est connu surtout pour sa nature libidineuse.
193. Syrinx, une nymphe arcadienne. Poursuivie par Pan et arrêtée dans sa course par un ruisseau, elle fut métamorphosée en roseaux («quenouilles») que son amant cueillit pour en faire la flûte qu'on appelle «syrinx» ou «flûte de Pan»—d'où l'épithète comique «Roi des Flûteurs» au vers 205. Cf. Ovide, *Métamorphoses*, I, 689-712.

Les troupeaux de Brebis suivent la mélodie,
Honora le Festin d'un Agneau bien lardé,
Que des pattes du Loup son Chien avait gardé.
   Et bien que l'on eût cru qu'en cet acte rebelle,
La Vieille au cul crotté, la terrestre Cybelle[194],   210
Des orgueilleux Géants eût tenu le parti[195],
Auquel en demeura pourtant le démenti,
Elle ne laissa pas, quittant Phlègre[196] à main gauche,
Comme Mère des Dieux d'être de la débauche,
Et de leur apporter, se traînant au bâton,   215
Des Champignons nouveaux, cuits au jus de Mouton.
   Le Seigneur des Jardins[197], que les herbes révèrent,
Et Vertumne et Pomone ensemble[198] s'y trouvèrent,
D'Asperges, de Pois verts, de Salades pourvus,
Et des plus rares fruits que jamais on eût vus.   220
   Bref nul en ce Banquet, hormis le vieux Saturne[199],
Qui flatté d'un espoir sanglant et taciturne
Du complot de Typhon[200] avait été l'Auteur;
Nul, dis-je, hormis Mars[201] le grand Gladiateur;
Nul hormis le Thébain[202], qui charge son épaule   225

---

194. Cybèle est une vieille divinité phrygienne de la terre, assimilée plus tard à Rhéa, sœur et épouse de Saturne, mère de toute la première génération de dieux olympiens. Elle fut adorée sous les noms de «Grande Mère» et «Mère des Dieux».
195. Etant une Titanide, Cybèle-Rhéa appartient à la génération de dieux chassés par les Olympiens lors de la Guerre des Titans. Aussi les Géants révoltés sont-ils ses frères. Si elle participe à la fête ce n'est donc pas en tant que sœur des vaincus, mais en tant que mère des vainqueurs (cf. v. 214).
196. Séjour des Géants en Macédoine, scène de la Gigantomachie. Cf. Ovide, *Métamorphoses*, X, 150-151.
197. Priape, fils illégitime de Bacchus et de Vénus, dieu de la fertilité au phallus démesuré. Son image obscène sculptée en pierre fut placée dans les jardins comme une sorte d'épouvantail magique pour éloigner les voleurs.
198. Dieu des saisons changeantes et des récoltes de l'automne. Pomone (cf. v. 40) est sa femme. Cf. Ovide, *Métamorphoses*, XIV, 623-697, 761-771.
199. Saturne (Cronos) est absent, étant le roi des Titans déposés par Jupiter à la suite de la Guerre des Titans (cf. notes 26 et 69).
200. Monstre horrible, fils de Gaia et de Tartare. Envoyé pour venger les Géants vaincus (ou, selon une autre version du mythe, les Titans dépossédés), il fut foudroyé à son tour par Jupiter. Typhon est souvent confondu, comme il semble être le cas ici, avec les Géants révoltés eux-mêmes. Cf. Apollodore, *Bibliothèque*, I. vi. 3, et Hésiode, *Théogonie*, 820-868.
201. Arès, dieu de la guerre, vénéré surtout par les peuples belliqueux, tels les Thraciens. Voir plus bas, vv. 241-244.
202. Hercule (Heraclès), héros légendaire né à Thèbes, dont les fameux Douze Travaux ne sont qu'une partie des exploits. Son attribut le plus connu est son énorme massue. Voir plus bas, vv. 238-240.

Antoine Girard de Saint-Amant (1594–1661)

D'un arbre tout entier en guise d'une gaule;
Nul hormis la Pucelle aux doigts laborieux[203],
Qui de ceux d'Arachné furent victorieux[204];
Et nul hormis Mercure[205] en cette illustre bande
Ne vint sans apporter, par manière d'offrande,   230
De quoi faire ripaille[206], ainsi que l'avait dit
Celui qui sur l'Olympe a le plus de crédit.
Encore entre ceux-là, l'Histoire représente
Que si de rien fournir Minerve fut exente,
C'est pour l'amour du soin qu'elle voulut avoir   235
De mettre le Couvert, où la Belle fit voir
Mainte œuvre de sa main superbement tissue[207];
Que quant au bon Hercule avecque sa massue,
C'est qu'il était alors, pour garder ses Amis,
En qualité de Suisse[208] à la porte commis;   240
Que quant au Furibond[209], au traîneur de rapière,
Au Soudard Thracien, qui d'une âme guerrière
Emploie à s'habiller enclumes et marteaux,
C'est qu'il eut le souci d'aiguiser les couteaux;
Et que pour le Causeur à la mine subtile[210],   245
De qui la vigilance aux Festins est utile,
Et qui n'entreprend rien dont il ne vienne à bout,
C'est qu'il s'était chargé de donner ordre à tout.
   Or pour venir au point que je vous veux déduire,
   Où je prie aux bons Dieux qu'ils me veuillent conduire,   250
Vous saurez, Compagnons, que parmi tant de mets,
Qui furent les meilleurs qu'on mangera jamais;
Et parmi tant de fruits, dont en cette Assemblée,
Au grand plaisir des sens la table fut comblée,
Il ne se trouva rien à l'égal d'un MELON   255

---

203. Minerve (Pallas Athéna), chaste déesse de la sagesse, des arts et des métiers. Voir plus bas, vv. 234-237.
204. Arachné fut si douée en l'art de tisser qu'elle défia Minerve elle-même. A la fin du concours convenu la déesse fut dépitée par le talent de son adversaire et la transforma en araignée. Cf. Ovide, *Métamorphoses,* VI, 5-145.
205. Hermès, messager espiègle des Olympiens, dieu de la ruse et de l'éloquence, patron des voleurs. Voir plus bas, vv. 245-248 et 278-284.
206. Bonne chère, festin.
207. Tissée. Cf. notes 203 et 204.
208. Soldat de la garde suisse, gardien posté à la porte, présenté burlesquement ici comme une sorte d'appariteur musclé. Cf. note 202.
209. Mars. Cf. note 201.
210. Mercure. Cf. note 205.

Que Thalie[211] apporta pour son maître Apollon.
Que ne fut-il point dit en célébrant sa gloire?
Et que ne dirait-on encore à sa mémoire?
Le Temps qui frippe[212] tout, ce Gourmand immortel,
Jure n'avoir rien vu, ni rien mangé de tel; 260
Et ce grand Repreneur[213], qui d'une aigre censure
Voulait que par un trou l'on nous vît la fressure[214],
Mome le médisant fut contraint d'avouer
Que sans nulle Hyperbole on le pouvait louer.
  Dès qu'il fut sur la Nappe un aigu cri de joie 265
Donna son corps de vent aux oreilles en proie;
Le cœur en tressaillit, et les plus friands nez
D'une si douce odeur furent tous étonnez:
Mais quand ce vint au goût ce fut bien autre chose,
Aussi d'en discourir la Muse même n'ose 270
Elle dit seulement qu'en ce divin Banquet,
Il fit cesser pour l'heure aux femmes le caquet[215].
  Phébus qui le tenait, sentant sa fantaisie
D'un désir curieux en cet instant saisie,
En coupe la moitié, la creuse proprement; 275
Bref pour finir le conte, en fait un Instrument,
Dont la forme détruit et renverse la Fable[216]
De ce qu'on a chanté, que jadis sur le sable
Mercure trouvant mort un certain Limaçon,
Qui vit parfois en bête, et parfois en poisson, 280

---

211. Muse de la comédie et de la poésie légère qui double parfois de Muse champêtre de la poésie bucolique (cf. Virgile, *Eglogues*, VI, 2). Apollon est son «maître» en tant que *Musagète*, ou «conducteur des Muses».
212. Mange, avale gloutonnement. Ce verbe et l'épithète «Gourmand» qui suit jouent sur l'expression proverbiale *tempus edax rerum*, le temps qui mange (c'est-à-dire, détruit) tout.
213. Critique, censeur. Il s'agit de Momus (dont le nom signifie «sarcasme» en grec), fils de la Nuit selon Hésiode. Bien qu'oisif lui-même il trouve toujours à redire aux ouvrages d'autrui. Dans un modèle d'homme fabriqué par Neptune il critiqua l'absence d'une fenêtre percée dans la poitrine qui permît de voir dans son cœur et de discerner ainsi ses mensonges. Cf. Lucien, *Hermotime*, 20.
214. Les viscères.
215. Bavardage, babil.
216. La «fable» démentie ici est celle de l'invention de la lyre. Après avoir volé et sacrifié des boeufs gardés par Apollon, Mercure fit de leurs boyaux desséchés des cordes qu'il attacha à la carapace d'une tortue. Les sonorités qu'il en tira plurent tant à Apollon que celui-ci pardonna au jeune dieu son méfait en échange contre ce nouvel instrument. Cf. Apollodore, *Bibliothèque*, III. x. 2.

    Soudain en ramassa la Coque harmonieuse,
Avec quoi, d'une main aux Arts ingénieuse,
Aussi bien qu'aux Larcins, tout à l'heure qu'il l'eut,
Au bord d'une Rivière il fit le premier Lut[217].
    Ainsi de cette écorce en beauté sans pareille   285
Fut fabriqué là-haut ce Charmeur de l'oreille,
D'où sortit lors un son, par accents mesuré,
Plus doux que le manger qu'on en avait tiré.
    Là maintes cordes d'Arc[218] en grosseur différentes,
    Sous les doigts d'Apollon chantèrent des courantes[219]:   290
Là mille traits[220] hardis entremêlés d'éclats[221]
Firent cabrioler[222] les pintes et les plats;
Le plus grave des Dieux[223] en dansa de la tête,
Et le plus beau de tous pour accomplir la Fête,
Joignant à ses accords son admirable voix,   295
Déconfit les Titans une seconde fois[224].
    Voilà, chers Auditeurs, l'effet de ma promesse;
Voilà ce qu'au Jardin arrosé du Permesse[225],
Terpsichore au bon bec[226], pour qui j'ai de l'amour,
En voyant des MELONS me prôna[227] l'autre jour.   300

---

217. Le luth était l'instrument le plus en usage à la fin de la Renaissance et au début du XVIIe siècle, et Saint-Amant lui-même en fut un joueur réputé. Bien qu'il n'appartienne pas à la même famille d'instruments, le luth remplaçait souvent la lyre dans la poésie depuis Ronsard et servait presque toujours de symbole de l'inspiration lyrique.
218. Apollon est tout aussi archer que musicien, ses deux attributs essentiels étant l'arc et la lyre. Saint-Amant imagine qu'une fois la révolte des Géants écrasée le dieu archer ôte les cordes de ses arcs désormais inutiles pour les accommoder à son nouvel instrument de musique.
219. La courante est une danse française à trois temps très à la mode à l'époque du *Melon*.
220. Passages brillants formés de notes rapides; aussi, flèches.
221. Passages retentissants; aussi, explosions d'artillerie, bruit de tonnerre.
222. Sauter comme une chèvre. La cabriole est un pas de danse.
223. Jupiter. Le «plus beau» au vers suivant est Apollon.
224. La défaite des Titans est le sujet le plus chanté par Apollon aux banquets des dieux dans la littérature antique. Les poètes de la Renaissance ont souvent remplacé ce sujet par la défaite des Géants. Saint-Amant semble vouloir escamoter cette différence en employant le mot «Titans» ici au sens large, pour désigner non pas les Titans eux-mêmes mais plutôt leurs frères les Géants—sens possible depuis l'antiquité romaine, témoin Horace qui désigne les Géants par le nom d'«*impii Titanes*» (*Odes,* III. iv. 42-43). Ceci dit, il est intéressant de noter que le poète appuie sur le sens littéral de ce vers au moyen des jeux de mots signalés plus haut aux vers 289 et 291 (cf. notes 218, 220 et 221).
225. Autre ruisseau du mont Hélicon, consacré comme l'Hippocrène à Apollon et aux Muses (cf. v. 218).
226. Terpsichore est la muse de la danse et de la poésie lyrique, souvent représentée avec une lyre. L'épithète «au bon bec» signifie «belle parleuse», «qui parle beaucoup» Cf. la *Ballade des femmes de Paris* de Villon, et son refrain: «Il n'est bon bec que de Paris».
227. Raconta, comme un prêtre qui prêche le prône.

J'ai trouvé qu'à propos je pouvais vous l'apprendre,
Pour décharger ma rate[228], et pour vous faire entendre
Que je crois que ce fruit, qui possède nos yeux,
Provient de celui-là que briffèrent[229] les Dieux:
Car le Roi d'Hélicon[230], le Démon[231] de ma veine, 305
Dans le coin d'un mouchoir en garda de la graine,
Afin que tous les Ans il en pût replanter,
Et d'un soin libéral nous en faire goûter.
   O manger précieux! Délices de la bouche!
O doux Reptile herbu[232], rampant sur une couche! 310
O beaucoup mieux que l'or, Chef-d'œuvre d'Apollon!
O Fleur[233] de tous les Fruits! O ravissant MELON!
Les hommes de la Cour seront gens de parole[234],
Les Bordels de Rouen seront francs[235] de vérole,
Sans vermine et sans gale on verra les Pédants[236], 315
Les preneurs de Pétun[237] auront de belles dents,
Les femmes des Badauds[238] ne seront plus Coquettes[239],
Les Corps pleins de santé se plairont aux cliquettes[240],
Les Amoureux transis ne seront plus jalous,
Les paisibles Bourgeois hanteront les Filous, 320

228. Terme de la médecine ancienne qui signifie «purger la bile noire» (l'humeur «mélancolique» que la rate est censée secréter)—d'où le sens de «se réjouir», ou même de «rire». «Epanouir le cœur» (v. 4) est une expression tout à fait analogue, le cœur étant le siège du sang (l'humeur «sanguine»).
229. Dévorèrent, mangèrent goulûment.
230. Apollon. Pour le mont Hélicon, cf. notes 145 et 225.
231. Génie protecteur qui inspire et qui guide.
232. Cette métaphore évoque la plante rampante qui porte le melon, non pas le fruit lui-même.
233. «Fleur» signifie ici «parangon» ou «chef-d'œuvre». Cette métaphore permet au poète d'invertir spirituellement la conception naturelle selon laquelle le fruit est la réalisation et la perfection de ce qui n'est que virtuel dans la fleur. Cf. Malherbe, *Prière pour le roi allant en Limousin*, v. 84: «Et les fruits passeront la promesse des fleurs».
234. Le poème se termine avec une longue suite d'«impossibles» (*impossibilia*, ou *adynata*) ironiques. Ce procédé rhétorique est à rapprocher de la suite de comparaisons aux vers 69-88 et de celle, encore plus longue, qui n'est que résumée aux vers 249-256. Quant à ce premier «impossible», cf. vv. 41-44 et 261-262.
235. Exempts.
236. Maîtres d'école, instituteurs, dont la crasse était proverbiale à l'époque.
237. Tabac.
238. Sots, niais.
239. Femmes qui «caquettent» comme des poules qui pondent, donc bavardes, commères (cf. v. 272).
240. Crécelles qui annonçaient l'approche des lépreux.

Les meilleurs Cabarets deviendront solitaires,
Les Chantres du Pont-Neuf[241] diront de hauts mystères,
Les pauvres Quinze-vingts[242] vaudront trois cents Argus[243],
Les Esprits doux[244] du temps paraîtront fort aigus[245],
Maillet[246] fera des vers aussi bien que Malherbe[247],   325
Je haïrai Faret[248], qui se rendra superbe,
Pour amasser des biens avare je serai,
Pour devenir plus grand mon cœur j'abaisserai :
Bref, ô MELON sucrin[249], pour t'accabler de gloire,
Des faveurs de Margot[250] je perdrai la mémoire,   330
Avant que je t'oublie, et que ton goût charmant
Soit biffé des Cahiers du bon gros SAINT-AMANT[251].

---

241. Achevé en 1604, le Pont-Neuf devint aussitôt le principal centre populaire de Paris, où bateleurs, farceurs (tel le fameux Tabarin), rimeurs (tel le pauvre Maillet, cf. v. 325), et chansonniers exerçaient leurs talents parfois douteux.
242. Un hospice à Paris où étaient logés et nourris trois cents (quinze-vingts) aveugles indigents. Sont désignés ici les pensionnaires eux-mêmes.
243. Monstre à cent yeux à qui Junon donna la garde de sa rivale Io transformée en génisse. Cf. Ovide, *Métamorphoses*, I, 622-629.
244. Auteurs médiocres et sans génie.
245. Subtils, ingénieux.
246. Marc de Maillet (1568?-1628), poète fort médiocre de la génération précédente, souvent raillé à l'époque, satirisé impitoyablement par Saint-Amant lui-même dans le poème qui suit immédiatement *Le Melon* dans la *Suite des Œuvres, Le Poète crotté*.
247. C'est à tort que l'on s'étonne de cette mention favorable de Malherbe. En réalité Saint-Amant et ses contemporains admiraient le vieux poète et leurs œuvres témoignent souvent de son influence. L'opposition radicale entre Malherbe et ses successeurs libertins est une pure invention de la part de Boileau (cf. *L'Art poétique*, I, 13-26).
248. Nicolas Faret (1596?-1646), grand ami de Saint-Amant que le poète taquine souvent en faisant rimer son nom avec «cabaret». Il fut l'auteur d'une élogieuse «Préface» aux *Œuvres* de Saint-Amant (1629), et publia en 1630 un traité de politesse mondaine intitulé *L'Honnête homme, ou l'art de plaire à la cour*.
249. Sucré.
250. Nom d'amante inspiré peut-être de la «grosse Margot» de Villon, et qui désigne toujours dans les poésies de Saint-Amant une prostituée d'abord facile. Cf. *La Chambre du débauché*, vv. 208-210, et le sonnet «Entrer dans le bordel», v. 3.
251. Selon Tallemant des Réaux, Saint-Amant faisait partie d'un groupe d'amis appelé la «confrérie des Monosyllabes» où le poète fut connu comme «le Gros» (Cf. *Les Historiettes*, II, 236). C'est de cette épithète que le poète façonna son fameux sobriquet «le bon Gros», qui n'apparaît qu'une seule fois dans les *Œuvres* de 1629 (*Chanson à boire*, v. 22), mais que Saint-Amant s'appropria de façon systématique à partir du *Melon*.
(E.M.D.)

Le Printemps aux Environs de Paris[252]

Zéphyr a bien raison d'être amoureux de Flore[253];
C'est le plus bel Objet[254] dont il puisse jouir,
On voit à son éclat les soins s'évanouir
Comme les libertés devant l'Oeil que j'adore.

Qui ne serait ravi d'entendre sous l'Aurore[255]   5
Les Miracles volants[256] qu'au Bois je viens d'ouïr?
J'en sens avec les fleurs mon cœur s'épanouir,
Et mon Luth négligé[257] leur veut répondre encore.

L'herbe sourit à l'Air d'un air voluptueux;
J'aperçois de ce Bord fertile et tortueux   10
Le doux feu du Soleil flatter le sein de l'Onde.

Le soir et le matin la Nuit baise le Jour;
Tout aime, tout s'embrase, et je crois que le Monde
Ne renaît au Printemps que pour mourir d'amour[258].

---

252. Publié pour la première fois dans *Les Œuvres, Troisiesme partie* (1649), ce sonnet est impossible à dater de façon précise.
253. L'union conjugale de Zéphyr (dieu qui personnifie le vent d'ouest doux et tiède) et de Flore (déesse de la végétation) est remarquable dans la mythologie parce qu'elle se repose sur une véritable affinité amoureuse. Après avoir enlevé Flore, Zéphyr l'a épousée en justes noces. Voir Ovide, *Fastes*, V, 193 et suiv.
254. Dans le langage poétique du temps, «objet» signifie *femme aimée*.
255. Allusion à la déesse de l'aube, connue dans la mythologie pour ses nombreuses liaisons amoureuses.
256. Expression métonymique pour *oiseaux*, cette figure se voit chez d'autres poètes de l'époque. Pour une analyse plus détaillée, voir Jean Rousset, *La Littérature de l'âge baroque en France*, pp. 184-186.
257. Il est à noter que Saint-Amant lui-même jouait du luth, symbole de la poésie lyrique.
258. Le verbe «mourir» rappelle l'emploi assez fréquent dans la poésie amoureuse de la mort en tant que symbole de la passion sexuelle. Voir, à titre d'exemple, Saint-Amant, «La Nuit», vv. 85-90.

Antoine Girard de Saint-Amant (1594–1661)

L'ete de Rome[259]

Quelle étrange chaleur nous vient ici brûler?
Sommes-nous transportés sous la zone torride?
Ou quelqu'autre imprudent[260] a-t-il lâché la bride
Aux lumineux chevaux qu'on voit étinceler?

La Terre[261] en ce climat, contrainte à panteler, 5
Sous l'ardeur des rayons, s'entre-fend et se ride,
Et tout le champ[262] romain n'est plus qu'un sable aride
D'où nulle fraîche humeur[263] ne se peut exhaler.

Les furieux regards de l'âpre Canicule
Forcent même le Tibre[264] à périr comme Hercule[265], 10
Dessous l'ombrage sec des joncs, et des roseaux:

Sa[266] qualité de dieu l'en l'en saurait défendre;
Et le vase natal[267], d'où s'écoulent ses eaux,
Sera l'urne funeste, où l'on mettra sa cendre[268].

---

259. Publié pour la première fois en 1643 dans *Les Œuvres, Seconde partie*, et écrit très probablement pendant le séjour du poète à Rome en 1633.
260. Allusion au mythe de Phaéton, qui brûla la terre en laissant s'égarer le char de son père Phébus, et qui mourut foudroyé par Zeus. Voir Ovide, *Métamorphoses*, II, 200.
261. La personnification de la terre dans le second quatrain rappelle celle des *Métamorphoses*.
262. Employé ici au sens étymologique de «plaine».
263. Furetière, dans son *Dictionnaire universel* de 1690, définit «humeur» comme «substance liquide»: «les plantes se nourrissent de l'humeur de la terre».
264. Dans l'antiquité, ce fleuve fut vénéré par les Romains comme un dieu puissant, ce qui explique l'allusion au vers 12.
265. C.-à-d. périr par le feu. La femme d'Hercule lui envoya un manteau empoisonné qui lui brûla la peau. Devant l'impossibilité d'arracher le manteau, le héros se jeta sur un bûcher. Voir Ovide, *Métamorphoses*, IX, 100-280.
266. Noter l'ambiguïté du pronom, qui se rapporte strictement au nom propre «le Tibre» mais qui par le sens pourrait se rattacher également à Hercule.
267. Métonymie courante à l'époque pour la matrice, mais qui évoque aussi, de façon plus concrète, la source du fleuve. L'homonymie avec *la* vase, c.-à-d. la boue, est à noter.
268. Employé ici au sens étymologique de *poussière*, qui correspond mieux à l'image du fleuve desséché. Ce tercet est remarquable par le choix précis des mots qui maintient une double allusion à la mort par le feu d'une part, et d'autre part au progrès de la sécheresse qui tarit le fleuve.

L'automne des Canaries[269]

Voici les seuls côteaux, voici les seuls vallons
Où Bacchus et Pomone[270] ont établi leur gloire;
Jamais le riche honneur[271] de ce beau territoire
Ne ressentit l'effort des rudes Aquilons[272].

Les figues, les muscats, les pêches, les melons   5
Y couronnent ce dieu[273] qui se délecte à boire;
Et les nobles palmiers[274], sacrés à la victoire,
S'y courbent sous des fruits qu'au miel nous égalons.

Les cannes au doux suc, non dans les marécages,
Mais sur des flancs de roche y forment des bocages[275],   10
Dont l'or plein d'ambroisie éclate et monte aux cieux.

L'orange[276] en même jour y mûrit et boutonne;
Et durant tous les mois on peut voir en ces lieux
Le printemps et l'été confondus en l'automne.

---

269. Publié pour la première fois en 1649 dans *Les Œuvres, Troisième Partie*, ce sonnet ne peut être daté de façon précise. Jean Lagny ne le croit pas contemporain aux voyages de jeunesse du poète au cours desquels il visita les Canaries (voir Jean Lagny, *Le Poète Saint-Amant*, pp. 148-149).
270. Cette association de Bacchus et Pomone ne se base nullement sur la mythologie. Pomone, nymphe vouée à la cultivation paisible des vergers, finit par épouser Vertumne après une longue et ingénieuse poursuite.
271. Lagny (*Œuvres* de Saint-Amant, éd. 1962) note l'emploi fréquent de ce mot chez Saint-Amant au sens de «parure», mais le sens courant au XVIIe s. de «témoignage d'estime ou de soumission» (Furetière) correspond mieux aux images d'hommage du second quatrain.
272. «En poésie généralement tous les vents orageux, et que les nautonniers appréhendent, s'appellent Aquilons» (Furetière). La fin de ce quatrain présage les derniers vers du sonnet sur l'hiver qui suit celui-ci.
273. Ce portrait de Bacchus correspond aux représentations courantes de ce dieu dans la peinture, comme p.-ê. celle du Caravage peint en 1589.
274. Il s'agit plus précisément des dattiers.
275. La culture de la canne à sucre exige effectivement un sol bien drainé.
276. C.-à-d. l'oranger.

Antoine Girard de Saint-Amant (1594–1661)

L'hiver des Alpes[277]

Ces atomes[278] de feu, qui sur la Neige brillent,
Ces étincelles d'or, d'azur, et de cristal,
Dont l'Hiver, au Soleil, d'un lustre oriental
Pare ses Cheveux blancs, que les Vents éparpillent:

Ce beau Coton du Ciel, de quoi les monts s'habillent,   5
Ce pavé transparent, fait du second métal[279],
Et cet Air net, et sain, propre à l'esprit vital,
Sont si doux à mes yeux, que d'aise ils en pétillent[280].

Cette Saison me plaît, j'en aime la froideur,
Sa Robe d'innocence, et de pure candeur[281]   10
Couvre en quelque façon les crimes de la Terre[282]:

Aussi l'Olympien[283] la voit d'un front humain;
Sa colère l'épargne, et jamais le tonnerre
Pour désoler ses jours ne partit de sa main[284].

---

277. Publié dans *Les Œuvres, Troisiesme Partie* en 1649, ce sonnet est le remaniement d'une version parue en 1643 dont le deuxième tercet est différent:
    Au prix du dernier chaud ce temps m'est précieux;
    Et si la mort m'attrape en ce chemin de verre,
    Je ne saurais avoir qu'un Tombeau précieux.
A part ce changement radical, dans la version postérieure le substantif «candeur» remplace «splendeur» au vers 10.
278. Le mot «atomes» semble suggérer la notion de pureté, car au 17e siècle le mot renvoyait aux particules indivisibles de matière incorruptible. La théorie de la matière fut longuement débattue dans les cercles érudits à cette époque.
279. Terme d'alchimie pour désigner l'argent, le premier métal étant l'or. Dans son édition des *Œuvres complètes,* Charles Livet estime que le terme renvoie à l'Age d'Argent, qui suivit l'Age d'Or.
280. L'image des yeux qui reflètent les éclats de lumière qui émanent du décor évoque une pénétration réciproque entre la scène et celui qui la décrit.
281. Le mot «candeur» a ses origines dans le mot latin *candor,* c.-à-d. *blancheur.*
282. A cette époque, l'usage poétique du mot «terre» admettait comme acception possible *humanité.* Furetière donne un autre sens possible: «se dit aussi par opposition à ce qui est spirituel. Les plaisirs de la terre ne sont rien en comparaison de ceux du ciel».
283. Jupiter.
284. «Il tonne plus souvent dans les pays montueux, que dans les plaines. Il tonne rarement en hiver». (Furetière, cité aussi par Jean Lagny dans son édition des *Œuvres complètes.*)

VINCENT VOITURE (1597-1648)

Allen Wood et Mona Tobin Houston

Un portrait complet de Voiture exige des images en triptyque—poète, épistolier, esprit précieux. Comme poète il était un maître des petits vers vifs et marotiques, marqués par une facilité de forme et une gaieté spontanée. Les ténèbres et le grotesque, l'envers de la médaille baroque, ne menacent pas ce monde ensoleillé. Or, pendant les périodes où cette poésie légère fut critiquée ou négligée, la renommée de Voiture ne fut pas éclipsée, car ses lettres et sa vie continuèrent à susciter un intérêt solide. Le bon goût, l'honnêteté, et l'aisance de style apparents dans sa correspondance le rendirent un épistolier considérable, au même rang qu'un Guez de Balzac. Et surtout son esprit. Dans cet âge épris de l'esprit, Voiture fut un «moteur» spirituel du salon de Mme. de Rambouillet. La vie d'aventures, de galanteries, de libertinage qu'il mena charma le monde précieux, et continue d'égayer les études littéraires modernes.

Vincent Voiture naquit le 24 février 1597 à Amiens; sa famille s'installa bientôt après à Paris. Condisciple du futur cardinal de la Valette, l'un de ses plus fidèles protecteurs, Voiture était d'abord attaché au service de Monsieur (frère de Louis XIII). Il se rallia de bonne heure à l'Hôtel de Rambouillet, dès 1625, où son esprit fin et délicat brilla entre tant d'autres esprits. Son style raffiné mais naturel s'exprima dans des petits poèmes, des sonnets et des stances; il lança la mode des rondeaux en 1636. Homme d'action et de politique, il connut des périodes d'exil et de grâce, toutes entraînant des pérégrinations. Parmi ses séjours à l'étranger, on le voit tour à tour réfugié à Madrid en 1632; ambassadeur extraordinaire pour annoncer la naissance du dauphin (Louis XIV) à Florence en 1638. Chaque retour à Paris le ramena à la chambre bleue, où, malgré des jaloux, il continua à ravir l'assemblée des fidèles.

Quant à sa personne, c'était un homme de petite taille; «el rey chiquito» («le très-petit roi») fut son pseudonyme précieux, et signale sa prédilection pour la littérature espagnole. Quoique chétif, Voiture goûta fort les plaisirs de la vie: le jeu, les femmes, les voyages. Libertin et fils d'un marchand de vin, Voiture ne but que de l'eau. Mais il avait du courage dans ses veines, et conduisait avec dignité les affaires politiques et littéraires. Il fut un des premiers «immortels». Il se sauva plus d'une fois d'une situation délicate par un trait d'esprit ou un éloge éloquent. Pendant les années 1640 il sut plaire à Richelieu et puis à Mazarin, tâche peu facile. Malgré son habilité de langage, il lui fallut parfois passer à l'action; Voiture, roturier galant, se battit quatre fois en duel.

Le quatrième lui apporta un grand scandale, qui risqua de toucher la famille Rambouillet. La disgrâce poursuivit Voiture vers la fin de sa vie: il ne fut plus reçu à l'Hôtel de Rambouillet, il rompit définitivement avec Balzac et Chapelain, puis Mazarin cessa de le pensionner. Goutteux, fiévreux, purgé, Voiture mourut le 26 mai 1648, âgé de cinquante-et-un ans. Le maître d'esprit sut se retirer à temps, au crépuscule de son époque et avant la Fronde.

Voiture ne fut pas écrivain de profession, et ne publia rien de son vivant. Peu après sa mort son neveu publia ses écrits, ce qui donna lieu à la seconde cabale littéraire (la première, en 1635, fut un concours de poèmes sur le thème de la «Belle Matineuse»—voir les sonnets XVIII et XXI). L'éclat du classicisme assombrit la destinée posthume de Voiture, malgré les éloges (parfois mixtes) de Boileau, de La Fontaine, et de Mme. de Sévigné pour leur prédécesseur. Voltaire, quoique lui étant redevable, critiqua ses «faux brillants» avec dédain, et le Siècle de Lumières le mit à l'écart. Les Romantiques, prisant la verve, restaurèrent «el rey chiquito» à son modeste niveau: le badinage de Musset nous le rappelle, la critique de Sainte-Beuve le remit à un certain prestige, et les éditions de ses œuvres commencèrent à réapparaître à partir de 1855 (Ubicini). Les travaux impressionnants de Magne fournissent à notre siècle une perspective juste de la carrière de Voiture. Et le jugement moderne sur ce poète, épistolier, et homme d'esprit ne varie guère de celui d'Ubicini, qui considérait Voiture «un météore qui brille pour disparaître, satellite fortuit de quelque monde éphémère». Mais tant qu'il dure, admirons le beau spectacle.

Editions

Voiture, Vincent. *Poésies,* éd. Henri Lafay. Paris: Didier, 1971. Deux tomes, orthographe originelle.

Voiture, Vincent. *Œuvres de Voiture,* éd. M.A. Ubicini. Paris: Charpentier, 1855. Deux tomes, orthographe moderne.

Les textes dans cette anthologie suivent l'édition Lafay, et portent les chiffres de cette édition, mais l'orthographe est modernisée.

Bibliographie

Adam, Antoine. «Voiture» dans *L'Epoque d'Henri IV et de Louis XIII.* Tome I de *Histoire de la littérature française au XVIIe siècle.* Paris: Domat, 1948, pp. 385-393.

Fukui, Y. «Naissance de la poésie de salon: Voiture» dans *Raffinement précieux dans la poésie française du XVIIe siècle.* Paris: Nizet, 1964, pp. 186-201.

Génetiot, A. *Les Genres lyriques mondains.* Genève: Droz, 1990.

Lathuillère, Roger. *La Préciosité, étude historique et linguistique.* Genève: Droz, 1966, pp. 374-382.

Magne, Emile. *Voiture et les origines de l'Hôtel de Rambouillet.* Paris: Mercure de France, 1911.

Magne, Emile. *Voiture et les années de gloire de l'Hôtel de Rambouillet*. Paris: Mercure de France, 1912.

Moreau, Pierre. «Voiture» dans le *Dictionnaire des lettres françaises, XVIIe siècle*, éd. Grente. Paris: Arthème Fayard, 1954, pp. 1013-1016.

Mourgues, Odette de. «Voiture and the Question of Wit», *L'Esprit créateur*, 20, 4 (Winter, 1980), pp. 7-18.

Sage, Pierre. *Le Préclassicisme*. Paris: del Duca, 1962, pp. 171-177.

Sainte-Beuve. «Œuvres de Voiture, 15 décembre 1855», *Causeries de Lundi*, XII. Paris: Garnier, s.d., pp. 192-209.

Sainte-Beuve. «Une Petite Guerre sur la tombe de Voiture, janvier 1856», *Causeries de Lundi,* XII. Paris: Garnier, s.d., pp. 210-230.

Wood, Allen. «The End of Dawn: Poetic Closure in the Baroque 'Belle Matineuse'», *L'Esprit créateur,* 20, 4 (Winter, 1980), pp. 64-74.

AUTRES POÈMES DE VOITURE

On cite les incipit, car les chiffres varient selon l'édition.

Sonnets— «Sous un habit de fleurs, la nymphe que j'adore»; «Belles fleurs, dont je vois ces jardins embellis»

Stances— «Sur sa maîtresse rencontrée en habit de garçon»; «A une demoiselle qui avait les manches de sa robe retroussées et sales»

Rondeaux—«Chez la Coiffier, une demi douzaine»; «A vous ouïr Chapelain chapeler»; «Trois jours entiers, et trois entières nuits»

(A.W.)

Vincent Voiture (1597–1648)

Sonnet XVIII[1]

Il faut finir mes jours en l'amour d'Uranie[2],
L'absence ni le temps ne m'en sauraient guérir,
Et je ne vois plus rien qui me pût secourir,
Ni qui sût rappeler ma liberté bannie.

Dès longtemps[3] je connais sa rigueur[4] infinie,   5
Mais pensant aux beautés pour qui je dois périr,
Je bénis mon martyre, et content de mourir,
Je n'ose murmurer contre sa tyrannie.

Quelquefois ma raison, par de faibles discours,
M'incite à la révolte, et me promet secours,   10
Mais lors qu'à mon besoin je me veux servir d'elle[5];

---

1. Ce sonnet, qui date de la jeunesse de Voiture (vers 1620), fut critiqué dans la seconde et plus forte querelle, qui eut lieu après la publication de ses œuvres (1648-49). Cet «Uranie» (applaudi vingt ans avant par Malherbe et Balzac) fut opposé au «Job» de Benserade (paru en 1638):

>   Job, de mille tourments atteint,
>   Vous rendra sa douleur connue
>   Et raisonnablement il craint
>   Que vous n'en soyez pas émue.
>
>   Vous verrez sa misère nue:
>   Il s'est lui-même ici dépeint;
>   Accoutumez-vous à la vue
>   D'un homme qui souffre et se plaint.
>
>   Bien qu'il eût d'extrêmes souffrances,
>   On voit aller des patiences,
>   Plus loin que la sienne n'alla.
>
>   Il souffrit des maux incroyables:
>   Il s'en plaignit, il en parla:
>   J'en connais de plus misérables.

Quant au sonnet de Voiture, il traite du paradoxe d'une fatalité plaisante d'amour, dans un cadre bien connu. L'amant, un «martyr», éprouve la «tyrannie» de sa maîtresse, rejetée par la raison de l'amant en même temps que les sens de celui-là l'attirent à elle.
2. Uranie est le pseudonyme de l'amante, une dame qui reste inconnue. Selon la mythologie Uranie, Muse qui présidait l'astronomie, fut aimée d'Apollon.
3. Dès longtemps: Depuis longtemps.
4. Rigueur: selon le langage précieux, les refus de la dame.
5. La syntaxe de l'époque place les objets d'infinitif devant le verbe principal; on dirait actuellement «je veux me servir d'elle».

Après beaucoup de peine, et d'efforts impuissants,
Elle[6] dit qu'Uranie est seule aimable et belle,
Et m'y rengage plus que ne[7] font tous mes sens.

(A.W.)

Sonnet XXI[8]

Des portes du matin l'amante de Céphale[9],
Ses roses épandait dans le milieu des airs[10],
Et jetait sur les Cieux nouvellement ouverts,
Ces traits d'or, et d'azur qu'en naissant elle étale.

Quand la Nymphe divine,[11] à mon repos fatale, 5
Apparut, et brilla de tant d'attraits divers,
Qu'il semblait qu'elle seule éclairait l'Univers,
Et remplissait de feux la rive orientale[12].

Le Soleil se hâtant pour la gloire des Cieux,
Vint opposer sa flamme à l'éclat de ses yeux, 10
Et prit tous les rayons dont l'Olympe[13] se dore;

L'onde, la terre et l'air s'allumaient à l'entour:
Mais auprès de Philis on le prit pour l'Aurore,
Et l'on crut que Philis était l'Astre du jour[14].

(A.W.)

---

6. Elle: c'est-à-dire la raison.
7. «ne» explétif.
8. Ce sonnet, qui date de 1635, présente le thème de la «Belle Matineuse», comparaison entre l'amante et l'Aurore. La tradition comprend des sonnets de Du Bellay et de Ronsard, et des poètes italiens. Au moment où le sonnet de Voiture vit le jour, Malleville et Tristan écrivirent des sonnets rivaux. Pour plus de détails sur le sonnet et la querelle, voir Marcel Francon, «Les Belles Matineuses», *Romance Notes,* 8, 2 (Spring, 1967), 285-86 et Allen G. Wood, «The End of Dawn: Poetic Closure in the Baroque 'Belle Matineuse'», *L'Esprit créateur,* 20, 4 (Winter, 1980), 64-74. Le sonnet accompagna une lettre de Voiture à «une demoiselle de Blois». On en ignore la suite. Ce texte fut mis en musique.
9. l'amante de Céphale: épithète qui désigne Aurore.
10. La syntaxe des premiers vers est complexe; il faut comprendre «L'Amante de Céphale, près des portes du matin, épandait ses roses dans le milieu des airs».
11. Nymphe divine: épithète précieuse pour le pseudonyme Philis («amour», grec), femme aimée du poète.
12. rive orientale: l'Est.
13. Olympe: le séjour des dieux grecs.
14. l'Astre du jour: le soleil.

Vincent Voiture (1597-1648)

Sonnet XXII

A Monseigneur Le Cardinal Mazarin,

Sur La Comédie Des Machines[15]
Quelle docte Circé, quelle nouvelle Armide[16],
Fait paraître à nos yeux ces miracles divers
Et depuis quand les corps par le vague des airs
Savent-ils s'élever d'un mouvement rapide[17]?

---

15. Ce sonnet, qui reflète, comme tant de poésies de Voiture, la vie mondaine, exprime l'étonnement admiratif du spectateur français devant les machines de théâtre du célèbre scénographe italien, Giacomo Torelli. Il vint en France en 1645, pour contribuer à un spectacle pour Anne d'Autriche: *la Finta pazza* de Giulio Strozzi, avec une musique de Francesco Sacrati, jouée par les comédiens italiens. En mars 1647, il créa un spectacle encore plus éblouissant, de six heures; ce fut un opéra, *l'Orfeo* de Luigi Rossi avec un texte de l'abbé Francesco Butti. Le succès de ces spectacles fit que Mazarin commandât à Corneille une pièce à machines française, qui utiliserait les machines de Torelli. Ce fut *l'Andromède*, projetée pour 1648, mais qui ne fut représentée qu'en 1650, d'abord grâce à la petite vérole du jeune roi, l'influence de Vincent de Paul sur Anne d'Autriche et ensuite à cause de la fermeture des théâtres pendant la Fronde. Henry Lafay et Antoine Adam, parmi d'autres, datent ce sonnet de 1647. Il nous semble plus vraisemblablement avoir été écrit en 1645, à l'occasion de la première comédie de machines italienne, *la Finta pazza*. Il existe un sonnet de François Maynard sur le même sujet qui est forcément de 1645, le poète étant décédé en décembre de 1646. Les gravures et les descriptions du décor de *la Finta pazza* appuient notre hypothèse.
16. *Circé*: la magicienne de *l'Iliade* qui transforma les compagnons d'Ulysse en pourceaux. *Armide:* la magicienne de la *Jerusalem délivrée* du Tasse, qui retint Roland dans ses jardins enchantés. Les spécialistes de la métamorphose sont très appréciées par le public français, et figurent dans grand nombre de ballets de cour et de tragicomédies, comme *Les Travaux d'Ulysse* de Durval, représentés au Théâtre du Marais en 1630.
17. Le théâtre français avaient depuis très longtemps la possibilité technique de faire voler des personnes et même des animaux. Mais les machines italiennes surpassaient de loin les ressources françaises. Le public parisien de Torelli s'étonnait de la vitesse dont se mouvaient les personnages volants. Dans le *Journal* de Lefèvre d'Ormesson (Edition Chéruel, t. 1, p. 340) nous lisons, à propos de ce spectacle «…l'Aurore s'élevait de terre sur un char insensiblement et traversait ensuite le théâtre avec une vitesse merveilleuse. Quatre zéphyrs étaient enlevés au ciel de même, quatre descendaient du ciel et remontaient avec même vitesse».

Où l'on voyait l'azur de la campagne humide,   5
Naissent des fleurs sans nombres, et des ombrages verts[18].
Des globes étoilés les palais sont ouverts[19],
Et les gouffres profonds de l'empire liquide.

Dedans un même temps nous voyons mille lieux[20],
Des ports, des ponts, des tours, des jardins spacieux,   10
Et dans un même lieu, cent scènes différentes[21].

---

18. Voiture se plaît à renchérir sur la surprise du spectateur devant le changement du décor aquatique («l'azur de la campagne humide») en un paysage. Maynard, moins alambiqué, louant «l'art» qui produit «les subits changements de la nouvelle scène», écrivit «Où les poissons nageaient, il fait naître les roses»!

19. Des globes étoilés les palais sont ouverts: «les palais des globes étoilés sont ouverts». Ce vers peu clair semble faire allusion à «une gloire», un effet scénique qui consiste à faire paraître un ou plusieurs dieux dans les cieux, c'est-à-dire, suspendus. A la huitième scène du second acte de *la Finta Pazza* les cieux s'ouvraient pour révéler, dans une lumière splendide, Iris et Jupiter assis sur des nuages, et partout, à divers niveaux, d'autres dieux de l'antiquité, y compris la Victoire et Cupidon. Pendant que la Victoire descend pour révéler à l'héroïne qu'elle triomphera, Cupidon s'élève, et les cieux se referment.

20. Dedans un même temps nous voyons mille lieux: L'époque qui voit l'établissement des unités classiques, surtout celles du temps et du lieu, voit aussi un immense enthousiasme pour la pièce à grand spectacle, où la pièce à machines. Cet apparent paradoxe se résout par une distinction de genre: le décor unique et l'unité de temps règneront dans le théâtre parlé tandis que les «changements de face» seront l'apanage du ballet, de la comédie-ballet, et du théâtre lyrique.

21. Pour plaire aux Parisiens, Torelli avait rendu le port de Skyros, le lieu du premier acte de *la Finta pazza*, par les berges de la Seine. Ces vers font écho à la description de Lefèvre d'Ormesson: «…le port de Chio, où le Pont-Neuf et la place Dauphine étaient représentés admirablement»; il signale aussi des allées de cyprès, un beau jardin avec pilastres, une ville, et un palais.

Vincent Voiture (1597–1648)

Quels honneurs te sont dus, grand et divin Prélat,
Qui fais que désormais tant de faces changeantes[22]
Sont dessus les théâtres, et non pas dans l'Etat[23] !

(M.T.H.)

Stances IV[24]

Écrites De La Main Gauche
Sur Un Feuillet Des Mêmes
Tablettes, Qui Regardait Un Miroir
Mis Au Dedans De L'ouverture.

Quand je me plaindrais nuit et jour
De la cruauté de mes peines,
Et quand du pur sang de mes veines
Je vous écrirais mon amour.

Si vous ne[25] voyez à l'instant,   5
Le bel objet qui l'a fait naître,
Vous ne le pourrez reconnaître,
Ni croire que je souffre tant.

---

22. face: terme consacré pour le décor du théâtre, la scène. Cf. Georges de Scudéry, «la face du Théâtre, qui change cinq ou six fois entièrement» («Au Lecteur», *Le Prince déguisé*, 1635) et Lefèvre d'Ormesson: «je vis cinq faces de théâtre différentes». Le public français était conquis par les rapides changements à vue multiples et par l'art italien du décor en perspective d'une richesse et complexité jusqu'alors inconnu en France. Torelli avait inventé un système de contrepoids par lequel un seul machiniste sous le plateau put changer simultanément dix-huit chassis avec toiles peintes. Et cela sans avoir recours aux lourds stratagèmes décrits par Nicola Sabattini (*Pratica di far scene et machine ne teatri*, Ravenne, 1638) pour détourner l'attention du public pendant le changement de scène—on feignait une rixe, ou bien un accident, ou bien on faisait jouer des trompettes. La nouvelle scénographie fait du changement de scène une source d'étonnement et de beauté théâtrale. Cf. *La Gazette*, 14 décembre 1645: «Toute l'assistance était ravie …de la décoration du théâtre, de l'artifice des machines et des admirables changements de scènes jusques à présent inconnus à la France et qui ne transportent pas moins les yeux de l'esprit que ceux du corps par des mouvements imperceptibles».
23. Comme Maynard, Voiture clôt son sonnet par une pointe à la louange de Mazarin. Voici le texte de Maynard:
    Mais si par tes conseils tu ramènes la paix
    Et que cette Déesse honore le Théâtre,
    Fais qu'il demeure ferme, et ne change jamais.
24. Il faut imaginer ce texte écrit avec des lettres inversées, dont la lecture exige un miroir. La main gauche est aussi la main du cœur. Un ton ludique mêle l'optique et l'écriture. Le poème même est assez banal—il faut apprécier le jeu de la lecture.
25. un «ne» explétif, comme celui au vers 14. Pourtant on voit une négation aux vers 7 et 15.

En vos yeux, mieux qu'en mes écrits,
Vous verrez l'ardeur de mon âme,
Et les rayons de cette flamme[26]
Dont pour vous je me trouve épris.

Vos beautés vous le feront voir,
Bien mieux que je ne le puis dire;
Et vous ne le sauriez bien lire,
Que dans la glace d'un miroir.

10

15

(A.W.)

Stances XIV[27]
Sur Une Dame, Dont La Jupe Fut Retroussée En Versant Dans Un Carrosse, À La Campagne.

Philis, je suis dessous vos lois,
Et sans remède à cette fois,
Mon âme est votre prisonnière:
Mais sans justice et sans raison,
Vous m'avez pris par le derrière,
N'est-ce pas une trahison?

6

Je m'étais gardé de vos yeux;
Et ce visage gracieux,
Qui peut faire pâlir le nôtre;
Contre moi n'ayant point d'appas,
Vous m'en avez fait voir un autre,
De quoi je ne me gardais pas.

12

D'abord il se fit mon vainqueur,
Ses attraits percèrent mon cœur,
Ma liberté se vit ravie;
Et le méchant en cet état,
S'était caché toute sa vie,
Pour faire cet assassinat.

18

---

26. flamme: amour, dans le langage précieux.
27. Ce poème osé, qui date de 1630, traite d'une façon burlesque les conventions de l'amour précieux. Le retentissement du poème fut énorme.

Vincent Voiture (1597–1648)

Il est vrai que je fus surpris,
Le feu passa dans mes esprits:
Et mon cœur autrefois superbe[28],
Humble se rendit à l'Amour,
Quand il vit votre cul sur l'herbe,
Faire honte aux rayons du jour. 24

Le Soleil confus dans les Cieux,
En le voyant si radieux,
Pensa retourner en arrière,
Son feu ne servant plus de rien;
Mais ayant vu votre derrière,
Il n'osa plus montrer le sien. 30

En découvrant tant de beautés,
Les Sylvains[29] furent enchantés,
Et Zéphyre[30] voyant encore
D'autres appas que vous avez:
Même en la présence de Flore[31],
Vous baisa ce que vous savez. 36

La Rose la Reine des fleurs,
Perdit ses plus vives couleurs,
De crainte l'œillet devint blême;
Et Narcisse[32] alors convaincu,
Oublia l'amour de soi-même,
Pour se mirer en votre cul; 42

Aussi rien n'est si précieux,
Et la clarté de vos beaux yeux,
Votre teint qui jamais ne change,
Et le reste de vos appas,
Ne méritent point de louange,
Qu'alors qu'il ne se montre pas. 48

---

28. superbe: orgueilleux. Son cœur sut résister à l'amour.
29. Sylvains: divinités fabuleuses des forêts.
30. Zéphyr(e): le vent d'ouest, personnifié ici.
31. Flore: déesse de la végétation.
32. Narcisse: personnage mythologique amoureux de sa propre personne, aussi bien qu'une fleur.

On m'a dit qu'il a des défauts
Qui me causeront mille maux,
Car il est farouche à merveilles[33]:
Il est dur comme un diamant,
Il est sans yeux et sans oreilles,
Et ne parle que rarement[34]. 54

Mais je l'aime, et veux que mes vers,
Par tous les coins de l'Univers,
En fassent vivre la mémoire;
Et ne veux penser désormais
Qu'à chanter dignement la gloire
Du plus beau Cul qui fût jamais. 60

Philis, cachez bien ses appas,
Les mortels ne dureraient pas,
Si ces beautés étaient sans voiles;
Les Dieux qui règnent dessus nous,
Assis là-haut sur les Etoiles,
Ont un moins beau siège que vous. 66

(A.W.)

Rondeau XLIII[35]

Ma foi c'est fait de moi, car Isabeau[36]
M'a conjuré[37] de lui faire un Rondeau,
Cela me met dans une peine extrême:
Quoi, treize vers, huit en eau, cinq en ème!
Je lui ferais aussitôt un bateau. 5

---

33. On garde le «s» final pour l'accord visuel avec «oreilles» (v. 53).
34. Un vers qui provoque un gros rire.
35. Voiture lança la mode du rondeau en 1636, et celui-ci date de cette période. Il s'agit d'un rondeau sur le rondeau, où les règles du genre se présentent. Il y a treize vers, et et deux refrains (répétition des premières syllabes de l'incipit); il n'y a que deux rimes, la première dans huit vers («eau») et la seconde dans cinq («ème»).
36. allusion peu claire, sinon une Isabelle (amante quelconque) dont le nom est déformé pour la rime.
37. conjurer: poursuivre; prier avec instance.

Vincent Voiture (1597–1648)

En voilà cinq pourtant en un monceau,
Faisons-en huit, en invoquant Brodeau[38],
Et puis mettons par quelque stratagème,
  Ma foi c'est fait.

Si je pouvais encor[39] de mon cerveau   10
Tirer cinq vers, l'ouvrage serait beau:
Mais cependant je suis dedans l'onzième,
Et si je crois que je fais le douzième,
En voilà treize ajustés au niveau[40],
  Ma foi c'est fait.   15
            (A.W.)

Rondeau XLVI[41]

D'un buveur d'eau, comme avez[42] débattu[43],
Le sang n'est point de glace revêtu
Mais si bouillant et si chaud, au contraire,
Que chaque veine est en eux une artère
Pleine de sang, de force et de vertu.   5

Le feu par l'eau faiblement combattu,
Croissant sa force au lieu d'être abattu,
Va redoublant la chaleur ordinaire
  D'un buveur d'eau.

---

38. Victor Brodeau, poète marotique et peu connu. Le poète avait mis d'abord le nom de Godeau, écrivain d'odes et un premier membre de l'Académie, dans cette niche.
39. sans «e» final pour la scansion.
40. ajustés au niveau: façonnés à l'égalité du reste.
41. Ce rondeau date de la période 1636-39. On sait que Voiture, fils d'un marchand de vin, avait une grande aversion pour le vin. Ici il fait son apologie.
42. Le sujet, «vous» manque ici (et au vers 13).
43. Le jeu de mots, fondé sur la rime, nous fait distinguer entre «débattu» (v. 1), «combattu» (v. 6), «abattu» (v. 7), et enfin «battu» (v. 14).

Toujours de preux le renom ils ont eu[44],　　　　　　10
Ils ont l'estoc bien ferme et bien pointu[45],
Chauds en amour, et plus chauds en colère,
Si que[46] ferez fort bien de vous en taire,
Qu'un[47] de ces jours vous ne[48] soyez battu
　　　D'un buveur d'eau.　　　　　　　　　　　15
　　　　　　　　　　　　　　　　　　(A.W.)

　　　　　　Rondeau LIV[49]
　　　Il Envoie Ce Rondeau À Sa Dame
　　　　　Qui Est À La Campagne
A Rambouillet va vitement[50] et cours[51],
Petit Rondeau, mais sans trop de discours,
Fais mon excuse et mon humble prière,
Tu n'as qu'à voir et suivre la lumière
Qui de bien loin paraît dessus ses tours.　　　　　　5

Tous les attraits, les grâces, les amours,
Et les vertus, qui brillent en nos jours,
Depuis un mois tiennent leur cour plénière[52]
　　　A Rambouillet.

---

44. C'est-à-dire, ils (buveurs d'eau) ont toujours eu le renom (d'être) preux.
45. vers qui provoque un gros rire. Un estoc est une ancienne épée, longue et étroite. Un symbole évidemment phallique.
46. Si que: De sorte que.
47. Qu': —De peur qu'.
48. «ne» explétif.
49. Ce rondeau, qui date de la période des rondeaux (1636-39), nous rappelle l'alliance entre Voiture et l'Hôtel de Rambouillet. Or, ici, il s'agit du château de Rambouillet, situé dans les Yvelines.
50. On a conservé cette forme ancienne pour la scansion (il faut des décasyllabes).
51. On voit un jeu de mots entre «cours» ici, «cour» (v. 8), «cours» (v. 11) et même «carrière» (v. 12).
52. cour plénière: assemblée que tenaient les souverains, au Moyen-Age, dans des circonstances solennelles.

Vincent Voiture (1597–1648)

Paris languit attendant leur secours, 10
On n'y voit plus ni la Cour, ni le cours[53],
Que si[54] parfois je prends cette carrière,
Mon esprit fuit, et retourne en arrière,
Mon cœur s'absente, et mon âme est toujours
      A Rambouillet. 15
      (A.W.)

Rondeau LV

Dedans ces prés herbus et spacieux,
Où mille fleurs semblent sourire aux Cieux,
Je viens blessé d'une atteinte mortelle[55]
Pour soulager le mal qui me martelle,
Et divertir mon esprit par mes yeux. 5

Mais contre moi mon cœur séditieux
Me donne plus de pensers[56] soucieux
Que l'on ne[57] voit de brins d'herbe nouvelle
      Dedans ces prés.

De ces tapis le pourpre précieux, 10
De ces ruisseaux le bruit délicieux,
De ces vallons la grâce naturelle,
Blesse mes sens, me gêne et me bourrèle,
Ne voyant pas ce que j'aime le mieux
      Dedans ces prés. 15
      (A.W.)

---

53. le cours: promenade publique; sans doute celui qui longeait la Seine, au-delà de la porte Saint-Antoine (le cours le plus célèbre de l'époque).
54. Que si: construction emphatique de «si».
55. atteinte mortelle: un écho possible des stances du *Cid*.
56. On garde ici la forme ancienne, pour le genre de l'adjectif suivant (donc, la rime).
57. «ne» explétif.

Placet LXXXVIII[58]

Prélat passant tous les Prélats passés[59],
(Car les présents serait un peu trop dire,)
Pour Dieu rendez les péchés effacés,
De ce Cocher qui vous sut mal conduire;
S'il fut peu caut[60] à son chemin élire,   5
Votre renom le rendit téméraire;
Il ne crut pas, versant, pouvoir mal faire,
Car chacun dit que quoi que vous fassiez,
En guerre, en paix, en voyage, en affaire,
Vous vous trouvez toujours dessus vos pieds[61].   10

(A.W.)

Epitaphe CIV[62]

Ci gît[63] un petit garçonnet[64]
Qui mourut par les mains cruelles
De deux méchantes demoiselles
Sur le chemin de Bagnolet[65].
Mais son trépas fut glorieux   5
Autant que sa mort fut cruelle,
Puisqu'il mourut devant les yeux
De la princesse la plus belle[66]
Qui fût jamais dessous les cieux.

(A.W.)

---

58. Ce *placet* (pétition ou requête) date de 1642, et fut adressé d'abord à Richelieu, puis à Mazarin (malgré l'unicité du récit).
59. Cet incipit fut très célèbre et souvent répété. Remarquez l'allitération des «p» et des «l».
60. caut: ayant de la précaution.
61. Remarquez l'allitération des «v», l'assonance des «ou».
62. Epitaphe burlesque qui raconte «l'assassinat» du poète par deux (!) demoiselles, le priant de leur écrire un poème.
63. Ci gît: forme traditionnelle pour une épitaphe, «Ici repose».
64. allusion à la taille du poète, «el rey chiquito».
65. Bagnolet: dans la banlieue est de Paris.
66. Il s'agit de la «Princesse Julie», fille de Mme. de Rambouillet.

Tristan L'Hermite (1601-1655)

Amédée Carriat, Jean-Pierre Chauveau, Catherine Grisé, Claude Abraham

Né en 1601 (?) au château de Solier (Haute-Marche), François L'Hermite est attaché comme page à l'un des bâtards d'Henri IV et grandit auprès des enfants royaux, partageant leurs études et leurs friponneries. A quinze ans, il s'enfuit de la Cour, mène à travers la France, et peut-être l'Angleterre, une vie d'aventure, avant de trouver accueil en Poitou, chez les Sainte-Marthe, puis le marquis de Villars. Devenu gentilhomme de la suite du roi (1620), il prend part en 1621 à la campagne de Guyenne contre les protestants. Peu après, Gaston d'Orléans le prend à son service. Tristan (tel est désormais son nom en littérature) publie ses premiers vers (*Vers du ballet de Monsieur*, 1626; *La Mer,* 1628), suit son maître en Lorraine (1629), puis à la cour de Bruxelles, où, auprès de l'infante Isabelle, il écrit *Les Plaintes d'Acante* (1633) et des pièces de circonstance (*La Peinture de Son Altesse Sérénissime*; *Eglogue maritime,* 1634). De retour en France, il aborde le théâtre avec une tragédie, *La Mariane* (1636), qui, montée au Marais par Mondory, lui vaut une soudaine notoriété. L'échec de *Panthée* (1637) le fait revenir à la poésie (*Les Amours*, 1638; *La Lyre*, 1641), puis chercher une autre voie dans la prose (*Lettres mêlées*, 1642; *Le Page disgracié*, 1642; *Plaidoyers historiques*, 1643). Il revient au théâtre en 1644, avec une tragi-comédie (*La Folie du Sage*) et, deux tragédies (*La Mort de Sénèque*; *La Mort de Chrispe*). Abandonné par Gaston, il sert quelques mois la duchesse de Chaulnes, dédie à la reine Anne d'Autriche un *Office de la Vierge* (1646), au comte de Saint-Aignan des *Vers héroïques* (1648) qui passent inaperçus à l'aurore de la Fronde. Son élection à l'Académie française (1649) le console un moment de la captivité, à Naples, de son dernier protecteur, Henri de Guise; sa comédie *Le Parasite* (1653) connaît quelque succès. Mais, devenu besogneux et solitaire, Tristan s'éteint le 7 septembre 1655, un mois après son ami Cyrano, qui avait salué en lui «le seul Poète, le seul Philosophe et le seul Homme libre» de leur époque. Quinault, qu'il avait protégé, fera éditer *Osman*, sa dernière tragédie (1656).

La poésie de Tristan laisse déceler des influences diverses: souvenirs d'Ovide, traditions pétrarquiste et pastorale, et, surtout, influences de Malherbe, de Théophile et de Marino. A Malherbe il doit les moules de son lyrisme (dont ces odes aux amples strophes de dix ou douze octosyllabes) et la variété de ses genres: poésie tour à tour héroïque, funèbre, morale, amoureuse ou galante. Avec Théophile s'accorde ce qu'il y a en lui de plus spontané, qui fait la chaleur profonde de son effusion, tandis qu'en Marino il admire les raffinements du langage des sens, fussent-ils poussés jusqu'à l'excès.

Marino, Théophile, Malherbe disparus, le talent de Tristan s'épanouit à l'écart. Il ne fréquente ni chapelles, ni ruelles, ni salons. Ni Chapelain ni Balzac qui font alors les réputations. «L'art des Muses demande trop de repos», et il veut ne céder aux contraintes sociales que l'inévitable, à tout prix préserver sa «franchise». Indocile, inclassable Tristan; tout à la fois ami de Cyrano et auteur d'un *Office de la Vierge*. Ses amis mêmes sont discrets sur son compte. Pour un peu le poète passait inaperçu de son temps, éclipsé par l'auteur dramatique.

Dans cette poésie, plus de vingt ans séparent la drôlerie des *Vers de ballet* de la grave incitation qui clôt les *Vers héroïques* («Pensons à nous coucher pour le dernier sommeil».) sans qu'on puisse parler d'évolution: peu soucieux d'apparente cohérence, Tristan a regroupé dans ses grands recueils des pièces de toutes les époques; grave, il l'était déjà dans l'ode à M. de Chaudebonne, qui est de 1625; facétieux, il le sera encore dans ses tardives compositions burlesques. Toute son œuvre oscille entre des pôles contraires, incluant à la fois la nature sauvage et les jardins ornés, «l'eau qui sommeille» et la vague en furie, la nuit sombre et la clarté, la fraîcheur et l'artifice, le frémissement des sens et le badinage, le rêve funèbre et la «petite espérance», le scepticisme et l'inquiétude. L'inquiétude surtout: le promenoir qui mène à la fontaine, ce n'est pas seulement le doux émoi des amants, c'est l'attirance du grand mystère, figuré par les gravitations célestes et le visage de l'aimée vus à l'envers, tout pareillement insondables. Eros et cosmos lui donnent le vertige: l'un et l'autre règlent sa destinée, dont il est persuadé depuis toujours qu'elle est mauvaise. Ce Tristan hanté par la fragilité du bonheur humain et qui cherche sous des ornements baroques à voiler son tourment, c'est ce Tristan-là qui se trouve accordé à notre sensibilité.

Quand, à la fin du XIXe siècle, Quillard, Bernardin, Faguet tirent de l'oubli la poésie de Tristan, ils n'en mesurent pas toute la portée. En 1909, J. Madeleine et Ad. Van Bever procurent les premiers textes sans grands échos dans l'immédiat. La curiosité s'amorce plus tard, parmi le grand public lettré (éditions Camo, Lachèvre, Carriat; études de V. Larbaud, E. Henriot, M. Arland, J. Tortel) et dans l'Université (travaux de synthèse d'A. Adam, J. Rousset, O. de Mourgues, Y. Fukui). Les éditions critiques des *Vers héroïques* par C. Grisé et de *La Lyre* par J.-P. Chauveau comblent enfin deux lacunes importantes, tandis que se multiplient les études italiennes (C. Rizza, D. Dalla Valle, H. Albani), allemandes (W. Leiner), et surtout nord-américaines (Ph. A. Wadsworth, C.K. Abraham, C. Grisé, L.W. Johnson, J.C. Lapp, R.T. Corum).

EDITIONS CRITIQUES

Les Plaintes d'Acante, éd. J. Madeleine, Paris, Textes fr. mod., 1909.
Les Vers héroïques, éd. C. Grisé, Paris, Textes litt. fr., 1964.

TRISTAN L'HERMITE (1601-1655)

La Lyre, éd. J.-P. Chauveau, Paris, Textes litt. fr., 1977.

AUTRES ÉDITIONS
Les Amours, éd. P. Camo, Paris, Garnier, 1925.
Poésies chrétiennes, éd. F. Lachèvre, Paris, Clavreuil, 1941.
Poésies, éd. Ph. A. Wadsworth, Paris, Seghers, 1960.

MONOGRAPHIES
Bernardin, N.-M. *Un précurseur de Racine: Tristan L'Hermite*, Paris, Picard, 1895.
Droz, E. *Le Manuscrit des «Plaintes d'Acante»*, Paris, Droz, 1937.
Carriat, A. *Tristan ou l'éloge d'un poète*, Limoges, Rougerie, 1955.
Abraham, C. *Tristan L'Hermite*, Boston, Twayne, 1980.
Belcher, M. *Bird Imagery in the Lyric Poetry of Tristan L'Hermite*, PFSCL Biblio 17, 1987.
Bouttet, S. *Les Poésies de Tristan L'Hermite. Etude historique*, thèse, Rennes, 1987.
Cahiers Tristan L'Hermite, 1979 sq.

CHAPITRES D'ÉTUDES GÉNÉRALES
Adam, A. *Histoire de la littérature française au XVIIe siècle*, Paris, Domat, I, 1948, 369-75; II, 1951, 68-70.
Fukui, Y. *Raffinement précieux dans la littérature française du XVIIe siècle*, Paris, Nizet, 1964, *passim*.
Payen, J.-C. et Chauveau, J.-P., *La Poésie française des origines à 1715*, Paris, Colin, 1968, 153-5, 466-72.
Dalla Valle, D. *La Frattura*, Ravenna, Longo, 1970, 319-29.
Viala, A. dans Beaumarchais-Couty-Rey, *Dictionnaire des littératures de langue française*, Paris, Bordas, 1984, III, 2339-2342.

ARTICLES
Rizza, C. «L'Orphée di Tristan e l'Orfeo di Marino», *Convivium*, 1954, 429-39.
Wadsworth, Ph. A. «Artifice and Sincerity in the Poetry of Tristan L'Hermite», *Modern Language Notes*, 1959, 422-30.
Albani, H. «Tristan poète mariniste», *Revue d'Etudes italiennes*, 1967, 331-46.
Johnson, L. W. «Tristan and the Emblematic Tradition», *Rev. Quat.*, 1968, 429-41.
Chauveau, J.-P. «Tristan L'Hermite et la célébration des héros», *Baroque*, 1969, 117-26.
Grisé, C. «The Religious Poetry of Tristan L'Hermite», *Mosaïc*, 1971, 16-35.
Rubin, D.L. (éd.), R.T. Corum, W. Leiner, «The Poetry of Tristan L'Hermite», *PFSCL,* 1978, 7-48.

Tortel, J. «Tristan et la figuration de l'astre», *Argile*, XXIX-XXX, 1979, 59-83.

Girault, Y. «Tristan et Marino, ou les infortunes d'Orphée», *La France et l'Italie au temps de Mazarin*, Actes du colloque de Grenoble 1985, P.U.G., 1986, 229-240.

Guichemerre, R. «*Les Plaintes d'Acante* et *I Sospiri di Ergasto*», *Du Baroque aux Lumières, pages à la mémoire de Jeanne Carriat*, Mortemart, Rougerie, 1986, 40-47.

Collectif, «Tristan poète lyrique», *Cahiers T.L'H.*, V, 1983, 5-71.

Grisé, C. «Tristan poète saturnien», *Cahiers T.L'H.*, IX, 1987, 19-25.

Graziani, F., «Le Mythe pastoral dans *Les Plaintes d'Acante*», *Cahiers T.L'H.*, XII, 1990, 23-39.

Belcher, M. «Tristan et l'antiquité», *Cahiers T.L'H.*, XII, 1990.

Serroy, Jean. «Tristan et la libre écriture dans *Le Page disgrâcié*», *Continuum*, vol. 3, 1991, 149-57.

<small>LECTURES COMPLEMENTAIRES</small>

Voir un choix excellent dans:

Chauveau, J.-P. *Anthologie de la poésie française du XVIIe siècle*, Paris, Gallimard Poésie, 1987.

Mathieu-Castellani, G. *Anthologie de la poésie amoureuse de l'âge baroque, 1570-1640*, Le Livre de Poche, 1991.

Dans *Les Plaintes d'Acante*: strophes XVI-XXI.

Dans *Les Amours*: Les vains plaisirs; La gouvernante importune; Plainte à la belle banquière; Misère de l'homme du monde.

Dans *La Lyre*: Plainte de l'illustre pasteur; L'Orphée; A M. de Chaudebonne; Les misères humaines; L'ambition tancée.

Dans l'*Office de la Sainte Vierge*: Méditation sur le «Memento homo».

Dans *Les Vers héroïques*: La belle gueuse; L'extase d'un baiser; Les terreurs nocturnes; Sujet de la comédie des fleurs; C'est fait de mes destins...

Tristan L'Hermite (1601–1655)

Le Promenoir des Deux Amants[1]

Auprès de cette grotte sombre
Où l'on respire un air si doux,
L'onde lutte avec les cailloux,
Et la lumière avecque l'ombre[2].   4

Ces flots lassés de l'exercice
Qu'ils ont fait dessus ce gravier,
Se reposent dans ce vivier
Où mourut autrefois Narcisse[3].   8

C'est un des miroirs où le Faune
Vient voir si son teint cramoisi
Depuis que l'Amour l'a saisi,
Ne serait point devenu jaune[4].   12

L'ombre de cette fleur vermeille,
Et celle de ces joncs pendants
Paraissent être là-dedans
Les songes de l'eau qui sommeille[5].   16

Les plus aimables influences[6]
Qui rajeunissent l'univers,
Ont relevé ces tapis verts
De fleurs de toutes les nuances.   20

---

1. Le plus fameux des poèmes de Tristan, et ceci peut-être grâce aux quatrains mis en musique par Debussy, «Le Promenoir» a été publié pour la première fois dans *Les Plaintes d'Acante* (1633), et a été repris dans *Les Amours* (1638) avec plusieurs variantes, dont une assez importante. A lire les *Lettres mêlées* (64, 77, 78 et 82), Climène pourrait être une comtesse de C., parente de Puylaurens, que Tristan aurait pu connaître lors de son séjour à Bruxelles (1633-34); il se pourrait tout aussi bien qu'il s'agisse ici d'un nom et d'une beauté de convention.
2. A remarquer ici cet appel à toute une variété de sensations.
3. Fils de Liriope et de Céphise, qui s'éprit de sa propre image réfléchie dans l'eau d'une fontaine. Selon une version du mythe, il se précipita dans cette fontaine; selon une autre, il ne put s'arracher à la vision et dépérit aux bords de la fontaine. Sur l'importance du mythe dans la poésie de ce temps, voir Gérard Genette, «Narcisse baroque», *NRF* 105 (1 sept. 1961), 558-564.
4. Couleur associée à la jalousie, à l'amant trompé. A remarquer qu'ici débute une série de personnifications mythologiques qui s'ajoutent à celles des éléments de la nature.
5. Variante, 1633: Ces roseaux, cette fleur vermeille,
   Et ces glaix en l'eau paraissant,
   Forment les songes innocents
   De La Nayade qui sommeille.
6. Allusion astrologique au retour du printemps.

Dans ces bois ni dans ces montagnes
Jamais chasseur ne vint encor:
Si quelqu'un y sonne du cor,
C'est Diane avec ses compagnes. 24

Ce vieux chêne a des marques saintes[7];
Sans doute qui le couperait,
Le sang chaud en découlerait,
Et l'arbre pousserait des plaintes[8]. 28

Ce rossignol mélancolique
Du souvenir de son malheur,
Tâche de charmer[9] sa douleur,
Mettant son histoire en musique[10]. 32

Il reprend sa note première
Pour chanter d'un art sans pareil
Sous ce rameau que le soleil
A doré d'un trait de lumière. 36

Sur ce frêne deux tourterelles
S'entretiennent de leurs tourments,
Et font les doux appointements
De leurs amoureuses querelles. 40

Un jour Vénus avec Anchise[11]
Parmi ses forts[12] s'allait perdant
Et deux Amours en l'attendant
Disputaient[13] pour une cerise. 44

---

7. Souvenir de *L'Astrée,* livre III, que l'on retrouve aussi dans *Les Plaintes d'Acante.*
8. Les allusions aux métamorphoses foisonnent dans l'oeuvre de Tristan. On reconnaîtra ici les arbrisseaux qu'Enée arracha au tombeau de Polydore et qui, eux aussi, poussèrent des plaintes.
9. *Charmer:* apaiser.
10. Cf. le mythe de Philomèle, changée en hirondelle par son époux Térée.
11. C'est de cet amour, qu'Anchise ne put taire, que naquit Enée.
12. *Forts:* partie la plus dense d'une forêt; on se rappellera qu'Aphrodite (ici Vénus) avait enjoint à Anchise de ne pas révéler leur union.
13. *Disputaient:* se disputaient.

Dans toutes ces routes divines
Les Nymphes dansent aux chansons,
Et donnent la grâce aux buissons
De porter des fleurs sans épines. 48

Jamais les vents ni le tonnerre
N'ont troublé la paix de ces lieux,
Et la complaisance des Dieux[14]
Y sourit toujours à la terre. 52

Crois mon conseil, Chère Climène,
Pour laisser arriver le soir
Je te prie, allons nous asseoir
Sur le bord de cette fontaine. 56

N'ois-tu pas soupirer Zéphire
De merveille et d'amour atteint,
Voyant des roses sur son teint
Qui ne sont pas de son empire? 60

Sa bouche d'odeur[15] toute pleine
A soufflé sur notre chemin,
Mêlant un esprit de jasmin
A l'ambre de ta douce haleine. 64

Penche la tête sur cette onde
Dont le cristal paraît si noir,
Je t'y veux faire apercevoir
L'objet le plus charmant du monde. 68

Tu ne dois pas être étonnée
Si vivant sous tes douces lois,
J'appelle ces beaux yeux mes Rois[16],
Mes Astres et ma Destinée. 72

Bien que ta froideur soit extrême,
Si dessous l'habit d'un garçon
Tu te voyais de la façon,
Tu mourrais d'amour pour toi-même. 76

---

14. Variante, 1633: des cieux.
15. Variante, 1633: d'odeurs.
16. Cf. «La Servitude».

Vois mille Amours qui se vont prendre
Dans les filets de tes cheveux;
Et d'autres qui cachent leurs feux
Dessous une si belle cendre[17].   80

Cette troupe jeune et folâtre
Si tu pensais la dépiter,
S'irait soudain précipiter
Du haut de ces deux monts d'albâtre[18].   84

Je tremble en voyant ton visage
Flotter avecque mes désirs,
Tant j'ai de peur que mes soupirs
Ne lui fassent faire naufrage[19].   88

De crainte de cette aventure[20],
Ne commets pas si librement
A cet infidèle élément
Tous les trésors de la nature.   92

Veux-tu par un doux privilège
Me mettre au-dessus des humains?
Fais-moi boire au creux de tes mains
Si l'eau n'en dissout point la neige.   96

Ah! je n'en puis plus, je me pâme,
Mon âme est prête à s'envoler,
Tu viens de me faire avaler
La moitié moins d'eau que de flamme[21].   100

Ta bouche d'un baiser humide
Pourrait amortir ce grand feu,
De crainte de pécher un peu
N'achève pas un homicide.   104

---

17. Variante, 1633: Dessus (possible sur une chevelure blond-cendre).
18. Périphrase des plus conventionnelles rachetée ici par une allusion assez spirituelle et allégorique aux amants qui se suicident.
19. I.e., les soupirs, agitant l'eau, détruisent l'image sur le «cristal noir».
20. Aventure: sort.
21. Rime courante au dix-septième siècle. A remarquer que si le ton du poème va changer soudain, cet oxymoron continue.

Tristan L'hermite (1601–1655)

J'aurais plus de bonne fortune,
Caressé d'un jeune Soleil[22]
Que celui qui dans le sommeil
Reçut les faveurs de la Lune[23]. 108

Climène ce baiser m'enivre,
Cet autre me rend tout transi,
Si je ne meurs de celui-ci
Je ne suis pas digne de vivre. 112

La Mer, A Son Altesse Royale[24]
Ode

I   Depuis la mort de Maricour[25]
J'ai l'esprit plein d'inquiétude ;
J'abhorre le bruit de la cour
Et n'aime que la solitude.
Nul plaisir ne me peut toucher
Fors[26] celui de m'aller coucher
Sur le gazon d'une falaise,
Où mon deuil se laissant charmer
Me laisse rêver à mon aise
Sur la majesté de la mer. 10

---

22. L'astre qu'est Climène.
23. Fils de Zeus, Endymion devint amoureux de la Lune. Sur la demande de cette dernière, Zeus frappa son fils d'un sommeil éternel, lui permettant de rester ainsi toujours jeune et beau.
24. Tristan composa cette ode en l'automne de 1627 pendant le siège de La Rochelle. Il l'adressa à son protecteur, Gaston d'Orléans, frère de Louis XIII, qui commandait l'armée royale à La Rochelle.
25. François des Champs, dit Morel, seigneur de Maricourt, fut tué le 15 septembre 1627 à La Rochelle.
26. Sauf, excepté.

II	N'est-ce pas un des beaux objets
	Qu'ait jamais formé la nature?
	N'est-ce pas un des beaux sujets
	Que puisse prendre la peinture?
	Et ce courage ambitieux
	Qui pensant voler jusqu'aux cieux
	Eut une célèbre disgrâce
	En faillant un dessein si beau,
	Pouvait-il cacher son audace
	Dans un plus superbe tombeau[27]? 20

III	L'eau qui s'est, durant son reflux
	Insensiblement évadée
	Aux lieux qu'elle ne couvre plus,
	A laissé la vase ridée.
	C'est comme un grand champ labouré;
	Nos soldats d'un pas assuré
	Y marchent sans courir fortune
	Et s'avançant bien loin du bord,
	S'en vont jusqu'au lit de Neptune[28]
	Considérer le dieu qui dort. 30

IV	Le vent qui murmurait si haut,
	Tient maintenant la bouche close
	De peur d'éveiller en sursaut
	La divinité qui repose.
	La mer dans la tranquillité
	Avecque tant d'humilité
	Dissimule son insolence
	Qu'on ne peut soupçonner ses flots
	De la cruelle violence
	Dont se plaignent les matelots. 40

---

27. Icare tenta de voler au moyen d'ailes attachées avec de la cire, mais s'étant trop approché du soleil, la cire se fondit et il tomba dans la mer.
28. Dieu de la mer.

V   Le soleil à longs traits ardents
Y donne encore de la grâce,
Et tâche à se mirer dedans
Comme on ferait dans une glace ;
Mais les flots de vert émaillés
Qui semblent des jaspes taillés,
S'entredérobent son visage
Et par de petits tremblements
Font voir au lieu de son image
Mille pointes de diamants.   50

VI   Quand cet astre ne vient encor
Que de commencer sa carrière
Dans des cercles d'argent et d'or,
D'azur, de pourpre et de lumière,
Quand l'Aurore en sortant du lit,
Elle que la honte embellit,
Rend la couleur à toutes choses,
Et montre d'un doigt endormi
Sur un chemin semé de roses
La clarté qui sort à demi ;   60

VII   Au lever de ce grand flambeau
Un étonnement prend les âmes,
Voyant ici naître de l'eau
Tant de couleurs et tant de flammes.
C'est lors que Doris et ses sœurs[29]
Bénissant les claires douceurs
Du nouveau jour qui se rallume,
S'apprêtent à faire sécher
Leurs cheveux blanchissants d'écume
Dessus la croupe d'un rocher.   70

---

29. Doris, fille de l'Océan, femme de Nérée et mère de cinquante nymphes de la mer qui sont appelées ici ses sœurs.

VIII Souvent de la pointe où je suis,
Lors que la lumière décline,
J'aperçois des jours et des nuits
En même endroit de la marine.
C'est lors qu'enfermé de brouillards,
Cet astre lance des regards
Dans un nuage épais et sombre,
Qui réfléchissant à côté,
Nous font voir des montagnes d'ombre
Avec des sources de clarté. 80

IX Lorsque le temps se veut changer,
Que la nature qui s'ennuie
Se va quelque part décharger
De sa tristesse avec la pluie,
Lors mille monstres écaillés
Que la tourmente a réveillés,
Sortent de l'onde à sa venue,
Saluant Iris[30] dans les cieux,
Qui vient étaler dans la nue
Toutes les délices des yeux. 90

X Mais voici venir le montant,
Les ondes demi courroucées
Peu à peu vont empiétant
Les bornes qu'elles ont laissées.
Les vagues d'un cours diligent,
A longs plis de verre ou d'argent
Se viennent rompre sur la rive,
Où leur débris fait à tous coups
Rejaillir une source vive
De perles parmi les cailloux. 100

---

30. Déesse de l'arc-en ciel.

XI	Sur ces bords d'ossements blanchis
	De pauvres pêcheurs font la ronde,
	Espérant bien d'être enrichis
	Par quelque largesse de l'onde,
	Car la mer éternellement
	Garde ce noble sentiment,
	Avecque son humeur brutale,
	De n'engloutir aucuns[31] trésors
	Que d'une fougue libérale
	Elle ne jette sur ses bords. 110
XII	Quand les vagues s'enflent d'orgueil,
	Et se viennent crever de rage
	Contre la pointe d'un écueil
	Où cent barques ont fait naufrage,
	Alors qu'une sombre vapeur
	Imprime une mortelle peur
	Avec ses présages funestes,
	Et que les vents séditieux,
	Pour éteindre les feux célestes,
	Portent l'eau jusques dans les cieux, 120
XIII	Le vaisseau poussé dans les airs
	N'aperçoit point de feux propices;
	On n'y voit au jour des éclairs
	Que gouffres et que précipices,
	Tantôt il est haut élancé,
	Tantôt il se trouve enfoncé
	Jusque sur les sablons humides,
	Et se voit toujours investir
	D'un gros[32] de montagnes liquides
	Qui s'avancent pour l'engloutir. 130

---

31. «Aucun» s'employait couramment au pluriel au XVIIe siècle.
32. Au XVIIe siècle «un gros» signifiait un groupe nombreux.

XIV	L'orage ajoute une autre nuit	
	A celle qui vient dessus l'onde,	
	Et la mer fait un si grand bruit	
	Qu'elle en assourdit tout le monde.	
	La foudre éclate incessamment,	
	Et dans ce confus élément	
	Il descend un si grand déluge	
	Qu'à voir l'eau dans l'eau s'abîmer,	
	Il n'est personne qui ne juge	
	Qu'une mer tombe dans la mer.	140
XV	Le pilote désespéré	
	Du temps qui l'est venu surprendre,	
	N'a pas le front plus assuré	
	Qu'un criminel qu'on mène pendre.	
	La noire image du malheur	
	Confond son art et sa valeur;	
	Il ne peut faire aller aux voiles,	
	Il n'entend plus à son travail,	
	Ne reconnaît plus les étoiles,	
	Et ne tient plus le gouvernail.	150
XVI	Son sens ne se peut rappeler,	
	Son courage vient à se rendre,	
	Il n'a pas l'esprit de parler,	
	Ni ses gens celui de l'entendre.	
	Il se perd dans l'obscurité,	
	Et si quelque faible clarté	
	Lui paraît parmi les ténèbres,	
	Dans le ciel tout tendu de deuil,	
	Il croit voir des flambeaux funèbres	
	Allumés dessus son cercueil.	160

XVII   Après cette grande rumeur
          Les vents tout à coup font silence,
          Et la mer en meilleure humeur
          Perd sa rage et sa violence.
          Les Tritons[33] d'écailles vêtus,
          Avecque leurs cornets tortus[34],
          En sonnant charment la furie,
          Et se montrant de tous côtés
          Apaisent la mutinerie
          Où les flots s'étaient emportés.   170

XVIII   Le jour en partant d'Orient,
          L'écume toute fraîche éclaire,
          Et poursuit son cours en riant
          D'avoir pris la mer en colère.
          Ceux que le Ciel a préservés,
          A l'heure se voyant sauvés,
          Reprennent aussitôt courage,
          Et perdent leurs dévotions
          Et le souvenir de l'orage
          Voyant voguer des alcyons[35].   180

XIX   Le pirate au cœur endurci,
          Où la violence est empreinte,
          Voyant le temps tout éclairci,
          Rougit d'avoir pâli de crainte.
          Il brave ce fier élément
          Qui le comblait d'étonnement
          En lui découvrant ses abîmes,
          Et s'assure tout de nouveau
          Que ce complice de ses crimes
          Ne sera jamais son bourreau.   190

---

33. Dieux marins, mi-hommes, mi-poissons.
34. Participe passé de *tordre*.
35. Oiseaux marins fabuleux, dont la rencontre était un présage de calme.

XX	Gaston[36] daigne voir ce tableau,	
	Et ne m'impute pas à blâme	
	Si je te présente de l'eau,	
	A toi qui parais tout de flamme.	
	Nos oracles sont des menteurs,	
	Et nos devins des imposteurs,	
	Ou tu joindras à ton domaine	
	Tous les états et les confins	
	Où le dieu des ondes promène	
	Son char tiré par des dauphins.	200
XXI	Cette île qui par tant de jours	
	Fut étroitement assiégée,	
	Te doit l'honneur de son secours,	
	Et celui de s'être vengée.	
	Ce fut ta libéralité	
	Qui trouva la facilité	
	D'y faire entrer tant de pinasses,	
	Qui promirent sous ton aveu	
	De ne craindre pas les menaces	
	De toute l'Angleterre en feu[37].	210
XXII	Ce fut toi qui les animas,	
	Ce fut toi qui les fis résoudre	
	A percer des forêts de mâts	
	D'où sortaient tant d'éclats de foudre.	
	Et nos soldats aventureux	
	Sous tes auspices bienheureux,	
	Virent dans la nuit la plus brune	
	Que si tout les favorisait,	
	Ils devaient leur bonne fortune	
	A ton œil qui les conduisait.	220

---

36. Gaston d'Orléans.
37. Près de La Rochelle se trouvait l'île de Ré, qui, assiégée par la flotte anglaise de Buckingham, et bloquée depuis deux mois, était sur le point de capituler, lorsque le 8 octobre 1627 Gaston d'Orléans la sauva en y faisant parvenir des vivres.

XXIII	Mais, grand Prince, tout cet honneur	
	N'est qu'un des rayons de la gloire	
	Dont ton courage et ton bonheur	
	Enrichiront un jour l'histoire.	
	Cet admirable événement	
	N'est qu'un petit trait seulement	
	D'une vertu que l'on adore;	
	Et pour couvrir ton front guerrier,	
	La Victoire fait bien encore	
	D'autres couronnes de laurier.	230
XIV	Soit que la Grèce en sa douleur	
	Par ses gémissements t'appelle	
	Et sollicite ta valeur	
	De rompre son joug infidèle,	
	Soit qu'avec tes prédécesseurs	
	Tu veuilles prétendre aux douceurs	
	De Naples et de la Sicile,	
	Tout obstacle sera brisé,	
	Et ton bras se rendra facile	
	Le dessein le plus malaisé.	240
XXV	Ce sera lors qu'avec des vers	
	Qui naîtront d'une belle veine,	
	Je ferai voir à l'univers	
	Que ta valeur est plus qu'humaine.	
	Mes traits auront tant de clartés,	
	De pompe, d'art et de beautés,	
	Que l'Envie en deviendra blême,	
	Et baissant ses honteux regards,	
	Pensera qu'Apollon[38] lui-même	
	Ait écrit les gestes de Mars[39].	250

---

38. Dieu de la poésie.
39. Dieu de la guerre.

La Belle En Deuil
Sonnet[40]

Que vous avez d'appas[41], belle nuit animée[42],
Que vous nous apportez de merveille[43] et d'amour!
Il faut bien confesser que vous êtes formée
Pour donner de l'envie et de la honte au jour[44].

La flamme éclate moins à travers la fumée   5
Que ne font vos beaux yeux sous ce funeste atour,
Et de tous les mortels, en ce sacré séjour,
Comme un céleste objet[45] vous êtes réclamée.

Mais ce n'est point ainsi que ces divinités
Qui n'ont plus ni de voeux ni de solennités,   10
Et dont l'autel glacé ne reçoit point de presse[46]:

Car, vous voyant si belle, on pense à votre abord
Que par quelque gageure où Vénus s'intéresse
L'amour s'est déguisé sous l'habit de la mort[47].

---

40. Sonnet publié en 1633 dans *Les Plaintes d'Acante*, et repris dans *Les Amours* en 1638 (c'est cette dernière version qui est présentée ici). Comme pour la beauté noire (cf. ci-dessous le sonnet: *La Belle Esclave more*), Tristan exploite ici le thème de la beauté paradoxale: la belle vêtue de deuil étonne, irrite et fascine, par le paradoxe de la nuit plus belle que le jour, et par la confusion de la mort et de l'amour dans une même réalité ambiguë. Le poète s'inspire, avec une certaine liberté, d'une longue *canzone* de Gianbattista Marino. *La bella vedova*, publiée en 1614 dans la IIe partie de *La Lira*.
41. Appas: «se dit figurément en choses morales de ce qui sert à attraper les hommes» (Furetière, *Dictionnaire*).
42. Belle nuit animée: Tristan emprunte directement sa métaphore au premier vers de la *canzone* de Marino: *Quest'animata notte...*
43. Merveille: «chose rare, extraordinaire, surprenante, qu'on ne peut guère voir ni comprendre» (Furetière, *Dictionnaire*).
44. Ainsi le poète redonne vie au thème de la «belle matineuse»; cf. ci-dessous le sonnet: *La belle esclave more*.
45. Objet: ce qui se présente au regard.
46. Presse: «se dit de l'empressement qu'on a à faire ou à voir quelque chose» (Furetière, *Dictionnaire*).
47. Voir ci-dessous la note à propos du vers 28 de la *Consolation à Idalie*.

Tristan L'hermite (1601–1655)

Consolation a Idalie
Sur la Mort d'un Parent
Stances[48]

I   Puisque votre parent ne s'est pu dispenser
De servir de victime au démon de la guerre,
C'est, ô belle Idalie[49], une erreur de penser
Que les plus beaux lauriers soient exempts du tonnerre.   4

II   Si la mort connaissait le prix de la valeur[50]
Ou se laissait surprendre aux plus aimables charmes[51],
Sans doute que Daphnis[52], garanti du malheur,
En conservant sa vie eût épargné vos larmes.   8

III   Mais la Parque, sujette à la fatalité,
Ayant les yeux bandés et l'oreille fermée[53],
Ne sait pas discerner les traits de la beauté
Et n'entend point le bruit que fait la renommée.   12

IV   Alexandre n'est plus, lui dont Mars fut jaloux;
César est dans la tombe aussi bien qu'un infâme[54];
Et la noble Camille[55], aimable comme vous,
Est au fond du cercueil ainsi qu'une autre femme.   16

---

48. Ces stances, parues en 1633 dans *Les Plaintes d'Acante*, et reprises avec quelques variantes dans *Les Amours* de 1638 (c'est cette dernière version qui est présentée ici), appartiennent à la poésie funèbre d'inspiration morale—cette consolation est écrite à l'occasion de la mort d'un homme de guerre—mais tout aussi bien à la poésie galante, puisque le poème est adressé à une jeune femme. La constatation de l'égalité de tous les hommes devant la mort conduit à la réaffirmation du principe épicurien du *carpe diem*. Rien ne permet d'identifier les personnes réelles (?) qui pourraient se cacher derrière les noms de pastorale d'Idalie et de Daphnis.
49. Idalie: le nom d'Idalie renvoie à Idalion, l'un des trois sanctuaires d'Aphrodite à Chypre.
50. Valeur: «grandeur de courage, ardeur belliqueuse» (Furetière, *Dictionnaire*).
51. Charmes: tout ce qui «nous ravit en admiration» (Furetière, *Dictionnaire*).
52. Daphnis: nom d'un demi-dieu sicilien, berger célèbre par sa beauté, et qui est fréquemment prêté aux héros de la pastorale.
53. Représentation traditionnelle de la Parque qui décide de la mort des hommes, et qui est inaccessible à la pitié.
54. Infâme: sans réputation, obscur.
55. Camille: héroïne de Virgile (*Enéide*, livre XI), fille du roi des Volsques, Metabus, et célèbre par sa beauté et sa rapidité à la course.

V	Bien que vous méritiez des devoirs si constants, Et que vous paraissiez si charmante et si sage, On ne vous verra plus avant qu'il soit cent ans[56], Si ce n'est dans mes vers, qui vivront davantage[57].	20
VI	Par un ordre éternel qu'on voit en l'univers, Les plus dignes objets[58] sont frêles comme verre, Et le ciel embelli de tant d'astres divers Dérobe tous les jours des astres à la terre.	24
VII	Sitôt que notre esprit raisonne tant soit peu, En l'avril de nos ans, en l'âge le plus tendre, Nous rencontrons l'amour qui met nos cœurs en feu, Puis nous trouvons la mort qui met nos corps en cendre[59].	28
VIII	Le temps qui, sans repos, va d'un pas si léger, Emporte avecque lui toutes les belles choses: C'est pour nous avertir de le bien ménager Et faire des bouquets en la saison des roses[60].	32

56. Avant qu'il soit cent ans: avant que cent ans ne se soient écoulés.
57. Au passage, le poète exprime sa foi orgueilleuse en la pérennité de la poésie; voir à ce sujet Horace, Ronsard et Malherbe.
58. Objets: tout ce qui se présente au regard. Mais le contexte permet de renvoyer à cette définition du *Dictionnaire* de Furetière: «Se dit aussi poétiquement des belles personnes qui donnent de l'amour».
59. L'image, pétrarquiste, du feu appliquée à la passion amoureuse permet le rapprochement assez saisissant, grâce aux parallélismes des vers 27 et 28, de l'amour et de la mort. Cf. sur ce thème, Ronsard, *Sonnets pour Hélène* (dernier sonnet du livre II): «Car l'amour et la mort n'est qu'une même chose», et, ci-dessus, le dernier vers du sonnet: *La Belle en deuil*.
60. Fuite du temps, fragilité de la rose, appel à jouir de sa jeunesse: voici la strophe la plus ronsardienne de toute l'œuvre de Tristan.

Tristan L'hermite (1601–1655)

La Peinture du Trepas de la Sérénissime Princesse Isabelle-Claire-Eugénie, Infante d'Espagne
Stances[61]

I Par une loi fatale, autant comme[62] elle est dure,
   Et dont aucun mortel ne se peut affranchir,
   Notre grande Isabelle est dans la sépulture,
   Et les cieux entr'ouverts viennent de s'enrichir
   Du plus rare trésor qui fût en la nature.   5

II Le respect de son sang, fertile en grands monarques,
   Et qui ne pût jamais être plus anobli[63],
   Ni ses grandes vertus, de qui les belles marques
   Ont préservé son nom du voile de l'oubli,
   N'ont pu la garantir de la rigueur des Parques.   10

III La Flandre la vint voir, portant cent belles villes
    Peintes sur un manteau de fin pourpre de Tyr,
    Qui plaignit plus son mal que ses guerres civiles[64],
    Et fondant toute en pleurs en la voyant partir,
    Fit pour la retenir mille voeux inutiles.   15

---

61. Cette pièce est la première (elle lui donne son titre) d'une plaquette de vers (cette pièce en stances, puis cinq sonnets) qui parut à Anvers, chez Plantin, en janvier 1634, en même temps que l'ode *La Peinture de son Altesse Sérénissime*, avec une lettre-dédicace à Dom François de Moncade, marquis d'Aytone, gouverneur des Pays-Bas (lettre reproduite en 1642 dans les *Lettres mêlées*, éd. C. Grisé, 1972, p. 12), où le poète explique les circonstances de composition de ces ouvrages. Tristan avait suivi son maître, Gaston d'Orléans, dans son exil, d'abord en Lorraine, puis à Bruxelles; le Prince y avait été reçu, ainsi que sa mère, Marie de Médicis, avec bonté et magnificence par l'Infante Isabelle, qui gouvernait alors les Pays-Bas au nom du roi d'Espagne. Au moment où *La Peinture* était sous presse, l'Infante mourut (2 décembre 1633), laissant sa cour, et les exilés français, dans l'affliction. Tristan utilise pour ces stances, de ton élégiaque, la strophe, relativement rare, du quintil avec prédominance des rimes féminines (fmfmf). Le texte reproduit ici est celui de l'édition originale de 1634; Tristan publia de nouveau, légèrement modifiées, les pièces du trépas dans *La Lyre*, en 1641.
62. Autant comme: autant que.
63. Isabelle Claire-Eugénie était fille de Philippe II, roi d'Espagne (et, par conséquent, petite-fille de Charles Quint), et d'Isabelle de Valois, elle-même fille d'Henri II, roi de France, et de Catherine de Médicis.
64. En dépit des troubles qui ne cessaient d'agiter les Pays-Bas, le deuil fut général, même en terre protestante, comme en témoigne, par exemple, un poème funèbre écrit pour l'occasion par le poète hollandais Vondel. Les vers de Tristan évoquent peut-être directement le décor funèbre qui entourait la dépouille de l'Infante, tel que le décrit, d'après des documents contemporains, la comtesse de Villermont (*L'Infante Isabelle gouvernante des Pays-Bas*, 1912, t. II): l'Infante reposait sur un lit de parade drapé de velours cramoisi à ramages d'argent et à franges d'or, portant un matelas de velours noir; aux quatre coins du lit étaient placés quatre aigles héraldiques en argent; la couronne archiducale était posée sur un coussin d'étoffe d'or. Près du lit «étaient debout, en cotte d'armes, les hérauts de Bourgogne, de Brabant, de Flandre et d'Artois, commandés par le roi d'armes portant les blasons royaux et le bâton en main».

IV	A côté de son lit, une reine affligée[65]	
	Priait pour son salut dans ce pieux devoir;	
	Mais les cruels destins qui l'ont désobligée	
	Ne l'exaucèrent pas, pour faire toujours voir	
	La vertu la plus rare et la plus négligée.	20
V	Une jeune beauté que l'univers adore[66]	
	Parut comme un miracle en ce triste accident;	
	On la vit, dans le deuil qu'elle nourrit encore,	
	Assister ce soleil près de son occident,	
	Ayant, avec le teint, les larmes de l'aurore[67].	25
VI	Quand ce funeste coup, répondant à nos craintes,	
	Trahit notre espérance et tant de justes voeux,	
	L'air retentit partout de mille tristes plaintes,	
	Et la nuit dans le deuil éteignit tous ses feux,	
	Voyant en ce climat tant de clartés éteintes[68].	30
VII	O vif et prompt éclair de la splendeur mortelle	
	Qui nous viens éblouir, et ne fais que passer,	
	Il ne reste plus rien que le nom d'Isabelle	
	De tant de qualités qui nous faisaient penser	
	Que le flambeau du jour finirait avec elle.	35
VIII	Sourde, aveugle et muette au tombeau qui l'enserre,	
	Elle n'oit plus nos bruits qui troublaient son sommeil[69],	
	Elle n'aperçoit plus tant d'appareils de guerre;	
	Et montant dans le ciel claire comme un soleil,	
	Son âme n'a laissé qu'un tronc dessus la terre.	40

---

65. Il s'agit de Marie de Médicis, en conflit plus ou moins ouvert avec son fils Louis XIII depuis 1617, et contrainte, depuis 1630, à un exil qui durera jusqu'à sa mort, à Cologne, en 1642.
66. Ces vers désignent Madame, c'est-à-dire Marguerite de Lorraine, seconde femme de Gaston d'Orléans, que l'Infante avait accueillie avec éclat en septembre 1633 après une romanesque évasion de Nancy, assiégé par les troupes de Louis XIII.
67. Images traditionnelles exprimant à la fois une hiérarchie—c'est à la gloire de l'Infante que le poème est écrit—et l'éclat de la beauté de la jeune duchesse.
68. Le symbolisme de la lumière conduit le poète à donner au deuil une dimension cosmique. En ce climat: dans cette région, dans ce pays.
69. Nos bruits: le bruit de nos dissensions. En raison des querelles religieuses et politiques, le gouvernement de l'Infante avait toujours été difficile.

IX   Mais si son corps ressemble aux insensibles souches,
        Au moins la Renommée en parle en mille lieux;
        Elle en fait soupirer les cœurs les plus farouches,
        Lorsque, pleurant sa perte avecque ses cent yeux,
        Elle conte sa gloire avec autant de bouches[70].   45

LES BAISERS DE DORINDE
SYLVIO PARLE[71]

I   La douce haleine des zéphyrs
     Et ces eaux qui se précipitent
     Par leur murmure nous invitent
     A prendre d'innocents plaisirs[72].
     Dorinde, on dirait que les flammes,   5
     Dont nous sentons brûler nos âmes,
     Brûlent les herbes et les fleurs.
     Goûtons mille douceurs à la faveur de l'ombre,
     Donnons-nous des baisers sans nombre,
     Et joignons à la fois nos lèvres et nos cœurs.   10

---

70. La Renommée personnifiée est conforme aux descriptions antiques quant à ses attributs principaux, yeux et bouches: voir Virgile, *Enéide,* IV, v. 175 sqq., et Ovide, *Métamorphoses,* XII, v. 39 sqq.

71. Le texte reproduit ici est conforme à celui de la première publication, dans *La Lyre,* en 1641.—Silvio et Dorinde: personnages du *Pastor Fido* de G. Guarini, si prisé des milieux lettrés du XVIIe siècle. L'acte V de la pastorale italienne se termine par la félicité des deux amants: c'est ici que pourrait se situer le poème de Tristan, sorte d'épilogue lyrique du drame conçu par Guarini. Quant au thème du baiser, il est traditionnel dans la poésie française, depuis la Pléiade et les nombreuses imitations suscitées par les *Basia* de Jean Second. On le retrouve aussi chez Théophile de Viau, notamment dans sa célèbre *Solitude,* imitée par Tristan dans *Le Promenoir des deux amants.* Mais, en l'occurrence, Tristan semble s'inspirer assez directement des *Baci* de Marino (publiés dès 1602 dans ses *Rime*), qui connurent un grand succès, et qu'imitèrent également Claude Malleville et Nicolas Rampalle. La forme strophique adoptée par Tristan:
    8. 8. 8. 8. 8. 8. 8. 12. 8. 12
    — — — — — — — — — —
    m f f m f' f' m' f' f' m'
a la complexité d'une strophe de chanson (de fait le poème de Tristan a été utilisé par les musiciens du XVIIe siècle), et est, avec une disposition des rimes un peu différente, celle que Saint-Amant avait choisie pour un poème dont l'inspiration n'est pas très éloignée, *La Jouissance* (1629).

72. Eléments de décor propres à la poésie pastorale, et inséparables de l'expression d'une volupté tranquille et «innocente».

II Quand deux objets[73] également
    Soupirent d'une même envie,
    Comme l'amour en est la vie,
    Les baisers en sont l'élément.
    Il faut donc en faire des chaînes[74] 15
    Qui durent autant que les peines
    Que je souffre loin de tes yeux.
    Amour, qui les baisers aime sur toutes choses,
    Fait une couronne de roses
    Pour donner à celui qui baisera le mieux. 20

III O que tes baisers sont charmants!
    Dorinde, tous ceux que tu donnes
    Pourraient mériter des couronnes
    De perles et de diamants.
    Cette douceur où je me noie 25
    Force par un excès de joie
    Tous mes esprits à s'envoler.
    Mon cœur est palpitant d'une amoureuse fièvre,
    Et mon âme vient sur ma lèvre,
    Alors que tes baisers l'y veulent appeler[75]. 30

IV Si l'amour allait au tombeau
    Par un noir effet de l'envie,
    Tes baisers lui rendraient la vie
    Et rallumeraient son flambeau.
    Leur aimable délicatesse 35
    A banni toute la tristesse
    Qui rendait mon sens confondu.
    Mais un roi détrôné par le malheur des armes,
    A la faveur des mêmes charmes[76]
    Se pourrait consoler d'un empire perdu. 40

---

73. Objets: le mot désigne ici les amants; cf. la définition proposée par Furetière dans son *Dictionnaire*, et citée ci-dessus à propos du vers 22 de la *Consolation à Idalie*.
74. Des chaînes: cf. Marino, *Baci affectuosi e scambievoli* (*Rime*, 1602):
    Facciam, facciam di baci
    Lunghe, lunghe catene...
75. L'idée se trouve déjà dans l'*Anthologie grecque*.
76. Charmes: tout ce qui «nous ravit en admiration» (Furetière, *Dictionnaire*).

V La manne fraîche d'un matin
   N'a point une douceur pareille,
   Ni l'esprit[77] que cherche l'abeille
   Sur la buglose[78] ou sur le thym.
   Le meilleur sucre qui s'amasse,   45
   Et que l'art sait réduire en glace,
   N'a point ces appas ravissants;
   Et même le nectar semblerait insipide
   Au prix de ce baiser humide
   Dont tu viens de troubler l'office de mes sens.   50

VI Aussi les plus riches trésors
   Qu'on tire du sein de la terre,
   Et que, pour engendrer la guerre,
   L'océan sème sur ses bords[79],
   L'or et toutes les pierreries,   55
   Dont nous provoquent les Furies[80]
   Pour envenimer nos esprits,
   Bref, tout ce que l'aurore a de beau dans sa couche;
   Au prix des baisers de ta bouche,
   Sont à mes sentiments des objets de mépris.   60

---

77. Esprit: parfum.
78. Buglose: ou buglosse: plante recherchée pour ses qualités à la fois ornementales et médicinales.
79. Dans les conceptions primitives, l'Océan entourait le monde comme un fleuve, et l'eau était souvent considérée comme le principe de toute chose.
80. Les Furies: appelées aussi Dirées dans le ciel, et Euménides dans les enfers, elles troublent le repos des hommes en excitant leurs passions.

LA BELLE ESCLAVE MORE
SONNET[81]

Beau monstre de nature[82], il est vrai, ton visage
Est noir au dernier point, mais beau parfaitement;
Et l'ébène poli qui te sert d'ornement
Sur le plus blanc ivoire emporte l'avantage.

O merveille[83] divine, inconnue à notre âge! 5
Qu'un objet ténébreux luise si clairement,
Et qu'un charbon éteint brûle plus vivement
Que ceux qui de la flamme entretiennent l'usage!

Entre ces noires mains je mets ma liberté;
Moi qui fus invincible à toute autre beauté, 10
Une More m'embrase, une esclave me dompte.

Mais cache-toi, Soleil, toi qui viens de ces lieux
D'où cet astre est venu, qui porte pour ta honte
La nuit sur son visage et le jour dans ses yeux[84].

---

81. Ce sonnet a été publié en 1641 dans *La Lyre;* Tristan y fait probablement allusion dans une lettre à M. de Chaudebonne, recueillie dans les *Lettres mêlées* qui furent publiées en 1642 (éd. C. Grisé, p. 196). Le thème de la beauté noire, avec l'étrangeté dont il est porteur, et la richesse en paradoxes et antithèses qu'il recèle, était propre à séduire les imaginations baroques. On lui trouve des origines lointaines: *Cantique des Cantiques*, *Anthologie grecque*; mais Tristan imite ici de près, comme le font aussi Saint-Amant, Scudéry, Malleville, Vion d'Alibray, Urbain Chevreau, le sonnet suivant de Marino (*La Lira*, IIIe partie, 1614):

    La Bella Schiava
  Nera si, ma se'bella, o di natura
fra le belle d'amor leggiadro mostro;
fosca è l'alba appo te, perde e s'oscura
presso l'ebeno tuo l'avorio e l'ostro.
  Or quando, or dove il mondo antico o il nostro
vide si viva mai, senti si pura
o luce uscir di tenebroso inchiostro,
o di spento carbon nascere arsura?
  Serva di chi m'è serva, ecco ch'avolto
porto di bruno lacio il core intorno,
che per candida man non fia mai sciolto.
  La've più ardi, o Sol, sol per tuo scorno
un Sole e nato; un Sol, che nel bel volto
porta la Notte, ed ha negli occhi il Giorno.

82. D'entrée de jeu, le poète crée la surprise en associant l'épithète beau au mot *monstre* (ce qui contredit les lois naturelles); tout le sonnet est fondé sur l'exploitation de paradoxes qui culmineront dans le vers final.

83. Merveille: voir ci-dessus la note sur le vers 2 du sonnet: *La Belle en deuil*.

84. Ces deux derniers vers redonnent aussi une nouvelle vie au thème de la «belle matineuse»; cf. ci-dessus le sonnet: *La Belle en deuil*.

Tristan L'hermite (1601–1655)

La Servitude[85]

Stances

I   Nuit fraîche, sombre, et solitaire,
         Sainte dépositaire
     De tous les grands secrets, ou de guerre, ou d'amour,
     Nuit mère du repos, et nourrice des veilles
         Qui produisent tant de merveilles,
     Donne-moi des conseils qui soient dignes du jour.   6

II   Mais quel conseil pourrai-je prendre
         Fors celui de me rendre
     Où je vois le fléau sur ma tête pendant?
     Où s'imposent les lois d'une haute Puissance[86]
         Qui fait voir avec insolence[87]
     A mes faibles destins son superbe[88] ascendant?   12

III Je vois que Gaston[89] m'abandonne,
         Cette digne personne
     Dont j'espérais tirer ma gloire et mon support,
     Cette divinité que j'ai toujours suivie,
         Pour qui j'ai hasardé ma vie[90],
     Et pour qui même encor je voudrais être mort.   18

IV   Irais-je voir en barbe grise
         Tous ceux qu'il favorise,
     Epier leur réveil et troubler leur repas?
     Irais-je m'abaisser en mille et mille sortes,
         Et mettre le siège à vingt portes
     Pour arracher du pain qu'on ne me tendrait pas[91]?   24

---

85. Ce poème fait partie d'une série de sept, tous écrits pour Claire-Charlotte-Eugénie d'Ailly, duchesse de Chaulnes (1606-81). C'est en 1645 que Tristan entre au service de cette mécène richissime. Ces vers sont à rapprocher aussi de la dédicace à cette même duchesse de *La Mort de Chrispe*.
86 L'influence toute-puissante des étoiles sur le destin est érigée en lieu commun par Tristan. Voir sur ce point, par exemple, les *Vers héroïques*. «Prosopopée à la fontaine de * »; *Le Page disgracié*, ch. 2; *Les Plaintes d'Acante*; ou *Panthée*, vv. 327-328.
87. Insolence: audace.
88. Superbe: orgueilleux.
89. Sur l'ingratitude de ce prince, voir Claude Abraham, *Gaston d'Orléans et sa cour* (Chapel Hill: U. North Carolina, 1963), passim.
90. Ce n'est pas une exagération. De la «drôlerie de Monsieur» devant La Rochelle à ses exils, Tristan reste longtemps fidèle à Gaston, le suit et le sert d'une façon exemplaire et est chargé de plusieurs missions dangereuses.
91. Toute patience vient à bout, mais si Tristan se plaint, c'est surtout le fier aristocrate en lui qui est las de faire «le chien couchant auprès d'un grand seigneur» («Prosopopée d'un courtisan»).

V	Si le Ciel ne m'a point fait naître
	Pour le plus digne maître
	Sur qui jamais mortel puisse porter les yeux,
	Il faut dans ce malheur que mon espoir s'adresse
	A la plus charmante maîtresse
	Qui se puisse vanter de la faveur des Cieux[92]. 30

VI	En ce lieu mon zèle possible[93]
	Se rendra plus visible;
	On y connaîtra mieux ma franchise et ma foi[94].
	Ce n'est pas une cour où la foule importune
	Des prétendants à la fortune
	Produise une ombre épaisse entre le jour et moi. 36

VII	Possible l'étoile[95] inhumaine
	Dont j'éprouve la haine,
	S'opposera toujours au bonheur que j'attends,
	Et quelques dignes soins que mon esprit se donne,
	Tous les labeurs de mon automne
	Auront même succès que ceux de mon printemps. 42

VIII	O triste et timide pensée
	Dont[96] j'ai l'âme glacée,
	Et que je ne conçois qu'avec un tremblement,
	Fantôme déplaisant et de mauvais présage,
	Faut-il que ta funeste image
	Me rende malheureux avant l'événement[97]? 48

---

92. La duchesse pouvait en effet se vanter de toutes sortes de faveurs: une des plus riches héritières de son temps, tous ses contemporains sont de plus d'accord pour vanter ses vertus et sa grâce.
93. Possible: peut-être; voir v. 37.
94. Connaître: reconnaître.
95. Mention a déjà été faite de l'importance octroyée par Tristan aux étoiles, qui, ici, sont anthropomorphisées grâce à un adjectif d'ordinaire réservé aux dames dans la poésie précieuse.
96. Dont: par laquelle (complément de cause).
97. Evénement: issue, i.e., que la chose ne soit.

IX   Donc, les cruelles Destinées[98]
                Veulent que mes années
        En pénibles travaux se consument sans fruit!
        Et c'est, ô mon esprit, en vain que tu murmures
            Contre ces tristes aventures,
        Il faut que nous allions où le Sort nous conduit.   54

X   Il s'en va nous mettre à la chaîne;
              Le voilà qui nous traîne
        Dans les sentiers confus d'un dédale nouveau.
        Mon jugement surpris cède à sa violence,
            Et je perds enfin l'espérance
        D'avoir d'autre repos que celui du tombeau.   60

XI   L'image de la Servitude,
              Errant dans mon étude,
        Y promène l'horreur qui réside aux enfers:
        J'ois déjà qu'on m'enrôle au nombre des esclaves,
            Je ne vois plus que des entraves,
        Des jougs et des colliers, des chaînes et des fers.   66

XII   Les Muses pâles et timides,
              Avec des yeux humides,
        Soupirent hautement de mon secret dessein,
        Et consultent[99] déjà s'il sera légitime
            Que leur grâce encore m'anime
        De la divine ardeur qui m'échauffait le sein.   72

XIII   O ma raison! dans ces alarmes
              Que ne prends-tu les armes
        Pour t'opposer aux lois de la captivité?
        Rejetons les liens d'un cœur opiniâtre,
            Et ne feignons point de combattre
        Jusqu'au dernier soupir pour notre liberté.   78

---

98. Cf. surtout vv. 37 et sq.
99. Consulter: délibérer, examiner.

XIV   Il faut avoir part à la gloire
             Qu'ont acquise en l'histoire
       Tant d'illustres héros qui bravèrent le Sort,
       Qui payèrent toujours d'une si belle audace,
          Et qui pressés de[100] la disgrâce,
       Sauvèrent leur franchise[101] en courant à la mort.   84

XV   Mais, ô discours déraisonnable!
             O penser condamnable
       Que m'a fait concevoir un insolent orgueil!
       Je suis bien aveuglé par la mélancolie
          Qui tient mon âme ensevelie,
       De prendre de la sorte un port pour un écueil.   90

XVI   Pardon Puissance souveraine;
             Je sens déjà la peine
       Que mérite l'excès de ma témérité.
       Je frémis de ce crime, et sais bien que la foudre
          A réduit des monstres en poudre
       Qui n'avaient rien d'égal à mon impiété.   96

XVII   Celle[102] à qui de tous mes services
             S'offre les sacrifices[103]
       En pourrait recevoir d'un roi victorieux,
       Je sais qu'elle est au rang des âmes les mieux nées,
          Et que les têtes couronnées
       N'ont point de sentiments qui soient plus glorieux.   102

XVIII Cette merveille incomparable,
             Qui paraît adorable,
       Tient toujours sous ses pieds les vices abattus[104];
       Et les hautes grandeurs qui se pourraient défendre
          De la valeur d'un Alexandre[105],
       Se voudraient asservir à ses grandes vertus.   108

---

100. Pressés: attaqués (vivement) par.
101. Franchise: liberté.
102. I.e., la duchesse de Chaulnes.
103. Voilà la duchesse élevée au rang des dieux, lieu commun de la poésie galante.
104. Nouvelle mutation: c'est ainsi que la Vierge est souvent représentée.
105. Lieu commun de la poésie héroïque.

XIX   C'est une pure intelligence,
          Aucune connaissance
Ne se peut dérober à son raisonnement;
Et ses riches palais, où brille la peinture
    A l'envi de[106] l'architecture,
Sont pleins de son esprit et de son jugement.   114

XX   Cette belle en qui l'on observe
          Les grâces de Minerve[107],
Perce et pénètre tout de ses divins regards;
Et son âme éclatante en lumières infuses[108]
    S'entend[109] aux ouvrages des Muses,
Et sait connaître encor l'excellence des arts.   120

XXI   Elle est noble, elle est généreuse[110],
          Et paraît désireuse
Que son nom se conduise à l'immortalité;
Les cent bruyantes voix qu'épand la Renommée
    Par tout où sa gloire est semée,
Tombent toutes d'accord de[111] cette vérité.   126

XXII   A qui donc selon mon envie
          Puis-je vouer ma vie
Qu'à ce divin sujet[112] qui n'a point de pareil?
Servant cette beauté qui ravit toutes choses,
    J'aurai le même honneur des[113] roses
Qui doivent leur éclat à celui du soleil.   132

---

106. A l'envi de: en rivalisant avec.
107. Déesse de la sagesse et mécène des arts.
108. Infuses: répandues.
109. S'entend: comprend.
110. Généreuse: bien née.
111. De: au sujet de, sur.
112. Culmination d'une figure et début d'une autre (voir le vers 136) qui nous mène à une conclusion logique.
113. Des: que les (explétif).

XXIII   Un bel astre que je vois luire,
　　　　　　　　Et que je vais conduire[114],
　　　　　Va régler[115] mes destins d'un regard de ses yeux ;
　　　　　Suivre ce digne objet[116] qui n'eut jamais d'exemple,
　　　　　　C'est servir, mais c'est dans un temple,
　　　　　C'est un peu s'abaisser, mais c'est devant les dieux.   138

---

114. Concetto des plus spirituels puisqu'en fonction de son nouveau poste Tristan devait «conduire» sa maîtresse.
115. Continuation de la figure: il doit conduire l'étoile qui, à son tour, guidera sa destinée.
116. Objet: personne aimée; mais ne pas oublier le vers 129.

PIERRE LE MOYNE (1602-1671)

Quentin Hope

Parmi les poètes du dix-septième siècle qui ne sont accessibles que dans des éditions de l'époque et qui demeurent relativement inconnus, Pierre Le Moyne est certainement le plus important. Né près de Langres en 1602, il est admis au noviciat jésuite de Nancy en 1619. En 1629, au moment de ses débuts littéraires, il est régent au collège jésuite de Reims. En 1638 il est nommé professeur au célèbre collège de Clermont à Paris. Il ne tarde pas à se faire une renommée comme prédicateur, directeur de conscience de plusieurs personnages illustres, et surtout comme écrivain, toujours prêt à mettre sa plume au service de son ordre, de la religion catholique et de la monarchie. Dans son esprit les intérêts de ces trois institutions coïncidaient parfaitement.

Dans une prose très imagée, souvent redondante, et visiblement influencée par Guez de Balzac, l'*unico eloquente*, il aborde de nombreux sujets. Il est moraliste (*Peintures morales,* 1640-43), polémiste (*Manifeste apologétique pour la doctrine des religieux de la compagnie de Jésus*, 1644), panégyriste (*Le Sainct Aumosnier*, 1645), féministe (*La Gallerie des femmes fortes*, 1648), et conseiller spirituel (*La Dévotion aisée*, 1652, titre qui attire l'indignation des jansénistes). Il s'occupe de la devise à la fois comme producteur (*Devises héroïques et morales*, 1649) et comme théoricien (*De l'Art des devises*, 1656), de la politique (*De l'Art de régner*, 1665), et de l'histoire (*De l'Histoire*, 1670).

En poésie son but est aussi franchement didactique et moral qu'en prose. Ses meilleurs poèmes sont ses *Hymnes de la Sagesse divine*, et *De l'Amour divin* (1641), les sept tableaux mythologiques et historiques des passions qui font partie des *Peintures morales* et qui apparaissent dans ses *Oeuvres poétiques* (1671) sous le titre de «Tapisseries et Peintures poétiques», et ses *Entretiens et lettres poétiques* (1665). Dans ces lettres il s'adresse à d'illustres personnages de l'époque pour les louer, pour les exhorter à continuer dans la bonne voie, mais aussi parfois pour corriger, avec un mélange de suavité et de vigueur, leur penchant à la galanterie, au jeu, ou à l'oisiveté. Il dénonce l'erreur, les «vices de cour», la faiblesse morale, et il fait la louange des grands héros du passé pour encourager ses contemporains à mener une vie active, volontaire, rayonnante de vertu et de gloire. Son culte tout cornélien de l'héroïsme a une coloration patriotique et dynastique. Il exalte Louis XIII, le guerrier pieux et juste, Richelieu, Jeanne d'Arc, et surtout le «héros chrétien» qui est le sujet de son poème épique, *Saint Louis ou la Sainte Couronne Reconquise* (1658).

Saint Louis est, avec le *Moïse sauvé* de Saint-Amant, le moins illisible des poèmes épiques du dix-septième siècle. Parmi les longueurs assommantes et les redites on rencontre des passages grandioses. Les prières et exhortations de Saint Louis en particulier ont une élévation et une fermeté qui font penser à Bossuet ou à l'*Athalie* de Racine.

Dans son «Discours de la poésie» Le Moyne déclare fermement qu'elle doit servir à «instruire les rois, former les conquérants, civiliser les peuples», et non pas seulement à faire des «Chansons à Calliste, ou des plaintes à Silvie», des «Vaudevilles satiriques», des «Chansons à boire» ou des «Fables inutiles et impudiques». Il est lui-même tributaire de Tasso et de Marino, et malgré ces dénonciations, où Malherbe, Tristan l'Hermite et bien des autres sont visés, il est évident qu'il a puisé aussi dans la poésie de ses confrères. Il préfère se réclamer cependant d'Homère, de Virgile, des Psaumes, et des hymnes des pères de l'église.

Cela ne l'empêche ni de fréquenter les cercles précieux et de contribuer à la *Guirlande de Julie,* ni de donner libre cours, dans ses dénonciations de l'ambition, de l'avarice, et de la poursuite effrénée du plaisir, à son goût pour les exagérations satiriques et même burlesques, et pour les scènes violentes et sanguinaires de destruction, de terreur et de noirceur qui font de lui un des plus spectaculaires des poètes baroques.

Malgré son didactisme Le Moyne ne tolère pas le «caractère dogmatique» en poésie. Le poète doit se souvenir qu'il travaille «pour les cabinets et non pas pour l'Ecole», et doit parer sa poésie «d'expressions magnifiques et d'images nobles et illustres». En effet l'accumulation de comparaisons homériques, allusions historiques, mythologiques et cosmologiques, images empruntées aux auteurs classiques et à la Bible, mais élaborées, «peintes et parfumées», se succédant dans de longues phrases résonnantes et grandioses, donne quelquefois à ses vers une impression de phantasmagorie. Si Le Moyne peut appliquer machinalement à sa trame narrative ou descriptive des «clinquants» et des «ornements» qui ne sont souvent, comme le dit Bouhours, que des «beautés fardées» et des «louis d'or faux», il est aussi capable, dans ses meilleurs poèmes, d'évoquer poétiquement les profondeurs authentiques d'un monde mystérieux et magique. Poète de la majesté et de la clarté solaires, il se tourne volontiers, cependant, vers l'aspect chaotique, sinistre, monstrueux ou terrifiant de l'univers. Le paysage sur lequel s'ouvre *Actéon* est envahi par de noirs pressentiments, et le bain des nymphes, où terre et ciel, jour et nuit s'unissent dans de multiples images d'harmonie et de purification, ne fait que rehausser l'horreur de la métamorphose d'Actéon. Nous assistons moins à la punition de l'orgueil et de la carnalité qu'à une vengeance céleste implacable et atroce. La nature en est profondément souillée. Il émane des rais de la lune une hostilité sournoise et cruelle que même la majesté du soleil ne peut tout à fait effacer. La poésie de Le Moyne est faite de cette tension entre la splendeur et la terreur, l'harmonie et le chaos, le rêve édenique et le cauchemar.

Ses contemporains ont été frappés par la vigueur de ce qu'ils appelaient invariablement son «imagination», mais ils étaient aussi à peu près unanimes à condamner ses excès. Bouhours l'appelle «un de nos poètes qui a la plus belle imagination du monde, et qui serait un poète accompli s'il pouvait modérer son feu». La postérité, dans les rares moments où elle s'est occupée de Le Moyne, a été plus ou moins d'accord, regrettant avec Voltaire qu'il n'ait eu «ni goût, ni connaissance du génie de sa langue, ni des amis sévères». Il n'a bénéficié du renouveau d'intérêt dans la poésie de son époque que très tardivement et mériterait d'être réédité et étudié.

Les Oeuvres poétiques (1671; deuxième édition, 1672) comprennent la presque totalité de ses poèmes, y compris *Saint Louis* et la *Dissertation sur le poème épique*. Pour ses idées sur la poésie, voir aussi la préface des *Hymnes* (1641), intitulée «Discours de la poésie» dans l'édition critique: *Hymnes de la sagesse divine et de l'amour divin. Le Discours de la poésie*, éd. Anne Mantero (Paris: Le Miroir volant, 1986).

Biographie et Bibliographie

Chérot, Henri. *Etude sur la vie et les œuvres du P. Le Moyne (1602-1671)* (Paris, 1887).

Etudes Critiques

Bertaut, Madeleine. «Un Jésuite au désert: le père Le Moyne», *Dix-septième siècle,* 109 (1975), 51-66.

Calin, William. *Crown, Cross and «Fleur-de-Lis»: An Essay on Pierre Le Moyne's Baroque Epic «Saint Louis»*, (Saratoga, Cal., 1977).

Demerson, Guy. «Métamorphoses et Analogie: Pierre Le Moyne» dans *La Métamorphose dans la poésie baroque française et anglaise*, éd. G. Mathieu-Castellani (Tübingen, 1980), 143-158.

Eymard, Julien. «Le Père Le Moyne 'écorcheur' de Malherbe», *Cahiers de littérature du XVIIe siècle*, 6 (1984), 163-172.

Ford, Philip. «Pierre Le Moyne; or, Poetry in Transition», *Seventeenth Century French Studies*, 7 (1985), 78-83.

Gross-Kiefer. Esther, *Le Dynamisme cosmique chez Le Moyne* (Zurich, 1968).

Hope, Quentin M. «Pierre Le Moyne's Glorious and Lofty Hymns», *L'Esprit créateur*, 20 (1980), 30-41.

———. «Call for an Edition of Pierre Le Moyne's *Entretiens et Lettres poétiques*», *French Forum*, 7 (1982), 23-36.

———. «Guilt and Innocence in Le Moyne's *Actéon*», *PFSCL*, 12 (1985), 151-168.

Kuizenga, Donna. «Painting and Passions: Moral Treatise and Worldly Audience in Pierre Le Moyne's *Les Peintures morales*», *PFSCL*, 13 (1986), 39-52.

Ulriksen, S.S. «Pierre Le Moyne, poète baroque français», *Orbis Litterarum*, 25 (1970), 19-40.

Voir surtout l'étude indispensable de Richard G. Maber, *The Poetry of Pierre Le Moyne* (Berne, 1982).

On peut lire de nombreux extraits de divers poèmes de Le Moyne dans l'*Anthologie de la poésie baroque* de Jean Rousset, et dans tome II, *Les Satires françaises du XVIIe siècle* (Paris, 1922), de Fleuret et Perceau, on peut trouver une édition intégrale de son «Palais de la Fortune».

ACTEON

Le misérable état d'un homme déchiré par les passions est représenté en ce tableau[1]

Nous attendons en vain que le jour se rallume
Le soleil s'est couché plus tôt que de coutume:
Et soit qu'il ait eu peur de se voir obscurci,
Des nuages épais, qui s'élèvent ici:
Soit qu'il ait en horreur cette triste contrée,   5
Où des crimes plus noirs que dans celle d'Atrée[2],
L'ont mille fois contraint, à retarder son cours,
A se couvrir la face, à chercher des détours:
Il est allé déjà loin de cet hémisphère,
Se mettre entre les bras du Tage, et de l'Ibère: 10
Où de la cendre d'or de son divin flambeau,
Un précieux gravier se forme au fond de l'eau[3].
    La nuit en même temps ouvrant ses voiles sombres,
En a laissé sortir la frayeur et les ombres,
Que viennent d'effacer la peinture des fleurs: 15
Et d'ôter la lumière, et la vie aux couleurs.
    La terre est maintenant informe et sans verdure,
On n'y reconnaît plus ni beauté, ni parure:
Un crêpe humide et noir, lui fait un triste atour,
Dans le regret qu'elle a d'avoir perdu le jour.   20
Les vents sont dépourvus de guide et de lumière:
L'un se perd dans un bois, l'autre en une rivière.
Les arbres dépouillés murmurent de la nuit,
Qui ne leur a laissé, que de l'ombre et du bruit.
    Il n'est resté partout, qu'une matière nue,   25

---

1. Ainsi que les six autres longs poèmes des *Peintures morales* (1640-43), *Actéon* se présente comme la description d'une gravure que le poète a devant les yeux. On y voit Actéon, coupable d'avoir vu Diane au bain, transformé en cerf et déchiré par ses propres chiens. Le poète invite ses amis à entrer dans le tableau qu'il transforme graduellement en «peinture poétique». Sa source principale est Ovide, mais Marino avait déjà décrit des œuvres d'art en poésie dans la *Galleria* (1619), et la *Sampogna* (1620) comprend un «Atteone». De plus, au chant V de son *Adone* (1623) Marino nomme «le danger que court la jeunesse d'être dévorée de ses propres passions» comme une des leçons que le destin d'Actéon nous apprend.
2. la contrée d'Atrée: Mycène. Ses crimes sont l'anthropophagie, l'inceste et les meurtres d'Atrée, de Thyèste, d'Agamemnon, de Clytemnestre, et d'Egiste. Les crimes plus noirs de la contrée d'Actéon sont ceux de la famille royale de Thèbes: Oedipe, Jocaste, Etiocle, Polynice, Créon.
3. Ibère, aujourd'hui Ebre: fleuve espagnol. *Tage:* fleuve espagnol et portugais; son embouchure est à l'extrémité ouest de l'Europe. Le soleil s'y couche dans son lit d'or. On croyait que l'or était un produit du soleil, et il y avait de l'or dans les sables du Tage.

Pierre le Moyne (1602–1671)

Et telle qu'elle était dans cette obscure nue,
Qui faisait le chaos, avant que l'univers
Fut paré, comme il est, d'ornements si divers:
Et que tant de beaux corps démêlés de la masse,
Se vissent divisés de formes, et de place.   30
Alors, comme à cette heure, ils étaient confondus:
Les éléments étaient l'un dans l'autre perdus:
Les cieux n'avaient reçu, ni de rang, ni de nombre,
Le soleil n'était point distingué de son ombre:
Un même corps était de fer, d'argile, et d'or: 35
La matière était tout, et n'était rien encor:
Et dans son vaste sein, les mers et les fontaines,
Les monts impérieux, et les fertiles plaines,
Les saisons et les ans, le nombre et la beauté,
Etaient enveloppés de même obscurité.   40
   Muette sœur du jour, sourde et brune déesse
Nuit, qui mènes partout la peur, et la tristesse,
Laisse-toi disposer à t'éclaircir un peu,
Attendant que ton frère ait rallumé son feu[4]:
Détourne de ton front ces noirs et tristes voiles,   45
Tu t'aveugles toi-même, en cachant tes étoiles.
   Nos désirs sont ouïs, la nuit ouvre les yeux,
Il en paraît déjà quelques-uns dans les cieux.
L'air commence à pâlir, les ténèbres s'abaissent,
La campagne revient, les montagnes renaissent: 50
Et sur leur haut sommet, la lune apparaissant,
Devant soi chasse l'ombre avecque son croissant.
Une brune lueur découvre dans la plaine,
Comme des fleuves d'encre, et des arbres d'ébène.
Leurs corps défigurés ne s'osent faire voir: 55
Ils ont les bras obscurs, et le feuillage noir:
Et sont comme aux enfers, ceux de ces forêts sombres,
Où vont des arbres morts les infertiles ombres[5].
Dans ce prochain vallon, par un événement,
Pour qui ces bois encor tremblent d'étonnement,   60
Un chasseur devenu de ses chiens la curée,
Une âme avant la mort de son corps séparée,
Une tête de cerf, sur des membres humains,
Des bras changés en pieds, et des restes de mains,
Font un monstre nouveau, dont l'étrange figure,   65

---

4. Le frère de la nuit: le jour. Le feu du jour est le soleil, (Apollon), frère de la lune (Diane). Cf. vv. 383-84.

5. Remaniement de l'image des forêts sombres de l'enfer dans Virgile (*Enéide*, livre VI): les forêts sont formées par les ombres des arbres morts.

Donne de la frayeur à toute la nature.
   Est-ce à quoi t'a réduit, amant ambitieux,
La vanité d'aimer au plus beau lieu des cieux?
Sont-ce là les faveurs que préparait Diane,
A la témérité de ton ardeur profane?   70
Malheureux Actéon, que ne t'arrachais-tu,
Ces yeux infortunés, dont l'orgueil t'a perdu[6]?
Il te vaudrait bien mieux, être aveugle que bête,
Avoir perdu les yeux, qu'avoir changé de tête.
Que te pouvait ôter une éternelle nuit,   75
Que l'usage incertain d'une forme sans fruit?
Que ces vaines couleurs, ce fard de la matière,
Qui s'éteint tous les soirs avecque la lumière?
Au lieu qu'en cet état, où Diane t'a mis,
Tu fais un composé de deux corps ennemis,   80
Une nature double, un assemblage énorme,
D'une âme sans son corps, et d'un corps sans sa forme.
   Au milieu de ce bois, d'où les traits du soleil,
N'ont jamais pu chasser l'ombre, ni le sommeil,
Il s'élève un rocher, dont la grotte secrète,   85
A servi de tout temps aux nymphes de retraite:
Là les jours les plus beaux ressemblent à la nuit,
Et sont de même teint que l'ombre qui les suit:
Les arbres les plus verts de toute la contrée,
Au vent non moins qu'au jour, en défendent l'entrée: 90
Ces gardes éternels par files arrangés,
Et des bras, et des pieds l'un à l'autre engagés,
Ne s'ébranlent jamais, si ce n'est que leurs têtes,
Quelquefois par respect s'inclinent aux tempêtes,
Ou qu'après un longtemps, quand ils se trouvent las, 95
Ils relâchent l'effort qui leur bande les bras.
   Quatre sources d'argent, et de perles fondues,
Sous les pieds du rocher mollement épandues,
Tombent dans un bassin, que leur chute a causé,
Et que le cours des ans a sans art achevé.   100
D'autres menus ruisseaux échappés de la roche,
Murmurent aussitôt qu'un caillou les approche,
Et comme s'ils craignaient d'en être retenus,
Leur laissent leur gravier, et se jettent tout nus,
Dans le grand réservoir, d'où la fontaine coule,   105

---

6. l'orgueil des yeux: concupiscence, désirs illicites. «Si ton œil te scandalise [te porte au mal], arrache-le» (Marc 9:46).

Pierre le Moyne (1602–1671)

Où par divers canaux ils descendent en foule:
Et semblent par leur chute ouvrir le sein des eaux,
Afin de s'y cacher à faute de roseaux.
   Il n'est rien de charmant, comme l'est cette source,
La grâce, et la fraîcheur accompagnent sa course,   110
Elle a je ne sais quoi d'éclatant et de noir,
Dont les ombres se font un liquide miroir.
La nuit tous les matins y laisse son image,
Que ses hôtes touffus couvrent de leur feuillage.
Le plus beau des zéphyrs[7] étendu sur le bord,   115
Rêve au bruit inégal de l'onde qui l'endort;
Et qui par menus plis se traînant sur la plaine:
Emporte avecque soi les soupirs et l'haleine,
De ce doux créateur des beaux jours et des fleurs,
Qui rafraîchit par là ses premières chaleurs.   120
   Dans ce réduit paré de mousse et de coquilles,
Diane tous les jours s'assemble avec ses filles,
Quand le brillant auteur des ardentes saisons[8],
Voudrait lui-même avoir de l'ombre en ses maisons.
Un jour donc la déesse avecque ses suivantes,   125
Que la valeur occupe à des morts innocentes[9],
Au retour de la chasse, avaient mis leurs carquois,
Entre les bras d'un pin, le plus beau de ce bois:
Et sans autre ornement que leurs jupes dorées,
Par un chemin couvert[10] s'étaient là retirées: 130
Afin d'y pouvoir prendre avecque liberté,
Les remèdes que l'ombre offrait contre l'été.
Là sur de petits lits tapissés de verdure,
Les unes étendaient leur blonde chevelure:
Les autres disputaient avec l'écho des bois,   135
A qui plus doucement ferait rouler sa voix.
A ce plaisant combat la fontaine attentive,
Pour en juger de près, s'élevait sur sa rive:
Et les oiseaux faisaient par un jaloux effort,
Un troisième concert pour les mettre d'accord.   140

---

7. Zéphyr: le plus doux des vents. Ses soupirs forment des plis sur l'onde.
8. *le brillant auteur des ardentes saisons:* le soleil. Ses maisons sont les douze maisons astrologiques où il demeure successivement au cours d'une année.
9. morts innocentes: elles font la chasse. La déesse a trois aspects; la Lune aux cieux, Diane chasseresse sur terre, Hécate la sorcière aux enfers.
10. chemin couvert: couvert de feuillages; mais en termes de guerre c'est «un corridor...couvert de son parapet» (Furetière).

D'autres de qui l'humeur se plaisait à la danse,
Faisaient un demi bal, et prenaient la cadence,
Des feuilles et des eaux, dont les doux mouvements
Imitaient de leur bruit le son des instruments.
Les arbres d'alentour prenaient part à la fête, 145
Et sans mouvoir les pieds, dansaient avec la tête.
   Celles dont par honneur la déesse fait choix,
Pour les mener au cours, sur le chemin des mois,
Qui sont nymphes de jour, et de nuit sont étoiles[11],
Et changent en rayons leurs carquois et leurs voiles, 150
Se lavaient à couvert, sous l'ombre d'un ormeau,
Qui formait de ses bras une tente sur l'eau.
   Là d'un art innocent elles s'ôtaient la crasse,
Qui leur restait encor des sueurs de la chasse:
Et pour ne porter rien que d'illustre et de pur, 155
Dans ces beaux promenoirs de cristal et d'azur,
Se composaient un fard naturel et liquide,
Des perles qui coulaient de ce trésor humide.
Diane en la même eau lavait d'un soin pareil,
La matière du feu, qui lui vient du soleil: 160
Et se faisait ôter le hâle, et la poussière,
Et tout ce qui pouvait obscurcir sa lumière.
Aussi ce qui paraît, quand elle est dans les cieux,
Un défaut de clarté, qui nous trompe les yeux,
Ces taches que l'on croit, qui soient des places vides, 165
Ou des marques du temps, qui fait partout des rides,
Ne sont que des sueurs, que son front quelquefois,
Rapporte du travail qu'elle prend dans les bois[12].
   Tandis que la fraîcheur retient ainsi dans l'onde,
Ces jeunes déités, les lumières du monde: 170
Actéon travaillé des extrêmes chaleurs,
Qui n'épargnaient alors ni verdure, ni fleurs,
Arrive à cette roche, et cherche dans ses marbres,
L'ombre qui n'avait pu demeurer sous les arbres.
Un soudain cri d'effroi s'entend par le réduit: 175
Diane sans couleur appelle en vain la nuit:
Et conjure les bois, qui font le plus d'ombrage,
D'étendre sur son corps leurs bras et leur feuillage.
Les nymphes en désordre, afin de se cacher,
Voudraient pouvoir entrer dans les flancs du rocher: 180

---

11. Remaniement de l'évocation de «la lune sereine entre les étoiles mineures» dans Horace (Epode 15): les étoiles se transforment de jour en nymphes.
12. A la fin du poème il offrira une autre explication fantastique des taches de la lune. Dans d'autres œuvres, il multiplie de semblables explications des taches du soleil, découvertes en 1611.

Pierre le Moyne (1602–1671)

Et n'osent plus fier des richesses si belles,
A l'indiscrétion de ses eaux infidèles,
De peur qu'en se plongeant dans ce flottant miroir,
Au lieu de se couvrir, elles se fassent voir.
   La fontaine pourtant honteuse de sa faute,   185
Devient soudainement plus obscure et plus haute:
Elle fait de ses flots, le long de son ruisseau,
Suspendus et voûtés un liquide berceau[13]:
Et de force coton d'écume ramassée,
Qui semblait un tissu de toile damassée,   190
Elle compose un voile, et l'étend alentour,
Pour l'opposer aux yeux d'Actéon et du jour.
   Après ce berceau fait, la troupe se rassure:
Et tourne sa pensée à venger son injure.
Donc afin de punir cette témérité,   195
Et d'en faire un exemple à la postérité,
La déesse des bois, à faute d'autres armes,
Prononce quelques mots accompagnés de charmes:
Frappe l'eau par trois fois, et comme un trait volant,
La pousse dans les yeux du chasseur insolent[14].   200
Les nymphes font un cri, que les échos redoublent,
L'ombre même en pâlit, et les arbres s'en troublent.
   A peine de ce trait le chasseur est touché,
Qu'il est subitement à lui-même arraché.
Une secrète main lui change le visage: 205
Obscurcit sa raison, la remplit de nuage:
Met la discorde entre elle, et les sens de son corps:
Altère leur figure, en lâche les ressorts:
Fait perdre à chaque membre, et sa forme, et sa place,
Et renverse l'esprit au-dessous de la masse.   210
   A cet événement il est saisi d'effroi:
A chaque pas qu'il fait, il s'éloigne de soi:
Tantôt une couleur de sa forme première,
Tantôt une figure échappe à la matière.
Ce qui devant fut mol, se presse et s'endurcit: 215

---

13. berceau: «On dit un berceau d'eau, quand il y a sur deux lignes plusieurs rangs de jets d'eau qui s'inclinent les uns vers les autres, et qui par leurs courbures forment des arcades, et représentent un berceau» (Furetière).
14. Diane sous son aspect de sorcière. Frapper l'eau c'est provoquer l'orage, ou la catastrophe. Cf. v. 298.

Ce qui fut prompt et clair, se charge et s'obscurcit.
Ces molles boucles d'or, cette subtile tresse,
Qui flottait sur son front, se raidit et se dresse:
Ces précieux liens, où pendaient tant d'esprits,
Ces rets où chaque jour, tant de cœurs étaient pris,   220
Changés en deux rameaux, deviennent sur sa tête,
D'un ornement humain, une armure de bête.
Un poil rude et crasseux s'enracine en sa peau,
Et sur son nouveau corps, fait un habit nouveau.
La peur lui monte au cœur, et se met à la place,   225
Qu'y tenait le courage, et l'amour de la chasse.
  Il ne voit pas encor le trouble qu'il ressent,
Et n'a dans son esprit, que ce petit croissant,
Qui brillait sur le front de la chaste déesse,
Et qui servait d'enseigne, et de boucle à sa tresse[15].   230
Cet objet le trompant, il ne s'offre à ses yeux,
Que des cornes en terre, et des cornes aux cieux.
S'il regarde dans l'air, des fantômes de nues
Menacent son esprit de leurs têtes cornues:
Le soleil qui s'enfuit devant l'obscurité,   235
Lui paraît couronné de cornes de clarté:
Les ruisseaux sont pour lui les cornes des fontaines,
Les bois celles des monts, les monts celles des plaines:
Tous les arbres en ont autant que de rameaux;
Il en voit dans les près, il en voit sur les eaux: 240
Et cette fausse image en sa tête est si forte,
Qu'elle imprime partout les cornes qu'elle porte[16].
Tandis que sans mourir, son âme perd son corps:
Qu'il se trouble au dedans, qu'il se change au dehors,
Il traverse le bois, et fait tant qu'il arrive,   245
Jusques au bord du fleuve, où penché sur la rive,
Lui-même sans couleur, fait sur le fond de l'eau,
De sa tragique histoire un liquide tableau[17].
D'abord épouvanté de cet objet sauvage,
Il se voit, et se cherche en sa nouvelle image: 250

---

15. La barrette en forme de croissant représentant la lune est un attribut conventionnel de Diane.
16. La lune était associée aux désordres mentaux et visuels.
17. sans couleur: il s'agit de matière colorante. Il fait un tableau sans couleur: son visage est reflété dans l'eau.

Pierre le Moyne (1602–1671)

Il se prend pour un autre, et ne saurait juger,
De quel endroit de l'onde est ce monstre étranger:
Ni si quelque démon, pour troubler la nature,
Dans le fleuve a formé cette énorme figure.
Les signes trop certains de son mal se font voir, 255
Sur le fond incertain de ce coulant miroir.
Des restes de cheveux, qui tiennent à ses cornes,
Son visage velu, ses yeux tristes et mornes,
Et sous son front cachés, ont encor quelque trait,
Qui tient à la matière, et la quitte à regret: 260
Comme fait sur le soir, quand la nuit est venue,
L'ombre du jour passé, qui s'éteint dans la nue.
   Son esprit interdit, a peine de changer;
Il s'égare en ce corps, et s'y trouve étranger:
Il n'est pas d'étendue à remplir tant de place: 265
Il y laisse du vide, il se perd dans la masse:
Il ne saurait porter des membres si pesants:
Il ne peut accorder leur usage à ses sens,
Et sa raison déchue, est inutile et sombre,
Dans un surcroît de chair, qui ne fait que de l'ombre. 270
   Tandis qu'il se regarde, et qu'à faute de voix,
Soupirant il s'appelle, et se demande aux bois:
La nuit gagne le pas, et laisse sur la plaine,
L'ombre de ses chevaux, et de son char[18] d'ébène;
Et son voile ennemi de toutes les clartés, 275
 Porte la mort des yeux, et celle des beautés.
Diane en remontant fait ouïr dans la nue,
Un cor de qui la voix n'est pas plutôt connue
Que le bois s'en émeut, la nuit même en pâlit,
Et le fleuve effrayé se cache dans son lit. 280
Les chiens à cette voix possédés d'une rage,
Dont le secret instinct les anime au carnage,
Accourent à la foule, et semblent appeler,
Leur maître infortuné, dont ils se vont soûler[19].
Il est près, il est loin, cette nouvelle face, 285
En a fait d'un chasseur, une tragique chasse[20].
Il en arrive ici, comme dessus les flots,
Quand les vents assemblés contre les matelots,
Conspirent d'immoler sous les pieds de Neptune,
Un navire arraché des mains de la fortune; 290

---

18. chevaux, char: attributs conventionnels de la nuit.
19. se soûler: se rassasier avec excès, se gorger.
20. chasse: «se dit du gibier qu'on a pris ou tué» (Furetière).

Alors on les entend siffler avecque bruit:
Ils font trembler partout les voiles de la nuit;
L'aquilon[21] qui se croit le plus fort de la troupe,
Attaque le premier le vaisseau par la poupe:
L'un donne dans la proue, et l'autre par les flancs: 295
Celui-là force l'ancre, et lui casse les dents:
Un autre plus hardi détache le cordage,
En frappe sur les flots, en provoque l'orage:
Tous les dieux qui servaient de patrons[22] au vaisseau,
Après un long combat, sont renversés dans l'eau. 300
Ce danger fait frémir l'âme de la boussole:
Elle en perd la conduite, et s'égare du pôle.
Voiles, bancs, avirons servent confusément,
D'un funeste jouet à ce fier élément:
Et les dieux abattus se sauvent du naufrage; 305
L'un sur un bout de planche, et les autres à nage.
   Ces chiens par un excès de pareille fureur,
De leur maître inconnu font un sujet d'horreur.
Ses membres ne sont plus qu'une sanglante masse,
Où l'homme ni le cerf, n'ont quasi plus de place. 310
Il souffre dans l'esprit, il souffre dans le corps:
A peine a-t-il de quoi suffire à tant de morts.
Le sang qui par ruisseaux se répand de ses veines,
Fuit avecque frayeur ces langues inhumaines.
Ses membres désunis n'ont plus de mouvement, 315
Que celui qui leur vient de leur commun tourment:
L'un commence sa mort, l'autre achève la sienne:
Ils n'ont muscle, ni nerf, dont l'attache les tienne.
Son esprit éperdu le regarde mourir,
Sans se pouvoir lui-même au besoin secourir. 320
Il veut en vain parler pour se faire connaître,
Il rappelle sa voix, qui n'ose plus paraître:
Il semble qu'elle soit confuse de loger,
Dans un corps, qui pour elle est un corps étranger.
Cette bouche n'a rien qui soit à son usage: 325

---

21. Aquilon: «en poésie tous les vents froids ou orageux s'appellent Aquilons» (Furetière).
22. patrons: «on appelle ainsi les saints sous la protection desquels on s'est mis» (Furetière). Ici ce sont des dieux comme ceux qu'Enée emporta dans son vaisseau quand il se sauva de Troie. Etant des dieux païens, ils s'avèrent inutiles. La comparaison à un orage remonte à Homère, mais cela n'empêche pas Le Moyne d'y faire entrer une de ses «merveilles» préférées: la boussole.

Le discours s'y confond, il y devient sauvage:
Il ne s'y peut former qu'un bruit sans liaison,
Qui n'a point de commerce avecque la raison:
Que des fragments de mots, et des voix, dont son âme,
Entre l'homme et le cerf, ne parle, ni ne brame: 330
Elle s'explique assez par son sang, par ses pleurs,
Interprètes muets de toutes ses douleurs.
Sa forme intérieure encore tout entière,
Ne peut s'accommoder avec cette matière.
Il est homme au dedans, il est cerf au dehors; 335
Et de l'homme et du cerf est composé ce corps,
Dont la nature encor ne se peut reconnaître,
Entre ce qu'elle fut, et ce qu'elle craint d'être.
Ces chiens enfin soûlés semblent se retenir:
Leur maître avec son sang rentre en leur souvenir: 340
Son esprit se découvre à toutes leurs morsures:
Il leur parle, et se plaint par toutes ses blessures[23]:
Et leur montre en son cœur un reste d'amitié,
Qui trop tard dans les leurs fait venir la pitié.
Les plus reconnaissants s'inclinant à leur proie, 345
Répondent par leurs cris, aux soupirs qu'elle envoie.
   A cet événement les auteurs du destin,
Dans le ciel assemblés, en veulent voir la fin.
La terre d'alentour en a pris l'épouvante,
Et ne peut s'assurer, qu'elle en soit innocente. 350
Elle croit avoir fait un énorme péché,
D'avoir porté ce monstre, et de l'avoir touché.
Les herbes de qui l'âme est encor plus timide,
Confuses qu'à leurs pieds la terre soit humide;
Qu'elles sentent la mort, et que leur habit vert, 355
Maintenant soit de sang, et de meurtre couvert:
Baissent toutes la tête, et de peur que leur père[24]
Quand il viendra tantôt éclairer l'hémisphère,
Les accuse d'avoir perdu leur pureté,
Et de l'avoir souillée en quelque cruauté, 360
Elles tournent la face au vent qui les essuie:
Et qui pour les laver leur promet de la pluie.
   Ces arbres, qui jamais n'ont rien vu de pareil,
Attendent en tremblant le retour du soleil.
Les rochers effrayés font couler de leurs veines, 365

---

23. Il leur parle par ses blessures de même que dans *Le Cid* de Corneille la valeur du comte parle à sa fille «par sa plaie» (vv. 677-78).
24. leur père: le soleil. Il est père et juge des herbes et de tout ce qui pousse.

En forme de sueur, de nouvelles fontaines:
Et l'écho que le bruit a fait sortir du bois,
Perd avec Actéon l'esprit comme la voix.
Diane toute seule au globe de la lune,
Regarde en sûreté cette crainte commune. 370
Le goût de la vengeance adoucit sa douleur:
La passion lui met le visage en couleur:
Son plaisir est de voir, qu'après tant de morsures,
Ce corps infortuné défaille à ses blessures:
Et que ces os rongés, et ces restes sanglants, 375
Souffrent autant de morts, que ces chiens ont de dents.
Que si dans ce moment vous voyez qu'elle éclaire,
Ajoutant à ses feux, les feux de sa colère,
C'est pour tirer sur lui, tout ce qu'elle a de traits,
Et tremper dans son sang la pointe de ses rais[25]. 380
Marque de son dépit indiscret et sauvage,
Qui lui fera venir des taches au visage,
Que son frère ennemi de cette cruauté,
N'effacera jamais d'aucun trait de clarté.

---

25. ses rais: équivalents lunaires des flèches de Diane chasseresse.

Jean-François Sarasin (1614-1654)

Alain Génetiot

Jean-François Sarasin est né à Caen en 1614 dans une famille de la petite noblesse de robe provinciale. Grâce à une solide instruction classique à l'université de Caen, il acquiert une connaissance approfondie du grec et du latin. Accueilli à Paris en 1635 par Vauquelin des Yveteaux, il manque son entrée à la cour, mais fréquente le salon de Ninon de Lenclos où il rencontre Scarron, Charleval, poète mondain qui deviendra son ami, Mlle de Scudéry, Ménage, Chapelain et Conrart. Il est introduit par Angélique Paulet à l'Hotel de Rambouillet, mais il se heurte à la concurrence de Voiture, de dix-sept ans son aîné, qui s'y est imposé dès 1627 et définitivement établi comme «l'âme du rond» après 1634. Cette rivalité empêchera toute sa vie Sarasin de briller dans la chambre bleue: il s'attache donc à la famille Condé dont il devient le poète officiel. En 1637 il entre au service du comte de Chavigny, ministre de Richelieu, qui l'initie à la diplomatie: sa science du monde se double ainsi d'une formation courtisanesque et politique. Sous son impulsion il publie en 1639 une préface à *l'Amour tyrannique* de Georges de Scudéry intitulée *Discours de la tragédie*, flatterie à l'endroit d'une pièce louée par Richelieu, mais surtout oeuvre de théoricien inspirée de Heinsius. Disgrâcié en 1643, couvert de dettes, il épouse en 1644 une riche veuve, qui, au vu des dépenses de son mari, obtient la séparation des biens. Passé au service du coadjuteur de Gondi, futur cardinal de Retz, il fréquente les «libertins érudits» et fait connaissance de Gassendi et des frères Dupuy qui l'encouragent à pratiquer les grands genres. Il entreprend ainsi deux épopées, *Rollon conquérant* et *La guerre espagnole*, publie en 1649 une *Histoire du siège de Dunkerque* et commence *La conspiration de Walstein* ainsi qu'une *Histoire de Clovis*, perdue. Ses entretiens avec Gassendi lui inspirent son *Discours de morale sur Epicure*. Lettré et philosophe, il contribue aux *Origines de la langue française* de Ménage (1650) et traduit du latin la *Vie d'Atticus* par Cornélius Nepos. Sous le pseudonyme savant d'Atticus Secundus—le second Atticus, en référence au destinataire de la correspondance de Cicéron—il publie en 1644 son *Bellum parasiticum*, longue satire latine contre Pierre de Montmaur. En 1647 il entre au service du prince de Conti dont il devient le secrétaire et l'intendant, en même temps que le conseiller et l'amuseur, continuant de jouer sur les trois registres de l'intrigue politique, de la vie mondaine et libertine et du travail savant. Il publie en 1649 *La pompe funèbre de Voiture*, badinage parodique en prose mêlée de vers qui, sous l'éloge apparent, dissimule quelques attaques insinuantes contre le défunt coquet. Mais bientôt la Fronde l'entraîne à la suite du prince de Conti et de la duchesse de Longueville dont il partage l'exil en Hollande en 1650. Il se fait pamphlétaire contre Mazarin dans la *Lettre du roi*, l'*Apologie pour Messieurs les Princes* et le *Manifeste de Mme la duchesse de Longueville* (1650), puis contre Gondi, *le Frondeur bien intentionné* (1651). A la fin de la Fronde, il négocie le ralliement de Conti et son mariage avec une nièce de Mazarin. L'hiver 1653-1654 voit le dernier séjour de Sarasin à Paris où il est l'hôte des samedis de Mlle de Scudery, qui le représentera dans sa *Clélie* sous les traits du «galant Amilcar». Il brille lors de la célèbre «journée des madrigaux» du 20 décembre 1653 rapportée par Pellisson, et compose *Dulot vaincu ou la défaite des bouts-rimés*, premier poème héroï-comique avant le *Lutrin* de Boileau. Il meurt le 5 décembre 1654 à Pézenas, à la cour de Conti, dans des circonstances mal élucidées.

Poète mondain et spirituel, courtisan et séducteur impénitent, il laisse une oeuvre poétique non publiée. C'est son ami Ménage qui se charge de l'édition de ses *Oeuvres* en 1656, précédée d'un *Discours sur les Oeuvres de M. Sarasin* par Pellisson, apologie qui établit la renommée de Sarasin à parité égale avec Voiture, et préface qui théorise une poétique de la galanterie où dominent le naturel, le style tempéré, l'enjouement, le divertissement. En 1674 paraîtront les *Nouvelles Oeuvres*. Poète galant attaché aux menues circonstances de la vie de société, Sarasin cultive comme Voiture tous les petits genres lyriques, sonnets et épigrammes, ballades et rondeaux marotiques, épîtres familières, mais aussi les stances et les odes, épuisant les lieux communs pétrarquisants du discours amoureux. Toutefois l'éloge de la dame tourne souvent à la raillerie de la coquette, ou bien le poète se fait l'apologiste de l'inconstance amoureuse et de sa propre frivolité. Mais Sarasin, qui aspirait aux grands genres, retrouve le ton de Virgile dans ses trois églogues: *Daphnis, Myrtil* et *Orphée*. Inspiré par Tristan et Théophile, il s'inscrit également dans la veine pastorale initiée par *l'Astrée* qu'il accorde au néo-épicurisme des libertins, insufflant à son badinage une sensibilité nouvelle qui annonce La Fontaine.

BIBLIOGRAPHIE

ÉDITION

Oeuvres de Sarasin, édition Paul Festugière, Paris, Champion, 1926, tome I : *Poésies*, tome II : *Oeuvres en prose*. Les textes reproduits dans cette anthologie sont empruntés à cette édition.

ÉTUDES

Mennung, Albert. *Jean-Francois Sarasin's Leben und Werke*, Halle, Niemeyer, 1902-1904.

Lathuillère, Roger. *La Préciosité*, Genève, Droz, 1966, pp. 425-452.

Speranza Armani, Ada. «Il *Discours de la tragédie* di Sarasin», dans *Il teatro al tempo di Luigi XIII*, Bari/Paris, Adriatica/Nizet, 1974.

Jean-François Sarasin (1614–1654)

Chauveau, Jean-Pierre. «Sarasin et l'inspiration virgilienne», dans *La basse-Normandie et ses poètes à l'époque classique*, Cahiers des Annales de Normandie, 9, 1977, pp. 169-178.

Morlat, Chantal. «Mort d'un personnage», dans *RHLF,* 77, 1977, pp. 459-469.

Stecher, Ludmilla Sovak. *Jean-François Sarasin et ses rapports avec la préciosité*, Thèse Université de Lille III, 1978.

Pallister, Janis L. «Sarasin, Lyric Poet», dans *L'Esprit Créateur*, XX, 4, Winter 1980, pp. 55-63.

Pallister, Janis L. «Sarasin, Epicurean», dans *PFSCL,* IX, 16, 1982, pp. 313-325.

Speranza Armani, Ada, «Jean-François Sarasin : sull'amore», dans *Eros in Francia nel Seicento*, Bari/Paris, Adritica/Nizet, 1987, pp. 213-243.

L'esthétique galante: Paul Pellisson. «Discours sur les Oeuvres de Monsieur Sarasin» et autres textes, Textes réunis, présentés et annotés sous la direction d'Alain Viala par Emmanuelle Mortgat et Claudine Nedelec, avec la collaboration de Marina Jean, Toulouse, Société de Littératures Classiques, 1989.

Génetiot, Alain. *Les Genres lyriques mondains (1630-1660). Etude des poésies de Voiture, Vion d'Alibray, Sarasin et Scarron*, Genève, Droz, 1990.

BALLADE D'ENLEVER EN AMOUR[1]

Ce gentil joli jeu d'amours,
Chacun le pratique à sa guise,
Qui par rondeaux[2] et beaux discours,
Chapeau de fleurs, gente cointise[3],
Tournoi, bal, festin ou devise,   5
Pense les belles captiver;
Mais je pense, quoi qu'on en dise,
Qu'il n'est rien tel que d'enlever.

---

1. Poème de circonstance composé à l'occasion de l'enlèvement d'Isabelle Angélique de Montmorency-Boutteville par Gaspard de Coligny, marquis d'Andelot, en 1645. Coligny, amoureux de Mlle de Boutteville, décida de l'enlever afin de l'épouser, contre la volonté des parents de la jeune fille et avec la complicité du duc d'Enghien. L'événement fit grand bruit et Voiture écrivit sur le même sujet une *Epître à Monsieur de Coligny*.
La ballade est un genre médiéval et marotique à forme fixe composé de trois huitains sur trois rimes abab/bcbc*, où c* représente le refrain, suivis d'un envoi d'une demi-strophe bcbc*. Condamnée par Du Bellay, elle renaît à la fin des années 1630 quand Voiture remet en faveur les genres marotiques.
2. Genre marotique à forme fixe remis en faveur par Voiture en 1636.
3. Le vocabulaire archaïque et les forces de sociabilité évoquent l'atmosphère de la courtoisie de la fin du Moyen Age. «Gente cointise»: belle parure. Les deux termes appartiennent à l'ancien français et sont obsolètes au XVIIe siècle, sauf dans le pastiche du «vieux langage» remis en honneur par Voiture. «Coint: vieux mot, qui se disait autrefois des personnes belles, agréables, ajustées. (…) Il est hors d'usage» (Furetière).

C'est bien des plus merveilleux tours
La passeroute[4] et la maîtrise,   10
Au mal d'aimer c'est bien toujours
Une prompte et suave crise[5]
C'est au gâteau de friandise
De Vénus la fève trouver[6];
L'amant est fol qui ne s'avise   15
Qu'il n'est rien tel que d'enlever.

Je sais bien que, les premiers jours
Que bécasse est bridée et prise[7],
Elle invoque Dieu au secours
Et ses parents à barbe grise;   20
Mais si l'amant qui l'a conquise
Sait bien la Rose cultiver,
Elle chante en face d'église
Qu'il n'est rien tel que d'enlever.

Envoi.

Prince, use toujours de mainmise[8],   25
Et te souviens, pouvant trouver
Quelque jeune fille en chemise,
Qu'il n'est rien tel que d'enlever.

---

4. passeport.
5. «Crise: jugement qu'un médecin fait d'une maladie par quelque symptôme qui arrive au plus fort du mal. (…) La crise est un soudain changement de la maladie, qui se tourne à la santé ou à la mort» (Furetière).
6. Inversion grammaticale qui ressortit au pastiche du vieux langage. «On dit (…) Il a trouvé la fève au gâteau pour dire il a trouvé une bonne fortune, une bonne rencontre» (Furetière). «Friandise: passion que l'on a pour les viandes délicates ou de bon goût. Se dit aussi de toutes les choses qu'on mange pour le plaisir seulement» (Furetière).
7. «Brider la bécasse: tromper, surprendre, attaquer quelqu'un: ce qui se dit figurément, à cause d'une chasse que les paysans font aux bécasses avec des lacets et des collets qu'ils tendent, où elles se brident elle-mêmes» (Furetière). Allusion à l'enlèvement rocambolesque de la jeune fille, prise comme un oiseau dans les filets du chasseur.
8. Terme de droit féodal. Mainmise: saisie, par opposition à main levée. Mais mainmettre signifie aussi affranchir un serf. La jeune fille est tout à la fois capturée par son amant et affranchie de la tutelle de ses parents.

Jean-François Sarasin (1614–1654)

CHANSON

Phyllis[9] vous n'êtes pas trop sage,
Pour marque de ma passion,
De demander mon coeur pour gage:
O la mauvaise caution[10]!

Il me semble que je me raille[11]   5
Quand je parle d'être constant;
Mon amour est un feu de paille
Qui luit et meurt en un instant[12].

On m'enchaîne sans résistance,
Mais je romps mes fers aisément[13],   10
Et je trouve que la constance
Est une vertu de roman[14].

---

9. Pseudonyne conventionnel de la pastorale et de la poésie galante de même que Cloris, Iris, Sylvie, etc. Néanmoins, dans d'autres poésies de Sarasin, Sylvie est souvent identifiée à Mme de Longueville, et Phyllis à Françoise Bertaut, future Mme de Motteville.
10. Notons la métaphore filée (gage, caution) qui place l'amour sur le terrain matériel du contrat commercial dans ce poème de l'inconstance et de la frivolité.
11. «Railler: faire des reproches plaisants et agréables à quelqu'un sans avoir dessein de l'offenser» (Furetière). Se railler: se moquer.
12. Cette chanson leste en octosyllabes est l'exact contre-pied de la mystique pétrarquisante qui exalte la constance de l'amant qui brûle éternellement pour sa dame.
13. Inversion du motif traditionnel de l'amant dans les fers, enchaîné éternellement par sa passion. Le poète frivole passe désormais d'une maîtresse à l'autre.
14. En ces années 1640, la poésie a définitivement assimilé les motifs antipétrarquistes et la thématique de l'inconstance des poètes de la Renaissance tardive (Du Perron, Etienne Durand). Le «roman» est ici mis pour la fiction pure, opposée à la réalité très matérielle des rapports anoureux décrits. En ce milieu de XVIIe siècle, le roman par excellence est l'Astrée d'Honoré d'Urfé, pastorale qui, en dépit du personnage de l'inconstant Hylas, célèbre la fidélité de Céladon et d'Astrée dans une perspective pétrarquiste et néoplatonicienne conforme à celle de la poésie du premier XVIe siècle (la Délie de Scève et l'Olive de Du Bellay).

GLOSE À MONSIEUR ESPRIT
SUR LE SONNET DE MONSIEUR BENSERADE[15]

Monsieur Esprit, de l'Oratoire[16],
Vous agissez en homme saint
De couronner avecque gloire
Job de mille tourments atteint[17].

L'ombre de Voiture en fait bruit[18],   5
Et, s'étant enfin résolue
De vous aller voir cette nuit,
Vous rendra sa douleur connue.

C'est une assez fâcheuse vue,
La nuit, qu'une ombre qui se plaint;   10
Votre esprit craint cette venue,
Et raisonnablement il craint.

---

15. Cette glose de Sarasin est le plus célèbre poème écrit à propos de la querelle des sonnets qui opposa en 1648-1649 les tenants du sonnet de Job de Benserade à ceux du sonnet d'Uranie de Voiture (voir la section Voiture, sonnet XVIII). La querelle qui partagea en deux camps poètes et mondains correspondait également aux prises de position politiques personnelles au début de la Fronde. Ainsi les Uranistes, tenants de Voiture, appartiennent au camp des Frondeurs autour de la duchesse de Longueville (Sarasin, Mlle de Scudéry, Mme de Sablé, Montausier) et s'opposent aux Jobelins, tenants de Benserade, autour de la comtesse de Brégy (Scarron, Conrart, Segrais, Jacques Esprit): voir A. Mennung, «Der Sonettenstreit und seine Quellen», dans *Zeitschrift fur französischen Sprache und Literatur*, 24 (1902), pp. 275-356 et C.I. Silin, *Benserade and his ballets de cour*, 1940.
Ce poème que Sarasin adresse au Jobelin Jacques Esprit, pour le convaincre de le rejoindre dans le camp des Uranistes, est imité du genre de la *glosa* espagnole: la «glose est (…) une espèce de poésie faite à l'imitation des Espagnols comme une espèce de commentaire ou de parodie d'une pièce d'un autre auteur, dont on répète un vers à la fin de chaque quatrain ou strophe qu'on fait contre lui» (Furetière).
16. Jacques Esprit (1611-1678), académicien et membre de l'institut de l'Oratoire, congrégation sans voeux fondée par le cardinal de Bérulle en 1611 et consacrée à la formation des prêtres ainsi qu'à l'éducation des jeunes gens. Le qualificatif d'«homme saint» (v. 2) est ironique, eu égard à la vie libertine d'Esprit. Celui-ci, au service de Mme de Longueville, s'est retiré en 1648 au séminaire de St-Magloire, dépendant de l'Oratoire, d'où il soutient les Jobelins, au grand déplaisir de sa protectrice.
17. Conformément au principe de la glose, chaque quatrain s'achève par la citation des vers respectifs du poème glosé, ici le sonnet de Job de Benserade. Job, personnage de l'Ancien Testament, est ce grand serviteur de Dieu qui vivait riche et heureux avant que Dieu ne permette à Satan de le tourmenter afin d'éprouver sa constance et sa foi dans le malheur: il fut ruiné, perdit ses enfants, fut affligé d'un horrible ulcère mais garda la foi en Dieu et devint le symbole de la constance du juste dans l'épreuve.
18. Sarasin met en scène le fantôme de Vincent Voiture, qui venait de mourir, le 26 mai 1648. Faire grand bruit: faire grand éclat.

Jean-François Sarasin (1614–1654)

Pour l'apaiser, d'un ton fort doux
Dites : J'ai fait une bévue[19],
Et je vous conjure à genoux   15
Que vous n'en soyez point émue.

Mettez, mettez votre bonnet[20],
Répondra l'ombre, et sans berlue[21]
Examinez ce beau sonnet,
Vous verrez sa misère nue.   20

Diriez-vous, voyant Job[22] malade
Et Benserade en si beau teint,
Ces vers sont faits pour Benserade,
Il s'est lui-même ici dépeint?

Quoi, vous tremblez, Monsieur Esprit?   25
Avez-vous peur que je vous tue?
De Voiture, qui vous chérit,
Accoutumez-vous à la vue.

Qu'ai-je dit qui vous pût surprendre
Et faire pâlir votre teint?   30
Et que deviez-vous moins attendre
D'un homme qui souffre et se plaint?

Un auteur qui, dans son écrit,
Comme moi reçoit une offense,
Souffre plus que Job ne souffrit,   35
Bien qu'il eût d'extrêmes souffrances.

---

19. Sarasin dicte à Esprit les termes de son repentir et de sa confession au fantôme de Voiture. «Bévue»: méprise, «faute qu'on commet pour ne savoir pas bien les choses et quand on prend l'une pour l'autre» (Furetière).
20. Esprit s'est découvert devant l'ombre de Voiture qui l'invite à remettre son bonnet de nuit: le pittoresque et l'humour du détail vont de pair avec la vivacité du conte.
21. «Berlue: éblouissement de la vue par une trop grande lumière, qui fait voir longtemps après les objets d'une autre couleur qu'ils ne sont (…) se dit figurément en choses spirituelles des conceptions de l'esprit» (Furetière).
22. Job 2, 7-8: Il (Satan) affligea Job d'un ulcère malin, depuis la plante des pieds jusqu'au sommet de la tête. Job prit un tesson pour se gratter et il s'installa parmi les cendres». Benserade est au contraire, le favori de la cour d'Anne d'Autriche et de Mazarin, auprès duquel il restera pendant la Fronde.

Avec mes vers une autre fois
Ne mettez plus dans vos balances
Des vers où, sur des palefrois[23],
On voit aller des patiences[24].   40

L'Herty, le roi des gens qu'on lie[25],
En son temps aurait dit cela;
Ne poussez pas votre folie
Plus loin que la sienne n'alla.

Alors l'ombre vous quittera   45
Pour aller voir tous vos semblables.
Et puis chaque Job vous dira
S'il souffrit des maux incroyables.

Mais à propos, hier, au Parnasse[26],
Des sonnets Phébus[27] se mêla,   50
Et l'on dit que de bonne grâce
Il s'en plaignit, il en parla.

J'aime les vers des Uraniens[28],
Dit-il, mais je me donne aux diables[29]
Si, pour les vers des Jobelins[30],   55
J'en connais de plus misérables.

---

23. Evocation d'une réalité médiévale, comme dans le «vieux langage» de Voiture: «palefroi, cheval de parade et de pompe, sur lequel les princes et grands seigneurs faisaient leurs entrées. On le dit aussi des chevaux sur lesquels les dames étaient montées» (Furetière). Le palefroi connote donc la pompe.
24. «Patience: vertu, fermeté, constance qui fait souffrir la douleur, l'adversité sans se plaindre, sans murmurer. L'histoire de Job nous a été donnée comme un modèle de patience» (Furetière).
25. L'Herty était un célèbre fou de l'époque qui mourut à l'hôpital des Petites-Maisons, destiné aux déments. En l'absence de traitement curatif, les fous étaient incarcérés, voire ligotés, d'où l'expression «fou à lier». L'opinion de Jacques Esprit est donc comparée au discours d'un fou.
26. «Parnasse, mont de la Phocide consacré à Apollon et aux Muses (…) se prend figurément pour les poètes et la poésie» (Furetière).
27. Apollon, dieu de la poésie.
28. Partisans du sonnet d'Uranie de Voiture.
29. «On dit, il ne se faut pas donner au diable pour faire cela, pour dire qu'une chose est facile» (Furetière).
30. Partisans du sonnet de Job de Benserade.

Jean-François Sarasin (1614–1654)

A Mlle * * *[31]

Beaux yeux, toujours cruels et toujours adorables,
Dont les coups[32] sont charmants, quoiqu'ils soient dangereux,
    Vous qui faites des misérables
    Et qui pouvez me rendre heureux,
Me serez-vous aujourd'hui favorables,   5
Recevrez-vous l'aveu de mon coeur amoureux?

Ce coeur brûlait pour vous et n'osait vous le dire,
Parfois il empruntait une larme, un soupir
    Pour vous dépeindre son martyre[33];
    Mais, s'il formait quelque désir,   10
Le respect s'en allait aussitôt le détruire
Et ne permettait pas qu'il en fît un plaisir.

Il vous cachait son feu, de peur de vous déplaire;
Cette crainte souvent combattait son amour.
    A présent, pour le satisfaire,   15
    Souffrez qu'il le mette au jour,
    Et qu'ayant eu le destin si contraire,
Il le puisse éprouver favorable à son tour.

Je dois vous découvrir les secrets de mon âme
Et de mon coeur soumis les justes mouvements: 20
    Car je ferais tort à ma flamme
    De la retenir plus longtemps,
    Et je croirais être digne de blâme
Si j'étouffais en moi de si beaux sentiments.

---

31. Galanterie réelle dont on nous dérobe la clé (Mlle Bertaut, future Mme de Motteville ou Mlle de Bourbon, future duchesse de Longueville, etc.) ou bien poème impersonnel à une dédicataire imaginaire, ce texte est un bon exemple d'un type de discours amoureux conventionnel qu'on retrouve dans de nombreux sonnets et stances de Sarasin. Il figure dans le recueil collectif des *Poésies choisies* de Sercy, IVe partie (1658).
32. «Coup se dit figurément de ces afflictions imprévues qui sont comme des traits qui nous percent le coeur (…) Un amant dit aussi qu'il a reçu un coup mortel des yeux de sa maîtresse» (Furetière).
33. *Topoi* pétraquisants: l'amour ardent du poète pour la belle inhumaine, sa timidité due au respect qui le paralyse, le martyre qu'il endure à ne pouvoir assouvir son désir, etc.

Sonnet a Monsieur de Charleval[34]

Lorsqu'Adam vit cette jeune beauté
Faite pour lui d'une main immortelle,
S'il l'aima fort, elle, de son côté,
(Dont bien nous prend) ne lui fut pas cruelle[35].

Cher Charleval, alors en vérité   5
Je crois qu'il fut une femme fidèle;
Mais comme quoi ne l'aurait-elle été?
Elle n'avait qu'un seul homme avec elle.

Or, en cela nous nous trompons tous deux;
Car, bien qu'Adam fût jeune et vigoureux,   10
Bien fait de corps et d'esprit agréable,

Elle aima mieux, pour s'en faire conter[36],
Prêter l'oreille aux fleurettes[37] du diable,
Que d'être femme et ne pas coqueter[38].

---

34. Charles-Jean-Louis Faucon de Ris, seigneur de Charleval (1613-1693), poète mondain normand, ami intime de Sarasin. Ce sonnet est cité dans le dialogue de Sarasin *S'il faut qu'un jeune homme soit amoureux* (1649) et date probablement de 1647 (*Oeuvres en prose*, édition Festugière, p. 150).
35. Euphémisme qui s'oppose aux rigueurs conventionnelles de la belle inhumaine de la tradition pétrarquiste: on dit «qu'une femme n'est pas cruelle pour dire honnêtement que c'est une femme de médiocre chasteté» (Furetière). Le badinage misogyne réécrit la Genèse en faisant d'Eve une coquette, archétype de la femme qui se prête naturellement à toutes les séductions.
36. «Conter: en faire accroire, donner pour vraies des choses fausses. On dit aussi conter fleurettes pour dire cajoler une femme; et absolument, il lui en conte, pour dire (...), il en est amoureux» (Furetière).
37. «Fleurettes: termes doucereux dont on se sert ordinairement pour cajoler les femmes» (Furetière).
38. «Coqueter: se plaire à cajoler, ou à être cajolée, faire l'amour en divers endroits. Les jeunes fainéants, les femmes galantes ne font autre chose que coqueter» (Furetière).

Paul Scarron (1610-1660)

Alain Génetiot

Né le 4 juillet 1610, Paul Scarron est le fils d'un conseiller du Parlement de Paris qui, après la mort de son épouse, se remarie avec une femme avare et dominatrice. Celle-ci tyrannise les enfants de son mari et destine Scarron à l'état écclésiastique contre son gré: en 1629 il prend le «petit collet» et devient abbé. Après de solides études à Paris, il fréquente les milieux littéraires et libertins, tel le cercle de Marion de Lorme où il se lie avec Gondi, futur cardinal de Retz, et devient l'ami de Colletet, Beys, Saint-Amant, Tristan l'Hermite, Sarasin et Georges de Scudéry. Son père lui obtient en 1633 une charge de secrétaire de l'évêque du Maine, qu'il accompagne dans son ambassade auprès du pape à Rome en 1635. Il transposera dans son œuvre les impressions laissées par ce séjour au cours duquel il rencontre le peintre Poussin. De retour au Mans, Scarron y mène une vie mondaine dans la famille de l'évêque, les Lavardin, et auprès du protecteur de Mairet et Rotrou, le comte de Belin, qui le pousse à écrire un pamphlet contre *Le Cid* (1637). Bon vivant, il fréquente les tavernes et multiplie les aventures amoureuses, ce qui ne l'empêche pas d'obtenir le canonicat du chapitre de Saint-Julien du Mans. Laissé sans ressources par la mort de ses deux protecteurs la même année (1637), il contracte en 1638 une panarthrite qui va peu à peu le paralyser entièrement et le condamner à rester sur sa chaise de grabataire. En 1639 il devient l'ami de Marie de Hautefort, exilée au Mans par Richelieu et qui devient sa protectrice. En 1640 il retourne à Paris pour se faire soigner par le médecin-poète La Mesnardière, en vain. Il part donc faire une cure aux eaux de Bourbon L'Archambault en 1641 et 1642, d'où il rapporte les deux *Légendes de Bourbon,* relations de voyage et chroniques mondaines en vers. Pressé par le manque d'argent, Scarron se consacre à l'écriture et publie son *Recueil de quelques vers burlesques* (1643), la *Suite des Œuvres burlesques* et le *Typhon ou la Gigantomachie* (1644), épopée qui parodie les dieux de la mythologie et lance la vogue du burlesque. En 1645 il publie sa première comédie, *Jodelet ou le maître valet,* suivie du *Jodelet souffleté* (1647). Il entreprend la publication de sa parodie de l'Enéide, le *Virgile travesti* qu'il poursuivra jusqu'au huitième livre, demeuré inachevé, en 1653. Alors qu'il bénéficiait depuis 1643 d'une pension annuelle de cinq cents écus au titre de «malade de la reine» Anne d'Autriche, Mazarin la lui supprime en 1649, ce qui augmente le ressentiment de Scarron qui lance, en pleine Fronde, son célèbre pamphlet contre le ministre, *la Mazarinade* (1651). Mais devant les débordements de la mode burlesque, et alors qu'il vient de donner la troisième partie de ses *Œuvres burlesques,* il se déclare «prêt d'abjurer un style qui a gâté tant de monde» et se tourne vers le genre romanesque, en publiant la première partie du *Roman comique* (1651). Il rencontre la jeune Françoise d'Aubigné, petite-fille du poète Agrippa d'Aubigné qui devient sa femme en 1652: le couple tient salon dans son hôtel de la rue Neuve Saint-Louis, recevant poètes et mondains tels que Boisrobert, Chapelain, Segrais, Méré, Mlle de Scudéry et Mme de Sévigné. Il continue à écrire pour le théâtre en s'inspirant de la *comedia* espagnole: *Don Japhet d'Arménie* (1653), *L'Ecolier de Salamanque* (1655), *Le Gardien de soi-même* (1655), *Le Marquis ridicule* (1656), *La fausse apparence* et *Le Prince corsaire* (posthumes). Pensionné par Fouquet depuis 1653, il fait œuvre romanesque—les *Nouvelles tragi-comiques* (1655) et la seconde partie du *Roman comique* (1657)—et poétique: l'ode *Léandre et Héro* (1656) et les *Epîtres chagrines* (1659). Après sa mort, survenue le 6 octobre 1660, sa veuve devient gouvernante des enfants de Mme de Montespan puis, devenue marquise de Maintenon, entrera dans l'Histoire en épousant Louis XIV par un mariage secret en 1683.

Scarron est à bon droit associé au burlesque dont il est le meilleur représentant. Si l'on peut en trouver des modèles chez les bernesques italiens ou dans le badinage marotique, le burlesque n'en constitue pas moins un mode d'écriture profondément original, reposant sur la dégradation parodique, ce qui en fait un genre mondain et non pas populaire, car la parodie suppose une approche savante du texte imité. C'est dans le domaine linguistique que s'exprime le mieux sa fantaisie verbale, qui utilise toutes les ressources de la langue par le recours aux archaïsmes, aux néologismes, à l'argot et aux trivialités, pour former un style de la dissonance, de la disparate et de la rupture de ton. Toutefois la poésie de Scarron ne s'identifie pas au seul burlesque dont la vogue est précisément datée de la décennie 1643-1653, puisqu'on lui doit également des satires ainsi que des poésies galantes et spirituelles.

BIBLIOGRAPHIE

ÉDITIONS

Œuvres, 7 volumes, Paris, Bastien, 1786. Reprint Slatkine, Genève, 1970.
Poésies diverses, édition Maurice Cauchie, Paris, Didier, 2 volumes 1947 et 1960-1961, STFM. Les textes reproduits ici le sont à partir de cette édition, mais l'orthographe en a été modernisée.
Le Virgile travesti, édition Jean Serroy, Paris, Garnier, 1988.

ÉTUDES

Morillot, Paul. *Scarron et le genre burlesque*, Paris, Lecène-Oudin, 1888. Reprint Slatkine, Genève, 1970.
Magne, Emile. *Bibliographie générale des œuvres de Scarron*, Paris, Giraud-Badin, 1924.

———. *Scarron et son milieu*, Paris, Emile-Paul, 1924.

Lachèvre, Frédéric. *Scarron et sa Gazette burlesque*, Paris, Giraud-Badin, 1924.

Phelps, Naomi F. *The Queen's Invalid: A Biography of Paul Scarron*, Baltimore, The Johns Hopkins Press, 1951.

Bar, Francis. *Le Genre burlesque en France au XVIIe siècle, Etude de style*, Paris, D'Artrey, 1960.

Hall, H. Gaston. «Scarron and the Travesty of Virgil», dans *Yale French Studies* n° 38, 1967, pp. 115-127.

De Armas, Frederick A. *Paul Scarron*, New York, Twayne Publishers, 1972.

Hall, H. Gaston. «Castiglione's *Superbi Colli* in Relation to Raphael, Petrarch, Du Bellay, Spencer, Lope de Vega and Scarron», dans *Kentucky Romance Quarterly*, n° 21, 1974, pp. 159-182.

Simon, M. «Etude du burlesque dans les œuvres poétiques de Scarron», dans *Actes du Colloque Renaissance-Classicisme du Maine*, Paris, Nizet, 1975, pp. 35-45.

Koritz, L. S. *Scarron satirique*, Paris, Klincksieck, 1977.

Boursier, Nicole. «Autour d'un sonnet de Scarron: traduction, imitation, parodie», dans *PFSCL*, X, 1, 1978-1979, pp. 11-32.

Burlesque et formes parodiques—Actes du Colloque du Mans réunis par Isabelle Landry-Houillon et Maurice Ménard, Paris-Seattle-Tübingen, 1987, Biblio 17 n° 33. Voir en particulier: Alain Niderst, «Scarron, les Scudéry et le burlesque», pp. 139-146; Nicholas Cronk, «La défense du dialogisme: vers une poétique du burlesque», pp. 321-338; Jean Rohou, «Le burlesque et les avatars de l'écriture discordante», pp. 349-365; Christian Wentzlaff-Eggebert, «Les sonnets burlesques de Scarron», pp. 379-391.

Génetiot, Alain. *Les Genres lyriques mondains (1630-1660). Etude des poésies de Voiture, Vion d'Alibray, Sarasin et Scarron*, Genève, Droz, 1990.

A Mademoiselle Marion Delorme[1]
Etrennes[2]

Félicités des yeux et supplice des âmes[3],
Beauté qui tous les jours allumez tant de flammes[4],
    Ce petit Madrigal[5] ici
Est tout ce que je puis vous donner pour Etrennes.
      Mais je ne vous demande aussi,   5
      Au lieu de me donner les miennes,
      Sinon que vos yeux pleins d'appas[6]
      Veuillent bien épargner les nôtres,
      Afin qu'ils ne me brûlent pas
      Comme ils en ont brûlé tant d'autres.   10

---

1. Marion de Lon, demoiselle de Lorne (1613-1650), célèbre courtisane de la haute société à propos de qui Victor Hugo écrira un drame en 1831. Ce madrigal a paru dans le *Recueil de quelques vers burlesques* (1643).
2. «Etrennes: présent qui est souvent réciproque, qu'on se donne le premier jour de l'an par honneur, ou par amitié (…) Les poètes donnent des étrennes en vers» (Furetière). Le poète substitue au don d'un objet matériel celui de son poème (v. 3-5). Il est en droit d'attendre, conformément au rite des étrennes, un contre-don de la part de sa dédicataire. De façon humoristique, il réclame comme faveur celle de ne pas succomber aux charmes de la belle Marion, lui offrant du même coup un poème galant.
3. «Félicité: jouissance des biens qui peuvent satisfaire le corps et l'esprit» (Furetière). Eloge conventionnel de la beauté physique et des rigueurs de la Dame.
4. Métaphore pétrarquiste traditionnelle des feux de l'amour, cf. v. 9-10.
5. «Madrigal: petite poésie amoureuse composée d'un petit nombre de vers libres et inégaux, qui n'a ni la gêne d'un sonnet, ni la subtilité d'une épigramme, mais qui se contente d'une pensée tendre et agréable» (Furetière).
6. «Appats: se dit figurément en choses morales de ce qui sert à attraper les hommes (…) la beauté est un grand appât pour engager le cœur des hommes. Cette femme est pleints (sic) de charmes et d'appâts" (Furetière).

Paul Scarron (1610–1660)

A La Reine[7]

Reine, dont la compassion
Me rend, depuis trois ans[8], mes malheurs[9] supportables,
Faites-moi mettre aux Incurables[10],
Ou bien faites-moi bientôt payer ma pension[11].

    Pour servir Votre Majesté,   5
Je fais ce que je puis pour être bien malade[12];
    Je mangerai poivre et salade
Si vous trouvez encor que j'ai trop de santé.

    Je ne regarde plus qu'en bas;
Je suis torticolis[13], j'ai la tête penchante;   10
    Ma mine devient si plaisante,
Que quand on en rirait je ne m'en plaindrais pas.

    Vous-même, me voyant ainsi,
Encor que vous ayez pitié de mon martyre[14],
    Vous ririez; et vous voyant rire,   15
Je vous honore trop pour n'en pas rire aussi.

---

7. Anne d'Autriche, veuve de Louis XIII, qui assure la régence pendant la minorité de Louis XIV, de 1643 à 1661.
8. La pension de Scarron lui a été accordée pour la première fois en 1643, ce qui permet de dater ces stances de 1646.
9. Depuis 1638 Scarron est atteint d'une panarthrite engaînante qui paralyse tous ses membres, ne lui laissant que ses doigts pour écrire (voir A. Mansau et A. Fournié, «La maladie de Scarron et son diagnostic actuel», *Cahiers de littérature du XVIIe siècle*, 6, 1984, pp. 341-352). Sa maladie serait due à une baignade dans les eaux glacées de la rivière où il s'était réfugié pour échapper à la foule qui le poursuivait, alors qu'un soir de carnaval il s'était dévêtu et recouvert de plumes pour se déguiser en oiseau. Selon Tallemant, l'origine en serait une maladie vénérienne.
10. L'hôpital des Incurables.
11. Sa vie durant, Scarron dépendra entièrement de la générosité de ses mécènes, et une bonne part de ses poèmes sont des requêtes pour solliciter des subsides.
12. Afin de justifier sa pension annuelle de cinq cents écus, Scarron s'est baptisé "malade de la reine" et prétend, de façon burlesque, exercer scrupuleusement sa charge.
13. «Torticolis qui n'a pas la tête droite sur les épaules, qui la penche d'un côté» (Furetière). Dans «Au lecteur qui ne m'a jamais vu», préface à la *Relation véritable sur la mort de Voiture* (1648), Scarron fait ainsi son auto-portrait de grabataire cloué dans son fauteuil. «Mes jambes et mes cuisses ont fait premièrement un angle obtus, et puis un angle égal, et enfin un aigu; mes cuisses et mon corps en font un autre et, ma tête se penchant sur mon estomac, je ne représente pas mal un Z. J'ai les bras raccourcis aussi bien que les jambes, et les doigts aussi bien que les bras. Enfin je suis un raccourci de la misère humaine».
14. Contrairement au conventionnel martyre d'amour des poètes galants, il s'agit ici de la souffrance physique bien réelle dont témoigne la dernière strophe.

Mais je vous ferais trop d'horreur
En offrant à vos yeux mon étrange figure:
   Si vous la voyiez, je m'assure
Que vous m'estimeriez un malade d'honneur.   20

   On m'entend jour et nuit crier
Comme si je souffrais en mon corps l'estrapade[15];
   Enfin je suis si bon malade,
Que j'ai peur qu'on me dise: «On ne vous peut payer»[16].

Sonnet[17]

Superbes monuments de l'orgueil des humains,
Pyramides, Tombeaux, dont la vaine[18] structure
A témoigné que l'art, par l'adresse des mains
Et l'assidu travail, peut vaincre la nature,

Vieux Palais ruinés, chef-d'œuvres des Romains[19]   5
Et les derniers efforts de leur architecture,
Colisée[20] où souvent ces peuples inhumains
De s'entr'assassiner se donnaient tablature[21],

---

15. «Estrapade: supplice militaire par lequel on lie les mains derrière le dos à un soldat, et on l'élève avec une corde fort haut en l'air, et puis on le laisse tomber jusque près de terre, en sorte que le poids de son corps lui fait disloquer les bras» (Furetière).
16. Ce chef-d'œuvre d'humour noir fait fond sur une détresse réelle (souffrance physique, finances précaires) que le rire permet de conjurer.
17. Ce célèbre sonnet, paru dans la *Troisième partie des Œuvres burlesques* (1650), est imité du *soneto* de Lope de Vega «Soberbias torres, altos edificios» et témoigne, comme de nombreux autres textes de Scarron, de la profonde influence de la littérature espagnole sur son inspiration. Le sujet traité, la poétique des ruines, est un topos de la poésie de la Renaissance et s'insère dans une longue chaîne d'inspiration représentée en France par les *Antiquités de Rome* de Du Bellay (1558) et qui a son origine chez Castiglione : voir H. Gaston Hall, «Castiglione's *Superbi colli*», dans *Kentucky Romance Quarterly*, 21 (1974), pp. 159-182. Mais, dans le sonnet de Scarron, la pointe finale, inattendue, introduit une brutale rupture en dissonance avec le ton noble des autres vers, nous invitant à le relire comme une parodie : voir Nicole Boursier, «Autour d'un sonnet de Scarron : traduction, imitation, parodie», dans *PFSCL*, X, 1, 1978-79, pp. 11-37.
18. «Vain: qui n'a point de solidité» (Furetière). Le sonnet développe les lieux communs de la poétique des ruines, déploration de la grandeur passée et de l'action dissolvante du temps (cf. v. 11), méditation sur la vanité de l'existence humaine.
19. Scarron s'est rendu à Rome en 1635, mais l'image des ruines de la grandeur romaine antique appartient à une tradition littéraire de la poésie française (Du Bellay) et italienne du XVIe siècle.
20. Célèbre amphithéâtre romain inauguré en 80 ap. J.-C. où se déroulaient les combats de gladiateurs, cf. v. 8.
21. «Tablature: Notes ou marques qu'on met sur du papier réglé pour apprendre à jouer des instruments. (…) Il lui donnera longtemps de la tablature, il est capable de l'enseigner longtemps» (Furetière). Il faut donc comprendre: ces peuples inhumains s'enseignent les moyens de s'assassiner entre eux.

Paul Scarron (1610–1660)

Par l'injure des ans vous êtes abolis,
Ou du moins, la plupart vous êtes démolis: 10
Il n'est point de ciment que le temps ne dissoude.

Si vos marbres si durs ont senti son pouvoir,
Dois-je trouver mauvais qu'un méchant pourpoint[22] noir
Qui m'a duré deux ans soit percé par le coude[23]?

La Mazarinade[24]

Hé bien ! ô Cardinal pelé[25],
N'est-ce pas à moi bien parlé?
Tu ne sauras pas qui te tire
Par derrière cette satire[26];
Jules, jadis l'omnipotent, 5

---

22. «Méchant»: mauvais. «Pourpoint: habillement d'homme pour la partie supérieure du corps depuis le cou jusqu'à la ceinture» (Furetière).
23. La méditation élevée sur la fragilité et la vanité des œuvres humaines achoppe à cette intrusion brutale de la réalité, créant la dissonance burlesque.
24. Nous donnons ici les 58 derniers vers d'un long poème qui en compte 396. Le cardinal italien Giulio Mazarini, en français Jules Mazarin (1602-1661), est devenu ministre de la reine—régente Anne d'Autriche après la mort de Louis XIII (1643) et pendant la minorité de Louis XIV (né en 1638). Mais en 1648 sa politique impopulaire provoque la Fronde parlementaire, relayée en 1649 par la Fronde des Princes (Condé, la duchesse de Longueville, Conti, Retz, etc.). Scarron, pensionné par la reine, regrette depuis 1644 que la dédicace qu'il a faite à Mazarin de son *Typhon* ne lui ait pas procuré les subsides escomptés. Lorsqu'en 1649, en pleine Fronde, Mazarin lui supprime sa pension, Scarron enrage: sa haine éclate dans ce libelle commencé en février 1649 et complété jusqu'à sa publication en janvier 1651, au plus fort de la contestation. Scarron y apostrophe violemment le cardinal pour critiquer sa politique en l'accablant de grossières injures *ad hominem* qui font jouer la fantaisie verbale dans les registres scatologique et sexuel (accusation de pédérastie). S'il n'a pas créé le terme de «mazarinade», Scarron en infléchit le sens, ouvrant la voie aux quelques cinq mille pamphlets politiques en vers et en prose contre Mazarin d'abord, puis contre d'autres acteurs de la Fronde. Ainsi, selon Hubert Carrier, (*La Presse de la Fronde (1648-1653): les Mazarinades*, I, 1989, p. 61), «la Mazarinade est l'épopée de Mazarin comme l'*Iliade* est celle l'Ilion et la *Franciade* de Ronsard celle de Francus : une épopée à la mesure du héros, c'est-à-dire une parodie, une bouffonnerie, une caricature d'épopée, comme Jules n'est qu'une caricature de ministre». Le burlesque, qui repose sur la dégradation parodique du héros, trouve son point d'application naturel dans la satire politique. Voir aussi Christian Jouhaud, *Mazarinades, la Fronde des mots*, 1985.
25. Allusion à la calvitie de Mazarin, cf. v. 39.
26. *La Mazarinade* est restée anonyme, mais les contemporains, et Mazarin le premier, ont aussitôt reconnu l'œuvre de Scarron.

Tu voudrais bien m'en faire autant[27],
Et tu me voudrais bien pis faire,
Prince malgré toi débonnaire[28].
Pouvant bien faire à tous, dis-moi,
Pourquoi n'as-tu bien fait qu'à toi[29] ?   10
Sergent à verge de Sodome[30]
Exploitant par tout le royaume,
Bougre bougrant, bougre bougré[31]
Et bougre au suprême degré,
Bougre au poil et bougre à la plume[32]   15
Bougre en grand et petit volume,
Bougre sodomisant l'Etat[33]
Et bougre du plus haut carat[34],
Investissant le monde en poupe[35]
C'est-à-dire baisant en croupe[36],   20

---

27. Dans les vers qui précèdent notre extrait, Scarron a prédit à Mazarin que la populace dépècerait son corps, le castrerait et promènerait son pénis au bout d'une perche à travers Paris. Mazarin, attaqué par le Parlement et les princes et sur le point de s'exiler (6 février 1651), n'est plus le ministre «omnipotent» des années précédentes.
28. Jeu de mot sur le sens premier de «débonnaire» («doux, gracieux, clément») et le sens second, péjoratif, de «sot»: «Il n'est plus guère en usage en bonne part; suivant ce qu'a dit Balzac: Ils ont nommé le débonnaire celui qu'ils n'ont osé nommer le sot» (Furetière).
29. Mazarin, qui de fait gouverne la France, n'en a profité, selon Scarron, que pour s'enrichir et piller le royaume. Son énorme fortune est célèbre.
30. Jeu de mot obscène sur «verge», pénis et «baguette que portent les huissiers, sergents et bedeaux pour faire faire silence aux audiences et faire passage aux magistrats qu'ils conduisent. (…) L'ordonnance d'Orléans de 1560 veut que quiconque sera touché de la verge du sergent le suive en prison» (Furetière). Le calembour introduit la tirade sur la pédérastie de Mazarin, thème central et récurrent du pamphlet.
31. Homosexuel à la fois actif et passif.
32. «On dit de celui qui est capable de différents emplois, qu'il est au poil et à la plume» (Furetière). Cf. v. 13.
33. Le raccourci d'expression permet d'associer le vice privé (pédérastie) et la corruption politique, cf. v. 19.
34. «Carat»: degré. «Du plus haut carat»: d'élite.
35. «Poupe»: l'arrière d'un vaisseau.
36. «Croupe»: «la partie de derrière du cheval, (…) se dit aussi ironiquement du derrière d'une femme, surtout lorsqu'elle a les fesses bien larges» (Furetière).

Bougre à chèvres, bougre à garçons[37],
Bougre de toutes les façons,
Bougre venant en droite ligne
D'Onan, masturbateur insigne[38],
Bougre Docteur *in utroque*[39]   25
Piqueur[40], magicien *quoque*[41],
Homme aux femmes et femme aux hommes
Pour des poires et pour des pommes
Comme défunt Jean Foutaquin[42],
Fils et petit-fils d'un faquin[43],   30
Qui diffames la case Ursine[44]
Par l'alliance Mazarine,
Qui des marauds fait des abbés[45],
Aux livres préfères les dés[46],
A tous les gens d'esprit es rogue[47],   35

---

37. A la pédérastie semblent s'ajouter maintenant la bestialité et la pédophilie.
38. Onan, personnage de l'Ancien Testament puni par Dieu pour avoir refusé de donner une descendance à la veuve de son frère en vertu de la loi du lévirat: «Cependant Onan savait que la postérité ne serait pas sienne et, chaque fois qu'il s'unissait à la femme de son frère, il laissait perdre à terre pour ne pas donner une postérité à son frère» (Genèse, 38, 9). C'est du nom de ce personnage qu'on a formé le mot «onanisme», synonyme de masturbation.
39. Latin: en chacune des deux (façons d'être bougre).
40. «Piqueur»: parasite qui mange chez autrui sans avoir été invité. «On appelle proverbialement un piqueur d'escabelle, un escornifleur» (Furetière).
41. Latin: aussi (cheville pour la rime).
42. Allusion à un refrain de chanson :
        Jean Foutaquin
        Pour du pain et pour des poires;
        Jean Foutaquin
        Pour des poires et pour du pain.
La réversibilité de l'expression, du même type que «blanc bonnet et bonnet blanc», traduit la réversibilité de la pratique sexuelle de Mazarin, cf. v. 27.
43. «Faquin»: «crocheteur, homme de la lie du peuple, vil et méprisable. Il y a beaucoup de grands seigneurs qui ont des âmes de faquins. Le mot vient de l'italien facchino, qui signifie porte-faix» (Furetière).
44. Italianisme: la maison des Orsini (Ursins).
45. «Maraud»: «Terme injurieux qui se dit des gueux, des coquins qui n'ont ni bien ni honneur, qui sont capables de faire toutes sortes de lâchetés» (Furetière).
46. «Il (Mazarin) a fait de très utiles commentaires sur les jeux du piquet, du hoc et de trente et quarante; il sait l'art de bien escamoter un dé et de piper adroitement une carte» («Réponse au libelle intitulé *Bon avis sur plusieurs mauvais avis*», cité par Cauchie, II, p. 20).
47. «Rogue»: «superbe, fier, altier, méprisant, peu courtois» (Furetière). Scarron reproche à Mazarin de n'avoir pas poursuivi la politique de mécénat culturel de Richelieu, et en particulier d'avoir manqué de générosité à son égard.

Et pourtant, d'un Roi, pédagogue[48],
Ha! que ne puis-je d'un revers[49]
Accompagner ces petits vers,
Ou sur ta tête chauve et folle
Appliquer une craquignole[50]!   40
Mais le temps tout amènera,
Et la Fronde[51] t'achèvera,
Ministre à la tête de courge[52],
En fauteuil les armes de Bourges[53]:
On te reverra dans Paris,   45
Et là, comme au trébuchet pris[54],
Et de ta rapine[55] publique
Et de ta fausse politique
Et de ton sot gouvernement,
Au redoutable Parlement[56]   50

48. Déjà parrain de Louis XIV, Mazarin a été nommé par la reine surintendant de son éducation en 1646.
49. «Revers, se dit d'un soufflet, d'un coup qu'on donne de l'arrière-main» (Furetière).
50. Mis pour croquignole: «c'est un coup qu'on donne sur le visage, en lâchant avec violence un doigt qu'on a posé sur un autre» (Furetière).
51. Si la position de Mazarin, à la veille de son premier exil (6 février 1651), est des plus précaires, le souhait de Scarron néanmoins ne se réalisera pas, puisque Mazarin triomphera de ses adversaires en 1653, ouvrant la voie à la domestication de la noblesse qu'accomplira Louis XIV à Versailles.
52. A la tête de courge (sorte de citrouille).
53. Ville du Berry dont un dicton populaire local veut que les armes représentent un âne dans un fauteuil: «Il y aurait eu à Bourges, dans la salle où se donnaient les cours de l'université, un tableau représentant sainte Anne assise dans un fauteuil et apprenant à lire à la Vierge. Au moment des troubles de la Réforme, quelques écoliers irrévérencieux auraient dit que les armes de Bourges étaient un âne (prononcé une âne) dans un fauteuil». (Cauchie, II, p. 34). Scarron continue donc à traiter Mazarin d'idiot.
54. «Trébuchet»: «petite cage qui sert à attraper des oiseaux, dont la partie supérieure est ouverte, et arrêtée si délicatement, que pour peu qu'on y touche, le ressort se lâche et la ferme, en sorte que l'oiseau qui y est entré se trouve pris» (Furetière).
55. «Rapine»: vol, pillage. «Les aigles, les faucons et autres oiseaux de proie vivent de rapine. Les gens de guerre, les chicaneurs exercent mille rapines et voleries» (Furetière).
56. Il s'agit du Parlement de Paris, dont la révolte a marqué le début de la la Fronde en 1648-1649.

Dont tu faisais si peu de compte,
Ultramontain[57], tu rendras compte,
Puis après ton compte rendu,
Cher Jules, tu seras pendu[58]
Au bout d'une vieille potence,   55
Sans remords et sans repentance[59],
Sans le moindre mot d'examen,
Comme un incorrigible. *Amen.*

Le Pousseur de Beaux Sentiments[60]

Sonnet

Au sortir de son lit, ayant quitté ses gants[61],
Décordonné son poil[62], défait sa bigotère[63],
Pinceté[64] son menton et ratissé ses dents[65],
Il prend un bon bouillon et va rendre un clystère[66].

---

57. «Ultramontain»: littéralement «au-delà des monts» et particulièrement des Alpes, c'est-à-dire «italien», le terme qualifie une position religieuse favorable au pouvoir absolu du pape, à l'opposé de «gallican», favorable au Saint-Siège. Mazarin, italien, fut aussi l'agent puis le nonce du pape Urbain VIII dans les années 1630.
58. En matière d'exécution capitale, le droit veut que le noble soit décapité, mais que le roturier soit pendu. «On pend les larrons et ceux qui se battent en duel» (Furetière).
59. «Repentance»: «action par laquelle ou se repent (…) Il ne faut se présenter au tribunal de la confession qu'avec une vive repentance de ses péchés» (Furetière).
60. «On appelle proverbialement et ironiquement un pousseur de beaux sentiments celui qui affecte de dire de belles choses comme les héros de romans qui ne veulent parler que par sentences» (Furetière). Le godelureau est une des cibles privilégiées de Scarron: voir L.S. Koritz, *Scarron satirique*, pp. 103-106.
61. Allusion à la mode des gants: pour une description détaillée du costume extraordinairement raffiné du jeune homme à la mode à l'époque de la préciosité (cf. vv. 9-11), voir Roger Lathuillère, *La Préciosité*, 1966, chapitre «Le Costume et la toilette», pp. 592-604.
62. «Cordonner: mettre en forme de cordon, tortiller plusieurs fils ensemble. Cordonner ses cheveux» (Furetière). Décordonner, néologisme de Scarron, signifie, sur le modèle de «décorder» («détortiller une corde, en séparer les cordons qui la composent»), détortiller un cordon de cheveux, ici de barbe, puisque «poil» signifie «barbe» (Furetière).
63. «Bigotère: brosse de poche enfermée dans un petit étui, qui sert à retrousser la moustache de la barbe. On en fait aussi d'une pièce de cuir, qu'on attache la nuit pour tenir en état une barbe retroussée» (Furetière).
64. «Pincette: petit instrument de fer qui fait partie d'un étui et qui sert à s'arracher le poil de la barbe. Les galants ont toujours la pincette à la main; ils aiment mieux se servir de la pincette que du rasoir» (Furetière). Pinceté: épilé.
65. «Ratisser: râcler quelque chose et ôter l'ordure ou la première surface avec quelque fer plat qui a quelque force de taillant» (Furetière).
66. «Rendre un clystère»: allusion aux effets du lavement. «Clystère: remède ou injection liquide qu'on introduit dans les intestins par le fondement pour les rafraîchir, pour les lâcher le ventre, pour les humecter ou amollir les matières, pour irriter la faculté expultrice, dissiper les vents, aider à l'accouchement, etc» (Furetière).

Le voilà bien muni, tant dehors que dedans ; 5
C'est pour un grand dessein, pour une grande affaire :
C'est pour aller pousser de ces beaux sentiments
Dont les godelureaux[67] font un si grand mystère.

Il paraît vers le soir, poudré, frisé, lavé,
Exhalant le jasmin, de canons[68] entravé 10
Dont un seul pèse autant que la plus grosse botte :

Il va chez quelque Dame, où, d'un ton de coquet,
Il lit un bout-rimé son défunt Perroquet[69].
Cette Dame l'admire. O le fat[70] ! O la sotte !

---

67. «Godelureau : jeune fanfaron, glorieux, pimpant et coquet qui se pique de galanterie, de bonne fortune auprès des femmes, qui est toujours bien propre et bien mis sans avoir d'autres perfections» (Furetière).
68. «Canon : ornement de toile rond, fort large et souvent orné de dentelle qu'on attache au-dessus du genou, qui pend jusqu'à la moitié de la jambe pour la couvrir» (Furetière).
69. Jeu de salon, le sonnet en bouts-rimés consiste à traiter un sujet donné sur des rimes imposées arbitrairement de façon à réunir les idées les plus incompatibles. Son invention est attribuée à un certain Dulot que moque Sarasin dans son *Dulot vaincu ou la défaite des bouts-rimés*, mais Guillaume Colletet en revendique aussi la paternité. Scarron lui-même n'a pas dédaigné en composer, dans son *Recueil de quelques vers burlesques* (1643). La mode, au plus haut en 1649 avec la publication de l'*Elite des bouts-rimés de ce temps*, retombe jusqu'en novembre 1653 qui voit un assaut de bouts-rimés sur le thème de la mort du perroquet de la marquise du Plessis-Bellière, maîtresse du surintendant Fouquet. Le sonnet de Scarron peut donc être précisément daté de décembre 1653.
70. «Fat : sot, sans esprit, qui ne dit que des fadaises. Il n'a d'usage qu'au masculin» (Furetière).

DENIS SANGUIN DE SAINT-PAVIN (1595-1670)

Kathleen Clark

Denis Sanguin de Saint-Pavin naquit à Paris en 1595 d'une famille aristocrate. Fils de Jacques II Sanguin, seigneur de Livry et Prévot des Marchands de Paris (1606-12), Saint-Pavin fut grand oncle de Louis Sanguin, premier maître d'Hôtel du Roy et Marquis de Livry. Condisciple de Descartes et Des Barreaux, il reçut une éducation classique chez les Jésuites au collège de la Flèche. Ensuite il devint abbé commendataire; nommé aumônier et conseiller de Louis XIV *ad honores* en 1666, il mourut à Paris en 1670.

Saint-Pavin ne publia jamais son œuvre poétique qui comprend plus de deux cents pièces. Néanmoins, à partir de 1650, les recueils, surtout de poésie galante, contiennent plusieurs de ses poèmes; en 1692, Fontenelle en publia une cinquantaine. Saint-Pavin, dit Fontenelle dans sa notice, «n'eut point d'autres attaches que les belles lettres et sa poésie, pour laquelle le beau tour de ses vers et la délicatesse de ses expressions, fera connoitre la disposition qu'il y avoit; quoiqu'il fût d'une famille dont le crédit l'eut pu élever à quelque poste fort honorable, il se contenta de la réputation que son esprit et son scavoir luy avoit acquis» (p. 362). La vie de ce poète, fier semble-t-il de son surnom de Roy de Sodome, ne manque pas d'intérêt sociologique et littéraire, et c'est surtout Lachèvre que l'on consultera pour les détails.

Saint-Pavin passa sa jeunesse à Paris où il s'est joint au groupe de jeunes libertins autour de Théophile de Viau. Il devint ami non seulement de Théophile, mais d'autres membres du groupe tels que Saint-Amant, Boisrobert, Faret, et Des Barreaux pour n'en nommer que quelques-uns. Plus tard, il se noua d'amitié à des écrivains associés au libertinage érudit comme Méré et Saint-Evremond. Vers le mi-siècle, Chapelle note sa fidèle présence dans la Croix de Lorraine, cabaret où se réunissaient, parmi d'autres, Scarron, Des Barreaux, Mairet, Charles Beys, Saint-Amant, et Benserade. Titon du Tillet constate que le Grand Condé honorait notre poète de son estime et de son amitié particulière. Saint-Pavin fréquenta également les salons les plus illustres où régnaient la marquise de Rambouillet, Mme de Sévigné, Scarron et Françoise d'Aubigné, Ninon de Lenclos; il y rencontra et devint ami de Valentin Conrart et Chapelain. Le premier conserva la majorité de ses poésies dans les recueils manuscrits qui se trouvent actuellement à la bibliothèque de l'Arsenal à Paris.

Reflétant les valeurs et l'esthétique du grand monde autant qu'un libertinage fondamental, les poèmes de Saint-Pavin ressemblent plus à des petites saynètes qu'à des poésies lyriques ou méditatives d'un Théophile ou d'un La Ceppède. Les salons et les cabarets furent son tréteau; ses amis, ses spectateurs. Cet homme qui fut «l'épigramme faite chair» (Turquéty), montre surtout un esprit «plus piquant que les orties» (auto-portrait du poète) par le bon ton d'un langage déjà moderne. Préférant les formes courtes, comme le rondeau, la chanson, le madrigal, et l'épitaphe et particulièrement le sonnet, Saint-Pavin écrivit aussi une dizaine d'épîtres en vers. Sa poésie permet de retrouver plusieurs influences littéraires. Saint-Pavin doit le plus à l'épigrammatiste romain, Martial dont l'esprit vif, les pointes mordantes, et la psychologie ont profondément marqué même ses sonnets. Comme Martial, il sut établir une persona à la fois fictive et personnelle. D'autres influences littéraires se présentent d'une façon plus subtile. Selon le cas, il s'agit d'intertextualité sous forme d'emprunts ou de réminiscences. Ainsi reconnaît-on des tours, des thèmes de Molière, Méré, Ronsard, Lucrèce, Scudéry, Théophile, ou Voiture.

Ingénieuse et mondaine, cette poésie intellectuelle ne laisse pas de faire sourire. Sa structure consiste normalement de l'exposition des circonstances du poème suivie par l'observation qu'en fait le poète. S'il lui arrive de varier ses rimes ou de lier ses strophes par des enjambements, c'est qu'il sacrifie à son esprit. Saint-Pavin met cet esprit en lumière par l'interaction de la vivacité de ses reparties et de la douceur de ses rimes. La juxtaposition des rimes antithétiques souligne leur disconvenance, engage l'auditeur à rapprocher deux images hétérogènes ce qui crée une métaphore plus ou moins ironique selon le degré d'opposition. Saint-Pavin fait valoir son ingéniosité par ce jeu lucide caractéristique de l'esthétique de l'époque, une convenance entre les stratégies poétiques et un tréteau mondain où le paraître prime et le jeu consiste à plaire (Chantelou, 59).

Saint-Pavin, reconnu comme le dernier maître du sonnet, tient une place importante dans son histoire. Tendres, piquants, railleurs, mordants, ou parfois élogieux, ses sonnets se distinguent par une pointe «[qui] n'est pas émoussée» dit Sainte-Beuve (361). C'est avec notre bel esprit que «le sonnet finissait comme il avait commencé à Lyon, dans l'intimité des réunions élégantes, parmi des femmes instruites et des poètes de salon» observe Max Jasinski. Certes, comme le remarque Sainte-Beuve, Saint-Pavin a du prix comme poète. Sûr de son mérite et de son immortalité, il écrivit cette épigramme qu'on cite depuis Fontenelle:

> Tircis fait cent vers en une heure;
> Je vais moins vite et n'ai pas tort.
> Les siens mourront avant qu'il meure
> Les miens vivront après ma mort.

ÉDITIONS PRINCIPALES

Recueil des plus belles pièces des poètes francois depuis Villon jusqu'à M. de Benserade, Paris: Claude Barbin, 1692.

Denis Sanguin de Saint-Pavin (1595–1670)

Poésies de Saint-Pavin et de Charleval, éd. Saint-Marc, Paris, 1759.
Recueil complet des Poésies de Saint-Pavin, éd Paulin Paris, Paris: J. Techener, 1861. (Malgré le titre, ce volume ne présente pas un receuil «complet» de l'œuvre du poète. Une édition des œuvres complètes est actuellement en cours.)
Poésies choisies de Saint-Pavin. éd. G. Michaut, Paris: Sansot, 1912.
Cabinet secret du Parnasse (T. 4), éd. Louis Perceau, Paris: Cabinet du livre, 1934.

Études

Babou, Hippolyte. *Les Poètes français*. Paris: G. Libraire, 1861.
Clark, Kathleen. «Laughing at Love, Epigrams and Epicurean Themes in Early Modern French Verse», *Papers on French Seventeenth Century Literature*, 13 (1996), pp. 463-472.
_____. «Denis Sanguin de Saint-Pavin», *Gay and Lesbian Literary Heritage, A Reader's Companion to the Writers and Their Works from Antiquity to the Present*, éd. Claude J. Summers. New York: Holt, 1995, pp. 628-629.
_____. «Lyrics, Laughter, and Pleasure in Context», *Papers on French Seventeenth Century Literature*, 21 (1994), pp. 205-215.
_____. «Pleasure's Artful Garb: Poetic Strategies of Denis Sanguin de Saint-Pavin», *Continuum*, Vol. 3. New York: AMS Press, 1991.
_____. *A Libertine in the Salons*. Ann Arbor: University Microfilms, 1986
Jasinski, Max. *L'Histoire du sonnet en France*. Genève: Slatkine, 1970.
Lachèvre, Fréderic. *Disciples et Successeurs de Théophile de Viau: Les Vies et les Poésies libertines inédites de Des Barreaux et de Saint-Pavin*. Paris: Honoré Champion, 1911.
Sainte-Beuve, C.-A. *Portraits de femmes*. Paris: Garnier, 1869.
Tillet, Titon du. *Le Parnasse Français*. Paris: Jean-Baptiste Coignard fils, 1732.
Turquéty, Edward. «Analecta-Biblion». *Bulletin du bibliophile*. Paris: J. Techener, 1862.

Poèmes à consulter

Auto-portrait du poète
Tircis qui fut toute sa vie
Quand on parle de vos exploits
Sapho, faisant une peinture
Silvandre monté sur Parnasse

I

Quand d'un esprit doux et discret
Toujours l'un à l'autre on défère[1],
Quand on se cherche sans affaire[2],
Et qu'ensemble on n'est point distrait[3];

Quand on n'eut jamais de secret   5
Dont on se soit fait un mystère[4],
Quand on ne songe qu'à se plaire[5],
Quand on se quitte avec regret;

Quand prenant plaisir à s'écrire,
On dit plus qu'on ne pense dire,   10
Et souvent moins qu'on ne voudroit[6];

Qu'appelez-vous cela, la belle!
Entre nous deux, cela s'appelle
S'aimer bien plus que l'on ne croit[7].

II

Amants, qui vous plaignez sans cesse
De trouver peu de sûreté
Dans les faveurs d'une maîtresse
Qui de tout temps a coqueté[8],

---

1. Ce sonnet est une réponse à la Carte de Tendre, qui se trouve dans *Clélie* de Mlle de Scudéry, (T. I, 1654). Dans son sonnet le plus souvent publié, Saint-Pavin fait preuve de sa finesse psychologique en représentant l'amour par la conduite du Moi et de son interlocuteur. Ici, le couple montre sa «Générosité» et son «Respect».
2. Enthousiasme né d'une «Nouvelle amitié».
3. Tous deux ont ce que Clélie appelle «Grand Esprit», «ce qui commence ordinairement l'estime».
4. «Sincérité et Probité».
5. «Bonté» rapproché au «Grand Cœur». Sur la Carte, Bonté est «tout contre Tendre, pour faire connaître qu'il ne peut y avoir de véritable estime sans bonté».
6. Billet doux.
7. Saint-Pavin devance La Rochefoucauld: «S'il y a un amour pur et exempt du mélange de nos autres passions, c'est celui qui est caché au fond du cœur, et que nous ignorons nous-mêmes» (Max. 69). L'amour réciproque dans ce sonnet paraît pur et véritable.
8. Ce poème est peut-être une réponse à celui de Lingindes sur une maîtresse infidèle (cf. Rousset, *Anthologie de la poésie baroque*). Le sonnet présente une antithèse: les amants qui se plaignent d'infidélité et le poète qui, jouant sur le lieu commun de la poésie galante, se plaint des rigueurs d'une maîtresse cruelle qui n'accorde pas ses faveurs.

Sachez qu'un plus grand mal me presse[9] : 5
Je sers une injuste beauté
De qui mes soins et ma tendresse
Jusqu'ici n'ont rien mérité[10].

Pour tous également cruelle,
Je ne puis rien espérer d'elle 10
Qui flatte un peu ma vanité[11];

Trop heureux si, l'ayant servie[12],
Je pouvais en toute ma vie
L'accuser d'infidélité.

III

Qui saura le peu de mérite
De celui qui fut ton amant
Dira que de m'avoir ensuite
Est fort gagner au changement[13].

Il te laissa si mal instruite 5
Des plaisirs qu'on prend en aimant
Qu'il te faut changer de conduite
Et te tourner tout autrement[14].

---

9. Le locuteur prétend qu'il souffre plus que ses interlocuteurs. Ce vers prépare la logique de la pointe finale.
10. Ici le locuteur commence une série d'expressions équivoques qui reflètent l'épicurisme fondamental du poète.
11. Allusion indirecte aux dernières faveurs auxquelles le locuteur aspire. La déviation de la disposition des rimes traditionnelle met ses mots en valeur. La rime ici (ABAB ABAB CCB DDB) suggère que la beauté et l'infidélité sont aussi inséparables que le désir qu'elle inspire.
12. *Servir* a une deuxième connotation: le coït. Saint-Pavin joue sur une tradition de la poésie galante. Le poète galant qui sert une belle dame ne parle normalement que de gagner son cœur; Saint-Pavin vise à un amour physique. Ainsi la pointe finale reprend-elle ingénieusement l'infidélité dont les autres amants se sont plaints dans le premier quatrain. Nous retrouvons indirectement le vieux thème du *carpe diem*; le locuteur qui veut profiter du moment, regarderait toute infidélité à venir d'un œil stoïque.
13. Dans ce sonnet, Saint-Pavin fait une allusion subtile et drôle à la célèbre remarque de Du Bellay: «J'ay oublié l'art de pétrarquiser». Il ne s'agit plus de fille innocente et naïve, mais d'une femme dont les aventures sont connues.
14. Dans un langage discret, Saint-Pavin suggère la nature de ses plaisirs préférés. Le premier quatrain énonce la supériorité du locuteur, le deuxième celle des plaisirs qu'il sait offrir.

Si tu me crois en toutes choses[15],
De ton beau teint les jeunes roses[16]   10
Reprendront leurs vives couleurs[17];

Tu les perdis dans tes grossesses:
Pour avoir souffert mes caresses[18],
On ne perdit jamais ses fleurs[19].

IV

Je vous dirai sincèrement
Mon sentiment sur la Pucelle[20]:
L'art et la grâce naturelle
S'y rencontrent également[21].

Elle s'explique fortement,   5
Ne dit jamais de bagatelle[22],
Et toute sa conduite est telle
Qu'il la faut louer hautement.

Elle est pompeuse, elle est parée
Sa beauté sera de durée,   10
Son éclat peut nous éblouir,

---

15. Reprise du célèbre vers qui commence le dernier sizain de l'ode «Mignonne allons voir si la rose» par Ronsard: «Donc si vous me croyez, Mignonne».
16. Les roses, avec le placement du vers précédent, mettent en valeur l'intertextualité du sonnet et en même temps, le mot prépare l'argument ingénieux qui suit.
17. Compliment traditionnel à la beauté féminine. La juxtaposition de lieux communs avec l'argument du poète ajoute à l'humour du sonnet.
18. Cette rime composée de mots à la fois antithétiques sur un niveau et liés logiquement (cause / effet) attire l'attention de l'auditeur et souligne leur action réciproque. Par son ironie, le verbe «souffrir», lieu commun associé à ce genre d'amour, modère ironiquement l'assertion hyperbolique du locuteur.
19. Fleurs: métaphore des règles. La stratégie de séduction du locuteur ne dépend ni de l'amour extravagant du poète, ni d'une promesse d'immortalité littéraire; l'argument irréfutable est basé sur les sciences naturelles.
20. La Pucelle, poème héroïque à Jeanne d'Arc, écrit par Chapelain (publié en 1656). Mme de Longueville remarqua que *La Pucelle* était parfaitement belle mais parfaitement ennuyeuse.
21. Grâce est un des attributs essentiels de l'honnête femme et de l'honnête homme.
22. Allusion au bon sens si apprécié des honnêtes gens et de Descartes (cf. *Discours de la méthode*).

Mais enfin quoiqu'elle soit belle,
Rarement on ira chez elle,
Quand on voudra se divertir[23].

V

Je n'ai pas le cœur assez bas
Pour flatter ta naissante flamme,
Je t'aime trop, et de ta dame
Ma Muse fait trop peu de cas[24].

J'aime mieux, avec les forçats,   5
Nuit et jour tirer à la rame[25]
Qu'écrire en faveur d'une Dame
Qu'on fout, et que je ne fous pas.

Jadis, le fameux Théophile[26],
Pour gens de cour et gens de ville   10
Faisait ce métier galamment;

C'était avec tant d'adresse,
Qu'il se payait dessus l'amant
Des vers qu'il fit pour la maîtresse[27].

---

23. Saint-Pavin anticipe la recommandation de Boileau—«longtemps plaire, et jamais ne lasser»—dans ce poème épigrammatique où il félicite son ami Chapelain d'avoir créé quelque chose de beau tout en reprenant dans la pointe finale le reproche qu'a fait Mme de Longueville.
24. Il est arrivé aux poètes d'écrire des poèmes galants pour des amis qui faisaient la cour à quelque dame.
25. Double entendre; il s'agit de plaisirs masculins solitaires.
26. Théophile de Viau, ami de jeunesse de Saint-Pavin.
27. Le poète, qui avait déclaré son amour au narrataire à la première strophe et qui avait attaqué l'honneur de la dame à la deuxième, arrive enfin à un compromis: il fera comme Théophile.

VI

Seigneur que vos bontés sont grandes[28]
De nous écouter de si haut,
On vous fait diverses demandes,
Seul vous savez ce qu'il nous faut.
Je suis honteux de mes faiblesses;   5
Pour les honneurs, pour les richesses,
Je vous importunai jadis;
J'y renonce, je le proteste.
Multipliez les vendredis,
Je vous quitte de tout le reste[29].   10

---

28. En 1680 Mme de Sévigné écrivit à sa fille: «J'attends les vendredis avec impatience, c'est le jour de vos lettres. Saint-Pavin avait fait un jour une épigramme sur les vendredis, qui était un jour qu'il me voyait chez l'Abbé [de Coulanges, son oncle à Livry]. Il parlait aux dieux, et finissait
 'Multipliez les vendredis
  Je vous quitte de tout le reste.'
A l'applicazione Sianora» (Duchêne, T. III, p. 372).

29. Cet épitrophe—figure de rhétorique par laquelle on donne généreusement ce qui risque d'être refusé afin d'obtenir ce que l'on veut—fonctionne avec une autre figure, l'antimétathèse—inversion des partis ou renversement de rôles. Le résultat fait rire. Le poète, respectant le ton du grand monde, commence par louer Dieu, puis il renverse l'hiérarchie normale et se place au-dessus de Dieu quand il commande un don impossible.

CYRANO DE BERGERAC (1619-1654)

Madeleine Alcover

Boileau ne put réhabiliter, malgré la louange de sa «burlesque audace», celui que Tallemant des Réaux exécuta par son lapidaire «un fou, nommé Cyrano». C'est son anticonformisme qui l'a marginalisé; c'est lui qui, depuis les Romantiques, le tire lentement de l'oubli.

Non, la Gascogne ne vit pas naître Cyrano: Bergerac était le nom d'un petit fief près de Chevreuse (Yvelines), patrimoine familial. Parisien, Savinien Cyrano (alias Alexandre, Hercule et Bergerac) fut baptisé le 6 mars 1619 et passa ses jeunes années entre le quartier des Halles et la vallée de Chevreuse. Fils d'un avocat cultivé, comme l'atteste l'inventaire de la bibliothèque de celui-ci, Cyrano ne poursuivit pourtant pas une scolarité ordinaire: son nom ne figure pas dans le Registre des maitres-ès-arts de la Faculté de Paris. Sa culture est celle d'un autodidacte et son manque de grade universitaire est à interpréter comme sa première rupture avec la norme.

Ayant mis fin à une carrière militaire malheureuse, il s'adonna à l'étude: un héritage paternel (1649) le sauva de l'indigence et lui permit de se passer de patron jusqu'en 1653. Ses oeuvres montrent une grande curiosité pour l'actualité philosophique de son temps, particulièrement pour la controverse Descartes/Gassendi. Les idées les plus audacieuses sont débattues dans son premier roman, *L'Autre Monde ou Les Estats et Empires de la Lune*, où l'athéisme et la parodie de la Bible trouvent des porte-parole. Esprit rebelle, Cyrano, en ce milieu de siècle où triomphent déjà la raison et le classicisme, opta pour l'imagination et le paradoxe: son oeuvre est un contre-discours, infiniment plus radical que celui des empereurs du burlesque (Scarron et Dassoucy) auxquels il fut un temps associé.

Le printemps 1654 révéla aux lecteurs parisiens l'auteur quasi inconnu des *Lettres*, de *La Mort d'Agrippine* (tragédie) et du *Pédant joué* (comédie), dans de superbes in-quarto dédicacés au duc d'Arpajon, son unique protecteur. L'isolement, auquel avait abouti Cyrano par son agressivité, transparaît dans l'absence totale de pièces liminaires et dans sa disgrâce, contemporaine de la publication. Sa blessure à la tête, attestée semble-t-il par la gazette de Loret (janvier 1654), ainsi que la censure des *Lettres* nouvellement découverte, redonnent à la thèse de l'assassinat (Lacroix, Rostand) une plausibilité.

Les deux lettres en prose qu'on lira ici permettront d'évaluer où il se situait par rapport aux poètes baroques, en ce qui concerne à la fois les topoi et les figures.

Ses innombrables *pointes* (concetti), surtout, sont un défi constant qu'il oppose à l'expression claire et univoque prônée par les classiques.

Contrairement à celui des baroques chrétiens, l'univers de Cyrano, avec ses renversements, ses simulacres et son instabilité ne renvoie pas à un (re)père. Le mythe de Narcisse illustre bien chez lui cette vision, cette optique illusionniste: la perspective cartésienne y est donnée comme un trompe-l'oeil ingénieux. Et le *sens* dessus dessous est à lire comme un *sans* dessus dessous, monde à jamais disloqué auquel l'homme impose des constructions provisoires et précaires. De même les commentaires sur la mort, qu'on trouve dans son *Agrippine* et dans son deuxième roman (*Les Estats et Empires du Soleil*, posthume), invitent à un *carpe diem* et à une sérénité «blanche», à l'encontre de la méditation «noire» des baroques chrétiens qui s'abîment dans un *post mortem* angoissant.

L'absence de Référent rendant vaine toute prétention à la vérité, on ne s'étonnera pas de voir Cyrano, charmé par leur degré d'ingéniosité, exposer les points de vue les plus inconciliables. Sa définition de la pointe résume non seulement sa poétique, mais aussi sa philosophie:

> La pointe n'est pas d'accord avec la raison; c'est l'agréable jeu de l'esprit et merveilleux en ce point qu'il réduit toutes choses sur le pied nécessaire à ses agréments, sans avoir égard à leur propre substance. S'il faut que pour la pointe l'on fasse d'une belle chose une laide, cette étrange et prompte métamorphose se peut faire sans scrupule, et toujours on a bien fait pourvu qu'on ait bien dit; on ne pèse pas les choses, pourvu qu'elles brillent, il n'importe; et s'il s'y trouve d'ailleurs quelques défauts, ils sont purifiés par le feu qui les accompagne (*Entretiens pointus*).

Puisque Cyrano est cité dans plusieurs ouvrages sur la poésie au XVIIe siècle (Robert Sabatier, Fernand Hallyn) et que Claude Bonnefoy l'a déjà incorporé dans sa magnifique anthologie de *La Poésie française*, nous n'avons pas hésité à replacer cet astre dans son ciel étoilé…

BIBLIOGRAPHIE

ÉDITIONS

Bergerac, Cyrano de. *Lettres*. Ed. crit. de Luciano Erba. Milan: Scheiwiller, 1965.

———. *L'Autre Monde ou Les Estats et Empires de la Lune*. Ed. crit. de Madeleine Alcover. Paris: Champion, 1977.

———. *Oeuvres complètes*. Ed. Jacques Prévot. Paris: Belin, 1977.

BIOGRAPHIE

Lachèvre, Frédéric. *Les Oeuvres libertines de Cyrano de Bergerac*. Paris: Champion, 1921 (Tome 1, XVII-CLXIV).

Cyrano de Bergerac (1619–1654)

Alcover, Madeleine. *Cyrano relu et corrigé*. Genève: Droz, 1990 (Première partie, chapitre 2).

Études

Alcover, Madeleine. «Cyrano incarcéré». *PFSCL*, Vol. XXI, 1994, n°41, 393-418.
Bloch, Olivier. «Cyrano de Bergerac et la philosophie». *XVIIe siècle* 149 (1985): 337-348.
Goldin, Jeanne. *Cyrano de Bergerac et l'art de la pointe*. Montréal: Presses de l'université de Montréal, 1973.
Lanius, E.W. *Cyrano de Bergerac and the Universe of the Imagination*. Genève: Droz, 1967.
Prévot, Jacques. *Cyrano de Bergerac, poète et dramaturge*. Paris: Belin, 1978.

Sur L'ombre Que Faisaient Des Arbres Dans L'eau[1]
Lettre VII

Monsieur,

Le ventre couché sur le gazon d'une rivière et le dos étendu sous les branches d'un saule qui se mire dedans, je vois renouveler aux arbres l'histoire de Narcisse[2]; cent peupliers précipitent dans l'onde cent autres peupliers et ces aquatiques ont été tellement épouvantés de leur chute, qu'ils tremblent encore tous les jours du vent qui ne les touche pas[3]; je m'imagine que la nuit ayant noirci toutes choses, le soleil les plonge dans l'eau pour les laver[4]: mais que dirai-je de ce miroir fluide, de ce petit monde renversé, qui place les chênes au-dessus de la mousse et le ciel plus bas que les chênes? Ne sont-ce point de ces vierges de jadis métamorphosées

Notes

1. Cette lettre exploite toutes les ressources du miroir: apparence/réalité, dessus/dessous, mobilité/immobilité. On notera les antithèses «baisser les yeux aux cieux» (à quoi fait écho dans la lettre suivante «tomber au firmament»); la métaphore «voix emplumées»; les paradoxes «traverser sans le blesser», «le toucher et ne le peut sentir»; les alliances synesthésiques «se faire ouïr de nos yeux», «gazouiller du geste» (et, dans la lettre suivante, «chatouiller un concert»). Ombre: le mot a ici le sens de *reflet*.
2. Narcisse. Pour avoir méprisé l'amour de l'Autre (Echo), Narcisse fut condamné par Aphrodite à s'éprendre éperdument d'une image que lui renvoyait une fontaine. Selon la plupart des versions du mythe, il ignorait que le reflet fût le sien.
3. Personnification doublée d'une pointe sur épouvanter/trembler.
4. L'interprétation littérale est une caractéristique propre aux burlesques. Ici la pointe se fait sur *noircir*.

en arbres, qui, désespérées de sentir encore violer leur pudeur par les baisers d'Apollon, se précipitent dans ce fleuve la tête en bas? ou n'est-ce point qu'Apollon lui-même, offensé qu'elles aient osé protéger contre lui la fraîcheur, les ait ainsi pendues par les pieds? Aujourd'hui le poisson se promène dans les bois et des forêts entières sont au milieu des eaux sans se mouiller; un vieil orme entre autres vous ferait rire, qui s'est quasi couché jusque dessus l'autre bord, afin que son image prenant la même posture, il fît de son corps et de son portrait un hameçon pour la pêche; l'onde n'est pas ingrate de la visite que ces saules lui rendent[5]: elle a percé l'univers à jour[6], de peur que la vase de son lit ne souillât leurs rameaux, et non contente d'avoir formé du cristal avec de la bourbe, elle a voûté des cieux et des astres par dessous, afin qu'on ne pût dire que ceux qui l'étaient venus voir[7] eussent perdu le jour qu'ils avaient quitté pour elle; maintenant nous pouvons baisser les yeux au ciel et par elle le jour se peut vanter que tout faible qu'il est à quatre heures du matin, il a pourtant la force de précipiter le ciel dans des abîmes. Mais admirez l'empire que la basse région de l'âme exerce sur la haute[8]; après avoir découvert que tout ce miracle n'est qu'une imposture des sens, je ne puis encore empêcher ma vue de prendre au moins ce firmament imaginaire pour un grand lac sur qui la terre flotte. Le rossignol qui du haut d'une branche se regarde dedans, croit être tombé dans la rivière: il est au sommet d'un chêne et toutefois il a peur de se noyer; mais lorsque après s'être affermi de l'oeil et des pieds, il a dissipé sa frayeur, son portrait ne lui paraissant plus qu'un rival à combattre, il gazouille, il s'égosille et cet autre rossignol, sans rompre le silence, s'égosille en apparence comme lui et trompe l'âme avec tant de charmes qu'on se figure qu'il ne chante que pour se faire ouïr de nos yeux; je pense même qu'il

---

5. A rapprocher des vers de Habert de Cérisy (1639):
    C'est là que l'oeil souffrant de douces impostures,
    Confond tous les objets avecque leurs figures,
    C'est là que sur un arbre il croit voir les poissons,
    Qu'il trouve les oiseaux auprès des hameçons,
    Et que le sens charmé d'une trompeuse idole,
    Doute si l'oiseau nage, ou si le poisson vole
                  (*La Métamorphose des yeux de Philis en astres*).
6. percer à jour: «percer de part en part, en sorte qu'on voit le jour à travers» (*Dictionnaire de l'Académie*, 1694).
7. La place du pronom avant le premier verbe est de règle à cette époque.
8. Pointe sur la «basse région»: dans la cosmologie du XVIIe siècle, c'était la partie de l'atmosphère qui s'étendait de la terre au sommet des montagnes; la «moyenne» s'élevait jusqu'aux nuées et la «haute» jusqu'à «l'éther».

gazouille du geste et ne pousse aucun son dans l'oreille afin de répondre en même temps à son ennemi et pour n'enfreindre pas les lois du pays qu'il habite, dont le peuple est muet; la perche, la dorade et la truite qui le voient, ne savent si c'est un poisson vêtu de plumes ou si c'est un oiseau dépouillé de son corps; elles s'amassent autour de lui, le considèrent comme un monstre et le brochet, ce tyran des rivières[9], jaloux de rencontrer un étranger sur son trône, le cherche en le trouvant, le touche et ne le peut sentir, court après lui au milieu de lui-même et s'étonne de l'avoir tant de fois traversé sans le blesser. Moi-même j'en demeure tellement consterné que je suis contraint de quitter ce tableau[10]. Je vous prie de suspendre sa condamnation, puisqu'il est malaisé de juger d'une ombre: car quand mes enthousiasmes[11] auraient la réputation d'être fort éclairés, il n'est pas impossible que la lumière de celui-ci soit petite, ayant été prise à l'ombre[12]: et puis, quelle autre chose pourrais-je ajouter à la description de cette image enluminée, sinon que c'est un rien visible, un caméléon spirituel[13], une nuit que la nuit fait mourir, un procès des yeux et de la raison[14], une privation de clarté que la clarté met au jour; enfin que c'est un esclave qui ne manque non plus à la matière, qu'à la fin de mes lettres[15],

Votre serviteur, etc.

9. Brochet: «Poisson d'eau douce qui mange les autres» (*Dictionnaire de Furetière*, 1690).
10. Tableau: l'artificialisation de la nature est courante chez les baroques. Voir, plus haut, *portrait*, et, plus bas, *image enluminée*.
11. Enthousiasme: «fureur prophétique ou poétique qui transporte l'esprit, et qui lui fait dire des choses surprenantes et extraordinaires» (*Dictionnaire de Furetière*). C'est le sens fort du grec *enthousiasmon*.
12. Raffinement très «pointu» où *lumière* a un sens figuré et *ombre* son sens littéral.
13. Caméléon spirituel. Le caméléon, comme Protée, est un leitmotiv du baroque. Spirituel, ici, a le sens de *immatériel*.
14. Un procès: une critique. Effectivement, toute théorie de la connaissance débute par une remise en question de la certitude du réel. Descartes avait, dans ses *Méditations,* abordé la question avec beaucoup d'acuité.
15. Sous la «pointe filée» (jeu sur les deux sens d'*ombre*), perce le message philosophique: la lumière est inséparable de l'ombre, elles coexistent. C'est tout le dualisme qui est remis en question. On peut lire aussi cette lettre comme une variation sur la question très débattue de la «coïncidence des contraires».

D'une Maison de Campagne[16]
Lettre XI

Monsieur,
J'ai trouvé le paradis d'Eden, j'ai trouvé la jeunesse perpétuelle, enfin j'ai trouvé la Nature au maillot[17]; on rit ici de tout son coeur; nous sommes grands cousins, le porcher du village et moi[18]; et toute la paroisse m'assure que j'ai la mine, avec un peu de travail, de bien chanter un jour au lutrin[19]. O dieux! un philosophe comme vous peut-il préférer au repos d'une si agréable retraite, la vanité, les chagrins et les embarras de la Cour? Ha! Monsieur, si vous saviez qu'un gentilhomme champêtre est un prince inconnu, qui n'entend parler du roi qu'une fois l'année et ne le connaît que par quelque vieux cousinage; et, si de la Cour où vous êtes, vous aviez des yeux assez bons pour apercevoir jusqu'ici ce gros garçon qui garde vos codindes[20] le ventre couché sur l'herbe, ronfler paisiblement un somme[21] de dix heures tout d'une pièce, se guérir d'une fièvre ardente[22] en dévorant un quartier de lard jaune, vous confesseriez que la douceur d'un repos tranquille ne se goûte point sous les lambris dorés. Revenez donc, je vous prie, à votre solitude[23]; pour moi, je pense que vous en avez perdu la mémoire; oui, sans doute, vous l'avez perdue. Mais en vérité reste-t-il encore quelque

---

16. Sont repris ici les topoi familiers de «l'éloignement des affaires» (*procul negotiis*) et du «lieu amène» (*locus amoenus*): chênes, fleurettes, oiseaux chanteurs (rossignols de préférence), ruisseaux et fontaines (d'argent), enfin une douce brise (l'éternel zéphyr).
17. Au maillot: la nature dans son enfance, c'est-à-dire avant toute culture. On comprend que dans *L'Autre Monde*, où la description se retrouve (cf. éd. Alcover, ll. 498-558), le passage réfère au paradis terrestre. Le printemps «éternel» et l'absence de «plante vénéneuse» complètent le «tableau».
18. Grands cousins: grands amis.
19. Chanter au lutrin: «Pupitre sur lequel on met les livres d'Eglise, auprès duquel les chantres s'assemblent» (*Dict. de Furetière*).
20. Codinde: Cotgrave (1611), Richelet (1680) et Furetière ne donnent que «Coq d'Inde». Le mot *codinde* est attesté dans le *Dictionnaire de la langue française du seizième siècle* de Huguet. C'est donc un archaïsme.
21. Ronfler un somme: l'emploi transitif de ce verbe n'est pas attesté par les dictionnaires du temps.
22. Fièvre ardente, ou fièvre chaude: «fièvre fort aiguë, qui est allumée particulièrement en l'humeur colérique» (*Dict. de Furetière*).
23. Solitude: *lieu* éloigné du monde où l'on peut trouver quelque solitude.

sombre idée dans votre souvenir de ce palais enchanté, dont vous vous êtes banni? Ha! je vois bien que non; il faut que je vous en envoie un tableau qui parle. On rencontre à la porte de la maison une étoile de cinq avenues; tous les chênes qui la composent font admirer avec extase l'énorme hauteur de leurs cimes: en élevant les yeux depuis la racine jusqu'au faîte, puis les précipitant du sommet jusqu'aux pieds, on doute si la terre les porte ou si eux-mêmes ne portent point la terre pendue à leurs racines; vous diriez que leur front orgueilleux plie comme par force sous la pesanteur des globes célestes, dont ils ne soutiennent la charge qu'en gémissant. Leurs bras étendus vers le ciel semblent en l'embrassant demander aux étoiles la bénignité toute pure de leurs influences[24] et les recevoir auparavant qu'elles[25] aient rien perdu de leur innocence au lit des éléments[26]. Là de tous côtés les fleurs, sans avoir eu d'autre jardinier que la nature, respirent[27] une haleine sauvage qui réveille et satisfait l'odorat; là la simplicité d'une rose sur l'églantier et l'azur éclatant d'une violette sous des ronces, ne laissant point de liberté pour le choix, font juger qu'elles sont toutes deux plus belles l'une que l'autre. Là le printemps compose toutes les saisons; là ne germe point de plante vénéneuse que sa naissance aussitôt ne trahisse sa conservation; là les ruisseaux racontent leurs voyages aux cailloux; là mille petites voix emplumées[28] font retentir la forêt au bruit de leurs chansons et la trémoussante assemblée de ces gorges mélodieuses est si générale, qu'il semble que chaque feuille dans les bois ait pris la figure et la langue du rossignol. Tantôt vous leur oyez chatouiller un concert; tantôt traîner et faire languir leur musique; tantôt passionner une élégie[29] par des soupirs entrecoupés et puis amollir l'éclat de leurs sons pour exciter plus tendrement la pitié; tantôt aussi ressusciter leur harmonie et parmi

---

24. Bénignité de leurs influences: bonté des influences des astres. Selon les astrologues, la chaleur et la lumière qui s'écoulent des astres ont une influence sur les événements terrestres.
25. Auparavant que: malgré la condamnation de Vaugelas, cet emploi conjonctionnel était encore fréquent.
26. Eléments: dans la physique d'Aristote, les quatre éléments constitutifs de la matière (Feu, Air, Terre et Eau) ont chacun un lieu *pur*: celui du feu est dans les astres et le feu s'encrasse lorsqu'il descend se mêler à la terre.
27. Respirent: exhalent.
28. Voix emplumées: cette métaphore est un cliché. Elle a de multiples variantes dans la littérature baroque européenne. En France, on trouve le «luth animé», la «cithare volante», le «violon ailé», le «son volant» (Saint-Amant, Tristan, Martial de Brives, Du Bois Hus, Le Moyne, Georges Scudéry, etc.).
29. Passionner une élégie: d'après Richelet, l'emploi transitif du verbe est un néologisme dans le sens de «Animer ce qu'on dit, ce qu'on récite, ce qu'on chante».

les roulades, les fugues, les crochets et les éclats, rendre l'âme et la voix tout ensemble; Echo[30] même y prend tant de plaisir qu'elle semble ne répéter leurs airs que pour les apprendre. Et les ruisseaux, jaloux de leur musique, grondent en fuyant, irrités de ne les pouvoir égaler. A côté du château se découvrent deux promenoirs[31], dont le gazon vert et continu forme une émeraude à perte de vue; le mélange confus des couleurs, que le printemps attache à cent petites fleurs, égare les nuances l'une de l'autre, et leur teint est si pur qu'on juge bien qu'elles ne courent ainsi après elles-mêmes que pour échapper aux amoureux baisers des vents qui les caressent: on prendrait maintenant cette prairie pour une mer fort calme, mais aux moindres zéphyrs[32] qui se présentent pour y folâtrer, ce n'est plus qu'un superbe océan coupé de vagues et de flots, dont le visage orgueilleusement renfrogné menace d'engloutir ces petits téméraires. Mais parce que cette mer n'offre plus de rivage, l'oeil comme épouvanté d'avoir couru si loin sans découvrir le bord, y envoie vitement la pensée, et la pensée doutant encore que ce terme qui finit ses regards ne soit celui du monde, veut quasi se persuader que des lieux si charmants auront forcé le ciel de se joindre à la terre. Au milieu d'un tapis si vaste et si parfait, court à bouillons[33] d'argent une fontaine rustique qui voit les bords de son lit émaillé de jasmins, d'orangers et de myrtes[34], et ces petites fleurs qui se pressent tout alentour font croire qu'elles disputent à qui se mirera la première; à considérer sa face jeune et polie comme elle est, qui ne montre pas la moindre ride, il est bien aisé de juger qu'elle est encore dans le sein de sa mère, et les grands cercles dont elle se lie et s'entortille en revenant tant de fois sur soi-même, témoignent que c'est à regret qu'elle se sent obligée de sortir de sa maison natale; mais j'admire sur toutes choses sa pudeur quand je vois que, comme si elle était honteuse de se voir caresser si proche de sa mère, elle repousse avec murmure les mains audacieuses qui la touchent. Le voyageur qui s'y vient rafraîchir, courbant sa tête dessous[35] l'onde, s'étonne qu'il soit grand jour sur son

---

30. Ayant encouragé les amours adultères de Zeus, Echo fut condamnée par l'épouse trompée, Héra, à avoir toujours le dernier mot, mais à ne pouvoir jamais parler la première.
31. Promenoir: promenade (surtout aménagée par l'homme).
32. Zéphyr: l'orthographe *zéphire* est poétique, le e muet ayant une fonction mélodique.
33. Bouillons: «jet d'eau qui est assez gros, mais qui retombe incontinent après qu'il est sorti du tuyau, comme s'il sortait d'une source» (*Dict. de Furetière*).
34. Ces plantes odoriférantes ne poussent que dans les climats très doux. Le lieu est, ici, particulièrement amène.
35. Les théoriciens de l'époque commencent à distinguer adverbes et prépositions. Mais *dessous*, *dessus* et *dedans* sont encore utilisés dans les deux cas.

horizon, pendant qu'il voit le soleil aux antipodes, et ne se penche jamais sur le bord qu'il n'ait peur de tomber au firmament: je me laisserais choir avec cette fontaine au ventre de l'étang qui la dévore, mais il est si vaste et si profond, que je doute si mon imagination s'en pourrait sauver à la nage. J'omettrai les autres particularités de votre petit Fontainebleau[36], puisque autrefois elles vous ont charmé comme moi et que vous les connaissez encore mieux; mais sachez cependant que je vous y montrerai quelque chose qui sera nouveau, même aux inventions de votre peintre. Résolvez-vous donc une bonne fois à vous dépêtrer des embarras de Paris; votre concierge[37] vous aime tant qu'il jure de ne point tuer son grand cochon que vous ne soyez de retour; il se promet bien de vous faire dépouiller cette gravité[38] dont vous morguez les gens[39] avec vos illustres emplois; hier au soir il nous disait à table, après avoir un peu trinqué, que si vous lui parliez par «tu», il vous répondrait par «toi», et n'en doutez point puisqu'il eut la hardiesse de me soutenir que j'étais un sot de ce que moi, qui ne suis point à vos gages, je me disais,

Monsieur,
votre obéissant serviteur.

---

36. A rapprocher du vers très connu de Racan dans ses *Stances sur la retraite* (vers 1618):
   Sa cabane est son Louvre, et son Fontainebleau.
37. Concierge: «celui qui a la garde, les clés d'un château, d'une maison de prince, ou de Grand Seigneur» (*Dict. de Furetière*).
38. Dépouiller cette gravité: renoncer à porter sa gravité comme un masque ou un vêtement.
39. Morguez les gens: «braver par des regards fiers, fixes et méprisants» (*Dict. de Furetière*). On remarquera l'emploi transitif.

CPSIA information can be obtained
at www.ICGtesting.com
Printed in the USA
LVHW031516141019
634149LV00001B/53/P